中国管理哲学年鉴

年鉴

吕 力 主编

贺三宝 谌飞龙 钟 尉 钟海连 副主编

2020—2021卷

中国出版集团 东方出版中心

图书在版编目（CIP）数据

中国管理哲学年鉴. 2020—2021卷 / 吕力主编. —
上海：东方出版中心，2023.9
ISBN 978-7-5473-2243-7

Ⅰ.①中… Ⅱ.①吕… Ⅲ.①管理学 – 哲学 – 中国 –
2020-2021 – 年鉴 Ⅳ.①C93-02

中国国家版本馆CIP数据核字（2023）第156745号

中国管理哲学年鉴（2020—2021卷）

编　　者　吕　力
责任编辑　李梦溪
封面设计　钟　颖

出 版 人　陈义望
出版发行　东方出版中心
地　　址　上海市仙霞路345号
邮政编码　200336
电　　话　021-62417400
印 刷 者　昆山市亭林印刷有限责任公司

开　　本　890mm×1240mm　1/32
印　　张　20.75
字　　数　417千字
版　　次　2023年11月第1版
印　　次　2023年11月第1次印刷
定　　价　98.00 元

《中国管理哲学年鉴》编写人员

顾 问（以姓氏笔画排序）：

齐善鸿（南开大学） 刘敬鲁（中国人民大学）

李新春（中山大学） 吴照云（江西财经大学）

陈 劲（清华大学） 陈春花（新华都商学院）

陈 耀（扬州大学） 苏 勇（复旦大学）

苏敬勤（大连理工大学） 张金隆（华中科技大学）

周 南（香港城市大学） 杨 治（华中科技大学）

赵曙明（南京大学） 席酉民（西安交通大学）

徐二明（中国人民大学） 徐 飞（上海财经大学）

管国兴（中盐金坛有限责任公司） 黎红雷（中山大学）

魏 江（浙江大学）

主 编：吕 力

副主编：贺三宝 谌飞龙 钟 尉 钟海连

编 辑 说 明

　　《中国管理哲学年鉴》是大型文献资料性学术双年刊。秉承学术性、权威性、客观性、前沿性的宗旨,《中国管理哲学年鉴》力求反映对中国当代管理实践的哲学思考,以及中国管理哲学研究总貌与年度进展。

　　改革开放至今,中国的管理科学研究取得了长足进步,但由于忽视管理哲学和中国管理哲学的指引,从研究选题、研究范式到研究方法,大多在西方文献后面亦步亦趋。目前,中国社会经济迅速发展,企业管理取得长足进步,中国出现了世界级的企业,却没有世界级的企业管理理论。中国在改革开放之后的管理实践中,已经积累了大量的经验,但一直缺乏哲学层面的总结和提炼。与此同时,西方管理学术在当前也已走入唯科学、唯实证、理论脱离实践等误区,自身发展面临严重困境,大量的研究成果因为内容晦涩、结论空洞、无法指导甚至无法解释实践。

　　因此,管理科学需要管理哲学给予支持、补充与完善;中国本土管理研究不可能回避中国文化与中国管理哲学;建立管理学中国学派,构建体现中国特色、中国风格、中国气派的中国特色管理学更不可能离开中国管理哲学,这是编纂《中国管理哲学年鉴》的初衷与出发点。

《中国管理哲学年鉴》（2020—2021 卷）的栏目如下：

中国管理哲学的基本问题与中国管理学流派；

中国管理哲学与本土管理理论创新；

中国管理思想在当代的应用与发展；

中国本土管理思潮；

实证中国管理哲学；

中西管理比较与融合。

《中国管理哲学年鉴》（2020—2021 卷）的编写得到了国内管理学界与管理哲学学界的大力支持，在此表示衷心感谢。江西财经大学图书馆周子剑老师、工商管理学院何佳琴等协助收集、整理资料，在此一并致谢。

《中国管理哲学年鉴》（2020—2021 卷）是该年鉴的首卷，由于编辑工作量大、编辑时间紧张、涉及内容广泛，首卷主要以对在国内外产生重大学术影响的原始文献进行摘编的方式体现该年度内中国管理哲学领域前沿研究进展。在编辑顾问委员会的指导下，编辑部全体人员共同遴选、确定了本卷收录文献。在摘编的过程中，基于全书容量及编辑技术的考虑，在最大程度保证原作精华的基础上，对原作内容进行了审慎压缩，对原作格式作了谨慎的调整。因此，与所有二次文献一样，建议使用者在需要全面细致的参阅或引用时，仍然使用原始文献。为方便读者查找，本书在每一篇文末注明了该原始文献出处。

本书是国内首部对中国管理哲学研究进行综合回顾的大型年鉴

工具书，在编辑工作中，难免出现疏漏与错误，请各位专家、学者和读者批评指正。

本年鉴的出版得到中盐金坛公司的资助，谨致谢忱。

《中国管理哲学年鉴》编辑部

2022 年 5 月 30 日

目 录

二、中国管理哲学与本土管理理论创新

三、中国管理思想在当代的应用与发展

四、中国本土管理思潮

五、实证中国管理哲学

六、中西管理比较与融合

一、中国管理哲学的基本问题与中国管理学流派

成中英教授论管理哲学的概念、体系、结构与中国管理哲学

成中英　吕力

吕力（以下简称吕）：成先生，您是中国管理哲学的创建者，第一次系统地提出了管理哲学的概念体系，所以我的访谈提纲也紧密地与此相联系。访谈提纲包括三个部分：一是管理哲学的学科体系结构问题；二是中国管理哲学和中国本土管理学的相关问题；三是您提出的 C 理论的有关问题。

成中英教授（以下简称成）：这三类问题安排得很好。首先是关于管理哲学的学科体系，这个问题很重要，先要了解管理哲学是什么，然后谈到中国管理哲学，再然后是和中国管理哲学相应的西方管理哲学的问题。第二类问题牵涉本土这样一个概念，本土这个概念还需要进一步澄清，这样我们就会了解管理哲学中间的一些文化传统，以及中国管理哲学在文化传统与价值方面的特质。最后是我提出的 C 理论，为什么要提出这个理论，我会再加以说明。C 理论对于重建一个包容中国管理哲学与西方管理科学的管理哲学，是一个怎样的体系，它的目标是什么，它的特点是什么，C 理论有什么发展，怎样去了解它，这个问题很好。

一、管理哲学的概念、体系与结构

吕： 管理哲学的概念是什么？

成： 管理哲学是个很新的概念，但就"管理"二字来说并不新。据我的考证，"管"这个意思在春秋时就有，它指的是一种乐器，因为当初排练乐曲的时候，要用管子吹出来的声音使整个乐队的节奏和谐。"管"字的来源是音乐，就是用"管"字来表示形成一个秩序的力量，一种影响的力量。所以从字源的角度，"管"的原始含义在中国来说就是使一件事情处于一种合理的秩序。"理"字指的是一种自然的条理，玉石之理。"理"用作动词，表示理顺，就是"使它具有更好的理"的意思。

管和理都包含着一种自然秩序或人对秩序的一种规范、要求。从汉代开始，中国原始时代就有的一些概念，随着生活越来越复杂，慢慢演变成了一种双语词，包括"管理"在内，很多都是这样，例如："简单""复杂"。这说明中国早就有"管理"的概念，把两个字连用也不过是凸显出中国人对秩序的一种认识，以及对秩序建设的一种需要的认识，甚至也可以说包含着理想的、所要求的秩序是什么的一种认识。

现代以来，"管理"这个词在我们心目中往往用英文 management 所含的意思来取代了。19 世纪后期，很多西方名词进来，这虽然象征两种文化的交流，但我们属于接受者，所以很多时候我们需要考虑怎样表达西方人的意思。在翻译过程中，话语权基本上是以西方为主导，中方为服从。如果问西方有没有翻译我们的管理概念，到现在为止，你去问西方管理学家，中国人怎么说管理，他们是不知道的。他们就已经假设中国人要说的应该就是他们的 management，没有别的，但事实却不然，这就说明我当初为什么谈中国管理哲学，为的是在我们自己的经验中澄清与建立管理的概念。这个概念在翻译之前，它本身就有它的内在的意义，以及可以使用的范围，但是我们用"管理"一词翻译 management 一词之后，由于我们在翻译当中丧失了主体性，我们就变成以西方的概念为主，原来的"管理"一词也就变成了一个西方概念。

事实上，在一个全球化的语境里，我们希望两种语言是相互激荡的。深刻的对话能够把两种语言中个别概念所包含的意蕴及其价值同时呈现出来，为人们所共享；甚至也能凸显出它们的文化差异，能够自觉把这种差异弥补起来，产生一个更好的生活方式和行为方式。管理也是一种生活方式与行为方式，因此可以进行改革，可以进行发挥。显然在全球化与本土化的平衡中，我们不能只进行一条边的管理，陷入一个偏颇的文化话语语境中。由于每种文化本身有它自己的生命，还有它不同的表现形式，每种文化也包含不同的生活价值，当然也应该把这些显示出来，凸显不同的价值理想与生活发展的方式。中国作为全球的一分子，属于国际社会，也保有中国的文化传统。从这个意义上讲，我们对管理、管理科学与管理哲学的概念，都要有一个重新的认识。例如管理科学，西方所指的管理科学是指一些什么样的认识，什么样的工作与活动？中国的管理又指向一些什么样的活动项目，西方的科学管理项目是不是中国管理当中已经所包含的？而中国所包含的管理科学是不是也可以作为科学的研究对象？这些都是需要仔细澄清的问题。

吕：管理哲学的定位是怎样的？

成：中国人在面对人事纠纷时往往强调一种协调、一种仲裁。中国人重视感情的交流、重视关系的建立，这些是可以作为科学研究的对象的。管理的功能与活动其实是还在发展中，因此，管理科学本身所研究的对象也在发展中。简单地说，人在发展中，人的文化也在发展中，人与人的交流也在发展中，所以，管理行为的发展是管理科学与管理哲学所共同关注的。

当然，科学与哲学不同的地方是，科学强调的是知识的建立和技术的应用，因为科学是对客观事物的认识。现在我们的生活观念是全球化的，是相互影响的，交互行动的，是一种跨文化的，因此管理科学包含的管理概念或者管理的活动，也是不断更新的。所以，我们不要先假定西方那一套是已经规定的管理科学范围。我个人认为它只是建立了一些基于已有经验的概念，而且基本上都是以西方文化为主。

与科学不同，哲学探究最原始的概念和范畴，探究经验中一些根本的问题，它要回答目的、基础、根源、过程、标准等问题，当然还要回答价值问题、意义问题以及如何把意义与价值形成规范的问题。其实科学管理最根本的问题实际上就是哲学问题，只是大家忘记了它是一个哲学问题。比如，我们管理学有这样一个科学认识，人们工作了八个小时就会疲倦要休息，我们知道这个事实，因此，我们得出这样的结论，那就是我们工作最好不超过八个小时，这种规则是归纳出来的。但有些规则呢，是要参考人的基本需要和目标来决定的。比如我们怎么制定一个政策，或者管理法则、管理规则，我们怎么来形成企业管理目标，企业追求的目标是什么，这就要考虑到很多因素。

哲学问题就是强调整体性和根源性，就是去追问规则是怎么出来的，这样我们就可以建立一个发展的方向。有很多问题都要从根源上去查出原因，然后来形成规则，才能达到管理的效果。管理哲学就是不断在探索根本问题，在根本问题上不断认识，了解根源之所在。所以管理哲学可以说是管理科学的生命源，是管理科学的一个批判者、一个监理者。管理哲学思维是管理科学发展的基础，它保障新的管理知识的产生，也要求管理在科学上面进一步进行技术化，像把物理学变成工程学，把工程学变成工程作业一样。

吕：管理科学与管理哲学的关系是怎样的？

成：关于管理科学与管理哲学的关系，我们可以说，管理哲学是对管理科学的深入思考，如何使管理科学更有效，或者更有用，更有价值。这里有几个层次的问题，包括从大脑产生知识，再到知识产生技术，用知识发明机器。这些都必须要合乎客观规律，这是第一个层次的问题。因为管理涉及人的欲望跟人的意志，它代表人对理想价值的追求，所以说这个价值也是需要的，这是第二个层次的问题。比如说，一种商业行为要变成对社会发展有用的行为，推而广之，政治行为、经济行为，都需要价值在里面，都需要有一种主体的个人的参与，那就不能脱离各种集体性的或者是个别性的价值概念以及文化概念，所以从这个意义上讲，纯粹知识需要在文化的背景中提炼成为价值，要实现从脑到心的层面的提升，这是第三个层次的问题。怎么达到目标呢？心要认识宇宙，认识自己，所以有一个道的概念，所以中国的管理在这方面它是往上走的，管理知识演变成管理智慧，西方管理是从管理知识变成管理工具，这里就可以看出管理哲学的重要性，它要整合知识，要从知识里面提炼价值。要帮助管理科学知识提炼技术，还要解决它面临的各种周边的、涉及其他领域的问题，它不能回避这些问题，否则管理就变成孤零零的机器。如果这个机器不在一个系统中，机器的用途本身就不能真正发挥作用，即使发挥也可能有害，它可能在一段时间有一个目标，在另外一个时间它就变成另一种问题、一个负担，所以管理哲学的研究是非常重要的，主要范畴就是刚才谈到的基础、价值、知识、技术以及它们之间相互的转换关系，以及它们如何和社会发生关系、和文化发生关系、和历史发生关系、和个人与群体发生关系，事实上，管理不可能是孤立的，所有行为都契合到管理哲学。

吕：管理伦理是管理哲学研究的一个重要范畴吧。

成：就管理伦理而言，哲学范畴其实从个人来说属于个人生活的一种规范，在于我们认为什么是好的生活，生活的目标是什么。人不只是自然的动物，他是具有道德性和伦理性的存在。他需要自我的修持，也就是传统儒学中的修身养性，或修己之道，这是个人层次的管理，从个人修持到家庭和睦是一贯之道。诸子百家没有不重视家庭的。你的家庭本身有问题，你个人的问题就很大，所以儒家特别强调一种家庭秩序的建立。今天，家庭也是作为一个经济单位，对这个社会的经济发展起到支持的作用，也是社会发展的一个稳定力量，它当然更是伦理价值建立的基础。从家庭到宗族再到社会就直接联系到国家的建立了。今天的社会发展从家庭直接联系到社群，再到国家，家庭与国家的关系更为密切。但无论怎样，儒家强调说："孝悌也者，其为仁之本欤。"你不懂得孝悌，那你怎么在政府为官为政呢？我们现在的人生活动当中，最基本的就是有关生产的经济活动。经济活动也就是满足家庭与国家发展需要的活动。社会发展必须建立在经济发展的基础上面，然而发展经济的目的不限于经济，而是指向政治、文化、生活的发展。经济不是最后的目的，它是达到社会发展的必要工具。

我们今天发展经济，不要忘记它的伦理目标，但是问题是我们忘记了。我们往往倒因为果，往往把目的变成手段，把手段变成目的，或者为了目的而不择手段，这都不好。伦理是管理中一个很重要的范畴。我在 C 理论中提到，要把管理和伦理结合起来。我在哈佛大学管理学院访谈时提出伦理应与管理结合，后来哈佛的管理学位课程开始注重伦理学。但在 1995 年之前，就没有企业伦理这门课程。

我曾经跟哈佛大学管理学院的资深教授乔治·洛奇谈到要重视伦理学。我发现哈佛大学所教授的课程中最有名的就是企业化、企业化管理，研究怎么形成新的企业、怎么进行企业投资，强调自己利益的最大化。但是，我提出一些问题，企业策略的应用有没有一个边际，有没有一个限制，哪个策略的应用到哪个程度？如果不这样追问，它就会走向非伦理，甚至走向反伦理，企业伦理的限度在什么地方？后来我开了企业伦理课程，也谈到相关的问题。

这是很大的一个问题，当然哲学家、管理哲学家可以先想到这个问题，有的事情很需要防患于未然，有的事情却不需要防患于未然，这都是哲学问题。为什么有的事情不需要防范，因为它无法防患于未然，让它自由发生不是更自然吗？有的事情你要防患于未然，因为它可以影响到更大的事情，所以这就需要去探讨。这些迫使你要形成一个整体概念，将人的各种经验融合起来，形成一个更好的管理蓝图，提供给管理者来参考。事实上还不只是这样，越到高层，管理的范围越大，权力越大，就越需要管理哲学。这就说明管理哲学的地位是非常重要的，在整个人类经济活动、政治活动、社会活动、个人发展中占有崇高的和最根本的位置。

像排队理论、博弈理论，都属于管理科学，它是一种技术。管理科学怎么定位，谁来定位，我想只有管理哲学能帮它定位。在我的 C 理论中将管理科学定义为：知识转化为技术，然后技术用在具体解决问题上面，这种研究就是管理学。但是怎么界定目标，目标怎么改变，最根本的动力在什么地方，怎么随着人类的文化发展，面对文化的沟通怎么来解决问题，这是管理哲学。总的来说，管理科学与管理哲学的关系就是：管理哲学是管理学的基础和动力，是解决基础问题的枢纽，以及认识基础问题的基本能力。

吕：国内外当前管理哲学的研究状况和进展是什么？

成：关于国内外管理哲学研究的现状和进展，就国内的研究而言，概念的提出比较晚。我相信以前也有人谈过管理哲学，但是以前他们所提的管理哲学基本上是片面的，偏于一家的，就一个领域说的，有时就是人生哲学，算是对人生的管理，在传统文化里面漫谈管理和哲学。

我认为自近代社会发展之后，我们应该将管理哲学界定为一项针对管理机制的建立、管理策略的制定、管理活动的规范、管理问题的认识与解决而做出系统的基础说明与价值的评价与指导。这样的管理哲学是高度的理性思考与辩证思维，它本身就具有发挥管理功能的作用，因为它是在一个更高的层次上论述一个根本的管理体系。目前这样的管理哲学正处于一个发展的时期，也是必须要发展的时期。有很多企业与行政单位还没有想到管理哲学的重要性，因为它们的管理活动层次是比较低的。低层次的管理可以不需要管理哲学，管理就是照某个规则办事，说了怎么办就怎么办，也不要去怀疑，你也不敢去怀疑，这里面的哲学思维很少。

管理哲学研究一定是高层次的。高层次的管理面临很多不确定问题，知识量的增加，还有很多事件发生后，如何定位等等都与管理哲学有关。管理哲学背后是不是已经形成了一个标准，那要看文化的不同而定，所以，国内外现在管理哲学的研究状况在全球化以后就更受重视。此一问题以前在我的书里也常提到，在经济领域中管理哲学很久以前就起到过很大的作用。举一个例子，美国人口研究学者戴明，对日本丰田提出的建议是，做汽车不是要降低成本，而是保证品质的卓越，好的品质最后还是有助于盈利，以前日本产品品质不好才是导致销售无力的问题。戴明是一个统计学家，但他有管理哲学的头脑，他提出的策略是品质第一，为此强调品质管理的重要，导致品管圈的高度发展。从那个时候起，日本的工业确实改变很大，由于重视品质，日本工业走上精确化的路途。在管理上做到了品质归一化的要求，同时也形成了对时间精密的控制，这就是精益管理思想。中国人可能总想留一点空隙以为悠游的余地，这就是管理哲学的问题。中国人的这种态度在生活上是没有错的。日本强调精致性，它要做一个精致的仪器或者是军用的武器，那就要胜人一筹。比如说日本手表、照相机、电器等都很精准，因此竞争力很强。我们中国人在生活上允许一种自由，可是在针对一场战争或者是针对一个科学试验来说的话，那我们就有可能吃亏。当然，这个又跟管理哲学很有关系。

就西方而言，德鲁克之后有新的一些发展，我的书中曾提到彼得·圣吉。圣吉主要强调人的素质，他的《第五项修炼》一书，是受到中国哲学的影响，这个我是很清楚地感觉到的，但是中国人还都不知道，所以大家都把它奉为神明，其实里面的内容基本上都是中国思想家说过的。中国的易学所包含的整体开放性的认识，他想学习发挥，却还没进入那个境界。所以当前的西方管理哲学还是在不断摸索中吧，而且它在吸收中国的资源，这是事实。

我在 20 世纪 60 年代开始在哲学系开设易经哲学，到 70 年代美国的军事学院就把《易经》当成教科书，其实受了我的影响，本来他们只是用了《孙子兵法》，后来就用了《易经》。因为《易经》是中国认知宇宙与人生的智慧，是一套对变化的管理，是变迁管理最基本的要求。我在《北大商业评论》的专栏中写了一年的短文，涉及变化管理的一些问题。以此来看圣吉的理论，他的管理思想在我看来，的确超过技术研究，远比像《七个管理的心理习惯》这类书有哲学意味。所以他从一方面打开了一个新的管理决策之道，将它更有效地应用在一般的企业行为上面，这是他的一个重点，但是他没有方法上的突破。他不但没有突破，甚至陷入一些新的困境。

其实，很多策略的布局是哲学性的，诸葛亮为什么能把八卦阵摆出来，就是因为他心中有一个宇宙图呀，他看到了别人看不到的智慧。现在西方尤其美国开放性地吸收了很多中国的东西。从我创办易经学，至少有十本有关易经的书重新被翻译出来。所以今天虽然西方的管理哲学研究还没有出一个什么大的景观，但是他们在集中学习中国的东西，这是一个重要的现象。他们的重点就是学习中国的东西，消化中国的东西，以为西方企业发展之用，西方市场开拓之用，形成了新的发展点。所以我得出这样一个结论，中西的竞争就是谁学习对方而不丧失自己，融合得更快、更好，谁就是胜利者。创新在于学习对手来充实自己，我们现在的管理问题不是不学习，而是被动学习，学习了对方忘记了自己，这个问题是很大的。

我注意到中国的管理学院从 1995 年我回到中国那时候就开始有，到今年已经 17 年，到底管理学院培养了多少成功的企业家，这个很难说。管理哲学是我提倡的，我作为管理哲学学科的创建者也开始得很早。在海外，西方不断学习中国，中国被动学习西方而忘记自己，这是目前的状况。所以从这个角度上来说，管理哲学还是有非常宽广的未来，大家还没有掌握管理哲学最基本的问题和它的范畴。这个还是要深入去掌握的，你看《管理学报》上的文章如"知行合一"已经开始用到哲学的语言，但是你怎样再深入地把它形成一种理性的认识，还需要在原始的基础上进一步地去探讨。

丘斯迈：我觉得从学术界来说，有些问题可以得到共识，但是从管理实践者来说，让他们学习中国的传统文化，以及学习儒家的东西可能不是那么容易。

成：我也同意你的说法，昨天我和吕力谈的就是这样一个问题。很多企业家自从谈国学以来，至少认识到了这个方向，但是对中西融合还是没有理解。也有一种这样的现象，为了要回到本土化，为了掌握自己的文化，所以就拒绝学习西方，这也是不好的，这就会变成一种限制，对自我的限制。好像我们要么只能全部学习，要么就是全部封闭。这在中国五四以前就有这样的情况：全盘西化或者全面本土化。这两种立场都是极端。全部西化是不可能的，全部本土化也是不可能的。我们要创新，就必须学习西方，在和西方交流当中来超越西方。简言之，基本的原则就是要知己知彼，这个是我们需要去做的事情。

对于中国的企业来说，如何建立一个具有声誉的、全球化的跨国公司，这是一种挑战。挑战的核心是如何在各种困难当中能够和西方建立一种平等沟通和相互影响的概念。东西方的核心价值不一样，我们怎样把不同的核心价值结合起来，保持和而不同。举例来说，在哲学领域当中，如何把正义和自由这两个基本的价值结合在一起，来共同实现人类的共同繁荣，这是中国管理哲学应该考虑的问题，这个问题就是最高的管理理想。这就要求我们思考：我们怎么谦虚地学习、怎么开放、怎么不断改革、怎么从各种事件中吸取教训、怎么日新月新、怎么充实我们自己。

领导地位越高，你越要有整体性，越要追求一个整体的价值与理想，不能以自己的利益为主。我们要学儒家基本精神，儒家精神是中国文化本来就有根基的东西。

总体来说，管理确实需要哲学，哲学的影响其实也是最大的。今天不讲管理哲学是不行的，不是为了学位，也不是为了包装。在具体的发展举措上，我昨天和吕力说，能不能成立一个书院，在东湖之滨，借助《管理学报》在管理学术界的影响来推动管理哲学的建设和发展，引起大家的重视。我认为，这是把理想转化为现实的正确方法。把管理哲学和管理科学结合在一起，把中西结合在一起，把伦理和管理结合在一起，这些都很具体，能够对企业管理者或者是行政管理者有所裨益。日本有一所特殊的学校，是松下企业利用松下幸之助过世之前捐的一笔钱建立的，名为"松下政塾"，是给日本的领导人与高级管理者提供训练的，它举办各种高级管理讲座，当然涉及管理哲学。我在日本教书的时候，被邀请去访问过。松下显然奉行儒家的管理哲学，他在大厅里面挂了一个中文的条幅，叫"至诚如神"。这句话是从中庸里面来的，要人从"诚"做起，就是要真实做人，言行一致，最真实的人就有一种感动人的力量，像神一样，所谓"至诚如神"。用诚来进行管理，就是自觉地管理自我，转化自我，提升自我，然后用感化他人的力量进行管理，达到人人自管、相互提携的作用与效果。松下这种学习中国儒学的精神值得我们反思。

二、中西差别与中国管理哲学的发展

吕：您能谈一谈中西管理哲学的异同吗？

成：古代西方强调伦理和政治，与古代中国儒学有一致的地方。希腊古典时代重视伦理学与政治哲学，儒家也是从伦理学走向政治哲学。但是后来各自的发展方式不一样，伦理学的发展也不完全一样，这是因为文化环境不一样，对人性的了解可能也有差异。这差异中很重要的一点，就是中国人强调天人相通，要了解宇宙，要从宇宙里面感受到人的价值，又能够实现人的价值。实现人的价值就是修己立人，亲亲而仁民、爱民、惠民。希腊的政治哲学强调社会法律秩序的建立，个人理性思维的发展以及人民良好习惯的维护。西方文明相当重视理性的社会性。当然，后期希腊的斯托伊学派甚至把理性与宇宙观联系在一块。由于犹太教与基督教的发展，西方的伦理学、政治哲学，到了罗马时代接受神学为其基础。近代以前，神学几乎终结了各种学说。罗马帝国康斯坦丁大帝在第四世纪信仰了基督教，就把基督教作为政治与伦理的骨干，实现了所谓政教合一。

从中国哲学传统来说，中国是以本体宇宙论作为基础，本体宇宙哲学，然后伦理政治哲学。本体宇宙是从太和这一理念发展出来的，人因而应该追求和谐、实现和谐。天也成为天理之所在，而天人之际则是和谐性共通。西方要走向上帝，上帝纯粹是一种超越的精神，却用信仰的方式管制人间所有的活动，他有一种绝对不可及的客观性。所以到了近代，西方哲学从神学走向理性主义，也就是从神学里面解放出来，实现理性。政治方面实现理性导向民主国家的建立，经济方面实现理性则体现在亚当·斯密在个人自私动机的基础上建立了自由竞争的市场经济机制。其实，从心理科学的角度也可以看到，人人都是自私的，都为了自己，而必须面临相互的竞争，在合理的基础上，竞争当然是有好处的，但却导向了贫富对立的资本主义社会。相较而言，中国的和谐论，不太强调竞争，所以在文化上基本维持着一种伦理的导向。自从亚当·斯密之后，西方的管理哲学是以经济为基础的，中国的管理哲学是以伦理为基础的，这两者是有差别的。以经济竞争为基调，加上理性主义要求建立的社会民主秩序，加上民族国家的发展，这就形成了一个以强烈的竞争精神为主题，以资本主义为内涵的现代西方国际社会。此一现代西方国际社会的出现，对中国的文化形成了极大的压迫与威胁。中国人讲求和谐，强调德行，强调每个人都要关心他人，尊重他人，己所不欲，勿施于人，而且要推己及人，于是万邦协和、世界大同、天下为公，这是中国管理哲学的终极目标。

所以管理哲学从以上的分析讲，中西是有差别的，是与中西的文化环境有关系。当然西方的发展经历了几个阶段：从希腊、希伯来到中世纪，从中世纪到近代，从近代到现代，经过几次革命，一次是美国革命，一次是法国革命，最早的是英国革命，英国的光荣革命。这三次革命影响深远，法国大革命是最后一个革命，把自由当作最高的理想，因而自由、民主、人权成为他们管理哲学中的核心价值。然而中国哲学与文化深处并不否定此等核心价值。据我的深入研究，它们的来源还是儒家。因为在启蒙时代，18世纪的传教士把中国的儒家经典翻译成拉丁文，影响了西方的哲学家。莱布尼兹、洛克是同时代的人，康德和休谟是同时代的人，都受到儒家主张独立内在的人性思想的影响。当然西方经历过罗马时代的罗马皇帝专制，加上无所不在的基督教宗教信仰的压迫，因而对专制有一种精神上特别的抗拒。相对来讲，中国历史上有好皇帝和坏皇帝，而儒学的正负作用也是各为一半。从历史来看，西方人为了追求自由，却把和谐忘掉了，提出了"不自由，毋宁死"的口号。

吕： 您说东西方有不同的价值观念，但是您后来又说殊途同归，这怎么理解？

成： 东西方的殊途同归是彼此学习之后的殊途同归，今后的竞争是彼此学习、再学习，西方人要向中国学习和谐的重要性，我们也要学习自由的重要性，我们要共同接受的是一种正义的重要性。

所以我同时强调自由、正义与和谐。西方代表着自由，中国代表着和谐，但共同目标是正义。

正义这里面包含着两个方面，一个是自由，一个是和谐，自由跟个人的生命有关系，和谐跟社会的共存、繁荣有关系，这是我的一套最根本的价值概念。我讲管理哲学当然已经不只是讲管理哲学，实际上是一套宇宙论，一套本体论，一套伦理学，一套政治哲学。我在清华大学开课讲中国政治管理哲学，就是这样讲。

吕：您刚才讲您的管理哲学包括一套本体论，一套宇宙论和人性论，这应该是非常重要的吧？

成：管理最后都要涉及这些问题，我们不能要求管理者来考虑这些问题，但是我们要求研究管理的学者要来进行研究和不断讨论，尤其涉及高层次的管理。比如国家的治理，我们讲马克思主义中国化，我们就要讨论什么是最好方式的马克思主义。假如没有讨论的话，永远就是听一个人讲马克思主义，那我们就锁在里面去了，是不是？所以这个就是为什么我说管理哲学是重要的，因为它保证我们永远有一个反思的能力，一个自我审查和批判的能力，以及一个创新的能力，因为反思、批判、审查、创新是最重要的。

吕：《管理学报》有一个栏目是"争鸣与反思"，就是主张反思、批判与创新的。

成：这个很好，是我们非常需要的。我觉得中国哲学从西方得到许多反思，同时它本身也具有一种反思的能力。中庸说的"博学之、审问之、慎思之、明辨之、笃行之"五方面，它就是具有一种反思能力。但我们不能仅仅把它当作一套古老的思想，还要发挥它，不发挥没有用。其实这一套思想没有过时，它就是中国管理哲学的一个热点。你说你今天重读"四书"，假如重读只是走向一个八股，那就不行了。当然于丹讲的一般民众都很喜欢，可见大家对如何做人做事的态度与方法还是有一种需要的，那么我们进一步地把这些变成管理哲学还是可能的，也是必要的。

我们的管理学研究现在变得只是一味地向西方学习，丧失自己，就等于没有进展，或者只是重读古典，不知道它的真正含义和现代意义。因为不了解西方对同一个事实的解释以及人类面临的问题，你怎么读，你读十遍，你倒背如流也没有用，这是当前最大的一个问题，在管理教育上需要解答。

我刚才也讲到很多企业家有这个需要嘛，到了一定的阶段他们也要提升，没有人教他，他也找不到方向，因为他们对基本概念是很模糊的，心中有很多很多问题，没有人来回答。我现在来跟大家讲，讲了之后，有一批朋友和年轻人，他们学习到了，我就不讲了，但管理的智慧就慢慢传下去了，对不对？把这个精神传下去是很重要的。就我来说，我永远在追求不断地更新，所以我很希望看到能够有一个机制，比如一个书院，能够让我把这个管理哲学的眼光与观点不断地彰显出来，既是创新，又是推陈出新。把讲的东西再写出来，新的人继续讲。不是照着讲，而是跟着讲，发扬出去地讲，慢慢形成一个潮流，我们就有创新了。另一方面，我盼望大学的哲学系有个中国管理哲学的教研室，管理学也应该有管理哲学的课程，这个我觉得是很重要的。

吕：中国管理哲学的特质和结构体系是怎样的？您怎样理解管理学界提得较多的"中国本土管理学"？

成：至于中国管理哲学的特质和结构问题，在 C 理论里面谈得很多。联系到访谈提纲中所提到的中国本土管理学，我这里首先要做一个区划。本土的管理哲学还不等同于中国管理哲学，中国管理哲学在今天中国具有一种理想的意义。我曾经在我的书里面用这样一个名词，它指的是经过重建之后的中国管理哲学，它把中国古典文化本身具有管理内涵的智慧，转化成为一种明显的知识概念、价值理念，或方法提出来，而且形成一个开放而动态的体系。经过这种转化之后，中国管理哲学有其根，有其干，有其叶，且能开花结果，这就是中国管理哲学。那什么叫本土化的管理学呢？我认为只是经验的陈述而已，比如说见人要打招呼呀，要打点好人际关系呀，不要得罪人呀！曾仕强教授对此有深刻的认识与发挥。而我讲的中国管理哲学具有一种现代性，融合希腊、西方的精髓在其中，因而同时具有一种高度的知识性与伦理性、高度的现实性与理想，实现和谐自由和正义的标准，这才是我说的中国管理哲学，不是本土化的那个中国式管理。我的中国管理哲学这个概念，主要为了说明中国的传统与西方结合之后的创新精神。

从这个意义上讲的管理哲学，我是最早的，曾仕强教授讲的是他的一套圆通式管理，就是关系管理，他的关系管理受到很多人喜欢，我的中国管理哲学却是比较曲高和寡。相比于中国管理哲学，中国式管理其实是中国的一些习俗传统，能够达到一些世俗的目标。当然对很多商业行为而言，形成了这个规则或那个规则。管理还是应该为社会服务，促进社会进步，并不只是满足商人的需求；管理并不只是一种商业的行为，还具有一种伦理的重要性。古代的范蠡，他具有一种伦理的风范，形成了另一种中国管理的典型，是一样可以包含在我讲的中国管理哲学的例证之中的，因为他具有相当的现代性而不是世俗性。

吕：您的 C 理论是以《周易》为基础，可不可以从其他中国古典文化入手，比如说从儒家或道家？

成：当然，儒家和道家本来就包含在我的 C 理论之中，你看书便知。这个可以从我提出的"管理太极图"来说。2021 年 12 月台湾大学办了一次道学管理班，我讲了我的"管理太极图"的概念。基本上，中国管理有一个根源，最后的根源当然是对宇宙的认识，以及对宇宙当中人的地位的一种认识。人是宇宙中最有灵性的最有价值的存在，人有能力实现自身的价值，同时也可以说实现宇宙潜在的光辉，这样的认识和信念就是《周易》哲学。其次，《周易》哲学还主张宇宙是变化的，所以人类应该有一种变化的能力，变化的目标是积善成性，就是要继承原有的善的成果，来形成更高的善的理想。《周易》哲学的第三个特点是生生不息，对天地人的定位包含两个方面，一个是积善成性、学习不已的自觉，一个是生生不息、与时俱进的过程。用现代话讲，你要认识到你在宇宙的地位是什么，这是根本信仰的问题，信仰有两类，西方人说上帝造人，你要信仰上帝，中国人说，我是天地所生，天生我材必有用。

用这个观点去看儒家，儒家精神就包含在周易哲学里面，你问道家怎么来的呢，道家是易学的一个重要部分，道这个概念也是儒家的重要成分。宇宙论就是道家之所重，但它强调创造的宇宙论，不强调发展的伦理学，就是不重视或者不太过分讲求人的发展，这是道家。道家是因为人面对很多问题之后，为寻求一种消极的自由而产生的需要。今天道家有没有意义呢？它也是有意义的，它就发挥一种以退为进的作用，一种收敛，一种净化与超越。我的中国管理哲学是以周易为本、以儒家为体，以道家为用之智，此外，再加上以西方为知，以现代性为行，也就是我们做事情要符合现代性的要求，同时尊重道德与知识。我说的这整套中国管理哲学具有莫大的应用潜力，你要发挥起来是很有意义的，因为它同时具有特殊性与普及性。它是一套人生价值的基本体系，它根植于本土而不是本土化的，它具有中国内涵，却不是中国式管理。

吕：您怎样看中国管理哲学现代化这样一个命题？

成：中国管理哲学的现代化目标是促进社会的进步，当然在进步当中要维护人类的基本价值，尤其是我们自己的文化已经呈现和发展出来的基本价值。管理哲学一定是合乎理性的、合乎人类需要的、合乎当前的情况的，同时也能超越这个情况，能达到一个价值目标。它能形成一个整体对外的策略，不断竞争的能力。我们应该对这个本土化中的世俗类型做出一种比较严肃的划分。中国式管理不应是中国管理哲学的代表。中国管理哲学要避免落入庸俗的本土化，而是要做到超越局限性的本土化，另一方面要开发德智并用的本土化。

吕：刚才您说管理哲学有几大部分，本体论、宇宙论和人性论，有没有认识论呢？

成：当然有认识论，其实这些东西都建筑在认识论的基础上，你认识本体、认识人性、认识价值，都是认识，这都是很重要的一方面。细节可以参考我的论述中有关中国哲学的认识论或知识论方面。

吕：您在前面提到戴明、德鲁克等人的管理哲学思维。您是不是觉得西方管理哲学是存在的，但它的体系结构还没有形成？

成：除了德鲁克外，较少自觉的形成，尤其没有形成当代的体系。所以大家到现在为止能够举出来的很少，比如戴明，但戴明也不是很系统，不过他有他的道理。

吕：管理哲学主要是从整体的根源、目的和基础这些方面来进行研究。对企业家来说，管理哲学可能就是理念，那对于这些具体的理念，可不可以用实证的方法进行研究？实证管理哲学这个概念合不合理？

成：可以，但实证的方法是有限的，它只能研究事实，管理也包含价值。这样说吧，管理包括事实、知识、价值、规范，在事实上面建立知识，在知识上面建立价值，在价值上面建筑规范，这是我的方法学的几个层次。所以，你从科学的角度研究，这是事实，那么"实证管理哲学"在这个层次上是合理的，但管理呢，怎么转化为价值和规范，那也是管理哲学要考虑的问题。

吕：它可不可以作为管理哲学体系的一部分？

成：当然是管理哲学的一部分，这四个层次永远是联系在一块的。管理哲学包括实证，但还有一部分就是辩证。只要观念是对的就可以。我是提倡中国管理哲学这个学科，至少现在有个 C 理论的范本，我影响了中山大学这一批年轻学者三十年，尚不知能不能带动成为全国性的行为，或者先在华南这块地区繁荣，我不知道。你把文章刊登出来，写得很生动的话，或许能激发人心。

三、C 理论

吕：作为中国管理哲学的一个典范，C 理论在学术界产生了深远的影响，您创建 C 理论的初衷是什么？

成： 写这个 C 理论是有一个渊源，威廉·大内写了一本书：《理论 Z》，英文是 Theory Z。它是针对美国来说的，假设美国是 A，日本就是 Z，刚好是字母表的两端，日本的管理就是两端的另一端。20 世纪 70 年代后期到 80 年代初，刚好台湾地区经济发展很快，就需要一个理论基础。报界来找我，我那时也正在考虑一个问题，社会发展的真正动力是什么，怎样去体现这个发展的动力，来进行一个沟通与管理的建构。在我心中，人类总是要发展经济，经济发展是社会的需要，要维护社会的生存就要发展经济，再说经济发展能提供更多的精神发展的空间，很好地去从事一些上层建筑的价值创造。然而，经济还不是最终的目标。这个问题是我一直考虑的，从亚当·斯密来看，经济还有道德的目标，但是亚当·斯密没把这个说得很清楚。这可能需要从一个时代的发展的愿景或动力入手，所以我用 C 来代表中国的发展。C 就是原始的创造力，创造力包括创造原始的形态能力、更新的能力，是一种广泛的从无到有，从有到更新的能力。C 是中国 China，是创造力 Creativity。C 理论是中国的创造力理论或中国创造之道。

我用 C 理论来回答中国管理哲学的精神是什么。美国的 A 表现为科学精神，一种科学的知识发展。日本的 Z 代表一种群策群力的能耐，这个 Z 就是说组织能量、群体能量，不是突出个人，是突出群体发展的一种理论。它刚好跟美国不一样，代表一种社群的需要，代表一种团体精神与团队精神，大家密切合作来创造一个新的经济，新的企业。

就中国而言，中国传统管理哲学就是一种心灵感应或者一种心的认识，透过心去感受感情，感受要做什么，然后达到一种道德目的，一种和谐的秩序。道这个字本身就有一种终极的意思在里面，但它又是一种活动。所以它代表一种智慧、一种动力、一种方法、一种成就，具有价值概念，具有理智的概念，也可说具有一种境界性的精神。这种精神在西方只是一种机械性的管理科学，在日本只体现在群体的经济活动或组织活动，还无法体现中国人那种凸显和宇宙的关系，与自近而远的人类整体的关系。

代表中国管理哲学的 C 理论要突出一种宇宙创造力。人代表宇宙的一部分的内在创造力，它要建造一个天人相通，又是知行合一，又是主客互动的一种发展方式，这是一种理想的层面，怎么去实现这个理想是一个重大问题。为了表达这个理想，我就用了几个代表词说明 C。C 代表创造力，代表文明、文化以及变化之道，尤其是成就人这个意思，C 也代表儒家和孔子，C 代表的寓意是很多的，从宇宙、文化到伦理。有人说 C 也代表我自己，因为我的姓名开头是 C，这倒是额外的意思。

综合来看，C 要突出它的功能内涵，慢慢就定位成 5C 理论，5C 系统的发展与超越再综合成 2 个 C，实际上成为 7 个 C，其中每个 C 有 2 个含义，就体现出一种一阴一阳为之道的 14 种相连接的功能。

吕：您能简要介绍 C 理论的核心观点吗？

成：C 理论最初的核心体现为 5 个 C。5C 理论主要突出 5 个管理功能，这 5 个概念刚好就是我修正了西方的管理学的地方。西方的管理学讲到计划、组织、用人、领导、控制，特别是计划和控制我觉得要对它进行改变，它不太全面。计划半天你就去组织，缺少一个投入的过程，投入的过程我把它叫作决策。决策是管理的灵魂，但是在西方管理中谈决策仍不突出，谈计划比较多，计划是计划，做是做，不能体现知行合一的过程。关于控制这一功能我觉得也是一大问题，你要使你管理的力量落实在组织里，达到一种领导的作用，这个控制应该是更具体的一种人跟物、人跟事、人跟人之间的关系，人跟人应该是一种互动的关系，应该体现一种调整，尤其在人的环境下，这是一种协调性，所以我就把5C加了2个C，成为7C。

在C理论中，我把计划和决策合并为一，称之为C1，西方传统管理学中的领导我把它叫作组织与领导，这里面体现了传统西方管理学没体现出来的C3，就是怎么去把领导组织的能力用在市场里面，在市场里去创造价值。这包含着竞争和合作的关系或者需要。其实正是要面对这些，才能产生你需要产生的东西，因为你面临一个决策，必须考虑到怎么样去组织，组织后主要会面对哪些问题，来决定你要提供什么东西。生产其实在事实上不是一种单一的运行，它是由多方面决定的：一方面是你主观要生产什么；一方面是客观需要什么；第三个还有一个理想，比如说我生产这个来促进社会的进步。所以很多新产品不只是为了客观的需要，也不是说管你需不需要我就提供。需要和供给应该是一种互动关系，彼此刺激，不是这个生产控制就一定能满足那个需要，或者那个需要只能靠那个控制。需要本身就是一个可以逐渐增长的过程，这个环节我希望在经济学中有更多的讨论，其实创新就在这里。

对于某一个需要来说，创新就在于创造一个新的需要，或者创造一个新的供给，所以这就从C3到了C4，然后到C5。C5就是你创新发展后的目标是增进社会价值，增进人跟人之间更团结、更亲和的关系，来产生一种文化层的文明，所以它是在满足一种精神上的需要。到这个时候，社会面临另外一个决策，我们要怎样合作往前走，这又在循环，又到了 C1。

简单地说，我提出 5 个 C，就是从计划与决策（C1）到组织与领导（C2），到竞争与合作（C3），然后到生产与改造（C4），再到协调与沟通（C5），然后再回到决策。这个过程中的 5 个概念都是一阴一阳的概念，因为这是从中国的易学里体会出来的，道德发展本来就是两面，但是内层肯定是一种信念。很有意思，我这样想的时候，这 5 个功能刚好是五行的功能，我开始没有想到这个，这个对我是一个很大的发现，我自己都有些吃惊。从现代管理学的功能来讲，管理有多种功能，它是一种组合的过程，它是要达到某种目标的，任何管理都有一种目标性，目标是创造一个什么东西出来，达到一个功能，这个功能是什么，在问这些问题的时候就产生了 C 理论。

最后发现很有意思的是 5C 与五行一一对应：决策与计划相当于五行中的"土"，这是用中国的形象语言来表达。土字包含了深思、居中、信念等。然后土生金，领导与组织是金的力量，金的力量可以代表它，金是一个硬性的东西，领导就需要一种刚性，刚有很多种，刚中有柔是最好的刚，这样领导就有一个阴阳的含义。后来我发现竞争与合作是水的一种特性，你可以和水合作，顺水行舟，假如逆水行舟，那就是和水竞争，看你怎么走。水是没有形状的，整个市场是大而无限的，什么形状都有，有什么样的范围就有什么样的形状，哪种东西都可以变成市场，一旦你有这种需要或者创造出这种需要，就是市场。这是水的功能，在市场里隐藏着巨大的财富。用木代表生产力或者改造的力量，这个也是自然的，因为木能生物，草木生长就代表一种创造力，我把木定义为一种原始创造力与改造的力量。这种协调的功能产生一种和谐，产生沟通之后的一种氛围，以此来达到一种伦理的境界，这就是所谓火的作用，就是一种热力，有了热力，宇宙才有生命力。火是很重要的，有了火，才有土，才能生金，一直这样下来，变成五行。

我想强调的是，五行只是一种符号，但这也说明原始的五行具有一点管理的卓见，它最初是用来解释历史的变迁，解释物质世界，后来提升到解释所有的一切，如朱熹解释道德，宋代以后甚至用它来命名，说明命理，这里面还是有一定道理的。五行在今天的管理伦理学中也很重要，世界就是五行中的一种和谐的关系，人在五行中，人就是五行造成的，所以你自身不和谐，问题就很大，显示一种彼此相克。克也是一种平衡，相生是良性发展的一种平衡，相克是一种抵制性的平衡，两个都是需要的，所以就显示出管理就是一种发展与平衡的作用，是在不同的决策和合作中体现整体的进步。

经过诠释的五行，这是我的管理 C 理论的一个最中心的思想。五行在转，我把它叫作包含与循环。其实管理理论最主要的就是建立一套制度，让它能够不断循环，用在一个社会组织或者商业组织、行政组织，能够产生一种新的秩序。创造就是要通过一种不断的循环、不断的包含来实现。C 字打头的字特别适合我这个理论，而且它刚好有这么多功能 C1、C2、C3、C4、C5 等。循环和包含还需要一个更新，自身的更新，就是生生不息的体验，止而再生，有问题了把它停止，但是马上要把它再生，就体现这个功能。由于人类所作的这些决策往往会有时而穷，这个就需要一种自觉的更新，到一定的时候要有一个阶段性的调整，这就是C6。不断地充实，不断地吸收，不断地发展，然后又不断地整合与调整，产生一个新的价值、新的世界，允许人的创造活动不断发展，这就是C7。

在发展C理论时，我发现这5个C的作用有点像平衡计分卡的关系，所以有次在台湾地区开课的时候我把它用在平衡计分卡里面，因为这是相对应的，比如市场和人事怎么打分，生产怎么打分，但我们可以把这个平衡计分卡做得更详尽，使它变得更精确，而且还好用。

C理论一方面体现了中国传统，另一方面具有西方的形式，再具有一种中国的精神作为它的价值观。在此基础上我提出了管理7书，将C1到C7分别对应于中国哲学中的诸子。C1用的是老子，C2用的是法家的韩非，C3是《孙子兵法》，C4就是墨子，这是我的创新之处。墨子与孔子的不同就在于他很重视实际工具，讲究工具性，讲究功利，讲究集体发展。孔子没有特别强调这三种东西，孔子讲的是个人修行，墨子出身于平民阶层，是大众中的一个劳力者，但他很有眼光，特别在科学发展方面。所以科学发展在那个时代，中国甚至超过西方，不管是逻辑发展还是工具发展这一块，墨子的确是很了不起，他的出发点不是自私，这是很突出的，他是出于兼爱，现在很多人都是为了利益，这个应该是一种很现代的科学精神，所以我把它摆在C4。

C5就是《论语》，孔子代表人的提升与价值观，整个系统要提升需要一个过程，那就是要看得很深，然后能够做到既超越又投入新的世界。坛经有一种净化作用，现代企业中要拿得起放得下，不能一味纠缠。所有的活动都是人的心灵创造，心灵一方面很具体，另一方面也能纯粹把它看成一种想象。我很重视净化与提升的力量，所以 C6 代表《易经》，最后，C7 代表禅。

吕： C 理论的最新发展是什么？

成： 最新一版的 C 理论，就是第四版，北京东方出版社出版。在这一版中我提出了 C8，这是我在讲课中突然发现的。C8 就是 C6 与 C7 的功能的一种整体创造，禅学的一种超越，在阴阳的道中成为一个太和，这纯粹是一种理论性的认识。太和很重要，作为一个最高的领导者，应该有 C8 来支撑，所以我提出一个 C8，这样就形成了一个太极图。当然这个太极图是从实际来说的，是从人的活动中归纳出各种过程的一个动态发展的脉络，与周敦颐的宇宙太极图相应而不同。作为领导，要有这样的整体眼光，方能掌握他所面临的整个事件。我这一套理论是中国管理哲学最基本的模型，可以应用到中国的发展过程的说明与规划，兼用于经济与政治上的发展。当然，世界的发展也离不开这个基本模型。这个模型如何用在全球性的发展，正是值得我们思考的问题。它的未来就在于全球性的发展。

最后，C 理论受《易经》哲学的影响很明显，我研究哲学尤其是中国哲学的基础问题时，特别关注《易经》。我认为《易经》哲学作为本体哲学的认识是很重要的，因为过去讲管理哲学也好，讲经济哲学也好，它都没有一个哲学基础，只是一种手段，所以针对基础问题每个人有不同的见识。从我来说，现在中国管理哲学已经有一个基础了。

吕： 黎红雷教授写的《儒家哲学》是不是把儒家作为基础？

成：是的，在管理 7 书中凸显其中的一支。他后来编了一本书《中国管理哲学教程》，50 多位硕士和博士参加编写，他是认同我这个新理论的结构的。

吕：您这个体系以《周易》为本，儒家为体，道家为用，西方为知，现代化为行应该是更完备的。

成：这就是我对管理的易学式的一种诠释。

郭恺：中山大学去年的管理哲学年会的题目是"中国治道"，您怎么看？

成：最近我把 C 理论扩大到领导理论，讲到 5 个力，这算是一个过渡，就是怎么把经济管理变成天下治理。这在 C 理论中已有体现，因为它是一套管理哲学，包含了政治的领导力的考察与应用。数年前，我和美国肯尼迪政府管理学院的院长 JosephNye 有个短暂的对话，他对我说美国的发展也不只是凭着自己的硬实力，美国还有软实力，还能策略应用，来解决人类的问题，这叫作巧实力。我听了之后，觉得很好，但是缺少一个道德的概念，我说我提一个道德力作为最后的目标，听我这样提，他最后也同意。

我提道德力也是补充他的说法，你要谈软实力，一定是在硬实力的基础上，不能通通讲软实力，你讲策略管理，这又是在软实力与硬实力的基础上。我讲的道德力的确也需要软实力、巧实力与硬实力的支撑，这也说明全球管理的领导力的依托在何处，其高度又达到何处。当你有了那些力量之后，你怎么作出道德之用，但这里面有个矛盾，你有了这些力量，往往是不作道德之用的，这就是美国的基本困境。

吕：您讲 C1、C2、C3、C4、C5，包括 C6、C7、C8，在这一

套体系中，世界观和方法论是紧密结合在一起的一层一层递进的关系，是不是可以从这个方面来理解？

成：是的。中国哲学有一种现实的基础在里面，后来是倒过来了，坐而论道。不谈现实基础，只谈精神境界，这也很麻烦了，有心和道的关系，但是脑和手与机器的关系就不管了，所以我们的文明就变成一种道和心的文明，这样就脱离现实了。所以现在我们应从现实着手，然后回归到一定的高度。这种高度是领导于无形，可说达到了太和的境界，每个人都是自己的领导者，这就是君子管理。

我在清华讲中国政治管理哲学，提到孔子说"道之以政，齐之以刑，民免而无耻；道之以德，齐之以礼，有耻且格"。我觉得这两句话可以分开讲，也可以合起来讲。可见我的中国管理哲学不是只用在企业上，实际可以用在行政上，比如决策。作为行政领导，当然随时都需要负责任地去做出自己的决定，但要有合理性的说明，然后才能对组织进行领导，才能调整组织，推进政策，达到行政的目的，实现强烈的使命感。你还要看看你这套东西有什么具体东西拿出来为民所喜欢。这个就像是你要顺水行舟还是逆水行舟，民就是水，"水能载舟，亦能覆舟"。你的政策就是你的产品，你的形象就是你的产品。这些不只是商业管理，实质上涉及国家管理、行政管理。大的方面它是国家管理，实际上走向的是世界管理、天下管理。所以我这里大的方面包含了天下管理、国家管理；小的方面包含了集团管理、家庭管理、个人管理；最后还是讲到人的问题，个人与集体的人。应用到国家形成了一套国家管理哲学，必能促进真正的和谐社会。没有这样的文化基础，管理是会失落的，所以治理国家之道离不开一种一以贯之的管理哲学。

吕：中国古代更多的是行政管理，没有企业管理。

成：中国管理哲学是从行政管理开始的，所以现在企业管理都是走行政路子。西方现代刚好是从经济出来，是以经济学为基础。当代中国的管理学是以领导学为基础，也是以中国的政治哲学为基础，但是它的内涵是马克思列宁的管理模式。我们现在讲马克思主义中国化，就是让它的管理方式更偏向儒家思想，多多少少应该有这样的偏向，问题是，还需要再学习，使权力不会腐化。中国管理哲学的目标也就在中国完成了一个示范的模型。

原载：《管理学报》，2012 年第 8 期

作者单位：美国夏威夷大学哲学系；《管理学报》杂志社

21 世纪东西方管理融合与发展的趋势——当代中国东方管理科学的创新与实践

苏东水

一、管理文化融合与发展

随着全球经济一体化的进程不断加快，国际文化交流向纵深发展，东西方管理文化融合与发展越来越成为当今管理理论与实践发展的重要趋势。在历届世界管理大会和世界管理论坛暨东方管理论坛上，我连续发表《弘扬东方管理文化，发展现代管理学科》《东方管理文化的伟大复兴》《面向 21 世纪的东西方管理文化》等文章，阐述对当代管理理论发展及管理文化发展态势的一些看法。在这些文章中，已初步阐明了东西方管理文化发展的趋势，我认为当代东西方管理文化必然走向融合与发展，这股趋势不可阻挡。以下着重从管理文化融合的必然性及东西方管理文化融合发展趋势的五大特点来阐述当前东西方管理文化的发展趋势。

（一）东西方管理文化融合的必然性

东西方管理文化融合有其深刻的时代背景，以经济发展为根本动因，以文化交流为主要形式，当前东西方管理文化融合有其历史必然性，主要体现在以下五个方面。

1. 经济全球化为动因

20世纪90年代以来，以信息技术革命为中心的高新技术迅猛发展，不仅冲破了国界，而且缩小了各国和各地的距离，使世界经济逐渐融为整体。一方面，在世界范围内，各国、各地区的经济相互交织、相互影响、相互融合，即形成"全球统一市场"；另一方面，规范经济行为的全球规则在世界范围内建立起来，并以此为基础形成了经济运行的全球机制。在这个过程中，市场经济一统天下，生产要素在全球范围内自由流动和优化配置。目前，经济全球化已显示出强大的生命力，并对世界各国经济、政治、军事、社会、文化，甚至包括思维方式等方面，都造成了巨大的冲击。这是一场深刻的革命，任何国家也无法回避，唯一的办法是适应它，积极参与经济全球化，在历史大潮中接受检验。管理文化在这一历史大潮中也要经受住规模空前的洗礼，而管理理论与实践要发展，东西方管理要对话，它们之间的交流是不可避免的。在这一时代大背景下，东西方管理文化不断走向融合与发展成为一种历史的选择。

2. 国际文化交流的影响

文化交流是人类交往的产物，是文化发展的重要途径。文化的个性、特殊性决定着文化交流的必要性；文化的共性、普遍性提供了文化交流的可能性。任何国家和民族的文化都是一定社会实践的产物，有其长处，也有其局限。一国只有从其他国家的文化中吸收营养，才能永葆青春，永具活力。管理文化亦是如此。管理文化交流是管理文化发展的内在要求，是由管理文化的普遍性和特殊性的矛盾决定的，不同民族的管理文化既有特殊性又有普遍性，是个性和共性的统一。从西方比较管理研究和企业文化研究都可以看出西方最新的管理理念极为重视管理文化对管理的巨大影响。根植于企业文化的软约束在管理中的作用并不比来自企业制度的硬约束小。企业文化往往成为一个企业的无形资产，并使其他企业难以模仿。东西方管理学者都认识到交流的必要性，唯有相互交流才有可能创新出既符合世界潮流又能立足于本国实际的管理理论。东西方管理文化的交流随着东西方管理融合这一大趋势而不断得到发展，东西方管理文化的交流和融合越来越受到重视。

3. 追求社会和谐的需要

中国文化，历来追求人和社会的和谐、人与自然的和谐。中国古代学者和政治家，视民不相争、夜不闭门、路不拾遗为中国社会最理想的状态。中国的古代哲学家老子，则倡导遵循世界的法规（道），达到人与自然的和谐。而西方对和谐社会的看法则略有不同，西方人认为：好的社会，并不是简单地推行和谐，简单地牺牲"小我"来成全"大局"；好的社会，在于最大限度地保障个人的政治、经济、社会权利。这些不同并不会给东西方的交流带来阻碍，相反它们能从各自的优劣势中汲取经验和教训。人与自然和谐相处，就是生产发展，生活富裕，生态良好。追求社会和谐就体现在人与人、人与社会和人与自然的关系上，这是和谐社会在人与自然关系上的延伸。从根本上来讲，不管是东方，还是西方，和谐社会都是人类共同向往的生活状态。

4. 管理研究的进展

随着管理研究的推进，管理文化在三个方面表现出从中方到西方，再从西方到中方的回归：其一是大家所公认的"人在管理过程中的作用"，其二是文化对管理发展的作用，其三是东西方管理文化的融合。而第三点正在成为管理理论与实践发展的最新趋势。今后管理研究的技术和方法、研究的思路和视角、研究的领域和热点，都将更多地从东西方管理文化融合的背景下做深入探讨。未来东西方管理学者需要进一步挖掘、利用、融合东西方管理理论和研究方法中各自可以互补的精华与优势，从而推动管理理论与实践的进一步发展。

5. 中华优秀文化传播

泱泱中华五千年文明史，其光辉璀璨、熠熠生辉，无与伦比。随着中国经济的飞速发展，中国在世界的影响力越来越大，在世界政治、经济等领域扮演了越来越重要的角色。在文化领域，中国传统的优秀文化也开始走出国门，走向世界。从《道德经》到《论语》再到《孙子兵法》，这些古代中华优秀文化的典范已成为世界各国耳熟能详的经典大作。它们成为中华文化的象征，成为世界各国人民了解中华文化的重要通途。与此同时，这些传统经典中所包含的管理文化也逐渐在世界传播开来，为西方人士所了解。随着中国的和平崛起，中华优秀文化对外传播成为不可阻挡的时代潮流，东西方管理文化势必在这一潮流中互动、互补、共融、共进。

（二）新趋势

东西方管理文化融合与发展成为当今管理理论与实践发展的重

要趋势，主要体现在以下五大方面。

1. 人本管理文化的回归。 中国古代思想家强调"人为政本"，所谓"水能载舟，亦能覆舟"。那时所讲的"人本"主要是从政府与官员的角度探讨，但带有强烈的忧国忧民的色彩。在观念层面上与当今新经济时代所倡导的"人本主义"本质上是相同的。从西方管理学的发展历程看，从以泰罗为代表的科学管理到以梅奥、麦戈雷格、马斯洛为代表的行为科学，再到多种管理学派思想并存的柔性管理，西方管理思想走出从漠视人到重视人，逐步向人本管理思想发展的轨迹。西方管理理论"人本化"的倾向与东方人本管理思想是完全一致的。由此可见，西方管理学向东方管理学的回归是一种历史的必然。

2. 人德管理文化的回归。 对伦理道德的强调是东方管理智慧的重要特质之一。西方经济发展到如今的网络经济，也意识到没有发达的网络道德保障网络的安全，是不会有发达的网络经济的。在新经济时代，"以德为先"正是适应了新管理的需求。西方越来越强调的社会责任体现了这种向中国人德文化的回归趋向。

3. 人为管理文化的回归。 东方管理智慧历来强调合作共存。万物共存而不相悖。成就他人的过程也就是成就自己的过程。西方管理理论近期对"竞合"（co-opitition）的研究可以说是对中国传统这种和谐观念的回归。

4. 人和管理成为东西方的共识

人和管理，即管理要"以和为贵"。管理的终极目标是人的发展，"和"是实现终极目标之前的中间目标和协调手段。在竞争和对抗的管理活动中，"人和"乃制胜法宝；在个人和组织的发展中，

"和"也具有重要的调节作用。历史证明，"以人为本"作为终极目标容易走向极端，即个人主义、各种利益集团的本位主义以及人类中心主义，欧美国家自文艺复兴以来很重视以人为本，但为什么还会一度出现比前代更加严重的社会危机？这些危机小到家庭破裂、劳资紧张，大到战争和环境污染，都有一个共同病灶，就是忽略了"和"这个中间目标。目前，西方社会开始意识到"和"的重要性，尤其是"人和"管理的重要性。中国很重视"和"：在国内强调和睦安定，建设和谐社会；在国际交往中，提出了"与邻为善、以邻为伴"；在"天人"关系方面，实践科学发展观。显然，这三个层面的"和"也同样适用于其他组织的管理。所以，"和"的要素蕴含在管理之中，是管理的应有之义，只有做到"和"，以人为本的终极目标才能够不偏不倚地实现。就"和"的意识与人和管理而言，东西方不约而同朝人和管理的方向努力，在人和管理方面已形成共识。

5. 人道哲学的融合

"道"是一个内涵很丰富的词，人道的内涵，主要指尧舜孔子的仁义之道。"人道"是指人、人的价值、伦理道德、人的认识（包括自然、社会、人生、思维规律）以及历史观点等，包括客体、主体以及主体对客体的认知。关于人道的学问可称为人生哲学，即关于人生意义、人生理想、人类生活的基本准则的学说，也就是道德学说。"人道"的本旨就在于"使人成为人"，它把人本身的发展、完善、自我实现视为最高价值，把"使人成为人"奉为道德原则的思想体系。"人道"要求在管理中必须尊重个人的价值。目前西方兴起的人本主义经济学正与"人道"管理思想相吻合，可以说东西方在人道哲学方面逐渐呈现融合的态势。

以上五大方面的特点表现出管理文化从中方到西方，再从西方到中方的回归历程。展示了东西方管理文化从最初彼此对立到互相学习、互相借鉴，再到不断融合的历史过程，这一历史进程也深刻揭示了东西方管理文化融合的必然性、可能性及不可阻挡的趋势。

二、管理科学的走向

当前东西方管理融合与发展的新趋势必然影响到人类对管理科学认识的变化。

（一）从狭义到广义的认识

什么是管理科学，这个问题引起了很大的争议。对什么是管理科学的问题存在很多不同看法，如：有的人把它等同于西方"管理科学"学派的内容；有的人仅把它理解为现代管理的方法；有的人则认为管理科学就是"电子计算机＋数学"；还有人认为管理科学是研究以最佳投入产出关系的组织经济和社会活动，使系统良性运行，并使各利益主体需求获得相对满足的一门独立的应用性学科；等等。

我们认为广义的管理科学可以包括政治、经济、科技等方面的管理。经济管理科学则包括：工厂企业的管理、部门经济的管理、国民经济的管理和世界经济的管理等。管理科学并不是一门单纯属于计算机的学科，它是一门具有多功能、多层次、多属性等特点的学科，是一种综合研究生产力、生产关系和上层建筑的科学体系。管理科学是介于自然科学与社会科学两者之间的一门新兴学科。

（二）从个性到"三性"

管理科学源于西方，兴盛于西方，经历了由古典管理理论阶段的生产管理和组织管理，到行为科学理论阶段的人和组织行为的管理，再到现代管理理论"丛林"阶段的众多理论流派的转变。其研究重点在于对单一理论与现象的解释，注重管理中的个性研究。我认为对管理科学这一概念的认识要从"三性"，即管理科学的规律性、管理科学的两重性、管理科学的融合性三个方面进行本质的探讨。

1. 管理科学的规律性

对管理科学进行研究，就是要研究和掌握管理的规律性，提高生产技术和经营管理水平。其目的是按照生产力、生产关系和上层建筑发展运动的客观规律来管理企业，提高社会经济效益，为此，管理科学应该研究以下三个方面的规律性。

第一，按照生产关系运动规律的要求进行管理。生产关系运动的规律，即政治经济学所揭示的社会经济规律。

第二，按照生产力发展规律进行管理。

第三，按照上层建筑方面的规律进行管理。

2. 管理的两重性

所谓管理的两重性，是指管理所具有的自然属性和社会属性。前者是管理所具有的组织、指挥和协调生产的特性，它反映了现代社会化大生产过程中协作劳动本身的要求，是各种不同的社会生产方式都可以共有的一系列科学方法的总结；后者是管理所具有的监督职能，它反映了生产资料占有者或统治阶级的意志，是为一定社会历史条件下的生产关系服务的，受到一定经济基础的影响和制约。马克思有关管理两重性的论述，体现了生产力和生产关系之间的辩证关系，表明管理这门综合性学科既有生产力范畴的内容，又有生产关系方面的内容。

从管理作为一门独立的科学来看，应当有所侧重，而且侧重点主要应当是生产关系。

3. 管理科学的融合性

管理科学这三方面通过管理的具体工作融合为一个管理的总体，又通过管理的具体工作得以存在和表现。它可以归纳为三种形式。

第一，三个方面的内容分别表现为三种不同的管理工作。

第二，三个方面的内容共同表现为一种管理工作。有些企业管理工作是由多种因素共同引起和决定的，既具有合理组织生产力的内容，又具有完善生产关系和上层建筑的内容。

第三，两个方面的内容共同表现为一种管理工作。

管理工作这三个方面的矛盾和统一，就融合为管理科学的总体。我们要从总体上对这三个方面同时进行研究。管理科学既然要研究生产力、生产关系和上层建筑三方面的问题，要研究经济规律和生产力规律（包括自然规律），就必定同许多学科如政治经济学、国民经济管理学、企业管理学、工业经济学、行为科学、数学以及各种技术科学等发生紧密的联系。因此，管理科学具有介于社会科学和技术科学之间的综合性特点，科学体系也应该按其研究对象的内容来建立。

以上可见，管理科学具有两重性和融合性，具有发展生产力的共性，同时还具有完善生产关系与推动上层建筑发展的特性。

（三）研究对象的变化

我们认为管理科学是为人类的管理实践服务的。管理活动是人类的一项基本实践活动。因为任何有组织的活动都程度不同地需要管理，所以自从有组织的活动产生以来，就有了人类的管理活动。管理科学是一门综合性的科学。管理的实质是经济意义上的管理，是用以指导人们如何有效地管理社会生产、交换、分配、消费诸过程的一切活动的。所谓管理，就是对社会总过程各环节的活动进行决策、计划、指挥、监督、组织、核算和调节。管理科学是从管理实践中形成和发展起来的，由一系列的管理理论、职能、原则、形式、方法和制度等组成的科学体系；是由社会科学、自然科学和技术科学相互渗透综合而成的。因此，管理科学的研究对象就不能仅局限于企业管理领域，而应该有较为宽泛的研究对象，主要包括政治、经济、科技等方面的管理。同时，必须注意到管理是一门综合研究生产力、生产关系和上层建筑的科学体系，它的研究对象应该涉及自然科学与社会科学之中的各个学科。

三、东方管理的创新

中国"东学"，即中国的东方管理科学，自 20 世纪 70 年代中起，经复旦大学东方管理学派的探索与研究，迄今已四十多年了。

在历史长河中，四十年不算长，但是其学说的源头，也是东方管理之水的源头则有三千多年的历史。《周易》、道家、儒家、佛家等传统管理文化的智慧是其思维创新的结晶，也是我们东方管理学说智慧的源头活水，如："上善若水"之说中的"水"，形容管理之水变化多端，是永恒而没有终结的，其利害之处、哲理之深那就丰富了。三千年如水的源头的中国东方管理学说，比起近百年西方管理学科的历史，那早三千多年了。纵观宇宙事物的运行规律，可以说，管理的本质是"人为为人"，集中一个字是"变"，像水一样的变动发展乃至无穷。管理若水，有永恒之道，乃以人为本、以德为先、人为为人，造福人间万物，川流不息。

（一）东学"五字经"及其创新特点

东方管理科学是在中国创新、融合古今中外管理精华、东西方管理融合发展的基础上，在文化、哲学、人本、道德、技术（方法）五个层面融合的基础上，以及在管理文化、管理教育、管理交流需求的基础上建立的。东方管理科学的创新主要体现在五个字，也即东学"五字经"："学"（三学）、"为"（三为）、"治"（四治）、"行"（五行）、"和"（三和）。东方管理学以体现东方管理文化本质特征的"以人为本、以德为先、人为为人"的"三为"原理，在中国管理、西方管理和华商管理的基础上形成了治国、治生、治家和治身的"四治"体系，以人本论、人德论、人为论为核心，包括人道、人心、人缘、人谋、人才"五行"管理的东方管理理论体系，并提出其管理目标是构建和谐社会的和贵、和合、和谐。它具有以下三个显著的特点。

1. 研究"宏观、中观、微观"三个层面

东方管理学包含"四治"的运用，即治国、治生、治家、治身的思想、原则、价值与运用。"四治"涵盖了宏观、中观与微观的三个层面，其中治国就是在宏观层面上的管理，治生着重从中观的行业经营展开，同时也包含了微观层面的企业运营管理，而治家与治身重在从微观层面探讨家庭管理与自我管理。可以说，东方管理学构筑了宏大的管理体系，涵盖了宏、中、微观三大层面，是融合东西方管理精华的创新型管理理论体系。

2. 集东西方优秀文化精华融合而成

东方管理学根植于东方管理文化，光辉璀璨的中国管理思想是东方管理学的一个重要的理论基础。《易经》的阴阳学说、道家的无为学说、儒家的仁爱学说、佛家的慈善学说、兵家的用人学说、法家的崇法学说等，都是我们深入总结、提炼和进行现代化的创造性转换的基础。脱离了这些基于中国传统文化的管理思想的所谓中国式管理理论将是无源之水、无本之木。由于中西方文化上的差异，传统的中西方管理理论具有各自不同的优势和劣势。西方管理重分析、重理性、重科学、重法制，却不够注重伦理道德的修养，不注重人与自然、人与社会、人与人关系的和谐，更不注重以情感人的管理教育；而中国管理却恰恰相反，它重综合、重感化、重和谐、重仁爱，却不太注意树立法治意识和科学精神。其实，这两个方面偏重任何一个方面而走向极端都是不可取的。如果片面强调思想道德等意识形态的东西，排斥科学、排斥理性，也会损害经济的增长和发展，造成百业萧条，民不聊生。因此，西方管理理论同样是东方管理学的重要基础之一。在新经济环境下，只有充分发挥中西方管理理论各自的优势，取长补短，才能更好地体现东方管理学科学性和艺术性协调统一的特点。

3. 对东西方优秀管理理论与教材的融合与提炼

东方管理的"五行"学说，主要论述东方管理行为，即人道、人心、人缘、人谋、人才。这五种行为学说的概括与提炼是在融合东西方优秀管理教材的基础上形成的。人道行为学说是在融合中国传统哲学与西方管理哲学的基础上形成的，人心行为学说可以说是对中国传统人性研究与西方管理心理学的总结与提炼，人缘行为学说是针对中国人际关系特性与西方关系管理理论的提升与总结，人谋行为学说是综合了中国传统兵家学说与西方战略管理的精华凝炼而成，人才行为学说则是中华五千年用人学说与现代西方人力资源管理理论的东西合璧。可以说，东方管理学是在对东西方管理理论的提炼与总结的基础上而形成的独具特色的创新性理论体系。

（二）东西方管理精华融合过程之典范：东方管理学形成历程

在东方管理学的创新与发展过程中，我们经历了三个阶段：从20世纪80年代的探索阶段，到90年代的创新阶段，再到1997年以后的发展阶段。这三个阶段分别是：1. 20世纪80年代：古为今用、洋为中用阶段；2. 20世纪90年代：理论创新、创立学派阶段；3. 1997年至今：走向世界、影响扩大阶段。

2008年7月，由中国国民经济管理学会等机构联合在上海复旦大学召开的国际管理学者协会联盟（IFSAM）第九届世界管理大会，提出了东西方管理融合与发展的主题，具有现实和深远意义。这是中国管理界有史以来第一次真正意义上具有国际性的世界管理大会，是盛世之会，也为东方管理文化、东方管理学进一步走向世界提供了广阔的平台。一个有着优秀文化传统的东方古国，一个处于经济蓬勃发展时期的伟大民族。需要有自己的管理文化和管理学说。东方管理文化会在"世界叫响"，东方管理学说更将长成参天大树，枝繁叶茂，巍然屹立于世界管理理论之林。

四、管理的核心价值

早在世纪之交，我们就写了"世纪之交的管理文化变革"等文章，阐述了东西方管理文化的融合态势，提出管理的核心价值就是"以人为本、以德为先和人为为人"。我认为管理的本质、核心及最有价值的精华所在就是"人为为人"。

1."以人为本"

"以人为本"一词的完整提法最早出自《管子·霸言》："夫霸王之所始也，以人为本。本理则国固，本乱则国危。"这里所说的"以人为本"，是指建立霸业的一种手段，显然管子的"人本"还停留在工具论的层面上。作为中国传统道德基础的"仁"，其根本含义即是"人"。孔子的主要思想之一是"仁"，孔子归结"仁"为"仁者，人也"（《礼记·中庸》）。这里的"人"，首先是处在管理系统之中的人，即所谓"民"。中国传统文献中对"民"的重要性的论述极其丰富，如《孟子》的"民为贵"等。中国传统管理哲学是以人为核心的，但是上述的"人本"思想还停留在工具论的层面上，离近现代的人本管理哲学还有一定的距离。

"东方管理学"的"以人为本"包含着两层含义：一是将人视为管理的首要因素，一切管理工作都围绕着如何调动人的积极性、主动性和创造性来展开，这是它的表层内涵；二是通过给人们提供充分施展才华的空间，不断地运用挑战来锻炼人的智力、体力乃至意志品质，并在此全面发展的基础上，努力实现摆脱自然束缚的自由发展，提高人的生命存在质量，这才是"以人为本"的深层内涵。

以人为本作为科学发展观的核心，得到了社会的普遍认同，以人为本在不同的时代背景下不断得到升华。东西方管理的理念和做法有很多不同，但是也有不少共通之处，如对"人本精神"的追求。2008 年 5 月 22 日的《环球时报》刊文《以人为本拉近中国与西方的距离》，可说这是"以人为本"理念在时代的升华，也充分显示了东西方在人本理念上的融合。"以人为本"上升到国策的层面是对社会主义核心价值的升华，彰显了新时代背景下"人本"观念的深入人心。

2. "以德为先"

东方管理文化强调道德伦理的作用。《大学》中说："德者，本也。"儒家管理思想的逻辑起点是"修己"，即自我管理，"修己安人"包含了带根本性的管理方法。"修己"就是让管理者作出道德示范，在无形中影响受管理者的行为，从而达到"安人"的目的。"以德为先"即强调道德伦理在管理中的作用。对于管理者而言，高水平的道德修养是必备条件之一。正所谓"德者，才之帅也；才者，德之资也"，"君子之德风，小人之德草。草上之风，必偃"（《论语·颜渊》），"为政以德，譬如北辰，居其所而众星共之"

（《论语·为政》）。在管理中，管理者经常要运用权威来指挥和影响组织成员，其中有些权威是制度所赋予的，另一些则有赖于管理者的个人魅力和其他优秀品质，东方管理学更推崇后者。管理者要通过"修己"树立道德之威，在无形中影响被管理者，被管理者也要通过"修己"实施自我管理，遵守职业道德，以求更好地胜任本职工作。

3. "人为为人"

"人为为人"其实是两个有分有合的命题。"人为"的根本问题是发挥人的积极性。与西方管理相比较，也可以部分地归结为激励问题。荀子说："人之性恶，其善者伪也。"这个"伪"不是假装，而是"人为"，即人的努力。在东方管理文化中，"人为"思想贯穿始终而形成了颇具特色的"人为学"。东方管理学的精髓是"以人为本，以德为先，人为为人"。它是对中国管理、西方管理以及华商管理等理论与实践融合、提炼、萃取的结果，是东方管理文化的本质特征，是贯穿东方管理学的主线，也是东方管理学派的宗旨。"人为为人"是指"每个人首先要注重自身的行为修养，'正人必先正己'，然后从'为人'的角度出发，来从事、控制和调整自身的行为，创造一种良好的人际关系和激励环境，使人们能够持久地处于激发状态下工作，主观能动性得到充分发挥"。"人为为人"从管理行为的主体、客体以及相互关系的角度揭示了古今中外一切管理行为的本质。"人为"是一种自我导向的个体心理行为。在强调个体内部指向的心理行为的同时，强调"主体人"心理行为的可塑性。"为人"则是指一种他人导向的服务行为，是个体对外部对象的心理激励行为。在强调自身心理行为的可塑性的同时，客观上产生服务他人的效果。"人为为人"则强调个体心理行为与外部对象心理激励的互动性，"人为"与"为人"互相联系并且互相转化。

五、东方管理实践的典范：华商的成功之道

实践是检验管理创新成功之道，全球华商是实践东方管理的典范。华商管理是中国传统管理文化与西方管理文化以及华商足迹所至的土著管理文化相融合的成功典范。世界华人的成功之道是什么？国内外的许多管理学者都在探讨这个问题。我们认为是世界华人对以中华优秀文化为核心的东方管理文化的成功运用。这包括三个方面。

1. 运用"人缘"文化——强调"以人为本"的观念

世界华人利用华商之间形成的网络进行经营，即运用"人缘"文化，强调"以人为本"的观念。华商网络以亲缘、地缘、文缘、商缘、神缘为纽带，这"五缘"的本质具有东方特质的关系。通过"五缘"形成的华商网络是一种社会网络，它可以提供情感、服务、伙伴关系、经济等多方面的支持。世界华人的成功是因为华商网络发挥了重要的作用。这也是"以人为本"观念的体系。

2. 遵奉"人德"文化——具有"以德为先"的素质

世界华人成功的另一个原因是遵奉"人德"文化，极为重视商德。其内涵可概括"诚"（以诚相待）、"信"（以信为上）、"和"（以和为贵）。

"诚"是儒家最基本的道德规范，也是华商处理社会人际关系

的道德规范。秉承中国优良传统的海外华商，把"诚"字奉为自己人生处世的信条，以"诚"待人，以"诚"处事。不仅对自己的属下讲"诚"，而且在与其他人的经济往来中也是如此。所以，华商又有"诚商"的美誉。"诚"与"信"相伴而生，华商深谙此理，正因为华商以"诚"在先，所以才有了信誉在后。

"信"也是儒家的基本道德规范。在儒家学说的"五常"中，"信"字被忝列其中。一个人要在社会上立得住脚，并且有所作为，就必须为人诚实，讲究信誉。在华商企业中人际信誉有时甚至取代法律的强制作用。华商众多的东南亚各地，法律体系尚不健全，市场规范尚未发育完全，而华商在这种环境下已习以为常，他们在资金运用、企业管理、风险回避等方面自成一套手段，并行之有效。有时，华商强调人情，注重情感而疏于法制。人际信誉成为华人商业信誉的重要基础和依据，诚信实际上成为一种资产，一种保障，道德约束成为法律强制之外的又一重要商业机制。正因为商业网络是华人赖以合作经营、共同发展的天地，人际信誉也就愈显重要。如果缺乏基于诚信的人际信誉，这种网络也将难以维系。

"和"体现了儒家学说中的"和合"思想。"和"即调和、和谐与协调。孔子说"礼之用，和为贵"。孟子更是将"人和"置于"天时"和"地利"之上。"和为贵"为重要的儒家思想。深受中国传统文化影响，信奉"和为贵"处世哲学的华商们，都很善于处理令许多西方老板感到棘手的雇主与员工关系。从新加坡华侨代表陈嘉庚先生的亲力亲为到马来西亚"种植大王"李莱生汗流浃背地与工人们一起干活，都体现了华商极为"人和"。华商的成功与华商奉行"和为贵"的思想是分不开的。

3. 坚持"人为"文化——体现"人为为人"的影响

世界华人在其创业过程中坚持"人为"文化思想，充分体现了"人为为人"的深刻影响。华商管理中的"人为"文化具体表现在"俭""搏""善"，即勤俭、拼搏、慈善上。勤俭和拼搏体现了华商的人为，慈善体现了华商的为人。

"俭"。华商以"俭"为美。这是墨子提出的一种经世思想，也是中国社会几千年来所推崇的美德。华商移居他乡，谋生不易，更珍惜点滴所得，在日常生活中严格奉行勤俭的原则。这种以勤俭为原则的生活习惯，也被他们带到企业管理中，使他们在企业生产和管理的每一个环节上，都做到精打细算，厉行节约，以尽量降低成本，增加效益，获得更高的利润。例如，"船王"包玉刚在企业管理中特别重视控制成本和费用开支，他的原则是"能省则省"。印尼木材大王黄双安把公司院子里工人丢弃的各种小木块逐一捡起来，准备留作他用。

"搏"。拼搏是华商艰苦创业的真实写照。华商创业的成功，需克服诸多令人难以想象的困难。从华商的家庭出身看，多半是生活窘迫的农民和小商人等底层劳动者。他们多数在生活极为艰难时前往海外，开始充满荆棘的异国生涯。他们缺少资金，没有退路，只有拼搏，白手起家。可以说，华商的成功是靠勤劳、拼搏和血汗换来的。

"善"。华商成功后非常注重慈善。他们的慷慨与勤俭形成鲜明的对照。例如，李嘉诚对国内教育、福利事业的捐赠，已超过10亿元人民币，其中最出名的是在广东汕头捐建了汕头大学。邵逸夫为祖国的教育事业的捐献也超过10亿元人民币。另外还有陈嘉庚、黄怡瓶、王克吕等众多华人关心祖国的教育事业。

随着全球化进程的深入，世界越来越"平"，人类交往的广度和深度不断发展，文化交流的规模越来越大，速度越来越快，层次越来越深，东西方管理融合的趋势也越发明显。东方管理科学正是在这样的背景之下，融合了东西方管理精华的结果。东方管理"以人为本、以德为先、人为为人"的"三为"精髓与理念可视为未来全球化背景下东西方管理运营的基本原则。它将以其独特的优势，博大精深的内涵，为深化和发展世界管理理论、丰富管理实践作出自己的贡献。

原载：《上海管理科学》，2008 年第 5 期

作者单位：复旦大学东方管理研究中心

简论中国管理哲学的对象和范围

葛荣晋

时代呼唤中国管理哲学，时代需要中国管理哲学。那么，如何研究中国管理哲学呢？这是中国现代社会和市场经济提出的时代课题。20世纪80年代以来，中国学术界和企业界都在热烈地探讨这一问题。而要回答这一时代课题，我认为必须解决三个理论问题：一是中国管理哲学的研究对象；二是中国管理哲学的研究范围；三是如何科学地建构中国管理哲学。实际上，这是三个相互联系、密不可分的问题。

一

管理哲学的研究对象，说到底是对管理的本质的理解。从中西方对管理的本质的不同理解可以确定中国管理哲学的对象。

在西方管理学界，管理的本质的最具权威的定义者要数法约尔了。他在1916年出版的《工业管理与一般管理》一书中指出："管理，就是实行计划、组织、指挥、协调和控制。"由于这一定义的不完全性，他之后的管理学家在其基础上，采取管理职能叠加的方法，根据时代的需要和实践的发展，不断地修正和补充它。如赫伯特·A.西蒙认为"管理就是决策"；穆尼认为"管理就是领导"；孔茨认为"协调是管理的本质"；韦里克肯定"管理就是设计并保持一种良好的环境，使人在群体里高效率地完成既定目标的过程"；而小詹姆斯·H.唐纳利则肯定"管理就是一个或更多的人来协调他人活动，以便收到个人单独活动所不能收到的效果而进行的过程"。西方理论界对管理虽有各种界说，但是"管理是通过对组织的资源（包括人、财、物、信息、技术、时间等）进行计划、组织、领导、协调和控制而快速地达到组织目标过程"的说法，则为多数人所赞同。从这一界定中可以看出，西方管理强调管理手段和管理目标，偏重于从管理程序和职能来界定管理的本质。在他们看来，管理学只是如何管理别人，而忽视如何有效地管好自己，这就势必会在管理场中造成管理主体的"缺位"。

由于中西方社会政治制度、传统文化背景和人的价值观念的差异性，中国人对管理的界定不同于西方。从本质上来看，西方传统文化是一种崇尚科学主义的"工具理性"文化，是一种注重自我价值和追求法治的"智性"文化。而中国传统文化则是一种崇尚人文精神、伦理道德和中庸和谐的"价值理性"文化，是一种强调"克己复礼"的"德性"文化。东西方传统文化的这一差异性，直接决定和影响着东西方人对管理本质的不同理解。所以，中国人根据自己的价值观念把管理的本质规定为一门大写的"人学"。诸子百家的管理思想虽不尽相同，但对管理的本质却有一个共同的认识，即认为管理学是一门"以人为本"的"正己正人之学"（或"修己治人之学"）。这是中国人对中国管理学对象的科学解读。中国管理哲学的原则、模式和手段都是建立在"人学"基础之上的。中国管理哲学所谓的"人"，不只是指被物化了的"机器人"或"经济人"，还是指有道德、有智慧、有理想的"全面人"。强调管理是始于"正己"（或"修己"）而终于"正人"（或"治人"）的过程。"人"是中国管理哲学的出发点，也是它的落脚点。

"以人为本"的"正己正人之学"（或"修己治人之学"）这一命题，不同于西方管理科学，它是从体用相结合的高度来立论的。孔子曰："政者，正也。""正"即"正人"，既"正己"又"正人"。所谓"正己"（或"修己"），就是强调管理者必须通过道德修养，提高自己的内在道德素质，树立自己的良好外在形象，实施成功的"形象管理"。在管理场中，管理者是主体。只有首先管好自己，才能管好他人。"正己"（或"修己"）是"正人"（或"治人"）的前提和基础。所谓"正人"（或"治人"）是指在"自我管理"的基础上，如何提高管理水平与管理艺术，实施有效的管理。"正己"（或"修己"）是"体"，"正人"（或"治人"）是"用"，这是中国管理哲学的两个不可分割的基本要素。从这一意义上，中国管理学既讲"道"，又讲"艺（技艺）"，是一门真正意义上的管理哲学。

佛学如同儒学一样，虽不反对法治、人治，甚至无为而治，但它首先要求的是对管理主体的管理。台湾星云法师在《老二哲学》一书中指出：西方的管理学"都是学着去管事，去管人"，"对于如何'管理'自己，'管理'内心，就很少设立如此的课程了"。他认为"最好的管理，其实是自己内心的管理。心治则身治，身治则一切皆治"，"所以，管理的妙诀，在于将自己的一颗心先管理好，让自己的心中有时间的观念，有空间的层次，有数字的统计，有做事的原则。尤其最重要的是，让自己的心里有别人的存在，有大众的利益，能够将自己的心管理得慈悲柔和，将自己的心管理得人我一如，才算修满'最高管理学'的学分"。佛学的管理学，"是合乎自我的管理、自性的管理、自觉的管理、自知的管理"。

老子曰："胜人者有力，自胜者强。"意谓能战胜别人者是有力量的人，而只有能首先战胜自己的缺点、管理好自己的人才是真正的强者。企业家的成功与失败，决定于自己能否战胜自己，能否管好自己；只有先管好自己，才有资格去管理好他人。要战胜自己的错误、缺点和不足，就要通过修养使自己具备高尚品格，要求管理主体在人格上要具有"无为"的内在品质。只有内在地具有"无为"品格，才能在经营管理上有效地实施"无为而治"。在这里，"无为"之体与"无为"之用，两者是完全统一的。

由上可知，包括儒、释、道在内的中国管理哲学，都强调管理主体首先要管好自己，这是东西方管理学的一个本质性的差别。如果不从中国管理哲学的这一特定的本质出发，而是按照西方的管理观来剪裁中国管理哲学，就势必会忽视中国历来提倡和重视的"正己"的"自我管理"，造成管理主体在管理场中的"缺位"，从而将中国管理哲学变成西方管理学的一种附庸，这是我们应当特别加以注意的。

二

基于上述中国人对管理哲学对象的特殊理解，在中国管理哲学研究的范围上，我认为主要包括有两方面：一是研究的主要内容是什么，二是主要的研究资料是什么。

中国管理哲学研究的内容主要有三点：管理主体、管理模式和手段、管理境界。

所谓管理主体，主要是指通过"自我管理"来塑造管理主体的理想人格。儒家的智、仁、勇"三达德"的君子人格，道家的"上善若水"的真人人格，兵家的"为将五德（智、信、仁、勇、严）"的崇高人格等，皆属于这一范围。

所谓管理模式和手段，从管理哲学上看，诸子百家中最具代表性的是四家，即道家（包括黄老学派）、儒家、兵家和法家。中国管理哲学虽然强调"正己"（或"修己"）的"自我管理"，但是从来也不忽视对"正人"（或"治人"）管理模式和手段的探讨。在管理模式和手段上，西方人偏重于制度化、规范化、标准化的刚性管理。而中国人则除了法家的"法、术、势"三结合的刚性管理外，还有比西方更加丰富多彩的管理内涵。中国管理哲学有两种基本模式和多种管理手段：一是"有为而治"的模式，二是"无为而治"的模式。在"有为而治"模式中，由于对"有为"内涵的不同解读，又可分为三种主要管理手段：一是以孔子、孟子为代表的儒家学派，主张"为政以德"的柔性管理；二是以韩非为代表的法家学派，主张"循法而治"的刚性管理；三是以孙武为代表的兵家学派，主张"以智治军"的智慧性管理。在"无为而治"模式中，由于对"无为"的不同诠释，又可分为四种不同管理手段：一是以老子、庄子为代表的道家式的"道法自然"的无为而治；二是以孔子、孟子为代表的儒家式的"尚贤推德"的无为而治；三是以韩非为代表的法家式的"君人南面之术"的无为而治；四是以《淮南子》作者为代表的黄老式的"因循为用"的无为而治。

所谓管理境界，主要是指管理主体通过不同的管理手段所追求的最高理想状态。如孔子在《论语·为政》篇中指出："为政以德，譬如北辰，居其所而众星共（同'拱'，环绕）之。"这是说，管理者只要实施以德治国，他就会像北极星那样，自己安居在其位置上，而众星就会环绕着它，形成强大的向心力和凝聚力。这是儒家所追求的管理境界。《老子》十七章云"太上，下知有之"，即以道治国，从不干涉、迫害民众，使他们过着愉快、幸福的生活，而民众只是感到君主的存在而无爱恶恩怨于君主。这是道家追求的最高管理境界。孙子通过"视卒如婴儿""视卒如爱子"的仁德，做到"上下同欲者胜"，这是兵家所追求的理想的管理境界。

从资料层面看，中国管理哲学研究的范围，主要分为理论层面和实践层面，外延极为广泛。

从理论层面看，不仅中国历代政治家和思想家为我们留下了极为丰富的治国之道和管理思想，诸如先秦的"九流十家"及历代著名哲学家、思想家的管理著作（特别是先秦道家、儒家、墨家、兵家和法家等），而且中国历代文人学者作品中也蕴涵丰富的管理思想，诸如唐代韩愈的《杂说》、柳宗元的《种树郭橐驼传》、宋代范祖禹的《帝学》、明代张居正的《帝鉴》、洪应明的《菜根谭》等。不但在中国历代史书（如二十四史，特别前四史）和兵书（特别是孙武的《孙子兵法》）中有精湛的管理思想，而且在中国古典小说（特别是《水浒传》《西游记》《三国演义》和《红楼梦》）和明清笔记中，也有不少管理智慧和用人之道，如《红楼梦》中的"王熙凤协理宁国府"等。

从实践层面看，不仅中国历代的儒商（如先秦的范蠡、子贡和白圭）、明清的十大商帮（特别是徽商和晋商）、近代成功的老字号（如北京的同仁堂）和 20 世纪海外成功的华人企业家（如台湾的王永庆，香港的李嘉诚、霍英东等），都有其成功的管理之道，而且从 1949 年以来，中国大陆国有企业和民营企业（如北京的"联想"、山东的"海尔"、内蒙古的"蒙牛"、大连的"万达"、四川的"恩威"等），也有其成功的喜悦和失败的教训，都值得我们从理论上加以认真总结。

在构建中国管理哲学的过程中，中国人必须在管理实践的基础上，把东方与西方、"有为"与"无为"、"柔性"与"刚性"有机地结合起来，才能构建起具有中国特色的管理哲学思想体系。如果只是简单地按照西方管理模式来构建中国管理哲学，那就势必会将中国丰富多彩的管理模式和手段加以"窄化"，将它变成苍白乏味的教条，这也是应当引以为戒的。

三

研究中国管理哲学，除了正确地认识和把握中国管理哲学的对象和范围外，还必须有一个正确的研究方法。

在经济全球化的今天，要研究中国管理哲学，就必须虚心地学习西方的科学管理，但是决不能走"全盘西化"的道路。如有的人按照西方管理学的框架，塞进中国的哲学名句和管理案例，就把它错误地说成是中国管理哲学。以西方管理模式来研究中国管理哲学，多次实践证明是行不通的。在研究方法上，只能走"综合创新"之路。所谓"综合创新"之路，即是"以我为主，会通中西，熔铸古今，自成一家"。"以我为主"，就是从中国现代的国情、民情出发，尽快地研究适合于中国现代国情、民情的中国管理哲学思想体系，这是研究中国管理哲学的出发点和落脚点；"熔铸古今"，就是必须抛弃民族文化虚无主义，善于从中国传统文化中吸取丰富的文化管理资源；"会通中西"，就是必须善于从西方管理学中吸取适合于中国社会实际的文化营养，力戒盲目的排外主义。只有在中国社会实践基础上，将人类所创造的一切优秀的文化管理资源有机地结合起来，经过一代或几代人的共同努力，才能逐步地形成"自成一家"的中国管理哲学思想体系。

在研究方法上，除了走"综合创新"之路外，还必须学会正确运用"经典现代诠释法"。所谓"经典现代诠释法"，就是研究中国管理哲学，应站在时代精神的高度，从推动中国社会和市场经济发展出发，带着现代社会和市场经济所引发的"问题意识"，去发掘、辨别中国古代管理哲学中何者是精华，何者是糟粕。中国当代社会实践，既是检验中国古代管理哲学的精华与糟粕的客观标准，又是推动中国现代管理哲学向前发展的真正动力。中国管理哲学的历史命运，主要是根据它满足于现代社会需要程度如何而定。我们必须直面市场经济的呼唤和现代社会的挑战，从中国古代管理哲学中探寻富有现代基因的文化资源，努力寻找中国古代管理哲学与现代市场经济的结合点和生长点，把哲学原典与现代社会有机地结合起来。但是这种结合绝非是简单地从中国古代哲学文献中寻章摘句，而是以自己多年的人生阅历去解读圣贤之书，同中国古代哲人进行心灵对话，结合市场经济和社会需要，加以现代诠释，并赋予新的时代精神，以研究中国管理哲学思想体系，使现代人从中得到智慧和启示，使之成为完善市场经济和推动社会前进的精神动力。

在普通人的眼里，哲学是一门"玄学"，令人生畏。其实，哲学就在日常生活之中。在研究中国管理哲学中，我们必须让哲学从少数人的神圣殿堂走向广泛的社会实践，贴近民众，贴近生活，努力做到"深入浅出"。根据这一指导思想，在文字表达上，力求通俗易懂，既有生动的历史故事，也有典型的中国案例。

原载:《哲学动态》，2007 年第 2 期

作者单位：中国人民大学哲学院

从中国传统文化出发构筑
中国管理之基

吴照云

一、引言

虽然学科意义上的管理学发展历程不过百余年，但管理思想可以追溯到人类文明起源。在数千年中国古代社会发展的历史进程中，人们对以自然经济为主要经济形态、以家庭为基本生产单位的管理实践进行了长期思考，不断总结具有民族特色的对于管理活动的哲学认知、实施策略、操作法则，从而形成了丰富的管理思想遗产。

习近平总书记在2013年8月的全国宣传思想工作会议上指出，"讲清楚中华优秀传统文化是中华民族的突出优势，是我们最深厚的文化软实力"。2021年，习近平总书记在庆祝中国共产党成立100周年大会上的重要讲话中指出，"坚持把马克思主义基本原理同中国具体实际相结合、同中华优秀传统文化相结合"。从中国传统文化出发，加快构建中国特色、中国风格、中国气派的管理学体系，为丰富世界管理学研究积极贡献中国理论与中国智慧，是中国管理理论研究者的时代使命。如何构建这一体系，本文认为，对中国管理思想史进行深入研究，挖掘在中国文化背景下组织、协调、决策等思想，是构建具有中国特色的管理学理论的一项基础性工作，同时也是管理研究者讲好中国故事、坚定文化自信的一种努力。早在 20 世纪 80 年代，中国管理思想史就已引起研究者的关注。进入 21 世纪以来，关于此领域的研究成果颇丰，既有对中国管理思想发展史的总体论述（刘云柏，2010；吴照云，2012），也有对各历史发展阶段管理思想的总结（方宝璋，2013；龚贤，2011），还有关于人性管理思想（周书俊，2011）、人才管理思想（蔡文，2018）、战略管理思想（钟尉，2011）、行为管理（余焕新，2013）、创业管理（余长春和平飞，2014）、财政管理等多角度的专题研究（黄文德和方宝璋，2016）。要在此基础上进一步深化中国管理思想史的研究，本文认为有必要进一步厘清其研究对象，构建相应的理论框架，拓展研究视角，明确研究指向。

二、中国传统文化中"管理"的概念和内涵

1. "管理"在中西方文化语境中存在差异

首先要明确中国管理思想史研究中的"管理"的概念和内涵。概念反映事物的本质属性，但在翻译界，把一种文化下司空见惯的某个概念翻译到另一种文化语境中去时，常常会遇到内涵的偏见与误解。一般而言，大多数翻译都存在着一定程度的不准确性，一种文化中的某个词语，往往很难在另一种文化中找到一个和其意义完全相同的词语。甚至有人认为，这样的词汇只有不

翻译才能保证其概念为另一种文化下的人们所正确理解。事实也是如此，诸如中文中的"风水""道"等词汇被翻译成英文时基本上就是采取了音译。而反例如："龙"在中文中是一种神圣的动物，甚至可以算是一种神灵，它拥有各种法力，并主管人间降雨，为人们所喜欢和崇拜，故此，中国人自称龙的传人。而在翻译成英文的过程中，"龙"却被翻译者使用"Dragon"一词来指代，英文中"Dragon"一词对应的是西方人观念中一种邪恶的怪兽，住在山洞里，有翅膀能飞，口能喷火，西方英雄往往以杀死恶龙为伟大的壮举。可以说，这样的翻译不仅不能反映出中国人心目中龙的形象，而且把龙的神圣性、高贵性的内涵全部丢失的同时，也影响了中国人在西方人心中的形象：中国人居然以这样一种邪恶的怪兽当作自己的祖先，作为崇拜的对象，善恶不分。

而对于"管理"这类比较抽象的词汇更是存在翻译问题。"管理"无论在中国还是在西方都是自古以来就有的活动，但是在中国文化中，人们对"管理"一词的理解和西方人对"管理"（management）一词的理解却存在巨大差异。在英语中，除了人们最常用的"management"，还有"administration"一词也可以被翻译成汉语词汇"管理"，如法约尔在《工业管理与一般管理》一书中就是使用"administration"表示管理。在管理学领域，一般都认为"administration"是"management"的执行部分，抑或指行政管理，同样属于"management"的一部分。

在西方管理学界，管理定义五花八门，难以给出一个统一概念。经典的管理学家，譬如泰勒、法约尔、西蒙、韦里克、唐纳利，都有自己的观点，尽管可以对这些管理概念界定做一些归类比较，但是想要统一管理的概念却难以做到。近年来，国内学者也有意识到这一点，并讨论管理概念的界定问题，指出西方管理学界对管理的定义至今未能统一，主要源于对管理学研究对象认识的不统一。管理学的研究对象主要有三类：组织、管理活动和人。第一类是把组织作为管理研究的基本对象，认为管理是通过对组织资源的调整，有效果、有效率地实现组织目标的过程。这种观点带来的一个大的疑问就是如果不存在组织，那么管理是否就不存在，独立个人是否可以成为管理的基本研究对象？第二类是把管理的研究对象界定为管理活动本身，把管理活动当成与技术、市场、财务、安全、会计活动并列的企业中的一种活动，这种观点把管理从企业（或组织）其他活动中独立出来了，但是在实践中，管理往往难以从其他活动中独立开来。第三类是把组织中的人作为管理的研究对象。这实际上是第一种研究对象的狭义化，同样存在相应问题。

2. 从中国传统文化理解"中国管理"内涵

中国文化和中国管理思想史中的"管理"是什么，可以从中国的历史文献、中国人的日常语言特点、思维习惯以及中国管理现实中一些特有的现象等几个方面进行分析探讨。

首先，从历史文献来看中文"管理"的概念。根据《说文解字》对管理的"管"字的解释，"管，如篪，六孔，十二月之音，物开地牙，故谓之管"。可见，"管"本义是指一种有六个孔的、可以发出特定音律的管状乐器，它发出的声音还有特殊的引申意——"十二月之音，物开地牙"。清代段玉裁解释说，"牙"通"芽"，十一月物萌，十二月物芽，正月物见也。"管"发出的声音象征植物经过了萌发阶段之后，开始从地面上长出嫩芽的过程。可见，"管"象征事物萌发到展现的中间过程，因此，"管"，有促进和协调某种事物向着良好的方向不断前进和发展的涵义。

再看"理"字。《说文解字》说，"理，治玉也"；清代段玉裁解释说，"玉之未理者为璞。是理为剖析也。玉虽至坚，而治之得其理以成器不难"。他又引先贤的话说，"理者，察之而几微必区以别之名也，是故谓之分理，在物之质曰肌理，曰腠理，曰文理。得其分则有条而不紊谓之条理"。可见，在中国传统文化中，"理"是考察事物发展的内在规律，根据其规律采取不同方法使得事物向着良好方向发展的活动。此外，"理"不仅可以指自然事物之理，还可以指社会与人性之理，当"理"是社会与人性之理时，理和情是紧密结合在一起的，按照"理"来处理与人相关的问题时，要由情入理，不能只讲理性不顾感性。因此，中文"理"字，并非仅仅指理性，它也包含着人的感性在内，即人性的全部。

在日常用语中，中国人提起"管理"，下意识想到的未必是企业管理，可能是政府管理、家庭管理，甚至是对管理主体自身的自我管理等，比如"管好你自己""管理好生活""管理好家庭""管理好人际关系"等都是中国人日常的普遍用语。从某种程度上来说，所有可以"管"或者"理"的人、事、物，在中国人的语言习惯中都可以算管理。这种理解表明，中国人对管理的理解远比西方人对管理的界定要宽泛得多。中国人的这种观念可能和中国几千年来儒家文化推崇的"修身、齐家、治国、平天下"思想有关。任何文化中，治理国家毫无疑问地被认为是一种管理活动，而"修齐治平"在儒家观念中乃是逻辑递进的、不可分割的有机整体。既然"治国"是管理活动，由于"修齐治平"的不可分割性，那么"修身""齐家"和"平天下"无疑也是管理活动，不然，以修身为本，继而齐家，然后方可以治国，最后才能平天下的逻辑就难以成立。因此，我们不能根据西方学者对"management"的定义，说自我管理、家庭管理、人际关系管理等活动不能算管理。虽然自我管理、家庭管理、人际关系管理等活动不是西方学者所说的"management"，但它们一定是中国人心中的"管理"。因此，中文的"管理"内涵远比"management"的内涵更丰富。

从中国管理现实来看，由于受中国传统文化的影响，中国管理面临着许多西方管理实践中没有的特殊问题，比如近几年来管理学界研究的一个热点问题——"关系"。西方人也发现中国人的关系远远比西方人复杂，不可以用"relationship"或其他的英文单词来涵盖中国人所说的关系，于是在英文管理文献中就有了专门对"guanxi"的研究。研究者发现中国人往往将建立各种"关系"作为做人做事的出发点和归宿。在"关系"面前，组织中的许多规章、制度由刚性变成了柔性，甚至由柔性变成了"虚设"。在强大的关系网络中，甚至组织本身在中国人眼中也成为一种抽象的存在，如果个体在组织中不能融入一个关系网络中或者个体自身已经拥有了一个强大的个人关系网络，而这个关系网络和组织缺乏足够的交集时，那么个体就不会对组织产生归属感，也不会为了组织目标而努力工作。

再譬如，中国人中庸的态度、面子问题等，都是中国管理实践所必须面对的，而西方管理理论却很少涉及。这些中国管理实践特有的问题，大体上都是与人的思维方式和群体生活习惯有关，集中体现在管理主体与客体之间的伦理关系和互动中，管理概念中如果缺乏这些内容，将会造成管理理论解释力的削弱。

西方管理理论源于西方的企业管理实践，对"management"的研究最初就被局限为企业这种特殊的组织中，后来才向一般组织拓展，因而西方管理理论始终带着企业管理的烙印。企业最关心的是如何提高生产效率和市场竞争力，因此，追求经济效率和赢得市场竞争地位被认为是管理活动最重要的目的。为此，他们提出了系列假设、工具、方法和理念，从而形成了一个个管理理论。无论是科学管理理论、人际关系学派、系统管理理论、战略管理理论、权变管理理论等，几乎西方管理理论中所有的方法和理念都指向经济效率和市场竞争。简而言之，在西方管理学中，管理乃是针对以企业组织为原型的管理，管理中涉及人，基本上是在企业组织工作的人，当他们的行为会影响企业的效率和竞争力时才会被关注，而这些人在组织之外的生活则是鲜被关注的，如个人的家庭生活、人际关系、伦理道德、价值观乃至人生终极问题等都不是西方学者们主要关注的对象。

而中国的管理思想最初源于对人生的思考，包括对人生价值的追求和对整体社会存在与发展的思考，因此人自身的价值追求和人与人之间的伦理关系是中国管理思想永恒的主题。为了解决人生价值追求问题，中国的古圣先贤们通过内心修行来提升智慧和生活境界，遂根据他们的自身体悟，提出基于圣贤智慧的管理理论体系。这个理论体系的核心是"化解烦恼、追求幸福"。因此，在中国传统典籍中，很少看到有如何提升效率、提高竞争力的观点，更多是各种伦理道德和人生观、人生境界与修为功夫的思想。从哲学上来看，人生价值追求和社会价值本质上是伦理问题，因此，在中国古人看来，构建积极合理的伦理体系解决人生问题才是管理活动的根本目的。效率仅是目的之一，或者是一个为伦理目标服务的手段。

因此，中文"管理"的概念涉及所有人类的实践活动，其内涵远远超过"management"，只要与人的生活密切相关的人、事、物，都可以成为管理的对象，如个人身心、人生规划、人际关系、家庭成员、社会群体等。

综上所述，"中国管理"不能简单地看成由"中国"和"管理"两个词汇构成，而应该把中国管理的概念看成根植于中国传统文化的"管理"概念，即"中国传统文化中的管理"概念。如果忽视了这一点，直接套用西方管理概念去框定中国文化中的管理和管理思想，就会破坏中国管理思想内在的逻辑性，将中国管理断章取义，甚至使其面目全非，最终把博大精深的中国管理思想变成西方管理思想的注解和案例。

三、中国管理思想史的研究视角

1. 坚持用历史唯物主义观点理解中国管理思想史

在界定了"中国管理"概念的基础上，需进一步界定中国管理思想史的概念。"史"就是对过去发生的事情以及历史流传下来的典籍资料的分析梳理。

"史"有"通史"和"断代史"之分。"通史"即贯通的历史，即按照时间顺序来贯通一个国家或地区或世界的从文明诞生至今的历史，属于跨时代式的研究，不间断地记叙从古至今的历史事件。断代史正好相反，是限于某个时代的历史。

我们还有必要就"思想"和"思想史"这两个概念做一个探讨。钱穆曾在《中国思想史》中谈到自己对于"思想""思想家""思想史"以及派别的看法："思想"就是关于一个问题长期且毫无杂念的思考；所谓的"思想家"则是能对一类事实或一个问题，穷年累月，甚至穷其一生不断思索的一些人；后人沿着他的思路，继续扩大深入，便成了思想史（钱穆，2012）。张岂之先生就思想史研究提出了三点建议：第一，社会变动决定着思想内容的变化，而新思想的出现又直接或间接地推动或阻碍社会发展，这就要求思想史的研究者需要从历史上社会的政治、经济等多个方面去探索思想意识的发生、发展及其规律；第二，思想史的研究对象是"以理论形式出现的思想内容"，这是思想史的一个范围界定；第三，思想史的研究应注意思想源流的演变（张岂之，1983）。

综上，中国管理思想乃是中国历代思想家们针对中国历史上的各种管理问题不断思考形成的各种管理的思路、观点、方法总和。中国管理思想史研究，即遵循历史唯物主义观，依照时间线索，去贯穿理解中国历代思想家针对中国历史上的各种管理问题，不断思考形成各种管理的思路、观点等，使之形成一个有逻辑结构的思想体系的研究。

中国管理思想研究也是一种诠释学的研究。要正确而全面地把握中国古代管理思想的深刻内涵，就涉及如何对中国古代管理文献进行诠释。中国古代管理典籍的语言不仅和现代管理语言存在极大差异，且其中多有言简意丰的词汇和概念，必须对其进行诠释，分析出中国古代管理思想的内在逻辑与结构，用以明晰不同学派之间的差异与联系，以求正确把握其内涵。

中国管理思想史研究还是一种知行合一的实践研究。类似于质性研究方法中倡导的田野研究，需要研究者亲身去操作，进行直接的观察和体验。例如：中国古代管理中的修身思想，如果研究者纯粹从文献出发就事论事，而缺乏自己亲身对修身思想的践行，那么无疑是纸上谈兵，也无法判断各修身方法的优劣。

2. 中国管理思想史研究的三种视角

研究视角指的是在研究过程中，研究者为达到或接近研究对象以获取真相所采用的基本立场与方法。研究视角与研究目标或意图紧密相关，不同的研究视角往往会得到不同的结果。为了全面认识研究对象的多种面向，研究过程中往往需要综合多个研究视角。

中国管理思想史研究不仅仅是历史研究，同时也是跨文化研究和中国管理理论的基础性研究。该研究不仅强调对中国管理思想的历史发展与演化规律的分析与探讨，更强调从管理学学科架构去分析中国管理思想，发现其内在的逻辑规律与当代主流管理理论之间的差异，为创立中国自己的管理理论提供重要支撑。因此，在研究过程中，不仅会涉及对中国管理思想在时间、人物、学派等线索的发展与比较，而且还会涉及中外管理概念的差异比较，以及管理学和历史学之间学科架构和基本逻辑的冲突与整合。因此，中国管理思想史研究需要综合史学、管理学、跨文化等多种研究视角。

（1）史学视角

学科的史学研究是从根源上探索其发展源流，历史中潜藏着解决理论难题的线索。这是任何一门学科的研究都必须以历史研究作为支撑的基本原因。由于各阶段社会环境、社会规模、经济水平等的不同，先后出现不同的管理思想。中国管理思想史研究的史学视角是将古代管理文献视为确定的历史事实，通过研究者的工作还原不同历史时期的管理环境、管理实践和管理思想。中国管理思想史研究作为一种历史研究必须以时间、事件、人物作为线索，或以各学派的发展历程为依据，从历史文献本身提供的证据出发，依照社会经济文化及组织制度历史演变的脉络，研究它们的产生、发展与演变过程。管理思想的产生和发展离不开环境的影响，史学视角的研究必须探讨中国管理思想与社会、文化的关系，研究其发展的内在规律，揭示中国管理思想与中国古代文明高度发达之间的关系。

（2）管理学视角

管理学视角研究也是中国管理理论的基础性研究。这项研究强调从管理学学科架构去分析中国管理思想史，发现其内在的逻辑规律，为创立中国自己的管理理论提供重要支撑。中国管理思想史研究的管理学视角将中国古代管理文献视为特定的管理思想体系，从管理学的学科范式对其进行研究。管理学视角的研究主要回答如下问题：中国管理思想中不同的管理对象对管理理想、管理境界、管理目标、管理原则、管理方法和管理手段等产生了何种影响？针对不同管理对象，管理思想有哪些学派，每个学派管理思想的具体内容遵循何种逻辑？这些管理思想的具体内容与当时的管理环境之间存在何种关系？不同时代不同学派的管理主张有哪些变化，这种变化背后的演化规律是什么？不同时代不同学派的管理思想在整个社会管理思想体系中地位如何，它们如何作用于各种管理对象，具体效果如何？

（3）跨文化视角

中国管理思想史研究的跨文化视角将中国管理思想视为人类有目的的思维活动的一部分，和西方管理思想一样，都是人类管理思维活动的集中体现。跨文化视角是通过对不同社会文化背景中产生的管理思想、管理模式以及管理效果进行多维度的分析和比较，探讨它们之间的异同和不同文化背景下理论实践的可转移性。跨文化视角通过内容分析与哲学思辨的方法，探究中国古代管理文献的思想意涵及其文化源流，比较其与西方管理思想之间的差异，主要回答如下问题：不同历史时期中国古代管理文献产生的文化背景是什么，其具体内容反映了何种思维方式和行动逻辑？和西方管理理论相比，中国古代管理思想的源泉是什么，它受何种哲学思想影响，这种哲学思想和影响西方管理理论的哲学思想有什么差异？中国古代管理思想和西方管理思想的发展和演化过程有什么差异，这种差异对中西的管理实践产生了何种影响？

四、通过中国管理思想史构建中国管理之基

1. 中国管理思想体系的基本分析框架与内在逻辑

葛兆光先生指出，思想史的写法与思想史研究的观念、思路

和方法密切相关，观念、思路不同则写法不同（葛兆光，2004）。要写中国管理思想史，就必须首先确定按照什么线索来写。管理思想（理论）可以作为一种哲学范式来看待。西方哲学基于本体论和认识论展开，形成了主观与客观、变化的实时性与规律的科学性两个维度，因此，具化至管理领域，早期研究存在两种极端，或单一强调管理环境，如规则制定，或者单一强调人，如管理者的计划性与领导力。中国哲学涉及对"天道""人性""礼"的认识，发展时间较长，难以通过维度划分进行归纳。中国古代管理的"复杂性"体现在管理认知的复杂性、管理情境的复杂性、管理对象的复杂性等，若完全基于西方现有管理框架为视角进行研究，如管理的四大基本职能，无法从漫长的中国管理思想史中汲取经典。

从研究现状看，部分学者借鉴西方管理学理论体系，并以此作为基础来研究中国的管理思想和管理理论。也有一些研究者从中国管理实践自身特点出发，构建了具有中国文化特色的管理学理论体系。如胡祖光先生从中国历代管理思想家的著作和管理实践家的实践中归纳出"管理者13要务"：用人、治法、纳言、决策、组织、激励、指挥、处事、考核、变革、修身、廉政、教化（胡祖光，2019）。又如以苏东水为代表的一批学者构建了"三为四治五行"体系（苏东水，2005）。还有一些研究者则是采用学派研究的方式对中国古代管理思想直接进行研究：如刘云柏在《中国管理思想通史》中将中国管理思想分为儒家、道家、法家、佛家、兵家、墨家、农家、阴阳家、杂家、名家、基督教、伊斯兰教、少数民族、纵横家、医家等派别，并分别加以历史性考察

（刘云柏，2014）。

中国管理思想史研究基本分析框架的建构，关系到对中国传统管理哲学逻辑的理解和对中国管理思想的总体把握。目前这方面尚没有一个统一的观点，学术界仁者见仁，智者见智。本文认为，构建这个基本分析框架，需要做到两点：第一，需要根据前文对中国管理（中国传统文化中的管理）和中国管理思想的界定来设计，保证运用这个基本分析框架归纳梳理出的思想是镶嵌在中国文化中的管理思想；第二，作为管理思想通史，仅仅依靠时间线索不足以形成一个有逻辑结构的完整思想体系，因此有必要去寻找其他可以贯穿整个中国管理思想史的线索。如孙隆基先生指出，在中国文化的深层结构中，一直存在以"心心相印"去组织"身体活动"以实现"勠力同心"的超稳定倾向，从封建时期的"民本思想"到中国化后的马克思主义皆是如此（孙隆基，2015），若我们能够在保证中国管理概念视角的同时，找到多条贯穿整个中国管理思想的线索，就能够在纷繁浩杂的史料中梳理出中国历史、中国文化中的管理思想。

理论与实践相结合正是中国传统文化知行合一基本特质的表现，中国管理从实践形态上来说必然具有人类有目的实际活动的所有要素，即实践的主体、对象（客体）、环境、内容与方法和目标等要素。也就是说，研究中国管理思想一定要研究管理主体、管理对象（客体）、管理环境、管理内容与方法和管理目标五个基本要素。因此，这五大管理实践的基本要素必然要纳入梳理中国管理思想的基本分析框架中。

中国管理思想史中的管理包括三方面内容：一是事务管理，

追求有效完成特定的事务，这是西方管理理论关注的重点。事务都有其客观规律，客观规律不以人的意志为转移，管理事务必须遵循客观规律。因此，无论是在中国文化背景下还是在西方文化背景下，只要是能有效完成同一事务，都存在若干可以选用的有效方法和流程，只要把人管好，就能有效完成该事务。对事务管理本身不受文化影响而受到具体执行事务、管理任务的管理者和被管理者影响，因此中国管理思想在事务管理上与西方管理思想并无本质差异，只是因为具体从事事务管理的管理者存在差异而有变化。二是个人素质，这是中国管理思想的特色，也是儒家管理思想中"修身"思想的主要内容，包括对心灵的管理、对身体的管理、对人际关系的管理和对人生的整体规划与管理等。"修身"是整个中国管理思想体系的基础，是中国古代其他管理思想的出发点。正如《大学》所说，"自天子以至于庶人，壹是皆以修身为本"，离开"修身"，中国古代的其他管理思想都会变成无根之木、无源之水。三是构建和优化群体秩序，这是中国古代管理思想的核心内容，也是儒家管理思想中"齐家、治国、平天下"思想的主要内容，包括家庭和家族的管理、经营管理、国家管理、竞争管理（军事管理）等。

综上所述，中国管理思想史关注的内容主要有五个方面：自我管理、家庭和家族管理、经营管理、国家管理和军事管理。这五个方面的内容具有一种由内向外不断拓展的逻辑性，即以自我为核心，管理者首先进行自我管理，做好自我管理、提升个人素质，然后向外拓展，对家庭和家族进行管理，家和邻睦再向外拓展，就能进一步做好经营管理和国家、社会管理，组织内部经营管理和国家、社会管理得当才有参与外部激烈竞争的基础，包括军事管理和企业竞争管理。一言以蔽之，自我管理——家庭和家族（团队）管理——经营（有序竞合）管理——国家（组织）管理——军事（无限竞争）管理五方面内容，就是中国古代管理思想通史涉及的五大领域。

把中国古代管理思想史涉及的五大领域和管理实践的五大要素结合起来，可以组成一个梳理中国管理思想的基本分析框架。这个基本分析框架由两个基本内容构成：一是时空线索，即管理思想产生的时间线索和管理思想涉及的空间领域；二是管理实践要素线索，即管理主体、管理客体、管理目标（境界）、管理环境、管理内容与方法。沿着时间发展顺序对每个时代的中国管理思想涉及的每一个空间领域都根据管理实践的五大要素进行细分，使用统一的分析框架梳理各个朝代的管理思想，把各个朝代的管理思想贯穿起来，形成一个有逻辑结构的完整思想体系。这个思想体系既具有中国管理视角、管理实践要素，又有贯穿整个思想体系的空间结构和时间线索，符合前文对中国管理思想史的界定，能够保证研究成果是一部相对完整的中国管理思想史。

2. 中国管理思想史中"管理"涵盖的主要领域

中国管理思想史中"管理"涵盖的第一个领域是"自我管理"。从字面上看，很容易认为自我管理的管理主体和客体都是自我，但是，实际上自我管理的主体只能是人们内心可以自主的力量。严格来说，就是人们的自由意志和理性，离开了自由意志和理性，自我管理是不可能进行的。而自我管理的客体包括个人的内心、身体、生活、人际关系与发展规划等，且可以进一步细分。因此，自我管理是一个非常复杂的管理活动。

自我管理的管理目标总体上追求个人或群体的幸福或利益的最大化，具体是重点追求个人的幸福或利益的最大化还是群体的幸福或利益的最大化，幸福或利益的最大化该如何计算，中国古代不同的思想学派有很大的差异：儒家自我管理追求的是自我道德境界和素质提升，为内圣外王提供基础；佛家自我管理追求的是超越生死，获得永恒的快乐。自我管理思想在中国传统儒释道文化中具有重要意义，儒家最重要的经典《大学》指出，"是自天子以至于庶人，壹是皆以修身为本"。因此，可以毫不夸张地说，自我管理思想是中国几千年来优秀传统思想文化的根基。在中国历史的长河中，涌现出了许多杰出思想家及流传千古的经典著作，他们或多或少都有对自我管理思想的探究。

在自我管理这个领域中，对个人内心的管理是核心，也是全部中国古代管理思想的逻辑起点，受到了儒家、道家、佛家等文化流派的普遍重视。对个人内心的管理包括做心性修养功夫和个人道德素质提升。心性修养功夫比较复杂，按古圣先贤的观点，一个人做好心性修养功夫，不仅可以提升智慧、减少烦恼，还可以提升生命境界、成就圣贤人格。因此，心性功夫是成就内圣外王的人生事业关键。而个人道德素质的提升，则需要个人对自己的私心和欲望进行观察和反思，减少私欲、控制私心，从而提升道德水平和人生境界，严格地说个人道德修养也属于心性功夫的一部分。

第二个领域"家庭和家族管理"，即对家庭和家族进行管理。家庭是指在婚姻关系、血缘关系或收养关系基础上产生的社会生活单位，是人类最基本、最重要的一种制度和群体形式，承担儿童社会化、供养老人的责任。家庭和家族是中国古代社会存在的基础。家庭管理的主体是家长，管理的客体是家庭成员，家庭管理的基本目标是家庭关系和谐。家族管理的主体是族长，管理的客体包括族人、族产和相关家族事务。家族管理的基本目标是追求家族繁荣昌盛。我国古人非常注视家庭教育，特别是子女的德行教育。古代家庭品德教育教子做有德之人，教子孝敬父母，教子俭朴为美。家庭管理问题是任何管理者和被管理者都必须面对的问题，组织中的管理工作不可避免地会受到来自家庭方面的影响。由于文化积淀，家庭家族观念今天依然以某种形式存留在中国人的思想中，组织管理中面临的一些问题可以从中国古代的家族管理思想中找到解决办法或者参考措施。

第三个领域是"经营管理"。这个领域包含政府宏观经济管理和商人微观经济管理两个层面。政府宏观经济管理活动包括土地、财政、货币、赋税、市场价格、农业、工商业等相关的管理政策与措施；商人微观经济管理活动主要是他们的发家置业活动。我国古代管理思想中有着丰富的经营管理成分。中国古代理财家不可胜计，诸如管子、商鞅、桑弘羊、王莽、刘晏、杨炎、王安石、张居正等，他们超然卓著的理财思想灿若星汉，在货币、物价、税收、市场、土地及粮食储备等多方面进行了探索，在富国与富民、生产与消费、伦理与经济、奖励与惩罚等方面都有深入的思考（张岂之，1983）。这些对今天的国民经济的管理依然有借鉴价值。中国古代国民经济发展的最高目标是富国富民，在农业经济管理方面，力求保证使劳动力和土地结合，督促和组织农业生产，兴修水利，保护生物资源及救荒措施。在工商业方面，依靠国家政权的强制力控制管理，制定国家政策影响经济活动以及通过商品货币关系管理国家经济。古代没有留下一本关于自由商人的微观经营管理的专著，相关思想分布在历代经史百家学术论著中，其中不乏深刻的管理智慧。关于家庭理财，祖先留下诸多值得借鉴的经验：以德理财，树德持家；勤俭持家，开源节流；注重积累，计划生活等。古代经营中还有个重要角色就是古代商帮，为现代经营管理留下不少值得借鉴的经营策略。

第四个领域"国家管理"，即管理整个国家的日常事务。国家管理的主体是各个管理机构的管理者。一般来说，国家管理包括政治、经济、社会、外交与军事等，重点是国家的内部管理活动，即政治管理和社会管理。国家管理的总体目标是国家稳定和富强，国力不断提升。中国古代思想家在政治、经济、人才管理方面有着非常丰富的摸索，总结治国之方、君臣之道，提出诸如因时而立政令、礼义法度应时而变、事在四方要在中央、食货为生民之本、以教化治天下、严格吏治及交邻有道等系统的治国方略。

第五个领域是"军事管理"。这个领域包括对军事组织（军队）与军事活动（军事竞争）的管理。军事管理的主体有君主和将领，管理客体包括将领、士兵、后勤装备、情报信息等方面。军事管理的总体目标包括防止战争爆发、对付潜在危险、获取竞争胜利等。中华民族历史中杰出的军事家、战略家层出不穷，其军事管理思想是中国古代管理思想中的一大亮点。相关代表著作诸如《孙子兵法》《孙膑兵法》和《司马法》等，无不闪耀着杰出的军事管理智慧与光芒。我国古代许多军事著作中的理论都可以上升为哲学，蕴含着丰富的世界观、认识论、方法论等，对敌我、奇正、虚实、攻守、进退、围阙、迂直、主客、勇怯、长短、吉凶、利害、众寡、强弱、逸劳、胜败等对立双方的相互依存和相互转化关系有着深刻认识，"以谋制胜"的史例数不胜数，从遵循商业伦理的"义战"角度来看，诸多谋略对当今管理活动具有借鉴价值。

五、管理思想古为今用构建中国本土管理理论

研究中国管理思想应当秉持师古而不泥古、古为今用的基本态度。"以史为鉴，可知兴替"，理论和实践中的许多难题都可以从历史中寻觅源头、探索思路。中国管理思想史研究的着眼点，一是为理论创新提供素材，二是为当代管理实践提供借鉴。

我国管理学学科体系基本沿袭、借鉴西方管理学体系，由于我国文化传统与西方存在较大差异，因此，西方管理理论在中国的应用时有"水土不服"。管理学科发展历程表明，当一个国家经济发展走向世界前列时也就会产生具有民族特色并具世界意义的管理理论创新。美国崛起时的科学管理和组织革命，二战后日本经济奇迹中出现的以终身雇佣制、年功序列制、企业工会为核心的日本管理模式都被世界管理学界认可。当前我国已成为经济总量世界第二、制造业规模世界第一的工业大国，构建中国本土的管理理论已成为学界的呼声。在任何一门学科研究中，史学研究都有基础性，任何

理论问题都可以从学科史上溯源并揭示理论内涵中的本质问题，把握这一理论的历史成因及历史进展，这便是任何一门学科的研究都必须以历史研究作为起点的基本原因。

中国管理思想史研究也可以为中国当代管理实践服务。当代中国处在一个转型社会，中国社会要实现成功转型，不仅要借鉴西方的管理思想和经验，更应该吸取祖先的智慧。中国古代国家管理思想可以为中国政治体制改革提供参考、为中国当代企业管理实践提供借鉴。另外，中国当代社会价值观迷失、道德沦丧等诸多社会问题，很大程度上和传统的自我管理、家庭管理思想传承中断有关，而研究中国古代自我管理思想可以提升道德素质、推动自省反思、提升人生境界。在家庭、家族管理领域方面，一方面，家庭管理问题是任何管理者和被管理者必须面对的问题，组织中的管理工作不可避免地会受到来自家庭方面的影响；另一方面，虽然现代中国人家族观念比过去淡薄，但类家庭组织仍然存在，比如当代的家族企业面临的管理问题可以从中国古代家族管理思想中找到解决办法或者参考措施，并且中国古代的家庭、家族管理思想可以启发现代管理者更好地维护组织内部和谐的人际关系、增进员工归属感、增强组织凝聚力。

要做到中国管理思想的古为今用，还需要解决一个古代管理思想的现代传达问题。冯友兰说，"良史必有三长：才，学，识。学者，史料精熟也；识者，选材精当也；才者，文笔精妙也"（冯友兰，2013）。也就是说，写史有三个特点：一是要对于史料十分熟悉；二是懂得如何在浩如烟海的史料中进行选择加工；三是要深入浅出，通俗易懂。写中国哲学史如此，写中国管理思想史亦如此。

中国古代语言具有独特的表意性、灵活的构词性，与现代汉语有较大差别，难于转换，这可能造成中国管理思想史撰写的困难。如果过于追求文本主义，有可能会陷入自说自话；过于注重运用现代的理论框架，有可能会出现削足适履。中国管理思想史的研究过程中应充分考虑如何与现代管理理论对接，从思想领域的语言说，就是如何不套用以西方理论为主体的框架来阐释传统，又不拒绝源自西方的现代词汇。出路只能是：在使用现代管理语言诠释的同时，注意这些词汇、概念使用在中国文化上可能存在的局限和缺失，并通过对中国管理思想要义的把握，用现代语言还原历史原貌与思想精髓，用中国语言延伸西方概念内涵与理论边界，做好古今融通、中西互释的中国管理思想史研究。

习近平总书记在 2016 年 5 月的哲学社会科学工作座谈会上的讲话中指出，"要加强对中华优秀传统文化的挖掘和阐发，使中华民族最基本的文化基因与当代文化相适应、与现代社会相协调，把跨越时空、超越国界、富有永恒魅力、具有当代价值的文化精神弘扬起来"。我辈同人关于中国管理思想史的创新性研究正是管理学者对时代使命的履行。从中国传统文化出发，研究中国管理思想史，挖掘中国传统文化中的管理智慧，才能实现对"管理"内涵的正本清源与"管理"思想的古为今用，夯实中国管理之基，立足于世界管理之林。

原载:《经济管理》，2021 年第 9 期
作者单位：江西财经大学工商管理学院

企业儒学：当代儒学发展的一个新形态

黎红雷

　　企业儒学，是儒家思想在现代企业中的应用与发展，它将儒家的治国理念转化为现代企业的治理哲学，以儒学之道驾驭现代管理科学之术，不但解决了企业自身的经营管理问题，而且为儒学在当代的复兴开拓了新的途径。服膺儒学的当代中国企业家，尊敬儒家先师孔子，承担儒家历史使命，践行儒家管理理念，秉承儒家经营哲学，弘扬儒家伦理精神，履行儒家社会责任，在儒家的家庭观与企业组织、儒家的教化观与员工教育、儒家的德治观与企业管理、儒家的义利观与企业经营、儒家的诚信观与企业品牌塑造、儒家的领导观与企业领导方式、儒家的时变观与企业战略思维、儒家的责任观与企业社会责任等方面，对企业儒学进行了积极的探索。

　　一是拟家庭化的企业组织形态。中国人是世界上最重视家庭的族群，儒家学派是世界上最重视家庭的思想学派。中国人的家庭，不仅是生儿育女的地方，而且是生产消费的组织，更是学习教育的场所。《周易·序卦》上说："有男女然后有夫妇，有夫妇然后有父子，有父子然后有君臣，有君臣然后有上下，有上下，然后礼义有所措。"在儒家看来，家庭组织是所有社会组织的基础，家庭关系是所有社会关系的前提，家庭制度是所有文明制度的起点。从根本上说，儒家追求的是"天下一家"的理想。据《论语·颜渊》记载：孔子的弟子司马牛忧愁地说自己没有兄弟。子夏安慰他说：君子和人交往态度恭谨而合乎礼节，那么"四海之内，皆兄弟也"。沿着这一思路，北宋儒者张载提出"民胞物与"的著名命题。在他看来，天地是人类万物共同的父母，人类和万物共同禀受天地而生。所以我和天下的民众都是相互依存的血脉同胞，和天下的万物都是亲密无间的友好伙伴。在这里，已经没有所谓"家人"和"外人"、"熟人"和"陌生人"，乃至"人类"与"万物"的区别。这是孔子仁爱思想的最高张扬，也是儒家家庭观的最终目标。

服膺儒学的当代中国企业家，承续传统的家文化，企业家把公司当作"家"，把员工当作"家人"，自己则当一名尽职尽责的"大家长"。他们清醒地看到，如果老板把员工当成工具，没有把他们当成家人，他们就把老板当成提款机。所以需要大家一起来改变现状，管理者越多对员工进行人文关怀，员工越多融入企业的文化与生产环境中。企业的价值在于员工的幸福和客户的感动。现代社会发展的一个重要推动力量来源于企业，企业已经成为社会的中坚力量，我们要创造一个和谐美好的幸福社会，推行拟家庭化的企业组织，建设幸福企业大家庭，就是一个很好的途径。

二是教以人伦的企业教化哲学。教化是儒家的基本功能。据《论语·为政》篇记载，有人问孔子："你为什么不参与政治呢？"孔子回答道："《书》上说，'孝啊，只有孝敬父母，又能友爱兄弟'。把这种风气影响到政治上去，这也就是'参与政治'了呀，又怎样才算是'参与政治'呢？"在孔子看来，道德教化与治国理政的功能是相通的，教化就是政治，政治就是教化。用现代的话来说，管理就是教育，管理者就是教育者，管理的过程就是教育的过程。在儒家看来，对于人的教育，最根本的是伦理道德的教化。据《孟子·滕文公上》描述，在尧的时代，天下还不太平，尧便提拔舜来全面治理；大禹疏通河道，百姓才能耕种收获；后稷教人民种植五谷，人民得到养育。但人们吃饱、穿暖、安居而没有教育，便同禽兽差不多。圣人又忧虑这件事，便任命契担任司徒，把伦理道德教给人民——父子讲亲爱，君臣讲礼义，夫妇讲内外之别，长幼讲尊卑次序，朋友讲真诚守信。这就是所谓"教以人伦"。由此，便形成了源远流长的儒家教化传统。

服膺儒学的当代中国企业家，立志以儒家思想构建学习型企业，积极推行人伦教化，为社会培养德才兼备的栋梁之材。在他们看来，中国传统文化以"五福"（长寿、富贵、康宁、好德、善终）作为人生圆满的最高追求。而"五福"里面最重要的一点就是"好德"，德行是因，长寿、富贵、康宁、善终都是果，有因才有果。我们只要把好德的因种好了，长寿、富贵、康宁、善终就自然会有结果，才有真正的"五福临门"。企业不仅仅只是提供员工一个工作岗位和一份工资，最重要的是要给员工营造一个学习成长的环境。员工不能一味沉浸于追求利益，停留在每天获得一点工资上，最重要的是要成长，成长才是大利。而从企业来说，能为社会培养一批又一批承担中华民族复兴的栋梁之材，则是光荣的使命和最高的追求。

三是道之以德的企业管理文化。"德治"是儒家管理哲学的基本原则。孔子指出："道之以政，齐之以刑，民免而无耻；道之以德，齐之以礼，有耻且格。"[1] 其中的"道"是"引导"、"领导"的意思，"政"指政令，"刑"指"刑罚"，"德"指"德教"，"礼"指"礼法"。至于其中的"格"字，有多种解读，综合起来，可理解为"自我改正而真心归服"。如此，孔子原话的大意是：用政令来引导他们，用刑罚来规范他们，民众只是企求免于犯罪，内心却没有羞耻感；用德教来引导他们，用礼法来规范他们，则民众不但有羞耻感，并且能够自我改正而真心归服。当然，儒家也并不是主张完全可以不要刑律，不要政法，只不过他们看到："教之以政，齐之以刑，则民有遁心。"为了更好地维护社会的稳定，扩大统治的基础，他们把道德教化放在国家管理的首位。显然，在儒家看来，道德比起刑法来说，更容易获得民心，从而更容易取得有效和持久的管理效果。正如孟子所言："以力服人者，非心服也，力不赡也；以德服人者，中心悦而诚服也，如七十子之服于孔子也。《诗》云'自西自东，自南自北，无思不服'，此之谓也。"[2] 恃仗实力来使人服从的，人家不会心悦诚服，只是因为他本身的实力不够；依靠道德来使人服从的，人家才会心悦诚服，就好像七十多位大弟子信服孔子一样。儒家"德治"所致力的，就是这种使人"心服"的功夫。

服膺儒学的当代中国企业家，致力于塑造新时期的工商业文明，创立独特的经营和管理机制，把社会、他人、自身利益融为一体，

---

1 《论语·为政》。

2 《孟子·公孙丑上》。

创造了以中华传统优秀文化为底蕴的崭新管理模式，使中国特色的社会主义核心价值观和世界级企业的管理制度融为一体，确立了中西合璧的普适性企业文化。在他们看来，中国文化的内涵就是一个"德"字。"德"是做人应有的规矩、做人最基本的属性，丢掉了这个根本，人在处理事情、处理人与社会和自然的关系的时候，无论做官、经商，还是做学问，都会出现大麻烦。以"德"为根本，每个人都会严格要求自己。"德"尤其是一个合格的企业领导者应该具备的基本素质和风范。以德平天下人心，大家就会无怨无悔地跟着你走。

四是义以生利的企业经营理念。儒家主张"义以生利"，把管理活动当作精神价值创造物质价值、精神价值制约物质价值的过程。在价值认识上是"见利思义"，《左传·昭公三十一年》指出："是故君子动则思礼，行则思义；不为利回，不为义疚。"一个以精神追求为最高价值的管理者，行动要想着礼，办事要想着义；不做贪图利而违背礼的事情，也不要因为不合于义而感到内疚。在行为准则上是"取之有义"，孔子指出："富与贵，是人之所欲也；不以其道得之，不处也。贫与贱，是人之所恶也；不以其道得之，不去也。"[1]富足和尊贵，是人们希望拥有的；如果不依着正当的道理得到它，一个以精神追求为最高价值的管理者就不会接受，这就是所谓"君子爱财，取之有道"。在实际效果上是"先义后利"，荀子指出："先义而后利者荣，先利而后义者辱；荣者常通，辱者常穷；通者

---

1 《论语·里仁》。

常制人，穷者常制于人。"[1] 把义放在首位然后取利的，就可以荣耀相随、处处通达、驾驭他人；把利放在首位而后才求义的，就耻辱困扰、窘迫交加、受制于人。在价值评判上是"义利合一"，荀子指出："义与利者，人之所两有也。虽尧舜不能去民之欲利，然而能使其欲利不克其好义也，虽桀纣亦不能去民之好义，然而能使其好义不胜其欲利也。故义胜利者为治世，利克义者为乱世。上重义则义克利，上重利则利克义。"[2] 无论是义还是利，都是人们所不可缺少的，英明的管理者如尧舜也不能排除人民的物质需要，昏暗的管理者如桀纣也不能禁止人民的精神追求。这些论述，全面地展现了儒家义利观的丰富内涵。[3]

服膺儒学的当代中国企业家，基于儒家的义利观，以"利他主义"为基础，形成了自己的经营哲学。在他们看来，考量企业成功的重要准则，不是我们有没有成功，而是我们的客户有没有因为我们而成功？如果我们过早地成功了，客户就不会成功。当然，如果能够做到一起成功是最好的，我也成功了，客户也成功了，但是只有一条路的时候，你要放弃什么？那就是放弃自己的利益，让别人先成功。这是 21 世纪做企业的普遍原则。20 世纪做企业要用好 IT（Information Technology，信息技术），这个世纪做企业则要用好 DT（Data Technology，数据处理技术）。两者有巨大的区别，DT 代表这个世纪最了不起的东西，利他主义。相信别人要比

---

1 《荀子·荣辱》。

2 《荀子·大略》。

3 参见黎红雷著：《儒家管理哲学》，广东高等教育出版社，2010 年，第 127—136 页。

你重要，相信别人比你聪明，相信别人比你能干，相信只有别人成功，你才能成功。21世纪一定是从以自我为中心，变成以他人为中心。

五是诚信为本的企业品牌观念。"诚信"是儒家的道德范畴。所谓"诚"，就是真实无妄、诚实不欺的意思；所谓"信"，就是心口合一、言行一致的意思。儒家创始人孔子十分重视"信"德，指出："人而无信，不知其可也。"[1] 孔子的孙子子思则十分重视"诚"德，指出："诚者物之终始，不诚无物，是故君子诚之为贵。"[2] 在子思所著的《中庸》一文中，"诚"与"信"开始相提并论："在下位不获乎上，民不可得而治矣。获乎上有道，不信乎朋友，不获乎上矣；信乎朋友有道，不顺乎亲，不信乎朋友矣；顺乎亲有道，反诸身不诚，不顺乎亲矣；诚身有道，不明乎善，不诚乎身矣。"孟子沿着子思的思路，进一步明确将"诚"与"信"联系起来，说道："彼以爱兄之道来，故诚信而喜之。"[3] 荀子也把"诚"与"信"结合起来，说道："诈伪生塞，诚信生神，夸诞生惑。"[4] 从此，"诚信"作为一个表达"内诚于心而外信于人"的重要道德范畴，成为人们的立身之本、交往之道、治国之要和事业之基。

服膺儒学的当代中国企业家，基于儒家的诚信思想，提出"人品、企品、产品，三品合一"，以员工高品行的人品，形成高品位的企品，生产出高品质的产品。这样的品牌观念，追求的是消费者

1 《论语·为政》。
2 《礼记·中庸》。
3 《孟子·万章上》。
4 《荀子·不苟》。

百分之百的安心，体现的是企业对消费者的承诺与责任，赢得的是消费者对品牌的信赖与赞誉，是一种更为高超的品牌营销学。企业要经营，要生存，要盈利，经营之道是什么？《论语》里面有一句话叫"修己以安人"，表面上看好像和经营没什么关系，但事实上，这是最根本的经营之道。"修己"，有两个主体，一个是企业家自身，一个是全体员工。每一个人都要修己，修身心、尽本分。然后"安人"，是让人心安定。主要有两个对象群体，一个是员工，一个是顾客。如果把自己修炼好，同时把顾客、员工安顿好，企业还会不成功？还会没有利润吗？品牌的一个含义是定位品牌在消费者心目中的感觉；品牌的口碑，就是消费者对品牌的信赖与赞誉；企业的品牌追求就在于消费者百分之百的安心。这与儒学是相融的。

六是正己正人的企业领导方式。儒家经典中虽然没有使用"领导"一词，却有着十分丰富的领导思想。实际上，儒家所追求的"圣王之道"就是一种领导之道。历代先贤对领导素质、领导风格、领导方式、领导技巧、领导体制、领导作风、领导艺术等方面的探索已经形成了一套较为成熟的套路，并有着自己鲜明的特色。从领导者的素质修养来看，儒家强调由"内圣"开出"外王"，即通过领导者内在的道德修养实现外在的王道理想。从领导活动的风格技巧来看，儒家主张执经达权，唯变所适，因时制宜、因地制宜、因人制宜、因事制宜，左右而逢源，无往而不通。从领导活动的行为方式来看，儒家主张以"为政以德"而达到"无为而治"，以身作则，因势利导，以最小的领导行为获得最大的管理效果。特别是儒家所主张的"正己正人"的理念，"其身正，不令而行；其身不正，虽令不从。"[1] "苟正其身矣，于从政乎何有？不能正其身，如正人何？"[2] 这些理念已经成为中国人（包括领导者与被领导者）普遍接受的领导原则。[3]

服膺儒学的当代中国企业家，十分强调企业领导者的以身作则，就是中国式领导风格的体现。在他们看来，以身作则，不是劝导他人的重要途径，而是唯一途径。这里"唯一途径"的话说得固然重了点，但是以身作则确实是树立企业文化的根本基础。企业做什么事，就怕含含糊糊，制度定了却不严格执行，最害人。一个企业立下规矩是要求其全体成员遵守的，而全体成员遵守的关键是这一企业的领导者要带头遵守。领导者既是一个组织中发号施令的人，也是这个组织中的排头兵——所有的成员都向领导看齐。在军队里，领导应该身先士卒；在企业里，管理者更应该如此。一个领导的执行力是下属执行力的上限。一个公司风气正不正，最关键的还是第一把手自己为人正不正。假如领导人有一个办大企业的目标，那么就得要求自己把事做正。

七是与时变化的企业战略思维。与很多人心目中儒家的"保守"形象不同，真正的儒家其实是主张与时变化、趋时而动的。现代新儒家学者方东美曾以人格类型拟喻中国古代哲学思想流派之格局，他将儒家称为崇尚"时""中"的"时际人"；将道家称为崇尚"虚""无"的"太空人"；称佛家为崇尚"不滞""无住"的"时

---

1 《论语·子路》。

2 《论语·子路》。

3 参见黎红雷主编：《中国管理智慧教程·中国式领导的智慧》，人民出版社，2006年。

空兼综而迭遣者"。方东美指出："儒家代表典型之时际人，意在囊括万有之一切——无论其为个人生命之尽性发展，天地万物自然生命之大化流衍，社会组织之结构体系，价值生命之创造成就，乃至性体本身之臻于终极完美，等等，——悉投注于时间之铸模中，而一一贞定之，使依次呈现其真实存在。问题的关键是：何谓时间？最简单之答复曰：时间之本质在于变易。"[1] 儒家的时变观，一是"顺时而变"："虽有智慧，不如乘势；虽有镃基，不如待时。"[2] 抓住有利的时势，顺时而变，乘势而上，从而收到事半功倍的效果。二是因变而变："时止则止，时行则行，动静不失其时，其道光明。"[3] 主动地因应时势的变化而变化，根据现实的时势而作出正确的决策。三是权宜而变："圣人执权，遭时定制，步骤之差，各有云设。"[4] 做人的最高境界，就是通权达变，即要依一定的时势（包含时间、地点、条件等要素）而转移。四是时中之变："君子之中庸也，君子而时中。"中庸就是合适，就是通过与时变化的途径而达到合适的目的。五是不变之变："《易》一名而三义，所谓易也，变易也，不易也。"[5]"变易"的行程中有恒常之秩序，变而不乱、变而有常。

服膺儒学的当代中国企业家，致力于成为"时代的企业"，随

---

1 方东美：《中国哲学之精神及其发展·原始儒家》，见《方东美集》，群言出版社，1993年。

2 《孟子·万章下》。

3 《周易·艮·彖传》。

4 《后汉书》卷五十二附崔寔政论。

5 《易纬·乾凿度》。

着时代变化而不断变化。在他们看来，只有时代的企业，没有成功的企业。为什么这么说呢？企业都想长盛不衰，但实际上我们很难看到这样的企业。一般来讲，很多企业都是昙花一现。如果这个企业成功了，那么，它所谓的成功，只不过是踏准了时代的节拍。所以说，企业应该是时代的企业，也就是说跟上了时代前进的步伐就是成功的企业。儒家经典《周易》当中有个"三易"，就是变易、不易、简易，非常适合市场的原则。"不易"就是市场有一个原则，就是对用户的真诚，这个是永远不变的，"变易"就是市场万变，你应该变到它的前面去；但是"简易"就是所有的管理都应该是最简化的，我们用最简化去应付最复杂的东西。这就是最高的智慧。中国最高的智慧是中庸，应该是找到一种方法，这就是《中庸》当中说的"极高明而道中庸"。

八是善行天下的企业责任意识。儒家的责任观，集中体现在孟子的这句话上："穷则独善其身，达则兼善天下。"[1]孟子主张，士人要崇尚道德，喜爱礼义，失意时不失掉礼义，得志时不背离正道。失意时不失掉礼义，所以能够保持自己的操守；得志时不背离正道，所以不会使百姓失望。得志时，施给人民恩泽；不得志时，修养品德立身于世。失意时，能独自修养自己的身心；得志时，便使天下的人都得到好处。孟子这里说的，原本是"士人"即读书人的品质，但也可以理解为对一切仁人志士的要求；从"独善其身"到"兼善天下"，则包括了对自己、对他人、对社会、对自然等四个方面的责任。

---

1 《孟子·尽心上》。

服膺儒学的当代中国企业家，提出"共创财富，公益社会"的企业使命。在他们看来，企业怎么发展更快，就是八个字：小胜靠智，大胜靠德。小聪明是小胜，大道德才能大胜，做生意的人一定要明白这个道理。民营企业家赚大钱真正的秘诀，就是带头承担社会责任，带头做好人，带头做好的企业家。企业履行社会责任主要有四个方面，第一是诚实经营，第二是绿色环保，第三是关爱员工，第四是慈善捐助。特别值得一提的是，企业应当把"关爱员工"作为企业履行社会责任的重要内容。作为一个企业家，首先应该善待自己的员工，企业发展成果首先惠及员工，然后才能说惠及社会，帮助别人。如果企业家连自己的员工都不善待，员工收入很低，流动性很高，他还到外面作秀，甚至贷款去捐款挣面子，这就不是好的慈善。企业还要倡导人人公益的理念，在企业当中普及一种慈善文化，让慈善的理念成为绝大多数员工共同的认识，成为一种文化，使每个人能够尽可能地保持一颗善心，无愧于社会。

近代以来，在经历激烈社会转型的中国，诞生于两千多年前的儒家思想遇到了极大的冲击和挑战，甚至有人断言儒家思想的现代命运就是"进入博物馆"，只是作为历史收藏物而存在，供人观赏，勾起人们思古之幽情，却消失了在现实文化中的价值与作用。[1]但事实证明，这一论断根本站不住脚。博大精深、源远流长的儒家思想，在当代社会依然具有深刻睿智的解释力和生生不息的创造力。企业是当代社会最活跃的组织，也是当代儒学最有活力的生长点。

1　参见列文森：《儒教中国及其现代命运》，广西师范大学出版社，2009年。

我们满怀期待，以中国企业家的儒商实践及其理论结晶"儒家商道智慧"为标志的企业儒学的兴起，必将为当代儒学的发展，谱写壮丽的新篇章！

作者单位：中山大学

编辑：吕力

基于道本管理的领导思维形式及升级路径探析

齐善鸿　布玉兰　滕海丽

本文将在分析传统领导思维障碍的基础上，探讨领导哲学思维形式——道本管理的领导思维形式及其升级路径。

一、传统领导思维的障碍（略）

二、基于道本管理的领导思维形式

道，是中华文化中自然力量和规律的代表。道本管理是基于以道为本的管理哲学思想，以至善信仰作为价值取向，以主观合于客观的主体能动作为动力机制，主张尊道爱人，破除管理强势控制的枷锁，激活人内在的力量，使管理从外部控制转化为以服务自律性成长为核心的一种管理模式。刘兆峰指出，管理哲学代表了管理思想发展的最高理论形式，管理哲学对管理研究者或管理实践者的思维起指导作用。基于道本管理的思维形式是哲学思维形式，主要包括客体思维、动态思维、反成思维、柔性思维和至善思维。（见图1）

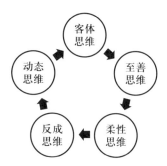

图1　基于道本管理的领导思维形式

（一）动态思维

动态思维是根据不同情境，不断调整、优化思维程序，以找到最优方案的思维形式。在信息时代，唯一不变的就是变化，变化是世界永恒不变的规律。在组织活动中，领导者要时刻保持动态思维，掌握随时变化的信息，并将外界环境信息与组织内部具体情形相结合，以便带领组织与时俱进。

（二）柔性思维

柔性思维是一种多视角、多层次、多模式、变动性的复杂思维形式。柔性思维更注重通过找关键、使巧劲达到四两拨千斤的效果，是解决复杂动态问题的金钥匙。《道德经》曰："天下莫柔弱于水，而攻坚强者莫之能胜，以其无以易之。弱之胜强，柔之胜刚，天下莫不知，莫能行。"水是天下最柔弱的东西，但是水最能攻坚克强，这一点几乎没有任何东西能够比得上。弱可以胜强，柔可以胜刚，这是所有人都知道的道理，却没有人照此实行。周建红从多维度研究了女性领导柔性管理，指出女性领导具有先天的柔性，更注重与下属的关系和团队建设，从而激发下属的内在潜力、主动性和创造精神。所以，领导者要运用柔性的力量，更好地激发下属的创造力，从而促进组织的创新发展。

（三）客体思维

客体思维是主体思维的一种特殊形态，是认识了主体思维的局限之后的突破，是对自我中心主义的彻底超越，是在主体的基础上尽可能贴近客体的思维。客体思维不以主观的"我"为主体，而是以客观规律的"道"为主体。客观包括四个层次：第一，客观是纯粹的物质世界；第二，客观是事件本身；第三，客观是自己以外的所有不同的人；第四，客观是每个人的想法和行为。客观规律不能改变，只能认识、顺从和利用。以道为本就是放下主观，利用规律的力量，破解以领导者为本的思维。领导者只有时刻将自己的心放空，体会客观世界的规律，以及下属和利益相关者等客体的想法，将客观的规律和他人的状态放进自己心中，摒除自己主观的意愿和想法，顺应客观规律，才能够与天地大道相连接，才能具备感受真正的世界、感受万物的能力。领导者就是解决组织遇到的问题的，只有具备了客体思维能力，才能找到问题的本质，利用规律的力量，从根本上解决问题，以带领组织实现良性发展。

（四）反成思维

反成思维就是放下主观，顺应事物本身规律的思维形式。《道德经》中讲："自见者，不明；自是者，不彰；自伐者，无功；自矜者，不长。"又讲："不自见，故明；不自是，故彰；不自伐，故有功；不自矜，故长。夫唯不争，故天下莫能与之争。"这就是典型的反成思维形式。不自我表扬，不自以为是，不自我夸耀，不自高自大，反而能成就自己，这就是坚守"道"的智慧。反成思维在组织决策中有重要的作用，尤其在制定组织战略时，领导者不能急于求成，要有全局观和可持续发展观，过度追求效率反而不利于组织长期战略目标的实现。

（五）至善思维

至善思维是利他无我的思维形式。至善之道，是中国传统哲学对人生终极价值追求的最精妙的概括。《大学》曰："大学之道，在明明德，在亲民，在止于至善。"核心是讲"德"和"善"，不仅自己要有德，还要推己及人，使人人都有德。国无德不兴，人无德不立，组织无德谈何发展。领导者最终会因为对道德的追求，使得人类的行为层次以及领导者和追随者的道德水平都得到提升。领导者更应该为下属做好表率，做一位有德并能影响下属的领路人。《道德经》中的"上善若水"将抽象的"至善"形象化为我们可以观察到的水，"水善利万物而不争，处众人之所恶"言明了至善的要点：利万物、善利、不争、处众人恶；"居善地，心善渊，与善仁，言善信，正善治，事善能，动善时"阐释了至善之人"善"的行为。有学者指出，真正的领导者有一个明确的道德指南针、一种超越私利的坚定信仰。这种超越私利的坚定信仰一定是至善。具有至善思维的领导者，本身就是社会中正能量的源泉。只有具有至善思维的领导者才能达到理性和德行的完美统一，才能真正理性地做出正确的组织决策。

三、领导思维形式的升级路径

（一）学道——智商、情商、道商的修炼

智商是一个人认识客观事物并运用知识解决实际问题的能力，情商主要是指一个人在情绪、意志、耐受挫折等方面的品质，道商是指一个人掌握事物规律的能力。在组织领导过程中，智商、情商和道商都是非常重要的能力。其中，智商的高低是先天因素和后天学习共同作用的结果，而情商和道商的培养主要依靠后天的修炼。智商再高，也只能以规律作为准则，而不能够以自己主观制造出来的想法和念头作为准则。只有用全然开放的心态去反思自我，认识客观规律的无限性，认识制约的普遍性，才有可能从不断犯错的道路上回到正确的道路上。《道德经》曰："人法地，地法天，天法道，道法自然。"就是讲人、地、天和道都遵循着自然的规则。大道是不以人的主观意志为转移的客观规律，不要以个人意志与客观真理博弈。如果能在尊重事物客观规律的基础上做事情，就能得到天助。所以，人要效法天地、自然之道，否则，就要受到规律的惩罚。道本管理实践强调，组织领导者要善于学习和不断学习，将学习作为一种始终与工作同行的

心智状态，将对学习的管理建构成一个连续的系统，使学习变成人生中的信仰。建立学习型组织，首先要激发个人学习，只有通过个人学习，组织才能学习。学习的途径很多：向比自己优秀的人学习；将出了问题的人的教训吸纳到自己身上，这样就不会重犯别人的错误；看书学习；及时总结自己做事情的方式和效果，做得好的发扬，做得不好的改正，把别人做得好的经验也拿来进行实践。道商就是在不断的学习过程中修炼而成的。

（二）悟道——小我、大我、无我的精进

对于"我"的探讨，实际是对人的主体性的剖析。主体性的本质就是通过不断认识以我为中心的有限性和外在的客观性，不断突破已有的认识，使"我"与"非我"不断趋于统一。主体性可分为虚幻的主体性、霸道的主体性和真主体性（见图2）。真主体性既懂得自己主体性权利的存在，又认识到自己主体性权利在自然面前、在无数具有主体性的人形成的客观世界面前所具有的有限性，同时还认识到本我的主体性规律在客观规律中的地位和作用，因此能够让自己的主体性回归自然，进而实现与外部世界的融通以及和谐共处。真主体性是要达到无我的状态。无我，就是无小我，就是将"我"与众生融为一体，体现为利他、给予、客观、无我等精神内涵。如果想使自己的行为最大限度地接近道，必须克服一己私欲，尽可能达到无我状态。如何达到无我状态呢？首先，要最大限度地放弃自己的主观想法，主观意念、想法越多，越有可能偏离问题的本质；其次，尽可能从对方的角度、对方的利益考虑问题，遇事顺势发力，不能强力而为，即要

"道法自然"；最后，与众人共同发展。只有敬畏天地规律，超越自己的知识、经验和成就，才能不断接近客观真理，不断超越自我局限，突破小我而成就大我，最终达到无我而与天地合一的境界。领导者要把握人性规律，顺应自然规律，激发并释放人内在的动力，进而达到个人人性与组织目标实现的双重目的。

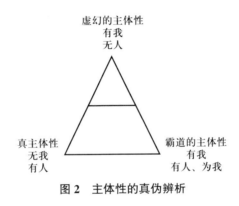

图 2　主体性的真伪辨析

（三）修道——思善、行善、至善的升级

至善说的是主观的道性，就是人对大道领悟之后的人性取舍和价值方向，就是从大道那种不偏不倚、公平公正、没有分别、大度无私等特性中衍生出来的人应该遵从的规则。《道德经》曰："是以圣人常善救人，故无弃人；常善救物，故无弃物，是谓'袭明'。""圣人无常心，以百姓心为心。善者，吾善之；不善者，吾亦善之，德善。信者，吾信之；不信者，吾亦信之，德信。"这些都是讲圣人无分别心的至善行为。只有超越了外求和交易的善念善行，只有将善念、善行和一切善果不再视为个人功德并甘愿"处众人之所恶"，才能将其称为至善。如何达到至善的境界呢？在现实

中，要将心善、念善、言善、行善、法善、果善和纳善作为行为准则。心善，思无邪；念善，对人和事皆起善念；言善，言之出口，皆为人好；行善，行之所动，皆对人有益；法善，言行举止皆能让人乐于接受；果善，行为之结果皆能对人有所助益；纳善，不管对方做何回馈，皆能接纳为善。领导者只有在崇高的信仰指导下，排除私欲、自我完善，才能以自己的才干带领下属，使组织发展壮大。

四、结语（略）

原载:《领导科学》，2020 年第 12 期

作者单位：南开大学商学院，老子道学文化研究会

摘编：吕力

管理哲学：依据、划界、文化资源

刘敬鲁

一、管理哲学是"管理的哲学问题"还是从"哲学看管理"

管理中存在哲学问题，这是一个前提判定。所以，从哲学来看，管理就是要看管理中存在的哲学问题。一般说从哲学看某个对象的时候，是指用哲学的一些观念去看待这个对象。事实上，最终所谓能用哲学来看待的对象，都是因为这个对象当中本身存在着哲学问题。从根本上来说，管理中存在哲学问题。所以管理哲学应该是研究管理的哲学问题，而不是说从哲学角度来看管理这样一个现象、活动，但并不排斥从哲学看管理这样一种研究的方式。研究者把握了一些哲学观念，并用这些观念去分析管理中的现象、活动。分析中可能会发现这些哲学观念是可以具体体现的，也就是说，管理这个实践的特殊领域体现了哲学的普遍性。这些研究方式能成立的根据，还是因为管理中一定会存在哲学问题，所以才能够从哲学去看管理。管理是一门特殊的人类实践活动，而普遍性总是存在于特殊性之中的。这不是一个抽象的论断，如果是正确的，通过研究就会发现与证实。之所以命名为"管理哲学",是因为它以实践活动的特殊方式包含了哲学所要研究的普遍问题。关于管理哲学究竟是一个什么学科的问题,有的观点认为管理哲学是哲学和管理的交叉学科,也有观点认为是应用学科,或者是部门哲学。从每一个角度来讲它们都有其道理,但还需要进一步思考更加根本的东西。

二、"中国管理哲学"的实际意蕴

"中国管理哲学"是怎样一个概念?当我们说中国有管理哲学的时候,我们是在说从过去到现代(特别是中国古代)的那些国家治理理论,或者说政治哲学的思想。因此,我们需要区分政治哲学和管理哲学这两个学科。因为政治哲学在西方近代以来就成立了,并发展成为一门成熟的学科。而在中国,有政治哲学、法哲学、伦理学等,它也形成了具有共性和共识的理论体系。所以,先要区分政治哲学和管理哲学,或者反过来说,区分管理哲学和政治哲学的不同。关于这个不同,我同意我们管理哲学第一届毕业生闫秀敏教授所提出的观点:政治哲学主要是关于统治的哲学,管理哲学主要是关于协调的哲学。区分清楚之后还有一个问题需要注意:中国古代没有"管理哲学"这个概念,也没有"政治哲学"的概念。再看中国古代几大家特别是儒法道三家的思想,如果按照上述的区分,就能得出结论:它们主要是关于国家统治的学问,同时也包含了一定的关于协调活动的学问。当然,这些管理活动在当时的人看来,主要是为了服务于国家长治久安这个目的,包括怎样使统治更加稳定。例如，孟子的"仁政"理论，主要就是政治统治的哲学观点，同时，其中也包含关于施行井田制、家家有田产等具体管理措施的主张，这方面涉及的就是管理哲学的问题。所以，不能简单地把中国古代治国哲学都判定为中国管理哲学，否则就与中国政治思想史、中国政治哲学史难以区分，无法划清学科之间的界限。

这个问题之所以会产生，直接原因在于中国古代没有严格区分政治与管理这两个概念，也没有政治哲学与管理哲学的概念，所涉及的两个方面的思想是一体的。如果把这些内容全都归结为政治哲学，这点也无法反驳；同样，学管理学的人说这些都是管理哲学的内容，也有一定的道理。但是毕竟政治哲学、政治哲学史都已经成熟发展了，并且是立足于西方的学科划界。如此一来，如果要称之为"中国管理哲学"，把中国儒家、法家、道家等学派全划进来，就无法表现我们学科的严格性和可成立性。中国哲学里面有政治哲学和管理哲学这两个方面的思想，研究时必须区分开来。而在现代社会中，政治和管理基本上是明确区分的。现在，不能简单地说一切政治活动都是管理活动，一切管理活动都是政治活动。这是存在问题的。因为，还有企业管理、大学管理、教育管理、各种社会组织的管理，这些和整个国家的政治也不一样。在西方，管理学是一门学科，政治学是一门学科，这个不同是已经明确的，二者都已经形成了成熟的学科，并具有各自的发展，因此不能简单地混为一谈。但这个问题的复杂性就在于，在思考"中国管理哲学"这个学科概念时，需要把这些东西区分出来，然后再思考。比如说，法家韩非子从法术势出发，提出的一些观念总体上看主要是为统治服务的，即怎么控制与统治，但可以把统治中一些重要的观念和思想框架运用于管理。

在学科构建方面，我们和西方要有一个接轨对话讨论的起点，否则无法做比较研究。我认为，对中国古代的政治和管理方面的思想可以使用"国家治理"这个概念。"治理"这个范畴虽然取自西方，但它也比较合乎儒法道这几家学派的思想。因为，"治理"这个概念，既有统治的内涵又有管理的内涵。在对一种相关思想进行具体研究时，要看的是它关于国家统治这方面的内容更多，还是关于管理这方面的内容更多。说"中国古代国家治理哲学"比说"中国古代管理哲学"更为恰当。在区分清楚的前提下，再来进一步探讨它的基本命题、基本问题以及一些基本范畴。至于是不是用西方思维来思考，就看合乎不合乎现实和学科发展的实际。

另外，可以从管理的视角阐释中国哲学中的一些概念，比如仁、德、法等概念，这是一个角度。换句话说，可以立足于管理思想、管理学，或者管理理论来审视中国哲学中的国家治理概念。因为管理学有基本的框架，由此出发去阐释，会形成新的管理哲学思想框架，这用在当代就比较合适。例如：中国古代政治思想中，儒家推崇礼制，礼制中应该存在统治和管理两方面，因此可以把"礼"理解为管理的一个方面，同时，这还需要结合具体的对象进行研究。比如，需要弄清针对什么来谈"礼"，可以针对社会秩序和国家秩序，也可以针对更加具体的对象。可以把"礼"运用于我们当今整个社会的管理，甚至具体组织，比如说企业、大学等的管理，都是可成立的，即在不同层次可以建立不同的"礼"。总之，应注重对中国哲学中的国家治理思想的现代阐释和应用。

三、文化与管理的结合点

文化主要是一种价值观念。文化与管理的结合点问题，主要就是如何把文化的价值取向或者价值观念的特点运用到管理当中去。比如说，中国文化强调集体本位、社会本位，现代西方强调自我本位、个体本位。集体本位、社会本位或者说社会优先，这样一种价值取向是中国文化的根本价值取向，其中还有很多强调以人为核心的观念，即是说，它内部有很多不同的价值观念，这些观念都可以运用到对管理学的研究当中去。简言之，可以将中国文化的价值取向、特征中最主要的东西运用到管理的研究中去。此外，中国文化中还有很多内容涉及事实论证、事实认知等方面，比如墨家的学说就涉及一些科学方面的内容，这些科学的内容同样也可以运用到管理当中去。这意味着，首先要把科学与价值区分开来，从认知的方面和价值的方面去看怎么把它运用到管理的研究当中去。对中国文化的透视角度可以多种多样，但其中的价值观、价值取向最为重要。

学界特别是管理学界有一个比较普遍的观点，就是认为中国文化中管理的智慧和思想理论比较笼统，缺乏实践性，不像西方的管理思想可以直接运用到实践中并直接产生效果。例如，西方的绩效管理理论、战略管理理论中有很多框架模型、数据分析模型，直接在管理决策中做出选择。对于这一问题，首先需要区分管理学的知识和哲学的知识。绩效管理和战略管理方面的理论，都属于管理学范畴。管理学是一门社会科学，它主要是实证的知识。实证的知识就比较具体，可操作性强，可以运用。如果运用不成功，可以再对知识进行修改和更换。所谓中国的思想不能够运用，缺乏实际可操作，实际上主要是指中国的哲学观念。而哲学的观念，无论是中国的，还是西方的，离操作层面都有一定的距离。比如说，仁政思想也好，道法自然和无为而治主张也好，西方柏拉图的理性主义，亚里士多德的理智德性和伦理德性思想等，对于这些哲学观点和理论的运用，就主要不是技术操作的问题。这是中国哲学和西方哲学共通的。到了具体操作层面，如果想把一种哲学观念运用到管理当中去，就需要找到中介。这个中介就是将哲学思想或是管理哲学的观点与管理学的一些概念、观念框架结合起来，这就有可能解决现实操作的问题。哲学思想的运用，比如柏拉图关于理性治理国家的观点，如果把理性运用到管理当中去，去思考管理活动是什么样的活动，包括哪些维度，结合起来就会产生决策理性，或者说管理的理性、交往协调的理性。这样就把抽象的哲学观念变得具有可操作性，进而可以运用到管理实践的具体结构、维度中。哲学都是抽象的，要将其转换到管理领域的内容与活动的维度当中去。哲学的抽象程度比较高，更具一般性，而管理学的抽象程度没有哲学高，具体性更强。所以黑格尔认为具体科学反映具体实践，比哲学低一个层次。哲学是最高的理性层次，管理哲学就是中间的理性层次，具体科学是更低的理性层次。就像金字塔一样，哲学在顶端，它要具体应用就要往下走，形成相应层次的一些概念、具体的问题，然后才可能落地到实践当中去。从上到下不断地具体化，或者从下到上不断地抽象化，层次不一样，要把它们结合起来。

四、管理哲学研究领域中的前沿问题

当今的国内外管理哲学研究中，有几个前沿问题值得深度探讨。

就西方的研究来说，有两个问题非常重要，其中一个是管理中的价值观问题。这个问题从 20 世纪八九十年代开始升温，但绝大多数的研究都是管理学的、描述性的。怎么进一步将其上升，从哲学的层次来思考管理中的价值和价值观问题，可能是一个前沿的研究领域。第二个比较具体的前沿问题就是"伦理型领导问题"（ethical leadership），这个问题的研究大多集中在伦理学领域。这两个领域的研究至少在西方学界来看是比较前沿的。

国内的管理学哲学研究中的热点之一，是中国古代哲学、中国古代文化如何创造性地转化为管理哲学的问题。中国古代哲学包含统治和管理两方面的思想，如何更广泛地将其运用到我们当今的管理实践当中去，是大家比较关注的问题。要使这方面的研究变成有实践价值的理论，不能对古代的思想作简单化处理。所谓简单化处理，就是把古代讲的仁政、德治、礼法思想等直接套用到今天的实践活动当中来。这是难以成功的。关键是要结合当今管理实践的特点，因为当今的管理实践和古代的形式是不一样的。如果要将中国古代哲学中关于政治和统治方面的理论运用到现代企业、行政和各种社会组织的管理中，就需要把它创造性转化为可以解决这些实践问题的理论。

此外，国内研究的更重要的一个问题是：管理哲学的基础理论研究面临突破。到目前为止，虽然已有不少管理哲学方面的著作，但实际上还没有形成真正的带有突破性的管理哲学基础理论。这是一个带有很大研究空间的领域。一个学科要成立，它的基础理论应该是比较清晰的。基础理论如果获得突破，就能推动整个理论体系向前发展。

原载:《中国文化与管理》，第1卷

作者单位：中国人民大学哲学院

管理文化哲学应当探求和揭示价值创新思维规律——基于对中国管理哲学的反思性研究

周可真

一、中国管理哲学研究简况

自泰勒的科学管理思想初传至中国起，中国就有学者开始寻求中国自己的管理之道。例如，早年曾积极推动泰勒的科学管理思想在中国传播的杨铨（1893—1933，字杏佛），在1922年应商务印书馆之邀所做的一次讲演中就曾明确表示："科学管理法近七八年来美国人士日益注意，不惟商店工厂奉若准绳，即行政各机关亦恒采用此种管理方法"，"我甚希望有一种中国式的科学的管理法出现"。

沿着先辈学者寻求中国管理之道的研究思路，至20世纪60年代，台湾地区学者曾仕强（1934—2018）首开中国管理哲学研究之先河，出版了《中国管理哲学》（1963）一书。曾先生在该书中指出："管理哲学为实践哲学之一，是自全体人生经验上，全部民族文化上，解释整个管理历程的意义与价值，评判整个管理活动的理论与实施；综合各管理科学及其他相关科学的知识，以研究管理上的根本假定、概念及本质，而推求其最高之学。""管理哲学即以全部人生经验为背景，全部管理历程为对象，采取综合的观点、整个的见地，以研究管理之学。""简言之，管理哲学是对管理经验作反省的活动。"[1]曾先生意识到管理哲学与管理科学不同：科学无国界，而哲学属于民族文化，有民族性。

继曾仕强之后，蔡麟笔先生著有《我国管理哲学与艺术之演进和发展》[2]。同时，美籍华人学者成中英（1935—）先生亦力主"建立中国的管理哲学"，后更设想"建立一个现代化的中国管理模式"——"C 理论"（1993），继之推出了《C 理论：易经管理哲学》（1995）。

中国大陆的管理哲学研究则发端于 20 世纪 80 年代，其发源地为苏州大学。早在 1983 年，苏州大学马克思主义哲学硕士学位点就设置了管理哲学研究方向。此后，国内其他一些大学也相继设立该研究方向。迄今为止，在中国大陆高等教育领域，从本科到硕士、博士三个级别上都设置了管理哲学专业，只是该专业尚限于少数大学，远未"遍地开花"。

中国大陆管理哲学界有这样一种共识：管理哲学是介于哲学

1　曾仕强：《中国管理哲学》，台北东大图书股份有限公司，1963 年，第 29—30 页。

2　蔡麟笔：《我国管理哲学与艺术之演进和发展》，台北"中华企业管理发展中心"，1984 年。

与管理学之间的一门边缘学科，是哲学和管理学的交叉学科。在实际研究中，学者们到底是按哲学路子还是按管理学路子来进行管理哲学研究，这主要是取决于他们的学历背景和学术经历以及职业身份和具体的工作与研究环境。从中国大陆的情况看，管理哲学研究队伍中的元老级学者主要是来自哲学界（如来自马克思主义哲学领域的苏州大学教授崔绪治、来自中国哲学领域的中山大学教授黎红雷）和管理学界（如毕业于厦门大学经济系企业管理专业的复旦大学教授苏东水），其中大半来自哲学界。这些元老级学者的研究路向，在很大程度上决定了后来中国大陆管理哲学发展路向。

二、构建马克思主义管理哲学体系——
　　崔绪治的管理哲学研究

中国大陆最早具有管理哲学研究的自觉意识并系统进行管理哲学研究的学者是崔绪治（1939—　　）。崔绪治从1986年到1991年间，先后推出了三部在管理哲学研究领域具有开拓和奠基意义的学术专著——《现代管理哲学概论》（1986）、《现代管理哲学纲要》（1990）、《现代管理哲学》（1991）。

在《现代管理哲学概论》（1986）中，他从学科性质方面对管理哲学做出如此明确界定："管理哲学是介于哲学与管理学之间的边缘学科，是哲学和管理学的交叉学科。"在此基础上，又从哲学和管理学两个角度将管理哲学分别定义为"哲学的应用研究的分支

之一"和"管理理论的最高层次"[1]。因此，崔绪治的管理哲学研究路向，是通过"（马克思主义）哲学的应用研究"来构造作为"（马克思主义）管理理论的最高层次"的马克思主义管理哲学理论体系。崔绪治参照了马克思主义哲学的理论框架和现代管理理论所提供的思想内容，建立起一个以"管理本体""管理操作""管理人才""管理文化"为基本范畴的管理哲学概念系统。在这个概念系统中，属于"管理本体"范畴的基本概念有"管理要素""管理职能""管理本质""管理主体""管理客体""管理介质""管理环境""管理过程""管理规律"九个，属于"管理操作"范畴的基本概念有"管理劳动""管理决策""管理组织""管理监督""管理信息""管理工具""管理效率"七个，属于"管理人才"范畴的基本概念有"管理行为""管理心理""管理技能""管理艺术""管理风格""管理品德""管理教育"七个，属于"管理文化"范畴的基本概念有"管理意识""管理科技""管理价值"三个。这个概念系统逻辑地反映了崔绪治对管理本质的哲学认识：管理是一个有目的的实践过程，该过程的基础是构成管理实践的诸要素，正是这些要素相互联系和相互作用构成了管理实践的历史运动，而反映实践目的的管理价值就是该历史运动所要达成的目标。对管理的这一本质的哲学认识在理论形式上表现为以"管理要素"为逻辑起点、以"管理价值"为逻辑终点。这是一种将管理本质地理解为一个价值实现的实践过程的马克思主义哲学管理观。渗透和贯穿于上述概念系统中的一个基本精神则是追求管理实践的"科学化""效率化""现代化"。

---

1 崔绪治、徐厚德:《现代管理哲学概论》，安徽人民出版社，1986年，第1页。

三、构建东方管理文化理论体系——苏东水的管理哲学研究

苏东水的研究经历了一个从管理思想史研究到管理文化研究，再到管理文化哲学研究30多年的学术发展过程。这个研究过程始于1976年他在复旦大学开设"《红楼梦》经济管理思想"讲座，后又相继发表《关于管理思想古为今用的几个问题》(1984)、《中国古代经营管理思想——〈孙子〉的经营和领导思想方法》(1985)、《现代管理学中的古为今用》(1986)等多篇反映其"古为今用"的管理思想史方法论观念的研究论文。

进入20世纪90年代以后，苏东水将其"古为今用"的管理史学观念发展为一种管理文化发展观，并据此开展旨在建立"中国管理体系"的东方文化研究，显示该阶段探索成就的，除了由他个人撰写的《弘扬东方管理文化，建立中国管理体系》(1992)、《东方管理文化的探索》(1996)、《东西方管理文化的比较研究》(1996)、《东方管理文化的精髓》(1999)等研究论文以外，最具标志性的成果是由他任总主编、苏勇为"人物"卷主编、王龙宝为"要著"卷主编、袁闯为"名言"卷主编、芮明杰和陈荣辉为"技巧"卷主编的《中国管理通鉴》(1996)。该书对所收录的中国历史上近200位管理名人、200部管理名著、2000余条管理名句、200

则著名管理故事一一予以介绍、诠释、分析、评价，使中国历史上各个时期的管理遗产得到较全面的呈现。他所发表的《新经济时代东方管理理论的创新与发展》（2000）和《东方管理学研究的宗旨和现实意义》（2001）两篇论文，可以说是标志着他正式进入致力于创建东方管理学的文化哲学研究阶段的成果。

此后苏东水发表了一系列论文和作为这些论文思想之集大成的专著《东方管理》（2005），表明了他所创立的东方管理学，在他所认为"要解决管理的价值观和方法论这些最根本的问题"的"管理哲学"[1]上具有两个鲜明特征：①以"融合""创新"概念为核心的管理方法论——主张融合东西方管理文化精髓的管理创新方法论；②以"人""德"理念为核心的管理价值观——倡导"以人为本、以德为先，人为为人"的管理德性价值观。

四、对中国管理哲学研究的评说

崔绪治先生和苏东水先生是当代中国管理哲学研究队伍中的元老级学者，他们分别来自哲学和管理学两个不同领域，他们的管理哲学研究较为典型地反映了管理哲学这门介于哲学与管理学之间的交叉学科在当代中国的学术建设总体面貌，尤为重要的是，他们都特别重视管理哲学的理论建构，并且实际形成了自己的一套理论。

1　苏东水：《论东方管理学》，《世界经济文汇》（世界管理论坛专刊），2006年版。

　　崔先生的志趣在于从应用哲学方向上发展马克思主义哲学，而苏先生的志趣在于通过融会东西方文化之精髓来发展现代管理学——前者是受"哲学"（马哲）创新思维支配，后者是受"管理（科学）"创新思维支配。

　　黎红雷、葛荣晋等知名学者的管理哲学研究，在大思路上亦属于"综合创新研究模式"。黎红雷曾明确指出："东西方管理智慧相互补充、融会贯通，是当代世界管理理论和实践的发展趋势。"[1]葛荣晋更是强调："只有走综合创新之路，方可建构起以'修己治人'为特征的中国管理哲学思想体系。"[2]葛先生认为："所谓'综合创新之路'，可以用16个字来概括，即'以我为主，合璧中西，会通古今，自成一家'。"[3]

　　黎先生的作品以《儒家管理哲学》（广东高等教育出版社，1993年）为代表，其特点是依据国内通行的哲学体系及其基本内容和现代管理学领域通行的理论体系及其主要议题，将儒家管理哲学的基本内容厘定为"儒家管理的哲学论"（包括"唯人则天"的管理本体论、"知治一致"的管理认识论、"执经达权"的管理方法论、"义以生利"的管理价值论）和"儒家哲学的管理观"（包括"劳心治人"的管理本质观、"人性可塑"的管理人性观、"能群善分"的管理组织观、"无为而治"的管理行为观、

1　黎红雷：《中国管理智慧教程》，人民出版社，2006年，第1页。
2　葛荣晋：《中国管理智慧与现代企业管理》，中国人民大学出版社，2006年，第1页。
3　葛荣晋：《中国管理智慧与现代企业管理》，中国人民大学出版社，2006年，第5页。

"道之以德"的管理控制观、"修己安人"的管理目标观）。这在同类论著中堪称理论性最强、哲学味最浓的著作。

葛先生的作品以《中国管理哲学导论》（中国人民大学出版社，2007年）为代表，其特点是将中国传统哲学智慧与现代管理实践勾连起来，通过对其相互关系的探讨，建构了以"修己治人"为基本特征的中国管理哲学思想体系，提出了中国管理"四境界"（"实践境界""科学境界""道德境界""艺术境界"）说。

较之于苏先生偏重于"管理（理论、科学）"，黎、葛二先生则偏重于"哲学"。然其研究思路均属于综合创新思维，只是在这种思维支配下，苏先生所注重的是会通东西方，黎先生则注重会通中、西、马，而葛先生注重古今之间的会通。这三种各有所侧重的会通研究，都是属于管理文化研究。因此，他们的管理哲学研究都可以被归入管理文化哲学范畴。

但是，相对于以霍金森为代表的西方管理文化哲学在管理文化价值上重视阐明"应然广普性"原理而言，以苏东水为代表的中国管理文化哲学恰恰是重视阐明"当然特殊性"原理。

从民国时期欲求"中国式的科学的管理法"，到当今中国探求"中国式管理哲学"或"中国管理之道"，无论是从科学管理的学习角度，还是从管理哲学的研究角度，其实都是出于"实施其原则于特殊之环境"（王云五语）的实用考虑。因此，以探求和阐明中国管理之道为旨归的中国管理文化哲学，在思维形式上是属于实用思维。崔绪治先生把管理哲学当作马克思主义哲学的一项应用研究来看待，其实亦是受实用思维的支配所致。

实用思维与理论思维是有原则区别的。无论是按照古希腊亚里士多德的哲学观，还是按照马克思主义的哲学观，哲学都是一种理论学术，其思维属于理论思维。运用实用思维来开展管理哲学研究，是与管理哲学的"哲学"品格不相称的，它有可能导致管理哲学"降格"为一种实用学术，使管理哲学丧失其哲学本性。

五、反思：相互关联的若干问题

（一）实证科学时代哲学与科学的学术分工

恩格斯曾经明确指出，在自然科学和历史科学取代了自然哲学和历史哲学之后，"这样，对于已经从自然界和历史中被驱逐出去的哲学来说，要是还留下什么的话，那就只留下一个纯粹思想的领域：关于思维过程本身的规律的学说，即逻辑和辩证法"。[1]恩格斯这番话有两层意思：第一，哲学不应插手科学之事，而应做自己该做的事；第二，研究客观规律是科学之事，研究思维规律是哲学之事。

（二）客观规律与思维规律的关系

依据笔者对马克思主义创始人关于外部世界运动规律和人类思维运动规律在本质上同一观点的理解，思维规律和客观规律的同一性有两个方面：自然同一性与实践同一性。自然同一性是

---

1 《马克思恩格斯选集》（第 4 卷），人民出版社，1972 年，第 253 页。

思维规律和客观规律互相统一的自然物质基础，实践同一性是思维规律和客观规律互相统一的社会物质基础。正是由于这两个方面的物质基础，才使思维规律和客观规律对于科学具有本质上的同一性，从而不只是客观规律，思维规律亦可成为科学考察和研究的对象。与之相应，思维规律和客观规律的相互联系与相互区别在于：①思维规律是客观规律在人的头脑中的反映。②客观规律是以客观必然性形式自发地起作用的实然规律；思维规律是可以被人自觉应用于其生活过程，为达成其生活目的而服务的应然规律。[1]

（三）思维规律与价值规律、应然规律的关系

依据马克思主义哲学认识论的唯物主义原则，并参考现代认知心理学关于认知过程三阶段的理论，人的意识对客观规律的反映须经历"知""情""意"三个阶段："知"是通过事实判断来反映客观规律，"情"是通过价值判断来反映客观规律，"意"是通过行为判断来反映客观规律。相应地，以事实判断来表达的规律被称为"事实规律"，以价值判断来表达的规律被称为"价值规律"，以行为判断来表达的规律被称为"行为规律"。实际上，"事实规律""价值规律""行为规律"三个概念都是指同一性质的规律——反映在人的意识中的客观规律。因其反映在人的意识之中而成为支配人的思维活动的规律，故称"思维规律"。这就

1　参见拙文：《历史科学的开创和思维科学的建立——论马克思主义创始人的思维科学观》，《江南大学学报》（人文社会科学版），2018 年第 4 期。

是说，"思维规律"是对事实规律、价值规律、行为规律的总称。事实规律、价值规律、行为规律是客观规律在人的认知心理发展过程不同阶段上的不同反映形式：事实规律是客观规律的认知表现形式，价值规律是客观规律的情感表现形式，行为规律是客观规律的意志表现形式。故思维规律包含但不等于价值规律。

"应然规律"是指客观规律的意志表现形式，即行为规律。行为规律对人的行为，不是以客观必然性形式自发起作用，而是以自觉且自由的意志决断形式起作用，这种意志决断是基于自由选择而自主做出的决定，所以它对人的行为的作用形式不是盲目必然的强制，而是自觉当然的自律。故思维规律也是包含但不等于应然规律。

要言之，在认知心理学意义上，价值规律和应然规律本质上都属于思维规律。据此而言，西方管理文化哲学所致力于探求和揭示的应然广普性原理，应当被理解为属于思维规律范畴的管理原理，即思维规律在管理领域的表现形式。

（四）广义的价值范畴和价值规律

广义的价值范畴，即哲学上的普遍价值概念。无论是经济学所讨论的物的价值，还是伦理学所讨论的人的价值，都只是价值的具体形态，它们都是特殊价值，而非普遍价值。哲学上的价值概念，应是涵盖物的价值和人的价值的普遍价值。要把握这种普遍价值，关键在于弄清楚物的价值和人的价值的统一性所在。

长期以来，人们对于哲学上的价值概念的具体界说虽然是仁智各见，但几乎没有人否认价值是属于关系范畴——我们姑且把这看作迄今为止人们在价值问题上所业已形成的哲学共识。以这种共识来考察物的价值和人的价值，可以合乎逻辑地将物的价值理解为人与自然的关系（天人关系），将人的价值理解为人与人的关系（人际关系）。这样，就极有利于我们看清楚物的价值和人的价值的统一性所在了：这两种不同性质的关系，其实就是人类生活中的天人关系和人际关系。这就昭示我们，物的价值和人的价值是统一于人类生活的，生活就是价值本体，即价值的终极原因和终极根据。

将生活设定为价值本体的哲学价值观，是把生活本质地理解为人与人及人与自然构成价值关系的过程，因而也就是人与自然获得其价值的过程；换言之，就是肯定生活是一切价值之源，人和自然的价值皆来自生活，唯有在生活中，人和自然才能成为价值主体，故生活的意义在于构建价值世界，生活就是创造价值的过程。

依据马克思的有关论述[1]，我们可以对"生活"做出如下定义：所谓生活，就是人的自由的有意识的生命活动。这种自由的有意识的生命活动，是人类在自然界的存在方式，是人类区别于动物的特殊生存方式。生活作为价值本体，其创造价值的内在根据，就是本性上自由的人的意识（思维）。

如果可以把生活理解为精神和物质两个层面的话，那么，精

1　马克思说："一个种的整体特性、种的类特性就在于生命活动的性质，而自由的有意识的活动恰恰就是人的类特性。""有意识的生命活动把人同动物的生命活动直接区别开来。正是由于这一点，人才是类存在物。"马克思：《1844 年哲学经济学手稿》，人民出版社，2000 年，第 57 页。

神生活就是人的意识自由地创造观念形态的价值的过程，物质生活就是将价值由观念形态转变为现实形态的过程。观念形态的价值可称为"心理价值"或"价值观"；相应地，现实形态的价值则可称为"物理价值"或"价值物"。

价值观（心理价值）是人的思维所构造的理想事物，这些理想事物既符合人所自觉到的自我需要，也符合人所认识到的客观事实和客观规律，它们是主观需要与反映在头脑中的客观事实和客观规律的统一，这种统一是通过创造性思维而达成的。这个统一体具有如此双重意义：就其为与客观事实和客观规律相一致的主观需要而言，它是目的；就其为与主观需要相一致的客观事实和客观规律而言，它是价值。这就是说，价值观作为人的思维的创造物，实际上是目的与价值的混合体。称其为"目的"，是因为这些理想事物反映着人的需要，这种需要是人所意识到的并且自觉其与客观事实和客观规律相一致，而欲以自己的行动来使之变成现实的主体理想；[1] 称其为"价值"，是因为这些理想事物反映着客观事实和客观规律，并且这种客观事实和客观规律与人的需要相一致，因而可以满足人的需要的客体属性。

显然，价值观形成的必要前提和基础，是创造价值观的思维对于客观事实和客观规律的反映；而思维反映客观事实和客观规

1　人的需要作为一种客观性在其尚未被人意识到（自觉）的时候，是一种自在的、与动物本能无本质差异的人的本能。人的活动并不直接地受其本能支配或影响，直接地影响并支配其活动的是其自觉的并努力通过自己的活动来使之实现的需要，这种反映于人的意识并体现于人的活动的主观形式的需要，才是目的，才是真正的人的需要。

律的过程，也就是知识的形成过程。这就是说，一定价值观必定是立基于一定知识上的，离开了一定知识，价值观是不可能产生的。认知心理学所讲的事实判断，其实就是当思维中一定知识尚未与人的需要建立起某种联系，从而以客观知识存在时，思维主体依据客观知识对认知客体所进行的理性判断。而当思维中一定知识与人的需要建立起某种稳定联系时，相应的价值观就建立起来了，从而意味着主体目的的生成与确立。

认知心理学所讲的行为判断，其实就是当思维中一定知识与人的需要建立起某种稳定联系从而形成主体目的时，思维主体依据既成目的对自己的活动方式和方法所做出的意志决断。

然而，现代认知心理学关于认知过程三阶段的理论，实际上是以线性思维方式[1]建立起来的一种认知理论。这种理论有助于我们在逻辑上清晰地界定"知""情""意"三个概念的内涵与外延，有其合理性。但是，在现实生活中，人的意识（思维）对客观事实和客观规律的反映，并非按"知→情→意"的线性轨道和确定方向单维度发展，如同人的大脑神经和血管组织一样，"知""情""意"是相互连接的，是非平面、立体化、无中心、无边缘的网状结构，用辩证法术语来说，它们之间是相互渗透、相互贯通、相互依赖、相互影响、相互作用，并在一定条件

1　线性思维是一种依托线性系统解决问题的传统逻辑。线性思维最初来源于数学领域中对于线性系统的思维逻辑分析，通常是在思维客体线性发展的基础上，以时间或其他给定的逻辑变量为轴线，沿着特定的线性或者类线性的轨道和确定可预见的方向发展来分析问题的思维方式。线性思维较为突出的特征是单向和单一。参见强月新、陈星：《线性思维、互联网思维与生态思维——新时期我国媒体发展思维的嬗变路径》，《新闻大学》，2019年第2期。

下相互过渡、相互转化的。当我们把"知""情""意"都纳入人的心理（思维）范畴，把它们都看作人的精神生活的内容时，它们就应该被理解为人的精神生活系统的三个子系统或三个基本要素，它们在这个系统中各有自己的特殊性质和相应的特殊功能，该系统整体的性质与功能就是由它们作为该整体的各个部分的特殊性质与特殊功能之间互相协同作用所造成的。如此再来看"知""情""意"三者的关系，则"事实判断""价值判断""行为判断"之间的划分和与之相应的"事实规律""价值规律""行为规律"之间的划分都是相对的，而非绝对的，即在一定条件下它们是可以互换其位的。正因为它们之间存在着一定条件下可以互换其位的相对性和同一性，我们便可以将"事实判断""价值判断""行为判断"纳入广义的价值判断范畴，而将"事实规律""价值规律""行为规律"纳入广义的价值规律范畴，进而建立广义的价值范畴，即哲学上的普遍价值概念。

哲学上的普遍价值概念是立基于"生活是价值本体"的假设，将一切由生活所创造的东西，包括价值观（心理价值）和价值物（物理价值），都纳入价值范畴，把它们都当作价值的具体现象或具体形态来看待。于是，"思维规律"就不再被当作事实规律、价值规律、行为规律的总称，而是被视为价值规律的别称。换言之，哲学上的价值规律就是思维规律。对思维规律的哲学研究，就是对价值规律的哲学研究；反之亦然。在这种关系中，"思维规律"和"价值规律"两种名称的意义区别仅仅在于："思维规律"是指哲学研究的对象不是像科学研究的对象那样是存在于人的意识之外的客观规律，而就是人的意识（思维）过程的一般规律；"价值规律"是指哲学所研究的思维规律是属于生活创造价值的规律，这个规律不是价值的具体形态之间的内在联系和必然联系，而是存在于创造性思维过程中的价值发生规律，亦即思维领域中的价值创新规律。

六、结语

从中西方管理哲学的实然情况看，尽管像霍金森这样的管理哲学家是围绕着价值问题来展开其研究的，并且因此在一定意义上已经在从事管理文化哲学研究，但是霍金森和沙因一样，其研究重点都是放在以价值观为核心的组织文化的优化以及在优化组织文化方面领导的担当与作用等问题上，其看重和强调的是领导在组织文化的价值观创新方面所扮演的关键角色与作用，显然他们并没有自觉意识到：①价值观创新活动与这种活动的规律并不是一回事：前者是思维活动，后者是思维规律。②价值观创新活动是观念的创造价值的思维活动，其本质是创造性思维。就管理文化哲学作为"哲学"而言，它的价值研究，不是要去研究价值观创新（创造性思维）的决定因素，抑或研究到底是谁对价值观创新（创造性思维）起关键作用，而是去研究价值观创新规律（创造性思维规律）。因此，霍金森和沙因等西方学者对组织文化建设中领导在价值观创新方面所担当的角色及其作用的研究，在严格意义上还不是对管理文化的哲学研究。

对管理文化的哲学研究，应当关注和聚焦于作为管理文化之核心的价值观的创新思维规律。哲学范畴的价值管理，是对思维领域的价值创新的（创造性思维）管理，这种管理必须按照创造性思维规律来进行；对价值管理的哲学研究，就是为了谋求对价值创新的有效管理，而探求和揭示创造性思维规律。

管理文化哲学理应研究创造性思维规律，然其方法要受到其哲学观和管理观的双重影响，故其实际研究必不同于心理学的创新思维研究。但无论怎样，现代心理学的创新思维研究对于管理文化哲学开展创新思维规律研究是有启示意义的，管理文化哲学应当积极吸收创造思维心理学的成果来服务于自己的创造性思维规律研究。

原载：《中国文化与管理》，第 1 卷

作者单位：苏州大学政治与公共管理学院

人性、人心、世界本体与中国管理的"大传统学派"

吕力

一、人性本体与中国管理：立人达人、忠恕、求诸己

（一）中国哲学中的"人性"

孟子指出了人之性与犬之性、牛之性的不同，他诘问告子说："然则犬之性犹牛之性，牛之性犹人之性欤？"（《孟子·告子上》）。孟子又说："故凡同类者，举相似也，何独至于人而疑之？圣人与我同类者。"（同上）又说："人之所以异于禽兽者几希，庶民去之，君子存之。"（同书《离娄下》）显然，孟子认为人性即人之所以异于禽兽者，以人之所以异于禽兽的先验道德意识为人性。

荀子说："凡性者天之就也，不可学、不可事。……不可学，不可事，而在人者，谓之性。"（《荀子·性恶》）又说："生之所以然者谓之性。"（同书《正名》）"性之和所生，精合感应，不事而自然谓之性。"（同上）荀子所说实际上即告子"生之谓性"之意。但告子认为人性无善无不善，荀子则强调性恶。

告子说："生之谓性。"(《孟子·告子上》)又说："食色，性也。"（同上）告子以本能为性。董仲舒："如其生之自然之资谓之性，性者质也。"(《春秋繁露·深察名号》)王充说："性本自然，善恶有质。"(《论衡·本性》)韩愈说："性也者，与生俱生也。……其所以为性者五：曰仁，曰礼，曰信，曰义，曰智。"(《韩昌黎集·原性》)

以上是战国以至汉唐的哲学著作中关于"性"的界说。这些不同的界说可以归结为两元说或三元说，二元说之一是"生之谓性"，之二是"人之所以异于禽兽者"为性。三元说之一是性善，之二是性不善不恶，之三是性恶。自孔孟以来，儒家作为中国传统文化的主题一直坚持"性善"，或者说人性本体即善，具体而言，最突出的观念是仁义礼智信。

（二）"仁义"的人性观：立人达人、忠恕之道、求诸己

孔子所谓"仁"，依据因材施教的原则，对于不同弟子问仁有不同的回答。"樊迟问仁。子曰：'爱人。'"(《颜渊》)"爱人"即是他说的"泛爱众"，要求爱社会上的一切人，而不只是爱社会中的某一部分人。"仁者爱人"，就是在处理人际关系时要求亲爱一切人，做到与一切人友善。

孔子"贵仁"，同时也宣扬"义"。据《论语》所记，孔子尝说："君子义以为上。"(《阳货》)"君子义以为质，礼以行之。"(《卫灵公》)"见义不为，无勇也。"(《为政》)"务民之义，敬鬼神而远之，可谓知矣。"(《雍也》)"见得思义。"(《季氏》)孔子所谓"义"即道德原则之义。

孟子认为"仁"是出于内心的，仁是人的"不忍人之心"的发

展。他说:"人皆有不忍人之心。……所以谓人皆有不忍人之心者,今人乍见孺子将入于井,皆有怵惕恻隐之心,非所以内交于孺子之父母也,非所以要誉于乡党朋友也,非恶其声而然也。……恻隐之心,仁之端也。"(《孟子·公孙丑上》)不忍人之心即同情心,孟子认为这是仁的内在根据。孟子又讲论仁与亲亲的关系,他说:"仁之实,事亲是也。"《同书《离娄上》)又说:"亲亲仁也,敬长义也。无他,达之天下也。"(同书《尽心上》)又说:"君子之于物也,爱之而弗仁;于民也,仁之而弗亲。亲亲而仁民,仁民而爱物。"(同上)这里一方面肯定亲亲是仁,一方面又区别了仁与亲与爱的层次。所谓仁有广义、狭义。亲亲、爱物都可谓仁,这是广义。从狭义来讲,仁与亲亲有别。总之,孟子认为,亲亲是仁的出发点,但必须"达之天下",普遍推行于广大的人民,才可称为仁。

孟子认为"义"也是内在于人心的,义是羞恶之心的发展。他说:"羞恶之心,义之端也。"(《公孙丑上》)又说:"人皆有所不为,达之于其所为,义也……人能充无穿逾之心,而义不可胜用也。人能充无受尔汝之实,无所往而不为义也。"(《尽心下》)"羞恶之心""有所不为",即区别了善与恶、荣与辱。"无穿逾之心""无受尔汝之实",都是"羞恶之心"的表现。"无穿逾",即尊重别人的财产;"无受尔汝",即自尊自重。联系"敬长义也"来看,孟子所谓"义"含有尊重人与己相互之间的权利与义务之意。

孟子多次以仁义并举,如说:"王何必曰利,亦有仁义而已矣。"(《梁惠王上》)"仁,人之安宅也;义,人之正路也。"(《离娄上》)"仁,人心也;义,人路也。"(《告子上》)"居仁由义,大人之事备矣。"(《尽心上》)"人皆有所不忍，达之于其所忍，仁也；人皆有所不为，达之于其所为，义也。"(《尽心下》)。

总之，孔孟将"仁义"确定为人们行为内在的根据。孟子说："口之于味也，有同耆焉；耳之于声也，有同听焉；目之于色也，有同美焉。至于心，独无所同然乎？心之所同然者何也？谓理也，义也。圣人先得我心之所同然耳。故理义之悦我心，犹刍豢之悦我口。"(《告子上》)因此，在儒家看来，"仁义"乃是普遍的人性。因此，人们一刻也不能离开"仁"。"君子无终食之间违仁，造次必于是，颠沛必于是。"只有将人的一切言行都"归于仁"，才是孔子所追求的理想人格"仁人"("君子")。

那么，如何"为仁""成仁"呢？

1. 立人、达人。《论语》载："子张问：'士何如斯可谓之达矣？'子曰：何哉，尔所谓达者？'子张对曰：在邦必闻，在家必闻。'子曰：'是闻也，非达也。夫达也者，质直而好义，察言而观色，虑以下人，在邦必达，在家必达。夫闻也者，色取仁而行违，居之不疑。在邦必闻，在家必闻。'"(《颜渊》)这里区别了"闻"与"达"。闻是有一定的名誉而无真实的德行。"达"是具有真实的德行而为人们所承认。"己欲立而立人，己欲达而达人"，包含关于人己关系的一种重要观点，即确认自己是人，亦确认别人也是人；肯定自己有立、达的愿望，也承认别人有立、达的愿望。这是孔子所谓仁的中心含义。

2. 求诸己。如何才能达到"成仁"这一道德理想呢？孔子指出："克己复礼为仁。一日克己复礼，天下归仁焉。为仁由己，而由人乎哉！颜渊曰：'请问其目'，子曰："非礼勿视，非礼勿听，非礼勿言，非礼勿动。"又指出："君子求诸己，小人求诸人。"是

"求诸己"还是"求诸人",这是君子与小人的重要区别之一。孔子的成仁之道,是"求诸己"而非"求诸人"。他的基本模式是"为仁由己",即由己及人,由内及外。"克己""求诸己"是"为仁"推展过程的出发点。

3. 忠恕之道。孔子的全部思想可以"忠恕"二字概括之,《论语·里仁》载曾子之言曰:"夫子之道,忠恕而已矣。"所谓忠恕,即是推己及人,推己为忠,及人为恕。具体而言,忠即是前述"立人、达人"或"己欲立而立人,己欲达而达人",孔子曰:"夫仁者,己欲立而立人,已欲达而达人。能近取譬,可谓仁之方也已。"(《雍也》)这是从积极的方面对"为仁"所作的规定。

恕是"己所不欲,勿施于人",《论语·卫灵公》载:"子贡问曰:'有一言而可以终身行之者乎?'子曰:'其恕乎!己所不欲,勿施于人。'"《论语·颜渊》载:"仲弓问仁,子曰:出门如见大宾,使民如承大祭。己所不欲,勿施于人。在邦无怨,在家无怨。"这是从消极的方面对仁所作的规定,也即自己所不愿为之事,也不要强加于人。

二、人心本体与中国管理:求之于心、正心诚意、尽心

(一)"心"与"本心""良知"

在孟子看来,"心"字的主要涵义是指"仁心",即先验的道德意识。他说:"仁,人心也。""君子所性,仁义礼智根于心。""恻隐之心、仁之端也;羞恶之心,义之端也;辞让之心,礼之端也;

是非之心、知之端也。"（《公孙丑上》）由"四心"扩充而成的四种道德观念，是天赋的、为人心所固有的。"仁、义，礼、智，非由外铄我也，我固有之也。"因为道德观念是与生俱来的，所以"仁心"又叫作"良知""良能"。孟子说："人之所不学而能者，其良能也；所不虑而知者，其良知也。"（《尽心上》）他认为，只要将仁义礼智道德观念扩充到社会，"达之于天下"，便能成就"仁政""王道"之事。这是由道德之心生"王道"之事，由道德意识转化为道德实践，达到主体（心）和客体（物）的统一，如此则能"万物皆备于我矣，反身而诚，乐莫大焉。强恕而行，求仁莫近焉"。（《尽心上》）他根据"万物皆备于我"的原则，认为"反身而诚"和"强恕而行"是解决心物关系——实际上也是基于真实人心管理的重要方法。

在孟子看来，心、性、天是一个东西，所以"尽其心，知其性也；知其性，则知天矣。存其心，养其性，所以事天也"（《尽心上》）。尽心，知性，知天的过程，即是扩充存养"仁心"的过程。实际上也是宋儒所说，在天为命，在义为理，在人为性，主于身为心，其实一也。

朱熹区分了心与性，详论了心与性的不同。陆九渊则认为心与性并无区别。"若必欲说时，则在天者为性，在人者为心。此盖随吾友而言，其实不须如此。"（《象山语录》）陆九渊提出"心即理"的命题，他说："人皆有是心，心皆具是理，心即理也。"（《陆象山全集》卷十一《与李宰》）陆氏所谓心即道德意识。他认为道德意识是先验的，心即先验的道德意识。

"本心"的观念应当是陆学最重要的观念。陆九渊认为，任何人都有先验的道德理性，他称之为本心，这个本心提供道德法则、发动道德情感，故又称仁义之心。由于本心是每个人先天具有的，所以是不虑而知、不学而能的"良"心。人的一切不道德的行为都是根源于"失其本心"，因而一切为学功夫都应围绕着保持本心以免丧失，他说："先王之时，庠序之教，抑申斯义以致其知，使不失其本心而已。""古之人自其身达之家国天下而无愧焉者，不失其本心而已。"

王守仁发挥陆氏"心即理"之说，提出了心之本体即良知的理论。"良知者，心之本体，即前所谓恒照者也。""虽妄念之发，而良知未尝不在……虽昏塞之极，而良知未尝不明。"（《传习录》）良知作为心之本体，心就是良知。心为本体，就是良知是本体，即"未发之中，即是廓然大公，寂然不动之本体，人人所同具者。但不能不昏蔽与物欲，故须学以去其昏蔽。然于良知之本体，初不能有加损于毫末也"。

阳明认为心是宇宙万物的本体。天地万物均依赖良知而存在，"吾心之良知，即所谓天理，致吾心之良知之天理于事事物物，则事事物物皆得其理"。在心物关系上，阳明认为，心是物赖以存在的基础，天地万物统一于心。"位天地，育万物，未有出于吾心之外也。"（《王阳明全集》卷七《紫阳书院集序》）心物关系表现为心体物用，心是主宰、本体，物是派生、显现。"身之主宰便是心，心之所发便是意，意之本体便是知，意之所在便是物。"（《王阳明全集》卷一《传习录上》）他认为意念是心的发动处，意念必有所指，其所指即是事物。"意未有悬空的，必着事物"，而"意之涉着处，谓之物"（《王阳明全集》卷三《传习录下》）。事物是心的产物。

良知是先验的认识主体，是辨别是非之心。"良知不由见闻而有，而见闻莫非良知之用。故良知不滞于见闻，而亦不离于见闻。""是非之心，不待虑而知，不待学而能，是故谓良知良能，是乃天命之性，吾心之本体，自然灵昭明觉者。"（《王阳明全集》卷二《传习录中》）良知是不待学和虑的先验的知识，而闻见之知则依赖于良知而存在，是良知的作用和表现。良知作为认识主体，认识的过程就是"致吾心之良知于事事物物"（同上）。事事物物作为认识的对象亦是心的产物，故认识便是以吾心之良知来认识吾心之事事物物。"事事物物皆得其理"（同上），达到"合心与理而为一"（同上）。

良知是伦理道德规范。"使人于事君、处友、仁民、爱物，与凡动静语默间，皆只是致他那一念事亲、从兄、真诚、恻怛的良知。"（《王阳明全集》卷二《传习录中》）良知便是体现在事亲、从兄之中应该遵循的道德原则，此原则即是孝、悌、恻隐等伦理规范。"见父自然知孝，见兄自然知弟，见孺子入井自然知恻隐，此便是良知，不假外求。"（《王阳明全集》卷一《传习录上》）良知是心之本体，所以不需外求，心自然具有良知。所谓"天理在人心，亘古亘今，无有始终，天理即良知"。

（二）立基人心本体的中国管理

1."求之于心"与"精一"

阳明在正德十年所作《谨斋说》中提出了"心学"的说法，他说"君子之学，心学也。心，性也。性，天也。圣人之心纯乎天理，故无事于学。下是，则心有不存而汨其性、丧其天矣。故必学以存其心。学以存其心者，何求哉！求诸其心而已矣"(《王阳明全集》卷七)。本体是工夫的内在依据，工夫是本体的实现方式。从本体说，心、性、理是合一的。从工夫上说，求心、存心代表了整个修养方法。

阳明把圣人之学和君子之学直接称为"心学"。"心学"的基本意旨就是求之于心。他说："夫圣人之学，心学也。尧舜禹之相授受，曰人心惟危、道心惟微，惟精惟一，允执厥中，此心学之源也。中也者道心之谓也，道心精一之谓，仁所谓中也，孔孟之学惟务求仁，盖精一之传也。"(《象山文集序》)阳明提出，《尚书》的十六字诀是心学的理论根据和来源。因为允执厥中的"中"就是道心惟微的"道心"，而道心也就是惟精惟一的精一，于是道心便是贯穿十六字诀的轴心。道心惟微是指本体(心体)，惟精惟一，允执厥中是指工夫，工夫就是集中一切努力来保有道心。阳明还认为，孔孟讲的"仁"，也就是"中"，孔孟讲的"求仁"，就是惟精惟一。

心学的路线是与"外求"相对立的。阳明认为，在孔子时代，"当时之弊已有外求之者，故子贡致疑于多学而识，而以博施济众为仁，夫子告之以一贯而教以能近取譬，盖使之求诸其心也。迨于孟氏之时，墨氏之言仁至于摩顶放踵，而告子之徒又有仁内义外之说，心学大坏。孟子辟义外之说，而曰'仁人心也，'学问之道无他，求其放心而已矣"。(《象山文集序》)

2. 心外无理、心外无物与格物、格心、正心诚意

王阳明反对朱熹的格物穷理说，首先是基于他把"理"基本上了解为道德原理。所以，当学生提出朱熹关于"事事物物皆有定理"的命题与王守仁"心即是理"思想的差别时，他说："于事事物物上求至善，却是义外也。至善者心之本体。"这表示，王守仁认为朱熹所说的事事物物皆有定理的理只是"至善"的"义"。而他认为，至善作为道德原理不可能存在于外部事物，道德法则是纯粹内在的，事物的道德秩序只是来自行动者赋予它的道德法则，如果把道德原理看成源于外部事物，这就犯了孟子所批判的"义外说"即把"义"代表的道德原则看作外在性的错误。所以，人之穷理求至善，只需在自己心上去发掘，去寻找。

事实上，孟子早就指出，所谓"理"，只不过是"心之所同然"者。孟子说："口之于味也，有同耆焉；耳之于声也，有同听焉；目之于色也，有同美焉。至于心，独无所同然乎？心之所同然者何也？谓理也，义也。圣人先得我心之所同然耳。故理义之悦我心，犹刍豢之悦我口。"

阳明认为，如果就"理"作为道德法则而言，格物穷理的哲学意味着道德法则存在于心外的事物，而实际上，道德法则并不存在于道德行为的对象上，如孝的法则并不存在于父母身上，忠的法则也不存在于君主身上。这些孝忠之理只是人的意识通过实践所赋予行为与事物的。

根据上述思想，王守仁提出：

> 心外无物、心外无事、心外无理、心外无义、心外无善。吾心之处事物纯乎理而无人伪之杂谓之善，非在事物有定所之可求也。处物为义，是吾心之得其宜也。义非在外可袭而取

也。格者格此也，致者致此也。(《传习录》)

他的"意之所在便是物"的命题根本正是要把物归结为意念，心外无物的意义就是要人在心上做格物功夫。由此，阳明把格物穷理的方向由外在事物转向主体自身，即格物所要穷得的"理"存在于人的内心之中，"始知圣人之道，吾性自足，向之求理于事物者误也"(《年谱》戊辰条)。格物不应向外求理，而应反求诸心，于是格物变为求心，这在《传习录》上表现为"格心"说：

> 格物如孟子"大人格君心"之格，是去其心之不正，以全其本体之正。但意念所在，即要去其不正以全其正，即无时无处不是存天理，即是穷理，天理即是明德，穷理即是明明德。

阳明认为格物的直接意义就是"去其心之不正以归于正"。这是说心之本体无所不正，但常人之心已不是心之本体，而成为不正；格物就是要纠正人心的不正，以恢复本体的正。这样一来，格物的意义就是正心。

同时，根据阳明的解说，"格"的意义是"正"，即把不正正为正。"物"则指事，定义为"意之所在"。因而"格物"的解释，简单说来，就是正意之所在，即"诚意"。

3. 尽心、大心

孟子哲学中，提供了一系列有关"心"的工夫观念，如存心(养性)求(放)心，以及尽心(知性)等：存是相对于放而言，要求人时时保守善良的本心，不要使它放佚或受染；尽心比存心更为积极，指人在日常实践中努力扩充时常发见的原始本然的善良之心，以至求得完全实现。

前已指出阳明将孟子"心"的观念做出的完全内向性的解释，而宋儒张载对"心"的解释与阳明"心外无理、心外无物"有所区别，他强调"尽心"，他说：

> 人本无心，因物为心。若只以闻见为心，但恐小却心。今盈天地之间者皆物也，如只据己之闻见，所接几何？安能尽天下之物？所以欲尽其心也。（《张子语录》）

这个思想是说，人的思维并没有先验的内容，认识的来源是外部世界。思维离开了外部世界就失去内容了。思维的深度和广度取决于思维对象的范围，因而，如果把思维限制在个体感官直接接受的现象范围之内，人对事物的了解和知识就狭小有限。所以，要对宇宙和万物有所了解，就须努力扩展自己的思维，超越感官的局限，以彻底发挥思维的能动作用，这就是尽心，也叫作"大心"。他说：

> 大其心则能体天下之物。物有未体，则心为有外。（同上）

"体天下之物"的"体"，朱熹解释为"置心物中"，也就是理性直觉。感官所能直接把握的对象是十分有限的，大心是要求人的思维超出感性表象的范围，并通过理性直觉的方法尽可能地扩展思维的广度。从纯粹认识论的意义上说，张载的大心之知是指人的理性认识。与阳明不同，张载一方面强调理性思维必须超越感官的范围，但并不否认感官经验的实在性和可靠性。他认为感觉经验是理性思维的基础，人的知识都是由"合内外"而形成的。耳闻目见接受外部事物的表象，构成认识的门户。人的知识既须以见闻为基础，又要不为感觉经验所局限。

由"大心"得到的知识为"德性所知"或"诚明所知"。这个大心之知代表了以宇宙整体为对象的哲学思维所具有的特点。另一方面，大心之知又是一种意境高远的人生境界。这种境界的内容是"性与天道不见乎小大之别也"，有了这种境界的人就体验到天人合一，这种境界自然不是经验知识的"见闻"所能提供的。所谓"体天下之物""视天下无一物非我"，就是使自己胸怀天下，放眼宇宙，把自己看成全宇宙的一个必要部分，把宇宙万物看作和自己息息相通的整体，在这样一种对于宇宙的了解中确立个人的地位。

可见，张载强调的大心之知作为对宇宙人生的深刻思考，既包括以"穷神知化"为内容的逻辑思考，又包括"体天下之物"的理性直觉，也正是以这种思考和体会建立起《西铭》"民胞物与"的精神境界。《西铭》说：

> 乾称父，坤称母，予兹藐焉，乃混然中处。故天地之塞，吾其体，天地之帅，吾其性。民，吾同胞，物，吾与也。大君者，吾父母宗子；其大臣，宗子之家相也。尊高年，所以长其长；慈孤弱，所以幼吾幼。圣，其合德，贤，其秀也。凡天下之疲癃，残疾，惸独、鳏寡，皆吾兄弟之颠连而无告者也。于时保之，子之翼也。乐且不忧，纯乎孝者也。……富贵福泽，

将厚吾之生也。贫贱忧戚，庸玉女于成也。存，吾顺事。没，吾宁也。

在这种万物一体的境界中，个体的道德自觉大大提高，他的行为也就获得了更高的价值。而个人的生与死、贫与富、贱与贵，在广大的宇宙流行过程面前变得微不足道。生命是属于宇宙的，活着就应对天地奉行孝道，死亡使人永远安宁，贫贱使人发愤，富贵得以养生，人应当把有限的生命投入"为天地立心，为生民立命，为往圣继绝学，为万世开太平"的大业中。

4. 无我

儒家的"大心"与大乘的"无我"有若干相似之处：

（1）无我才能通达

大乘认为，必须先要放下自私的念头，舍弃"小我"："自度"和"度人"是一件事情，越是利益众生，就越"无我"，也就越接近觉行圆满的境界，同时也能完成自我的解脱。与基督教相比，基督教是救赎，人永远不可能超越为上帝，而在释家思想中，人可以超越成"佛"——这种超越是通过"无我"来完成的。从这个视角来看，"无我"与儒家的"大我"其内涵是一致的。

大乘认为，度众生，应离一切"相"，摆脱"我执"，没有私心，没有自己和他人的分别，没有"我在上，众生在下"的念头。也就是说，只有无我，才会破除一切"相"的障碍，才会通达十方世界，否则，有了"我"的概念，心中就会有妄念。不执着于小"我"超越小"我"，达到忘我、无我境界，与一切众生融为一体，才是真正的圆满。

（2）破执以达无我

如何达到"无我"呢？大乘认为应该破除"我执"。起心动念就不想自己，而从利益众生的角度去感受苦乐，久而久之自己就同六度万行的大事业融为一体了。具体说来，布施破贪婪、吝啬；持戒防止身口作恶；忍辱破嗔怒、憎恨，这三者突破了自私的壁垒；精进要求修行者长期坚持，精进不懈惰；禅定是对自心活动的清明洞见，防止心神散乱不专；而般若最为关键，它破除对自身知见的盲目和迷信。

在大乘看来，要普度众生，就应把"我"与"他人"、与"众生"视为一体，把自己与众生脱苦的大事业视为一体。如果心中想着"我"如何神通，能救众生于水火，那这个"我"同众生就有了高低的差别，我就成了度众生的"主导者"，同众生和根本善业一下子就分开了。

三、世界本体与中国管理：变、生与和

（一）"变"与"生"

变化是中国哲学的一个重要观念。《周易》肯定了变化的普遍性。《系辞上传》云："在天成象，在地成形，变化见矣。""变通莫大乎四时。""天地变化，圣人效之。"天地之间，万物都在变化中，而四时的变化最为显著。《系辞上传》又对变化作出解释："变化者，进退之象也。""一阖一辟谓之变。"变化即是进退开阖的过程。《系辞上传》更揭示了变化的根源："刚柔相推而生变化。"《系辞下传》

云："刚柔相推，变在其中矣。"变化的原因在于对立的两方面的相互推移。《系辞上传》有时亦将变与化分开来讲："化而裁之谓之变。"后来张载对此句作出比较明确的解释。

在《周易》中，变化亦称为"易"。《系辞上传》云："日新之谓盛德，生生之谓易。"（韩康伯注："阴阳转易，以成化生。"）又云："天地设位而易行乎其中矣。"（孔颖达疏："若以实象言之，天在上，地在下，是天地设位，天地之间万物变化，是易行乎天地之中也。"）又云："神无方而易无体。"又云："乾坤成列，而易立乎其中矣。乾坤毁则无以见易、易不可见则乾坤或几乎息矣。"（孔疏："夫易者，阴阳变化之谓。"）这些文句中所谓"易"，指变化而言。

这些文句中最重要的是"生生之谓易"。孔疏云："生生、不绝之辞。……万物恒生。谓之易也。"朱熹《本义》云："阴生阳、阳生阴，其变无穷。"生是产生、发生的意义。"生"亦是《周易》的一个重要观念。《系辞》："天地之大德曰生。"又云："天地缊缊，万物化醇，男女构精，万物化生。"天地的根本德性是生，万物生生不已。《周易》肯定了"生"的根本性与重要性，这表明《周易》的作者认为世界是一个生生不已的变化过程。

张载提出变化的两种形式的观点，他说："变则化，由粗入精也；化而裁之谓之变，以著显微也。"（《正蒙·神化》）又说："变言其著，化言其渐。"（《易说·乾卦》）一种是微渐的变化，名之曰化；一种是显著的变化，名之曰变。张载区别了变化的两种形式。

与变化密切联系的观念是动，《周易》亦肯定了动的实在性。《系辞上传》说："动静有常，刚柔断矣。"又说："言天下之至动而不可乱也。"天下万物，有动有静，或动或静，有其一定的规律。《庄子》肯定了"动"与"变"的实在性。《天道》篇云："春夏先，秋冬后，四时之序也。万物化作，萌区有状，盛衰之杀，变化之流也。"《秋水》篇云："物之生也，若骤若驰，无动而不变，无时而不移。"认为万物都在运动变化之中。宋代理学家继承《周易》，肯定变化的根本性和普遍性。张载说："故圣人语性与天道之极，尽于参伍之神，变易而已。"（《正蒙·太和》）又说："性与天道云者，易而已矣。"（同上）"气有阴阳，推行有渐为化，合一不测为神。"（《正蒙·神化》）认为"性与天道"即世界的最高本质与实际内容，就是变易。

程颐在所著《程氏易传》中注释《复卦·象传》"复其见天地之心乎"，批评了王弼以静为本之说。他说："七日而来复者，天地之运行如是也。消长相因，天之理也。……一阳复于下，乃天地生物之心也。先儒皆以静为见天地之心，盖不知动之端乃天地之心也。非知道者，孰能识之？"这是明确肯定，在动静二者之中，动是主要的。

程颢强调"生"的意义，他说："'生生之谓易'，是天之所以为道也。天只是以生为道。"（《河南程氏遗书》卷二上）又说："'天地之大德曰生''天地绷缊，万物化醇''生之谓性'，万物之生意最可观。"（同书卷十一）万物生生不已是天地间一项根本事实，应承认生的重要性。

（二）和

《尚书》将"时雍协和"作为治理国家的最高目标。《尧典》总述尧帝的盛德和功业：

> 曰若稽古帝尧，曰放勋，钦、明、文、思、安安，允恭克让，光被四表，格于上下。克明俊德，以亲九族。九族既睦，平章百姓。百姓昭明，协和万邦。黎民于变时雍。（《尚书》）

这段话说尧既大德显明，又推己及人，自身而家而国而天下。先亲其高祖至玄孙之九族之亲及五服异姓之亲，亲族和睦，又推及王畿之内的民众，民众向化，德行昭然而明显。又推而合会调和天下万国，万国民众于是从风而化，得大和乐。

（1）和的本质：阴阳冲气以为和

《老子》第四十二章说："万物负阴而抱阳，冲气以为和。"从而将阴阳发展成为重要的哲学范畴，在老子的思想体系中起着支撑点的作用。道家的最高哲学范畴是道（或自然）而不是阴阳，但是他们援引阴阳这对范畴描绘了自然的和谐，揭示了自然的规律，从而建立了一个与传统的天命神学相对立的思想体系，这种思想体系的最高追求就是《周易》中的太和。

受历史的局限，《易传》所设想的社会有君臣、上下、尊卑、贵贱的等级秩序，但是这种等级秩序不是像法家所设想的那样，建立在强制的基础上，而是由阴、阳两大对立势力各按其本性互相追求、彼此感应自愿组合而成。照《易传》看来，一个社会政治的整体，不能有阴无阳，也不能有阳无阴。如果阳得不到阴的辅助，完全孤立，就会一事无成；如果阴得不到阳的领导，散漫而无统率，也难以形成群体。只有这种互相的追求取得成功，彼此的需要得到满足，社会政治生活才能正常地运转。因此，一个和谐稳定的社会，其内部结构一方面具有刚尊柔卑的等级秩序；另一方面又是协调配合、相辅相成，双方紧密联系，团结一致，谁也不感到孤独，阳刚有所动作，必然得到阴柔的支持与拥护，动而无违。这种社会的结构与功能都是健全的，能够使人们心情舒畅，感到悦乐。这就是"阴阳冲气以为和"，即"阴阳两气相互激荡而成为和谐的整体"。

（2）和的表现：元亨利贞

> 元者，善之长也，亨者，嘉之会也，利者，义之和也，贞者，事之干也。君子体仁足以长人，嘉会足以合礼，利物足以和义，贞固足以干事，君子行此四德者，故曰乾元亨利贞。（《系辞》）

就自然的和谐而言，元者为万物之始，亨者为万物之长，利者为万物之遂，贞者为万物之成。"元"相当于春时万物之发生，"亨"相当于夏时万物之长养，"利"相当于秋时万物之成熟，"贞"相当于冬时万物之收藏，因而元、亨、利、贞不仅表现了自然界万物生成的全过程，而且通过贞下起元的周而复始的运动，表现了自然界的蓬勃生机。支配这种运动过程的内部机制是阴与阳的协调配合及和谐统一。独阳不生、孤阴不长，阴阳必相互交合而始生。乾为纯阳，坤为纯阴，故乾元"万物资始"，坤元"万物资生"。万物生长有赖于阴阳之交合，故乾之亨为"品物流行"，坤之亨为"品物咸亨"。阴阳交合而达到如同老子所说的"冲气以为和"的境地，则万物成形，各得其性命之正，这就是"利贞"。如果万物长久保持自己的性命之正，使之调适畅达，融洽无偏，这就是"太和"了。"太和"是一种最高的和谐，是阴、阳两种相反相成势力的最完美的结合。照《易传》看来，这种自然的和谐既无神灵的主宰，也不需要人为的干预，它按照"元亨利贞"的自然程序运行，"鼓万物而不与圣人同忧"。

由于人道必须效法天道，天道的自然和谐是人道的社会和谐的最高依据和效法的榜样，所以"元亨利贞"也给人们启示了四种行为的美德：元给人启示仁，亨给人启示礼，利给人启示义，贞给人启示智。君子效法天道而行此四德，"足以长人"，"足以合礼"，"足以和义"，"足以干事"，这就可以进一步去参与天地的化育，谋求社会的和谐，做到"首出庶物，万国咸宁"了。

四、中国管理的基本理念：明体达用、知行合一、日新和合

从管理的定义来看，显然是侧重于工具理性的。韦伯认为，工具理性，即"通过对外界事物的情况和其他人的举止的期待，并利用这种期待作为'条件'或者作为'手段'以期实现自己合乎理性所争取和考虑的作为成果的目的"（韦伯，2020）。也就是说，人们为达到精心选择的目的，会考虑各种可能的手段及其附带的后果，以选择最有效的手段行动。

正如韦伯指出的那样，没有完全脱离价值理性的工具理性——某种工具理性背后一定隐藏着相应的价值理性。管理哲学或中国管

理哲学的任务是考虑管理工具理性背后的价值理性，即中国管理的基本理念，这要求对管理中工具理性与价值理性如何结合的一个综合性考察。

结合本文前述中国哲学的人性本体、人心本体以及世界本体等价值理性观念，结合管理工具理性的考量，我们认为中国管理的基本理念是明体达用、知行合一、日新和合。

（一）明体达用、内圣外王

宋初胡瑗宣扬"明体达用之学"，其弟子刘彝述胡氏明体达用之学云："圣人之道，有体有用有文。君臣父子仁义礼乐，历世不可变者其体也；《诗》《书》史传子集，垂法后世者，其文也；举而措之天下，能润泽斯民归于皇极者，其用也。"（《宋元学案》卷一）这是认为，根本的伦理原则是体，原则的运用实施是用。"体"的这一意义，亦本于《荀子》，《荀子》云："君子有常体矣。"常体即根本原则之义。

从工商业的性质来看，其本质是创造价值，这是工商活动的"体"，然而其"体"是通过工商业管理活动体现出来的，企业经营管理是"工商业"之"用"。工商业"创造价值"的"体"只能通过企业实际的经营管理才能体现出来，因此，体用是紧密结合的：没有"用"，根本谈不上"体"；没有"体"，其"用"的目的也仅是"货殖所得"而已。因此，工商业企业家既需要"明体"，也要"达用"：没有"达用"，"明体"便是一句空话；没有"明体"，则不能达"为社会创造价值"之"用"。

以上意思尤合于真德秀对于"明体达用"的解释。真德秀认为，"理为事之本，事为理之用"。"理即事，事即理"又指理与事（物）之间的体用关系，"体"指事物的所以然和所当然之理，"用"指发为实践实行之事。真德秀认为："大抵理之于事，元非二物……惟圣贤之学，则以理为事之本，事为理之用，二者相须，本无二致，此所以为无蔽也。"（《西山文集》卷十八《讲筵卷子十一月八日》）圣贤之学，以理为本，以事为用，理在事中，事在理中。真德秀进一步指出，学者求学无非就是穷理以致用，理最终必须落实到具体的用途，功用必定有终极的原理，理就是用，用就是理。

真德秀极力反对那种把儒家成己成物、内圣外王之学割裂为二的做法，他说："儒者之学有二：曰性命道德之学，曰古今世变之学，其致一也。近世顾析而二焉……然则言理而不及用，言用而弗及理，其得为道之大全乎？故善学者，本之以经，参之以史，所以明理而达诸用也……天理不达诸事，其弊为无用。事不根诸理，其失为亡本。吾未见其可相离也。"（《西山文集》卷二十八《周敬甫晋评序》）真德秀认为，儒家学问有经有史，性命道德之学是经，古今世变之学是史；同时前者又是个"理"，后者则是个"用"。换言之，"成己"是体，"成物"是用；内圣是体，外王是用。善学者应该本经参史、经史互证，这样才能"明理达用"。蒙培元也认为，提倡"经史并用"，要达到"经世致用"的目的是真德秀学术的特色，这一点是对朱熹思想的一个发展（蒙培元，1998）。

（二）知行合一

王阳明指出："知是行的主意，行是知的工夫。""知是行之始，行是知之成。"（《传习录》上）又说："行之明觉精察处即是知，知之真切笃实处即是行。"所以，知行工夫本不可分离。

王守仁知行合一说的主旨之一，即"真知即所以为行，不行不足谓之知"。"真知"在阳明心学中是一个较为常见的重要观念，真知指真切之知，这个观念表示，真知者必然会把他所了解的道德知识付诸行为，不会发生知而不行的问题。反过来说，知而不行，表示还没有达到"真知"。阳明认为"未有知而不能行者，知而不行只是未知"。

根据这个思想，王守仁认为，就其本来意义，知行是合一的，这个合一并不是说二者完全是一回事，而是强调二者是不能割裂的，知行的规定是互相包含的。

王守仁知行合一说的主旨之二，即"知"中有行的因素，"行"中有知的因素。王守仁在开始提出知行合一时，常常这样说："知者行之始，行者知之成。"意识属于知，若就意识活动是外部行为的开始来说，意识是整个行为过程的第一阶段，在此意义上，它是行为过程的一部分，从而可以说就是行。同理，行为属行，但就行为是思想的实现或实践是观念的完成来说，行可看成整个知识过程的终结，即知识过程的最后阶段，从而可以说就是知。所以"知"中有行的因素，"行"中有知的因素，两个范畴的规定是互相包含的，知行是合一的。知行合一落实到管理中，其含义可引申为"创造即真知，力行致知"的观念。（吕力，2022）

（三）日新和合

1. 日新

前文指出，在中国哲学看来，世界的本体是"变""生""和"，

"生生之谓易"，其含义就是变化日新。所谓变化日新，包含双重意义：一是说变化永无休止，每时每刻都在进行中；二是说伴随着变化的是新事物的不断出现和旧事物的不断消失。"日新之谓盛德，生生之谓易。"就是说新的事物是大自然的最高尚品德。

不断有所更新，就是所谓的变易。因此，《系辞》认为，事物的存在和发展，只有不断变易，方有出路，所谓"穷则变，变则通，通则久"；而且爻象和事物的变化总是经历从渐变到突变的过程，即所谓"化而裁之谓之变"。变又有变革之义。所以革卦《象传》说"天地革而四时成，汤武革命，顺乎天而应乎人"，视变革为事物发展的规律之一。不仅如此，还认为事物的变易永无穷尽之时。《序卦传》说："物不可穷也，故受之以未济终焉。"意思是说，事物的变化是没有穷尽终了的，所以按《易经》六十四卦的卦序排列，最后一卦是未济，表示没有终了之意。

变化日新的观点为汉代之后的许多易学学者所发挥，比如汉代易学大师京房以阴阳变易为《周易》的基本法则，认为阴阳二气相互更迭交替，永无休止之时，这种交替展示出了新生事物的不断出现，所以称之为"易"。这种观点发展到明末清初，学者王夫之提出太虚本动和变化日新的学说，认为宇宙永远处于运动和变化的过程中，而且不断推陈出新。只有日日推陈出新，才能使世界上的事物越来越丰富。

《大学》首句说：

> 大学之道，在明明德，在亲民，在止于至善。

程子曰："亲,当作新。"新者,革其旧之谓也,言既自明其明德,又当推以及人,使之亦有以去其旧染之污也。止者,必至于是而不迁之意。至善,则事理当然之极也。言明明德、新民,皆当止于至善之地而不迁。盖必其有以尽夫天理之极,而无一毫人欲之私也。此三者,大学之纲领也。

《大学》中又说:

> 汤之《盘铭》曰:"苟日新,日日新,又日新。"

朱子注曰:盘,沐浴之盘也。铭,名其器以自警之辞也。苟,诚也。汤以人之洗灌其心以去恶,如沐浴其身以去垢。故铭其盘,言诚能一日有以涤其旧染之污而自新,则当因其已新者,而日日新之,又日新之,不可略有间断也。

2. 和合

在周易看来,变化日新应以"太和"为目标。全部爻位都能刚柔相应、协同配合的状态叫作"太和"。太和就是最高的和谐。这也就是《易传》的政治思想所追求的最高目标。《乾卦·象传》指出:

> 乾道变化,各正性命,保合太和,乃利贞。首出庶物,万国咸宁。

乾道即天道,天道是刚健中正的。由于乾道的变化,万物各得其性命之正,刚柔协调一致,相互配合,保持了最高的和谐,所以万物生成，天下太平。

当然，《易传》清醒地看到这种太和境界只是一种有待争取的目标，并非既成的事实。由于阴阳刚柔两大势力除了统一的一面，还存在着斗争的一面，在二者不断推移运动的过程中，常常出现否塞不通、阳刚过头、阴柔太甚等复杂的情况，甚至彼此伤害，不可调和，迫使安定转化为动乱，和谐转化为冲突。就既成的事实而言，人们每日每时所体验到的大多是这种违反心愿的动乱冲突，而不是那种符合理想的太和境界。《易传》的忧患意识就是由这种事实与价值、现实与理想的严重背离激发而成的。为了克服这种背离，《易传》必须一方面把太和境界树立为奋力追求的理想，根据理想来观察现实，评价现实；另一方面必须对现实处境进行清醒的理性分析，找出动乱冲突的根源，否则，就根本无法采取正确的决策，拨乱反正，使现实符合于理想——这也就是前述之"日新"，因此，"日新"与"和合"是统一的。

以此推之，中国管理的最高目标就是"和"，具体到工商管理，即追求企业与消费者之间的和谐关系，使得双方都能从交易中获利：不论是消费者势力太强，或企业势力太强，都不是和谐的市场，有损消费者利益或不利于企业发展。从企业股东、管理层与企业员工的关系来看，也要去追求二者的和谐关系使双方能保持一种稳定的秩序结构，管理层能起到领导的作用，号令下属，下属能全心全意为企业服务尽责，形成和谐的工作环境。从企业所有利益相关方来看，多方都能和谐共处，共同创造价值——这就是"太和"。西方营销或客户关系理论、管理或组织理论、供应链理论乃至于数字经济时代的平台经济、模块化组织模式、商业生态系统、竞合共生都可以看作是围绕"和"的目标而展开的，可称之为周易管理学、周易营销学、周易领导学或周易运营学。

总之，工商事业通过"日新和合"实现"继善成性"的理性：

一阴一阳之谓道，继之者善也，成之者性也。(《系辞》)

一阴一阳之谓道，意思是说"道"或"商道"说的就是"阴阳"之间的关系，目的是冲气以为和，因而继之者善也，成之者性也。在工商事业中，继承了"和"就是善，而"性"的最终目的则是"成就和"。在儒家看来，"中正"是"一阴一阳"之中与正，因而中正是善，中正是和，所以儒家也说"致中和"，致中和成"一阴一阳之道"，则为"性"。

五、中国管理的"大传统学派""浙东学派"与"湖湘学派"

（一）中国本土研究的小传统与大传统

雷德菲尔德在《原始世界及其类型》《乡民社会与文化》等著作中首次提出了从"大传统"与"小传统"之间的互相影响和作用来理解人类历史景观的构想。所谓大传统，是指都市上层阶级以及知识分子的以文字记载的文化；小传统主要是在小规模共同体，特别是乡村中通过口头传承的文化。

与大传统和小传统相类似的文化分类方法有：精英文化与民间

文化（elite culture and popular culture）、雅文化与俗文化（hierarchic culture and lay culture）、古典文化与俗民文化（classic culture and folk culture）、高文化与低文化（high culture and low culture）。

"仁""义""礼"作为儒家经典文献中的重要概念，其含义及其关系一直是中国儒家思想与中国哲学中的重要问题。但在民间日常生活中，普通人更熟悉的是诸如"关系""人情"与"面子"之类的日常用语。笔者以为，"仁""义""礼"的儒家思想构成了士之精英所要建构的"大传统"，"关系""人情"与"面子"这类通俗概念则可以视作民间生活的"小传统"，而目前中国本土研究大都集中于小传统。

（二）基于"小传统"的本土研究及其评论

1. 对"仁""差序式格局"的本土研究和评论

颜士梅等从"管理"的视角对"仁"的内涵进行了分析（颜士梅、张刚，2020），认为"仁"主要体现在4个维度上：①孝悌爱人，即基于孝悌之情并智慧地爱自己和他人，这是管理者做人以及进行管理的核心理念；②持续践行，即通过广泛学习、坚持不懈来践行仁爱，这是管理者坚持"仁"这一核心理念的持续过程；③社会规范，即让仁爱成为管理者所在组织和社会的规范内核、评价标准和行为规范，进而促进组织和社会的持续发展；④自我修养，即管理者以仁爱为修养主旨，通过以身作则的榜样作用传递仁爱并影响他人，从而成就自己及其所在的组织和社会。

上述第三个维度是社会规范，然而社会规范本身不是仁，它是仁的表现，那么能不能用外在表现去测量"仁"呢？理论上是可以的，但是在用外在表现去测量某一概念时，应该选择那些最能代表其本质的观测指标。"仁"有若干体现，何者为"仁"的本质呢？如前所述，学界对仁的本质的看法以"立人达人、推己及人"为共识。"礼"当然是"仁"的外在表现，但孔子明确指出，"人而不仁如礼何"，也就是说"仁"虽然外在表现为"礼"，但"礼"并不能称为"仁"，更有甚者，没有内在根据的"礼"很可能变成"乡愿"。孔子曾经激烈批评过乡愿：

> 子贡问曰："乡人皆好之，何如？"子曰："未可也。""乡人皆恶之，何如？"子曰："未可也。不如乡人之善者好之，其不善者恶之。"（《论语·子路》）

颜士梅等认为"仁"的第二个维度是"孝悌爱人"。诚然，仁的本质包括"爱人"，但这种"爱"超越了情绪意义上的"爱"。《二程语录》中有明道论"仁"一段，后世称之为《识仁篇》，对如何从大传统的角度理解"仁"很有裨益。此段云：

> 学者须先识仁。仁者，浑然与物同体。义、礼、知、信，皆仁也。识得此理，以诚敬存之而已；不须防检，不须穷索。若心懈，则有防；心苟不懈，何防之有？理有未得，故须穷索；存久自明，安待穷索？此道与物无对，大不足以名之。天地之用，皆我之用。孟子言万物皆备于我，须反身而诚，乃为大乐；若反身未诚，则犹是二物有对；以己合彼，终未有之，

又安得乐？《订顽》意思，乃备言此体。以此意存之，更有何事？必有事焉而勿正、心勿忘、勿助长，未尝致纤毫之力，此其存之之道。若存得，便合有得。盖良知良能，元不丧失；以昔日习心未除，却须存习此心，久则可夺旧习。此理至约，唯患不能守，既能体之而乐，亦不患不能守也。（《河南程氏遗书》卷二上）

此段乃明道对德性问题及成德之工夫主要理论。先就德性本身说，则万德以"仁"为本，故说："义、礼、知、信，皆仁也。"而"仁"本身之意义，则以"浑然与物同体"解之。此点最为重要，盖所谓"仁"，乃指大公心而言；故明道又曾谓：

仁者以天地万物为一体，莫非己也，认得为己，何所不至？……仁至难言，故止曰：己欲立而立人，己欲达而达人；能近取譬，可谓仁之方也已。欲令如此观仁，可以得仁之体。（同上）

按照明道对"仁"的理解，仁的本质中有横渠"大我"乃至释家"无我"的含义。同样，从大传统的角度来理解"差序式格局"，也存在重大的偏颇。笔者认为，差序式格局只揭示了中国人关系的一面，另一面当然也可从"仁"的公心的角度去理解，正因为如此，古代才有"忠孝不能两全""大义灭亲"的观念。且《大学》中明确指出，即使在家族之内，亲疏关系的远近并未非唯一原则，甚至不是最重要的原则，反而是要注意避免的问题：

> 所谓齐其家在修其身者：人之其所亲爱而辟焉，之其所贱
> 恶而辟焉，之其所畏敬而辟焉，之其所哀矜而辟焉，之其所敖
> 惰而辟焉。故好而知其恶，恶而知其美者，天下鲜矣。

此节虽是将"齐家"与"修身"连讲，但所谓"修身"之主旨
亦已表明，即"不以私情破坏客观是非标准"而已。人在家族中
最易受私意之影响，故此种工夫对于"齐家"之重要性最为明显。
但"好而知其恶，恶而知其美"则是一有独立性之工夫，固不仅对
"齐家"成立也。

此意如再推进一步，则可说此种"以天地万物为一体"之自
觉，即是超越意义之主体性之显现；故可通至孟子"万物皆备于
我"之说。

2. 对"关系"的本土研究和评论

"中国人关系取向"是中国本土研究（含本土管理学、社会学
与心理学研究）的重要内容，目前的研究大多认为"关系"具有以
下"和谐性"与"权威性"的特征：

（1）杨国枢认为，中国文化的和合性落实在社会关系上，便是
强调与追求所有人际关系的和谐，特别是五伦关系的和谐。经由
强调和谐观念与行为之家庭教化与社会教化历程，传统中国人对不
和谐或冲突会形成一种焦虑甚至恐惧，可以称作"冲突恐惧"。长
久以来，社会秩序的维护已经成为中国人的一种集体情结。中国人
之重视维护社会秩序，可能是因为怕"乱"。中国人很能忍受物质
生活环境的脏乱，但却很怕社会生活环境的变乱或动乱。中国人的
这种对社会乱象的恐惧或焦虑，其形成可能不只是受历史因素的影

响，而且还与农业社会之有效农耕生活特别需要安定的家族与社会有关。传统中国人为了维持关系的和谐，个人必须努力去做对方期望他做的事，不去做对方期望他不做的事；他必须在做人方面处处小心，尽力保护他人的面子，避免可能的冲突（杨国枢，1982）。

（2）杨国枢认为中国人的权威取向包括：

第一，权威敏感。传统中国人对权威的存在非常警觉与敏感。他们到了任何一个场合，总会细心观察或留意，看看有无现成的权威在场，并要弄清楚谁是超乎自己的权威。中国人见面，总要花费相当的时间，用各种机巧来相互探查或打听，以获知每人的辈分、年龄、职位等，好据以排列高低或尊卑。在辈分、年龄或职位方面高于或尊于自己者，即是自己的权威。

第二，权威崇拜。杨国枢认为中国人的权威崇拜主要是表现在以下方面。一方面，中国人对权威的崇拜常是无条件的，而且是不加批评的。在他们的心目中，权威是不会犯错的，或犯错也是无所谓的，甚至是应该的（有人还常为犯错的权威辩护）。他们对权威怀有一种浑然的信任，遇到权威便习惯性地不加怀疑与批评。另一方面，中国人对权威的崇拜，在范围上常是漫无限制的，仿佛一个人在某些方面（如辈分或地位）是权威，便在其他方面（如道德或学问）也变成权威。

笔者认为，杨国枢对中国人行为的分析确实反映了一部分情况，但绝非全部：中国人既有权威崇拜的一面，也有秉公直言、不惜与权威对抗的一面，历史上秉笔直书的史书、廷争面折的君臣以及屡见不鲜的朝堂辩论皆说明在权威问题上中国文化大传统的一面。且杨国枢对"和合"的解释也偏向于小传统，认为中国人对

"冲突"有一种"特别的焦虑"，实际上如本文前述，《周易》中大部分卦象都存在冲突的成分，因而，杨国枢完全从小传统角度的解释既有合理的成分，但又是非常片面的。

（三）中国管理的"大传统学派"与五个关键构念

如前所述，目前的中国本土研究集中于中国文化的"小传统"，本文并非认为小传统毫无重要性，但只着重于小传统，而忽视大传统，则相关的本土研究就会流于片面，或者在大量的表象中无法展现中国传统文化的本质与主流。对于管理实践而言，会导致实务工作者对中国传统文化的应用局限于市井，无以把握中国文化的实质与精神。基于此，本文提出中国管理的"大传统学派"，其基本精神与主干已如前文所述，具体到实证，正心、诚意、求诸己、尽己、推己、良知、体用、圣王等范畴构成了中国文化大传统的框架，本文选择以下五个范畴简要论述其维度和测量。

1. 正心

如前所述，这里的"心"指的就是"本心"或"良知"，用现代学术术语而言，即先验的道德意识。"正心"强调先验的道德意识在人们判断、行为中的作用，用通俗的语言表达，即"不昧良心""不失初心"。如陆九渊所谓：一切为学功夫都应围绕着保持本心以免丧失，"先王之时，庠序之教，抑申斯义以致其知，使不失其本心而已"。"古之人自其身达之家国天下而无愧焉者，不失其本心而已。"

总之，"正心"的"心"是"本心""初心"或"良知"的意思，而"正心"的"正"是"使……得正"的意思。因此，从现代测量的角度来看，"正心"与"良知"构念有颇多重合之处。当然，关于良知的诠释不少，最好选择能反映良知本体与容易编制量表的测量方式，可以选择广为人知的"推己"与"立人"，即"己所不欲勿施于人"和"己欲立而立人""己欲达而达人"。

在管理或心理学实证研究中，主观判断是可以通过量表的方式来测量的，因此，上述测量是可行的。

2. 尽心

"尽心"的第一个维度是求之于心，反求诸己。西方管理理论中很少明确谈到"反求诸己"，他们倾向于认为管理或领导是"外向"的，由领导自身指向员工，而中国传统管理过程首先是指向自身的，在指向自身之后（即求诸己），再外向推出去（即推己）。可以将"求诸己"这一维度细分为三个指标变量：克己复礼、克己敬人、克己正身。

"尽心"的第二个维度是良知判断。这一维度与上述"正心"有若干相似之处。

3. 诚

《大学》将"诚意""正心"并提，表明这两个构念有重合之处。在诚意问题上阳明有两种表述，一种是"着实用意"，一种是"戒惧慎独"。着实用意应当指"着实用意为善去恶"。同时，阳明晚年，更把着实用意作为"着实用意去做"，强调其践行的含义。如《答顾东桥书》："盖鄙人之见，则谓意欲温清奉养者所谓意也，而未可谓之诚意。必实行其温清奉养之意，务求自谦而无自欺，然后谓之诚意。"比照阳明所说"知如何而为温清之节者所谓知也……而未可谓之致知，必致其知如何为温清之节者之知，而实以之温清……然后谓之致知"，意属知，诚意与致知一样，同属于行，从而这里的诚意即指"实行其意"。

结合以上观念，本文认为，"诚"的第一个维度是"正心"，只有"正心"才能"毋自欺"，这是从内向外看。从外向内看，"诚"意味着"着实用意"，因此"诚"是将外在责任内化。由于"戒惧慎独"与"着实用意"有相当的重叠，可以忽略该含义。

从测量的角度来说，"诚"的第二个维度可以用"智仁勇""三达德"来编制量表。其来源为：子曰："好学近乎知，力行近乎仁，知耻近乎勇。斯三者，则知所以修身；知所以修身，则知所以治人；知所以治人，则知所以治天下国家矣。"（《大学》）

4. 大我与无我

前文论及，儒家"仁"的观念，除基本的"尽己""推己"之外，还有无限外推，即"泛爱众""廓然大公"甚至"万物皆备于我"的含义，也即"大我"或"大其心"。上述观点与释家尤其是大乘的"无我"观念有接近之处，因此，在本文中一并讨论，并用慈悲喜舍四无量心来测量：

第一维度：大我即大乘释家所谓"慈"。从横渠四句教"为天地立心，为生民立命，为往圣继绝学，为万世开太平"来看，释家所谓"慈"主要是"为生民立命"的含义，当然四句教中的"命"与释家的"命"亦有所区别，在后续细化的讨论中，是可以将二者分开的。本文的讨论仅考虑儒释二家思想的相通之处。实际测量中，量表编制主要考虑受测者"为天地立心，为生民立命，为往圣继绝学，为万世开太平"的意识，及是否具有横渠四句教之理想与抱负及其强度。

第二维度：大乘释家所谓"悲"或"悲天悯人"，即良知恻隐，因为从释家的角度看，"悲"即是恻隐之心的放大，其源头还是基于生命的道德直觉。

第三维度：喜。关于"喜"的维度，儒家谈得较少，与此接近的是"洒脱""胸次"（或胸怀）等观念，但二者仍然是相通的。总的来说，无论是"喜"还是"胸次"等观念，其核心意思均是通过承担责任、获得意义感之后的满足。

第四维度：舍。在该维度的基本内涵上没有歧义，即自身财务、精力的全力付出，当然释家在其基础上更进一步，强调自身之"舍"至"空"的境界。

5. 和

在对"和"的构念进行探讨之前，首先需要明确"阴阳"，根据周易，"和"是"阴阳"之和，也就是说"和"的主体是"阴阳"。尤其需要指出的是，阴阳包含对立与矛盾、但不是对立与矛盾的同义语[1]。

> 昔者圣人之作《易》也，将以顺性命之理，是以立天之道曰阴与阳，立地之道曰柔与刚，立人之道曰仁与义。兼三才而两之，故《易》六画而成卦，分阴分阳，迭用柔刚，故《易》六位而成章。(《说卦》)

---

1 笔者在《中国管理哲学：中国传统文化视域中企业的"道"与"治"》一书中也曾着重强调此点。

总的来说，阴阳不一定是完全对立的两方。阳代表天象与人事中起着创始、施予、主动和领导作用的势力。阴代表起着完成、接受、被动和服从作用的势力。阳的性质为刚，阴的性质为柔。就天象而言，天是最大的阳，地是最大的阴。就人事而言，君臣、父子、夫妇也相应地区分为阴阳，阴是"地道也，妻道也，臣道也"（《坤卦·文言》），阳则与此相反，应该是天道、夫道、君道。阴阳有尊卑地位之不同，阳为尊，阴为卑。但是，阴与阳的关系是相互依存、不可分割的，缺少一方，另一方也不能存在，因而必须互相追求，阴求阳，阳求阴。如果这种追求得以顺利实现，则称之为通，反之，则为不通。"通"是由刚柔相济、阴阳协调所形成的一种畅达的局面，"不通"是阴阳刚柔形成对立而不配合交往。

　　虽然"阴阳不一定指对立的两面"是周易哲学的常识，但管理学界常将阴阳局限为对立的双方或悖论[1]。阴阳可以视为管理实践中的"厂商—消费者""领导者—下属""供应链中的上游和下游"，上述认识是周易管理学、周易领导学、周易营销学、周易经营学等本土管理理论体系的基石（吕力，2022）。

　　（1）"和"的第一维度是阴阳相对的责任安排

　　如前所述，按照"太和"的观念，《易传》所设想的社会政治秩序是一种有君臣上下尊卑贵贱之分的等级秩序，但是这种等级秩序不是建立在绝对权威的基础之上，而是由阴、阳两大对立势力各按其本性互相追求、彼此感应自愿组合而成的。如果阳得不到阴的

---

[1] 例如李平将阴阳定义为"正反双方相生相克"，相当多管理学文章认为阴阳等同于"悖论""双元"。

辅助，完全孤立，就会一事无成；如果阴得不到阳的领导，散漫而无统率，也难以形成群体。基于以上分析，"和"的第一维度包括两个观测指标：阳对阴的主导（阴对阳的服从）；阴对阳的支持（阳对阴的肯定）。

（2）"和"的第二维度是调整、通变

《易传》并不认为"太和"是常态，通过对现实处境的分析，周易将动乱冲突区分为四种不同的类型：一种情况是由阳刚势力高踞于尊位而不与阴柔配合交往所造成的否决不通；第二种情况是由阳刚发展得过头而造成了危机，大过卦就是一个典型的例子；第三种情况是由阴柔过甚而破坏了社会整体生活中的阴阳平衡；第四种情况最为严重，阴、阳两大势力的矛盾激化，发生了不可调和的斗争。

由于动乱的情况时常发生，因此，在周易看来，调整与促成事物的变化就是必需的，它本身是为达成"太和"所必须采取的措施。反之如果为了和谐而和谐，则可能永远不可能达成"太和"的目的，《论语》所谓"知和而和，亦不可行"也是这个意思。按照测量学理论，以上维度是可以测量的，测量的方法是行动测量和意识测量。

（四）中国管理的"浙东学派"与"湖湘学派"

管理从来都是经世致用之学，它在致用方面与心性之学的主旨有所区别。中国哲学中的"浙东学派"与"湖湘学派"尤其重视经世致用，这两个学派在哲学本体论、观念体系结构方面颇具特色。因此，就管理的本质是实践而言，浙东学派、湖湘学派对现当代管理的影响最大，但目前的本土管理研究尚未注意到这一点。本文认为，可以从话语体系的角度切入对浙东学派、湖湘学派的深入研究，如它们所强调的"义利双行""以利和义""言事功""谋功利"等，当然同时也应当重视其话语体系的现代转化问题。

1. 浙东学派

全祖望所撰《宋元学案叙录》曾多次使用"浙学"一词概括浙江学者的学术源流、特色和风格。继全祖望之后，清乾嘉时代的史学家章学诚在《浙东学术》一文中首次作出了"浙东之学"与"浙西之学"的区分，并分析了各自的学术渊源和学派特色。吴光认为浙学的基本精神主要有三点（吴光，1994）：

第一，求实精神。在浙东学术文化史上，有不少思想家是很强调在理论上实事求是、在行动上经世致用的。他们主张，治学务必探究实理、讲求实改，并在实践中验证其是非曲，而反对那种脱离实际、远离实践的高谈阔论。例如，陈亮、叶适在"义利"关系问题上就很反对董仲舒的"正其谊不谋其利，明其道不计其功"的虚伪说教，而提出了"义利双行""以利和义"的主张。叶适曾一针见血地指出："仁人'正谊不谋利，明道不计功'，此语初看极好，细看全疏阔。古人以利与人，不自居其功，故道义光明；后世儒者行仲舒之论，既无功利，则道义者乃无用之虚语尔！"（《习学纪言》卷二三《前汉书》）吕祖谦则明确提出了"讲实理，育实材而求实用"的教育宗旨（《太学策问》）。黄宗羲主张"学必原本于经术而后不为蹈虚，必证明于史籍而后足以应务"（全祖望《甬上证人书院记》引）。陈确的"天理正从人欲中见"的"理欲统"观，章学诚的"史学所以经世，固非空言著述"等主张，都体现了这种求实精神。

第二，批判精神。主张实事求是，批判各种错误思想主张和不合理的制度文物。如陈亮、叶适对苟安求和与腐败政治的批判，黄宗羲对君主专制制度的批判，陈确对宋儒"无欲之教"的批判，章学诚对各种伪史学的批判，等等，不仅对当时，而且对后世的学术复兴和思想解放运动，都起着振聋发聩、开风气之先的作用。

第三，兼容精神。批判并不是否定一切，而是扬弃，是取其精华，剔其糟粕。如全祖望称吕祖谦有"宰相之量"，并评论说："宋乾、淳以后，学派分而为三：朱学也，吕学也，陆学也。三家同时，皆不甚合。朱学以格物致知，陆学以明心，吕学则兼取其长，而复以中原文献之统润色之。门庭路径虽别，要少归于圣人则一也。"（《宋元学案》卷五十一《东莱学案·案语》）实际上，东莱之学确是有"折衷朱陆，取长"的思想倾向和特色的。黄宗羲不仅有"折衷朱陆""宗王而不悖于朱"的学术特点，而且钻研并吸收了当时西方天文历算学方面的科学知识，并在理论上提出了"一本而万殊""会众以合一"的方法论主张。这种兼容博采的精神，正是一个开放型学者应当具备的风格和胸襟。

2. 湖湘学派

最早为这个学派命名的是南宋理学家朱熹及其弟子。《朱子语类》中常称胡（安国）、张（栻）一派为"湖湘学"。黄宗羲、全祖望在《宋元学案》中沿用了这一称谓名词，正式称之为"湖湘学派""湖湘学统"。

湖湘学派的学术风格和主要特征是网罗众家、兼容并包、不囿己见、思想开放。它包容了程朱理学、陆王心学和陈吕实学三家之长，而最终主"实学实用""经世致用"之学自成一家以名于世，它的主要学术宗旨是"言事功""谋功利""求实用"，即讲求实学实用，黜斥言心言性。这在某种程度上是与朱陆之学相对立的（杨布生、彭定国，2003）。

王夫之是总结前代湖湘学派思想文化遗产的集大成者。在学术上，他反对王学末流之空疏、荒诞，"笃伦敦义、讲学穷理"，重视致用之学。一方面，他对理气、道器、心性、理欲、知行等传统的哲学范畴作了细致而透辟的论证，成为理学的总结者；另一方面，他对传统理学的辨析、总结，正是为了批判理学走向空疏荒诞的严重弊端，为现实社会提供"实用"的理论武器。清以后，绝大多数进步思想家都从这座思想宝库中吸取养分和养料。戊戌变法时的湖湘学者、激进派谭嗣同说："更以论国初三大儒，惟船山先生纯是兴民权之微旨。"章太炎也认为："当清之季，卓越然能兴起顽儒，以成光复之绩者，独赖而农一家而已。"这些都说明了王夫之学说的价值，它不仅是近代中国启蒙思想运动的重要思想来源之一，而且对戊戌变法和辛亥革命都产生过直接的影响。自然，中国本土管理的发展也应当借鉴并发展其学说。

作者单位：扬州大学商学院

编辑：钟尉

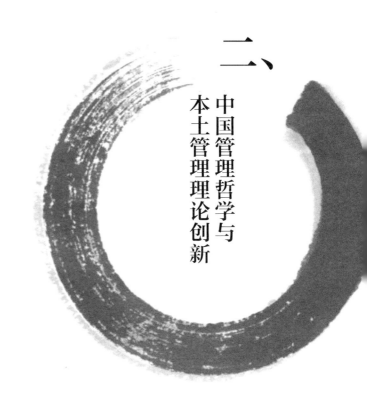

二、中国管理哲学与本土管理理论创新

中国传统文化对当代管理实践的影响研究

苏勇　李倩倩　谭凌波

一、研究背景

············

本研究基于中国改革开放 40 年以来的企业实践，拟通过对 21 位行业领先企业家及其高管团队深度访谈，运用扎根理论的编码分析方法，实现中国传统文化对管理实践影响的相关路径及包含要素的理论建构。本研究对于在经验数据上本土高层次管理理论具有理论贡献；同时，对有代表性的中国企业家管理思想的提炼和总结也具有实践价值和历史价值。

二、文献回顾

传统文化视角对中国管理实践进行研究并构建本土管理理论是重要问题。近 10 年，关于中国本土管理理论的存在及构建涉及

3个根本问题：①中国本土管理存在的哲学基础是什么？即，因何而存在，为什么应该并可以存在？②中国本土管理的主体哲学是什么？即，如果其存在具有哲学基础，其主要的管理哲学是什么？③如果中国本土管理研究具有存在的必然性，并且有相应的管理哲学，其实现路径是什么？以上分别是中国本土管理的或然、本然和应然问题。

2009年齐善鸿等提出中西方管理哲学融合观点，到2016年胡国栋提出科学哲学视角下管理学的学科属性、理论拓展和范式整合，是第一阶段，以对管理哲学的争论为主。2012年，李培挺对国外管理哲学讨论并对中国本土管理研究提出建议。2013年，自李平提出中国本土管理研究必须扎根于中国传统哲学，并且其本源在道家观点之后，中国管理哲学进入争论期：李鑫、吕力、韩巍、巩见刚、齐善鸿、胡国栋等诸多学者提出了自己的观点和主张；吕力对陈明哲的访谈更凸显精一和双融的管理哲学……一时间，颇有百家争鸣之态。

其后，或者是关于管理哲学的争论已达成某种默会的共识，或者是学者逐渐意识到管理哲学之争已陷入形而上学之路，又或者，中国管理实践为学者们提供了日益丰富的经验素材——关于中国本土管理学研究的焦点，开始从管理哲学向传统文化与管理实践、本土化情境与本土理论建构方向发展。

思辨分析、案例研究开始关注中国传统文化与本土管理实践的关系。单峰提出和谐管理思想，李鑫提出X整合主义，陈劲等提出"第四代管理学"的概念；谢佩洪、齐善鸿等对传统文化与本土管理的融合提出建议；赵向阳则倡导传统文化应该走入管理学经验研究。随之，学者们逐渐运用案例研究进行本土理论建构。

针对威坦提出的中国本土管理学仅存在于西方理论无法解释中国本土管理现象之时的观点，华人学者进行了多方研究，以表明中国本土管理在特性、情境和构念上都因特殊性而存在。应鼓励引用本土文献、阅读本土资料、收集本土数据。其中，传统文化是构建本土管理理论的核心理论视角。学者们倡导儒释道等中国传统文化结合的融合观。相应地，本土创新理论如东方管理理论、和合管理理论、和谐管理理论、道本管理等都根植于传统文化。并且，研究表明，传统文化对管理创新、企业家社会责任行为等都具有显著影响。以本土构念为基础的理论建构，如关于差序式格局、关系、中庸等的研究，则被认为是过去几十年中国管理学者贡献最显著的地方。

可见，传统文化在本土管理理论、中国管理实践和本土管理构念的研究中扮演重要角色。关于传统文化与当代管理的研究经历了"哲学基础—范式框架—理论建构"的演变和发展。中国本土管理研究，特别是传统文化，在当代管理中的研究发展是令人欣喜的。然而，仍有一个问题需要回答：中国传统文化对当代管理实践到底有何影响？除了高度嵌入和情境化的案例研究及相应理论建构，如何运用更广泛的经验数据来实现本土管理研究更高层次的理论开发？特别地，如同苏敬勤等指出的，当本土管理理论并非单纯源自中国传统文化，也大量融入西方管理客观知识时，中国传统文化在理论中到底扮演何种角色？对于这些问题，尚需探索。

三、研究方法

如前所述，本研究的目标是，通过对中国传统文化与当代管理实践关系进行经验研究，以构建高层次理论。考虑到以假设为基础的实证研究难以构建高层次理论，单案例或多案例研究则难以实现理论的普适性验证，因此，笔者对行业中多家领先企业进行访谈，获得一手调研数据；之后采用建构型扎根理论的编码方法，对中国传统文化与当代管理实践的关系进行探究，以实现理论建构。卡麦兹提出的建构型扎根理论，秉持相对主义的本体论立场，认可研究者对数据结构的参与性，以及数据中客观存在的规律可以被建构和认知，因此更适合高层次理论的建构，特别是同时具有探索性和验证性的传统文化与管理实践关系研究。具体地，先对访谈获得的一手资料进行开放和聚焦编码，用以确定中国本土企业家的管理特点、观念和实务，实现要素识别；再通过理论编码揭示各要素之间、传统文化与各要素之间的关系。

（一）文本来源

本研究利用访谈记录新产生的文本和网络资料等已有文本作为数据来源，用于描述性推论或因果关系推论。对于访谈记录产生的文本，当研究对象与研究问题利益相关并认为其非常重要时，能发挥很好的作用；若当事人不便或不愿袒露真实想法，则可使用包括公共记录、网络讨论及来自数据库的以往的质性材料等已有文本。由此，新产生文本和已有文本的混合将有助于获得全面真实的资料。本研究采用与中国各行业优秀企业家的深度访谈，获取关于其管理思想的一手文本；同时，运用网络、公司等保存的已有文本，作为背景资料或分析时的补充。

（二）抽样访谈

由于质性研究的目的并非广泛推论，而是通过深入了解受访者的行为和影响过程来构建理论，本研究选择能够为研究问题提供最大信息量的人或事进行目的抽样。

在筛选样本企业家时，首先确定基本标准：①企业为行业内领先；②企业家的管理具有一定的思想性。经过中国企业家协会和中国企业联合会的推荐，首先由研究团队对推荐名单进行初筛；然后，由管理专家和专业的财经媒体组成8人评选委员会，对候选企业家名单进行提名和筛选，确定访谈对象；再者，为每位企业家配备一个由3~4位博士生领衔的研究团队，研究团队与目标企业取得联系，征询其意见并确定访谈提纲，访谈对象包括企业家本人、企业高管及普通员工。对企业家的访谈包括但不限于以下问题：企业发展历程、主要管理理念、企业文化、企业战略、对传统文化与现代管理的看法、有特点的管理实践；对高管的访谈包括但不限于以下问题：企业各职能部门的战略和管理实践；对员工的访谈围绕如下基本问题：对公司文化的理解、对公司管理的评价。其中，对企业家的访谈是本研究的主要文本来源，对高管和员工的访谈用于验证企业家访谈的内容，实现多方印证。

经过 2014～2017 年 3 年筹备和实施，研究团队最终获得了 21 位企业家及其高管团队的访谈资料。当理论抽样的分析结果不能产生新的理论见解时，可以被判定为理论饱和。本研究采用"理论的充分性"，即是否拥有了数据所表明的类属来对扎根理论的合法性进行评判。后来由于两位企业家访谈的理论贡献较小，笔者认为出现了理论饱和，因此停止理论抽样，完成数据收集。最终，样本企业员工人数为 0.5 万～71 万人，2017 年营业收入最低为 21 亿元，最高达 23 601 亿元，涵盖多种行业。样本构成见表 1，每位企业家访谈时间为两小时或以上，最终获得访谈逐字稿共计 44.6 万字。

（三）文本分析

考虑到对于中国传统文化与当代管理实践的研究问题，即便力求客观，也难以避免研究者本身的文化背景影响，因此，采用建构型扎根理论文本分析方法，包括初始编码、聚焦编码和理论编码。

1. 开放编码与聚焦编码

开放编码即初始编码，采用分团队、分批次的方式对资料进行逐句分析。经过对开放编码进行多次整理分析和选择，本研究从资料中抽象出 15 个核心范畴；进一步地将这 15 个核心范畴归为 3 个理论类别：管理理念、管理模式和管理实务。本研究在分析时关注企业家的总体思想、对东西方文化和管理思想的看法，以及管理实践中与中国传统文化或西方管理思想相关的部分。并且，对于管理理念的聚焦编码，本研究着力揭示其与中国传统文化的核心理念特别是哲学理念的联系，具体阐释如下。

（1）管理理念

管理理念指企业家对管理实践的认知总结，以及对战略层面的深层思考，是东方传统文化和哲学理念在管理上的思维映现。本研究在 8 个一级聚焦编码的基础上，归纳出 4 个二级聚焦编码，分别命名为：心念（直觉）、易念（权变）、常念（恒定）和合念（整体）。心念指听从内心、随心而为或者凭借第六感进行判断，体现了管理决策中的直觉一面，典型的包括"内心的召唤"（C2-4，27，21-22）、"创意与瞬间"（C2-1，15，24）、"冲动"（C2-6，2，31-33）等条目。相较而言，这是提及率较少的一部分。

易念，体现了管理决策中的权变观，包括顺势而为（顺势）、抓住机会（寻机）和适应变化（应变）。顺势而为是依据形势判断方向、确定目标、采取行动的理念，包括直接提及"顺势而为"（C1-7，11，12-13）或其与"大势判断"（C1-2，19，6-8）和行动选择的关系（C1-7，11，12-13）。寻机则是指从变化中寻找机会，中国管理者的理念中很大一部分是关于如何在变化中抓住机会。典型条目如"问题与机会"（C2-7，5，30）、"创业与时机"（C3-6，99，8-10）、"商机与战略"（C3-7，111，18）。应变则是指如何适应变化甚至是主动变化，典型条目包括"与时俱进"（C3-2，25，19-20）、"随环境变化而变化"（C1-7，2，1-4）。

常念则体现了企业家恒定的态度，包括纵向时间轴的坚持和横向业务轴的专注。关于坚持，包含了坚定、不放弃等要素，如"所以我想你不要被别人左右，你要坚定信念，相信自己"（C2-1，12，13）；"如果你真想让你的企业活到 100 年的话，你就不会为外界所动，你就能够沉得住气"（C2-7，14，33-34）；"要持之以恒。既然选准这个目标了，绝不回头，绝不要轻易说放弃"（C1-6，21，15-17）。关于专注，则包含了对目标和产品的集中，比如"必须锚定目标，然后每一步都为这个目标去做铺垫"（C1-6，12，6）；"很多企业家做很多不同的投资，我担心很难做好，最终可能还是吃亏"（C3-1，13，12-14）。

中国企业家管理理念中最后也是提及最多的是合念，即整体观，包括系统和开放两个维度。系统体现在对企业的部门/职能与整体、企业与行业、共享经济等方面的认识，包括"企业是系统工程"（C3-4，62，1-2）、"供应链是完整网络"（C3-4，62，11-16）、"价值链与共享经济"（C3-6，93，20-21）等条目。开放体现在与相关利益者、行业上下游等合作、开放、共同发展的态度，典型条目包括"企业与合作"（C2-7，18，7-11）、"开放与市场"（C3-7，106，26-27）、"竞争与协同"（C3-7，106，31-32）、"互联网与参与"（C1-2，9，22-24）等条目。

（2）管理模式

管理模式指企业家对东方管理、西方管理的理解和运用之基本立场，体现了东方管理思想的主体性和原创性。本研究在开放编码基础上，形成8个一级聚焦编码和3个二级聚焦编码：操作维度的立足本地、结构维度的中西合璧和指向维度的全球格局（见表3）。

立足本地可以看作管理模式的操作维度，即管理要基于本地实际，包括内化、创造和外化。内化指无论引入何种思想都要结合中国实际，杜绝照搬和拿来主义，典型条目如"与中国实际结合"（C1-6，13，14）。创造指立足本地并具有自创意识，如"创造新的生存模式"（C1-6，14，15-16）。外化指已经国际化的企业在当地的管理也体现出本地化倾向，如"就近落地"（C3-2，28，8-10）、"结合地缘"（C3-6，92，13-14）。

中西合璧可以视作管理模式的结构维度：中学为体、西学为用、文化双融。企业家们通常认为，中国传统文化特别是儒释道的一些思想是企业的魂，是"精神层面"的内容（C3-3，43，27-31），"指引心灵的东西"（C2-8，26，21-26），所谓中学为体。同时，"善用经理人"（C1-5，11，18-21）、"采用西方思想做事"（C3-3，43，27-31）则体现了西学为用。更重要地，通常主张两者结合，即双融，典型的表述如"兼容并包，融合中西之道"（C1-1，25，5），更具体地，关于如何双融还是体现了中体西用的思想："老子2 000多年前说的东西还真是现在互联网的思维。我们从这里面得到哲学思想；至于管理上的东西，更多的还是学德鲁克的。"（C1-1，19，16-18）"我们走的是中西合璧，以中国传统文化为根基来和西方现代管理中西汇通。"（C1-4，12，20-21）

中国本土企业家的管理模式还体现了全球格局的指向维度：企业家们以打造世界级一流品牌和全球领导者为己任，不仅要发展出适合中国国情的中西双融的管理模式，还希望能将企业和管理带到全球。比如，"打造世界级产品"（C1-2，2，2-3）、"超越国际品牌"（C1-4，18，24-27）、"做世界第一"（C2-1，3，25-26）、"创造国际适用的新模式"（C3-6，98，27-28）等。

（3）管理实务

管理实务是企业家在管理中采取的具体方式方法和行动。这是数据中最丰富的一部分。通过编码，得到17个一级聚焦编码和7个二级聚焦编码，包括：市场（客户导向）、生产（工匠精神）、组织（创新、变革、调整）、人才（激励、年轻化）、战略（意识、长期导向、预见未来、环境分析）、领导（家长式、家文化、个人表率）、社会责任（伦理、利他、责任）（见表4）。为架接起西方管理和本土管理的桥梁，本研究在编码时使用常见概念，对于其无特殊之处的基本意涵不另做解释，仅就其特点表述如下：

在市场体现的客户导向方面，中国企业家特别提到将用户变成"自己人"的理念（C1-2，9，26-28）。在生产的工匠精神上，除了谈及工匠精神的内涵，更多的则提到"超越西方500强"（C2-4，46，15-16）等涉及民族责任感和中国发展的目标，体现了"工匠精神"的工具价值。组织管理包含了创新、变革和学习3个维度，其中，创新和变革讲究颠覆和快速，学习则重在复盘总结和迭代提升。人才管理的重点是以人为本的激励和鼓励，以及对队伍年轻化的倡导。在战略上，包括战略意识、长期导向、环境分析和预见未来。特别地，在环境因素中，跟党走、政府支持、国家发展等体现了中国企业家的政治觉悟和中国政府对企业的支持。领导方面颇具中国特色，集中体现为家长式领导、个人表率和相应的家文化打造。最后，中国企业家显示出很高的社会责任感，且观点集中。本研究总结为坚持正向价值观的伦理原则，对相关利益群体及社会和祖国的利他倾向，以及囊括经济、社会和环保的具体责任意识。

2. 理论编码

理论编码意在将开放编码和聚焦编码所获得的实质编码整合为可用于理论构建的假设，表明彼此之间是怎样发生联系的。为实现对中国传统文化与当代管理实践关系进行经验研究以构建高层次理论的研究目标，本研究在实质编码的基础上进行理论编码，在以下方面实现理论建构：传统文化对哪些管理实践要素及如何对其产生了影响？通过对开放编码进行逐一分析，撰写备忘录，结合现有文献，不断比较整理，实现对该问题的理论建构。具体地，在编码的基础上，本研究保留具有传统文化特色的管理理念和管理模式，略去管理实务中与西方现代管理无大差异的因素，得到传统文化与当代管理实践的关系模型（见图1）。其中，椭圆形和方框分别表示实质编码中的一级和二级聚焦编码；虚线的椭圆形属于理论编码中研究者的建构和诠释。

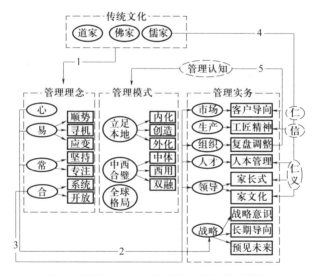

图1 传统文化与当代管理实践的关系模型

研究表明，传统文化中不同的思想或哲学对管理理念、管理模式和管理实务有不同的影响路径；管理理念更多的是对管理实务的影响；而管理模式更多的是企业家在实际管理中对经验的总结、采用西方管理后的问题反思等复盘调整过程中，形成管理认知，进而形成的不同管理模式，特别是立足本地和中西合璧。具体阐述如下。

（1）路径1：传统文化影响管理理念

传统文化和哲学思想对应不同的本土管理理念：心学对心念，道家对易念，佛家对常念，儒家对合念。管理理念集中体现了传统文化，特别是哲学特色：①心念可谓体现了王阳明在儒学基础上纳入释道等思想提出的心学理念，企业家听从"内心的召唤"（C2-4，27，21-22），与阳明心学中"知行合一"的观点不谋而合，亦即实践品格。②易念体现的是企业家如何看待和应对不确定性。研究表明，中国企业家不仅正视、确定不确定性的存在，既体现了《易经》中关于变易、变通的世界观；还包含了如何应对变化的典型道家观点，如"顺势而为"（C1-7，11，12-13）。③中国企业家在秉承易念的同时，还有另一个看似矛盾却互依的概念：常念。即，在变化中保持不变——坚持和专注，如"不要被别人左右"（C2-1，12，13）、"持之以恒"（C1-6，21，15-17）。相较而言，常念在一定程度上体现了佛学思想。佛学讲四大皆空，却也讲戒定慧与精进。可以说，戒与定就是在无常中秉持有常，是一种典型的坚持与专注思想。④合念体现的是企业家对相关利益群体和环境的认识，倡导系统和开放两个方面。相较而言，更偏重管理理念的方法论，体现了中国传统文化中的核心：儒家思想之和合观。比如，认为要"把企业看作系统工程"（C3-4，62，1-2），要"与人合作"（C2-7，18，7-11），"不是竞争者……而是协同发展"（C3-7，106，31-32）等。

（2）路径2：心念、易念、常念分别或共同影响管理实务中的战略

包括听从"内心的召唤"而做出战略选择"应该做这件事"，进而能够"坚持"（C2-4，29，21-23）；"顺势"来找"规律性的东西"，进而保持"不变"（C2-4，5，1-3）等。战略意识和长期导向体现了坚持和专注的"常念"，如"战略……20年不变"（C2-7，6-8-9）、使战略定位成为"自然状态下的正常工作"（C3-4，61，42-43）、坚持"长期投资、价值投资"（C3-3，35，18-20）等。预见未来则体现了"易念"，如顺势而为的"发展趋势判断"（C1-6，10，15-16）、"顺势不随流"（C2-4，5，1-3）、面对问题要有一种"危机感"的寻机（C3-4，65，34-36）。不同的是，环境分析并未体现明显的传统文化特色，却体现了中国制度变革特别是改革开放、中国政府、党和国家领导人的支持，对企业的成功至关重要，提及条目包括"依托改革红利"（C1-2，22，5-7）、"国家支持"（C1-5，8，16-18）、"好的制度环境"（C1-7，13，19-21）；也体现了战略对环境的配合，如"配合国家政策"（C3-1，3，1）。

（3）路径3：合念则影响市场、人才和领导的整体取向

具体的表现是将各方看作一个整体和系统，包容合作，如在市场方面将客户"变成自己人"（C1-2，9，26-28），在人才管理上"凝聚小家发展大家"（C1-3，27，5-6）。明显地，领导风格体现了家长式、个人表率和家文化的特点："言传身教"（C1-7，5，9-10）、"强调家的概念"（C2-7，7，6-8）等是合念的典型体现。

（4）路径4：传统文化特别是儒家思想还通过其他观念直接影响管理实务

在市场方面，某些维度与典型西方管理实务并无明显差异，如客户导向、工匠精神、战略意识等，某些维度或特殊方面则体现了儒家文化影响，包括：客户导向中，体现了儒家"仁者爱人"的思想，如主张"把我们儒家讲的仁爱之心完全倾注到我们的顾客身上"（C1-4，4，12-14）；还体现了中国式关系中的差序格局，如主张"要把用户变成朋友，变成自己人"（C1-2，9，26-28）。在生产方面，工匠精神体现了"信"，如谈到同仁堂 340 年的发展，"真材实料，干活不偷懒……做简单就是诚信"（C1-2，1，24-26）。在人才方面，人本管理、年轻化与西方人力资源管理的基本思想几无二致。但是，却在全员参与和激励方面体现了中国传统文化的影响，比如从儒家思想出发，"一切从人开始"（C1-4，40，39）；因为"水能载舟，亦能覆舟"，所以崇尚"以人为本的管理"（C2-8，2，26-28）。特别地，还有提及"乌纱帽来做担保给大家撑腰"（C3-4，56，5-8），有典型的"父母官"的意味和"义"的概念；通过全面导入"家文化"造就了"以儒家文化为基础的中西合璧管理"（C1-3，3，10-12）。

（5）路径 5：组织复盘调整形成管理模式

研究显示，管理模式主要是在组织发展的复盘调整过程中逐渐形成的：在学习日本、GE 等管理方法后，发现不能解决企业的基本问题，只能"自己从中探索"（C1-1，10，25-28）；中国人数众多，不适宜在管理上直接借鉴其他国家或照搬某个管理大师的模式，需要"潜心思考、总结教训、不断优化"（C2-7，7，17-20）。由此，管理模式体现了企业家对待传统文化和西方管理的基本立场。其中，中西合璧的维度最具文化特色：中国传统文化是核心和根本（中体），如"儒释道……是企业的魂"（C3-3，43，27-31），综合西方思想和方法（西用），实现东西融合的管理模式（双融）。

　　管理模式的形成是一个复合过程，并未得到一个明显的单一路径。应该说，管理模式是在传统文化浸润成长的中国企业家，在管理实践中经过不断摸索、复盘调整得到的一种实用、有效并最终根植于传统文化又容纳现代管理的体系。该路径包括源自中国传统文化的管理认知带来的内生路径：浸润在传统文化中的中国企业家自身对传统文化的理解和认同，即管理认知，直接决定了其管理模式和管理实务与传统文化相关。比如，企业家认为"一个好的管理方式一定会和中国优秀思想文化有关联"（C2-5，13，21-22）。还包括经过实践探索回到传统文化的外返路径，其中企业家的管理认知起到重要作用，因为总结复盘的过程本身就是一种认知过程。典型的提及包括："干中学，学中干，但是要把握住主线是什么，势上是正确的，道上是正确的，不要犯错误，然后我们在细节上不断地改进"（C2-5，43，11-12）；"我把这4种方式放在一起进行比较，都去尝试"（C1-6，10，25）；"观察下来发现，如果完全用西方的管理思想在中国企业里面实践的话，效果并不是很好。我们也发现很多中国非常优秀的公司，并没有完全学习西方的管理，他们独创了一些自己的管理思想"（C1-4，9，11-14）。

四、讨论和结论

　　本研究回顾了本土管理理论的研究历程，得出中国本土管理研究完成了从哲学基础的思辨、研究范式的思辨到实现路径构建的任务，但存在解读多于实证、诠释多于建构、思辨多于经验的现状，如何基于经验数据，运用符合学术规范的方法实现理论建构，开发更高层次的理论是一个重要议题。研究发现，本土管理实践包括管理理念（心念、易念、常念、合念）、管理模式（立足本地、中西合璧、全球格局）和管理实务三部分。

传统文化对本土管理理念、模式和实务影响最大的是儒道两家，佛家影响则难以与儒道相提并论。儒家文化主要影响"人"或"人的集合"相关的观念和实践，包括将各个主体视作整体的"合"的管理理念、全球格局的管理模式，以及源自"仁爱之心"的客户导向、人本管理和家文化、"诚信"的工匠精神、"义气"的家长式领导。道家文化或者更为渊远的《易经》，主要影响的是与"时""势""变"相关的理念和实践，包括"易"的管理理念，最重要的是战略相关实践，以及组织中的复盘调整。从原因看，儒家更多是关于人或群体相关的价值观而衍生具体的方法论和实践，道家更多是从物或自然相关的世界观来形成更为抽象的理念或战略及方法。毕竟，所谓周易生儒道，同源不同向。陈炎曾讨论了《易经》与儒道的关系。从辩证思想看，儒家对《易经》的发挥和利用受到维护现有制度立场的束缚，"天下大同"乃儒家在政治理想上的最高追求；道家则更具有辩证法的否定精神。这也有助于解释为何儒道两家对管理的不同方面有所影响：两者同源，各有侧重——儒家重视社会规范等方法论，道家则重视阴阳易变等世界观。

相较于以本土构念为基础的理论建构路径、案例研究，以及本土创新理论研究，本研究运用经验数据和扎根理论的文本分析方法，实现高层次理论建构，回答了"当本土管理理论并非单纯源自中国传统文化也融入西方管理知识时，传统文化到底扮演何种角色"的重要问题。对于中国管理研究的哲学本源问题，存在道家论、中西双融论、传统文化融合论等观点，但尚未有经验数据支持和具体机制研究。本研究则揭示了中西如何双融（中西合璧的管理模式）、儒释道如何影响本土管理，以及儒道影响之异同。

　　本研究还有一些相关发现，限于主题和篇幅，未能深入分析和阐述。比如，本研究发现改革开放的时代条件和政府提供的政策制度支持被企业家高度认可，甚至作为其成功的必要条件（如 C1-5，2，22-25；C1-2，22，5-7；C1-7，13，19-21）。吕力曾提出，中国本土管理研究需要有时空观。本研究时间框架为改革开放 40 年以来，是一个足以体现并考察本土管理实践时代变迁的时间段；空间线索则涵盖多行业、多地区、多经营主体。在今后，考虑时间因素和动态变迁，对传统文化与本土管理的关系进行研究是一个方向。

原载：《管理学报》，2012 年第 8 期

作者单位：复旦大学管理学院，复旦大学东方管理研究院；上海大学管理学院，上海大学文化新经济研究院；中国计量大学经济与管理学院

摘编：钟尉

下属改变世界："领导—下属"互动机制的本土建构

韩巍　席酉民

一、问题来源

任何组织（社会）都必须建构并维持某种"领导—下属"的合作机制，以应对广泛的不确定性，从而展现出某种必要的秩序感。以往的研究中虽然早已意识到"领导—下属互动"的重要性，但似乎沿袭了领导研究的惯性思维，并未对其进行深入研究。组织（社会）的合作秩序仿佛只与领导有关而与下属无涉。

当代中国组织的下属与领导到底是如何互动的？当领导做出错误决策的时候，下属为什么会服从？进一步地，当领导做出荒谬决策的时候，下属为什么还要服从？本文希望从领导—下属互动关系，尤其是下属视角的深入剖析中寻找答案，并对破解各种"荒谬"的组织（社会）行动有所启发。

二、领导—下属互动关系文献综述

人们传统的看法，"低级别的个体只有服从于支配才能保护自己的利益"。下属在"互动"中有多种理由保持沉默，组织中也存在多重机制诱发并维系广泛的组织沉默。而违抗领导的一系列结果，比如"与领导的疏离""失去资源""破坏合作关系""失去升迁机会"等使得下属倾向把服从作为首要选择。下属偶尔的建言或针对领导错误的抱怨，往往也是预期成效与个人成本计算后的结果。

但研究表明，至少部分下属在"互动"中更强调建设性地"质疑及挑战领导"。下属可以借助"道德想象力"（即合作与批评而不是单纯服从）提升领导与下属的合作关系；可以采取更积极的行动（比如建言、对组织制度施加影响），甚至拒绝领导不道德的要求；下属不再是单纯的服从者，而成为领导的"合作伙伴"，甚至是"合作型领导者"。某种程度上，下属甚至希望主宰领导—下属的互动关系，从而展现出组织中下属作用的想象空间。

三、研究方法说明（略）

四、自我呈现与反思（略）

五、关键概念定义及本土领导—下属互动模型

（一）习惯性支配与服从

聚焦中国历史、文化传统、当代社会化过程及组织情境特征，结合自身的成长经历和生活经验，我们认为"中国领导"具有习惯性支配倾向，即自然而然的支配倾向，表现为乐于发号施令；而"中国下属"则具有习惯性服从倾向，即自然而然的服从倾向，表现为乐于唯命是从。

我们认为习惯性支配和服从是中国本土领导—下属互动的基本预设。

（二）领导—下属行动域

领导在不同情境，针对不同事项、不同下属的"支配"存在多

种选择。研究者将之简化为"引导""支持""训练""打压"，不是企图覆盖所有的领导行为，而是强调领导行为的选择性。比如，虽然我们更强调支配性，但不难发现管理者"除了会'领导'也会'顺从'下属"。同时，下属在如何应对领导方面也存在多种选择，可以将其简化为"盲从""服从""屈从""抵抗"。尤其在"抵抗"方面，不仅人类学在多种社会发现了人们具有强烈的通过结盟抵抗领导支配的倾向，也会利用谣言、嘲弄、选举和其他公共监督手段控制领导。下属则通过"有勇气、够坚持"的抵抗以展现"尊严"。

为此，我们给出以下定义：领导（下属）行动域是指在特定情境中，领导与下属互动存在选择不同的"支配"和"服从"方式的可能性。我们认为，无论"支配"还是"服从"（尤其是抵抗）均受到"社会情境"的显著影响。从前述领导—下属预设，容易推测在我们熟悉的组织（社会）环境里，双方的选择空间有窄化的倾向。在领导的"支配权"一端，强制性更强；而在下属的"服从"一端，盲目性、迎合性更强。

（三）惩罚—激励想象

领导对下属的支配，本质上无外乎激励和惩罚，关键是下属会如何反应。在一个高度组织化的社会，绝大多数处在下属位置的人倾向于服从。

不难推测，除了各种"利益"的计算，"怯懦"是其中最重要的原因。此处的"怯懦"与习惯不同，因为习惯是自动的、无须权衡的反应。而怯懦是经过"算计"以后，下属预见到某种比"自身焦虑"更可怕的危害，从而主动放弃"抵抗"。而且，在我们所熟悉的组织（社会）环境中还会为怯懦找到一种自圆其说的解释："识时务者为俊杰。"否则就是"螳臂当车，自取灭亡"。我们当然可以简单地援引"趋利避害"的人类特质，但关键是下属仅仅是预见到可能的危害，或许就联想起历史上无数"臣子"直谏而"粉身碎骨"的故事（个人记忆也是社会记忆），因此产生了某种"感同身受"。我们将这种现象称作"惩罚想象"，是指人们只经由思考而非亲身经历，就对自己的言行可能对权力的冒犯和带来的危害形成比较确定的判断。与之相应，人们也可以产生"激励想象"，即虚构一种场景，认为自己对权力的逢迎会带来回报。经验事实虽然未必每一次都支持这样的判断，但相反的现象则可能更为罕见。因而，"惩罚—激励想象"就成为人们在习惯性服从以外，应对"质疑—焦虑 / 猜测期待"的另一套准则，也可以说，成为人们应对支配权的另一种行动预设。

对于一个组织，如果领导的决策失误，下属的"惩罚想象"越强，越不会产生对错误、荒谬的抵抗；而"激励想象"越强，则越会加剧错误、荒谬的泛滥。

（四）命运共同体错觉

从众是人类的重要特质，近当代中国人更有浓郁的"单位"情结，即组织化情结。作为下属的 HW，尽管历经中国大学 20 年来的变迁，产生过种种质疑、抱怨。但那些具体的领导个人，却很少成为他直接诟病、挑战的对象。因为是熟人，甚至是朋友，因为"抬头不见低头见"。而 XYM 作为领导，也作为下属，虽自认为有原则底线，不会因关系突破原则，也面临着来自师友、同学、同行、同事关系的约束，未必能在无论作为领导还是下属的关系结构中充分地自主行事。我们都经历过中国高校几个阶段的"折腾"，内心也产生过强烈的抵触，甚至厌恶，在争取到的空间力所能及地做过努力，但行动上基本上是"尽职尽责"，尽量配合领导的要求。不是"惩罚—激励想象"中的"怯懦"，自身信念、原则以及行为方式"独特性"的发挥也会限制在一定的尺度之内，我们会自觉到一种利益共同体的"患难感"，不愿意"一粒老鼠屎坏了一锅汤"。

我们把这种现象定义为命运共同体错觉，即组织成员把自身命运捆绑于特定组织/群体，并听命于组织（领导）决策从而维系一种群体身份的心理倾向。我们并不认为这种认知只有负面的影响，它本身同样可以发挥积极的抵御组织外部"环境压力"的作用。比之下属，领导可能更容易从"命运共同体错觉"中获得奖励，如果组织变成"家"，"家长"会更便利地把"组织资产、人力资源"纳入组织成员"命运共同体错觉"的许可范围。经验上，如果有机会为领导的家里办事，下属多半会乐此不疲。

（五）个体自我意识效应

当个人对领导支配存在质疑并产生焦虑后，尽管会同时受到习惯性服从、惩罚想象、命运共同体错觉的制约，但伴随焦虑的加剧，还是会产生各种类型的"抵抗"。比如小范围的抱怨，"公开"表达不满，正式场合的冒犯，行动上的抗争等。比如，HW因为长期对管理学界主流研究取向的质疑，对单位学术评价政策的质疑，除了私下表达不满外，撰文公开质疑实证研究，质疑管理学院的学术评价制度、绩效考核制度。XYM作为管理专家，长期作为一所知名大学的主要领导成员，却由于教育环境及学校体制、治理结构等方面的约束，无法实践其教育理念。在接手一所中英合作办学的学校后，面对跨文化挑战（国际师资占比大，双方具有不同的思维、行为方式）、组织短期发展目标压力（生源、社会各界的惯性期待）、资金紧张等多重困扰，"固执己见"地推行以"和谐管理理论"为支撑的扁平、高效的网络化管理机制，并着力培养全新的大学文化。事实上也是对高等教育传统观念及管理方式的一种"颠覆"。但是，无论是 HW 的"发声"，还是 XYM 的"反叛"，在当下的组织（社会）情境中却并非其可行域中的"唯一选择"，更不要说是最佳策略。只不过对于他们而言，这近乎"唯一的选择"。我们认为，这是一种基于个人强烈的"自我意识"（自我认同）的表现。换言之，就是对于多数人"退一步海阔天空"的事情，对于少数人则可能变成了"是可忍孰不可忍"。我们将这种现象命名为"个体自我意识效应"，即组织参与者，下属（领导）个人因为难以忍受领导决策（或下属行动）对其自我意识（自我认同）的严重威胁（过度压迫）而产生的抵抗行为。一般情况下，尤其在组织环境中，因为冲突并非十分激烈，比如达到所谓"辱虐"的程度，多数人会出现自我意识效应抑制，甚至丧失的现象。

（六）群体意识

按照我们对个体自我意识效应的定义，其作用机制事实上受到"组织情境、社会化过程、历史文化"的严重制约。我们把那种基于平均意义的自我意识效应阈值转换为一种"群体意识"的话，个体自我意识效应阈值较低的主体在与这种群体意识的较量中注定困难重重。当然，可以想象做出抵抗的主体一定会寻求某种同盟者，一定会通过融入更大的群体中以寻求"合法性"。如果从领导与下属的角色考虑，领导从个体自我意识效应消解既有"群体意识"并建构新型群体意识的可能性显然更大。或者，某种具有"意见领袖"角色的下属也比较容易建构新型的群体意识。

六、领导—下属互动机制本土模型及应用

本研究提出一个阐释中国领导—下属互动机制的本土模型（见图1）。假定领导与下属具有特定的信念、认知和行为，在合作中不可避免地存在分歧和冲突。该模型的基本内容可以概述如下：（1）普通的中国领导一般会表现出较为强烈的支配欲，下属则倾向于强烈地服从于领导的支配，构成"习惯性支配与习惯性服从"的互动关系预设；（2）在领导—下属的互动中，无论是领导的支配还是下属的服从都存在选择空间。领导的支配可以具体化为引导、支持、训练及打压；下属的服从可以具体化为盲从、服从、屈从及抵抗；（3）除了习惯性支配与服从以外，领导和下属在互动中还会动用"命运共同体错觉"和"惩罚—激励想象"以强化（弱化）支配或服从，因为支配与服从的具体策略存在冲突性；（4）伴随领导—下属互动中对立性的加剧，领导和下属还会动用"个体自我意识效应"强化（弱化）支配和服从，个体自我意识效应可以简化（区分）为起效和抑制两种，且取决于个体自我意识阈值的高低；（5）个体自我意识效应是基于个体的较为强烈的心理及行为反应，

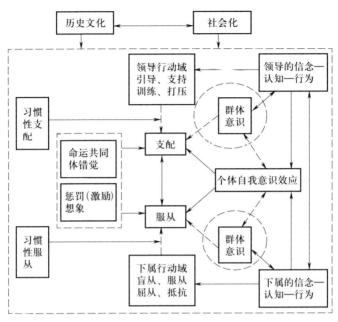

图 1　领导—下属互动机制本土模型

是个体"抵抗"行为的主要成因；（6）个体自我意识效应与群体意识相互影响，个体自我意识效应需要经过恰当的运作才有可能激发某种群体行为，比如显著增加抵抗的强度；（7）习惯性支配与服从、命运共同体错觉、惩罚—激励想象、个体自我意识效应、群体意识及领导（下属）的信念、认知和行为方式都嵌入在历史文化及社会化过程。可以推测，假定领导做出了错误甚至荒谬的决策，无论是组织还是社会层面，首先需要个体的自我意识效应发挥作用，需要个体自我意识效应的群体化；其次，必须冀望历史文化的必要转型及社会化过程重塑，以弱化领导过分强烈的支配欲，下属过分强烈的服从倾向（换言之，必须修正领导—下属互动的基本预设），尽量消弭领导与下属在信念—认知—行为上的隔阂，从而使领导和下属能够各担其责，良性互动，以创建一种全新的领导—下属合作关系。

我们在以下分析中尝试通过分别悬置模型中涉及的"领导""下属"部分，主要以下属视角剖析领导—下属互动中的几种常见状态。

（一）领导—下属共犯结构的形成

任何领导在做出一项重大决策的时候，未必自信到确保预期目标的顺利达成。如果遭遇下属的强烈质疑和坚决抵触，也有可能做出及时的修正。然而，如果下属积极配合，很少有质疑和抵抗发生，一旦按照既定设想迅速取得某种"显见"的成果，就容易形成一种正向激励，从而造成领导的自我肯定。从下属角度出发，通常我们会习惯于服从，特别是当领导决策的错误（荒谬性）不那么明显的时候，自然而然地服从会成为绝大多数下属的主要选择。即使有个别人发觉领导决策的可疑性、荒谬性，也还会被"惩罚性想象""命运共同体错觉"所抑制，来自下属的"异见/抵抗"会显得非常不合时宜。

在现实生活中，领导决策不可能畅通无阻，遭到不同程度的质疑、抵抗在所难免。那些个体自我意识效应阈值较低的下属更容易产生比较强烈的反弹。但更常见的，组织中总会涌现一批下属成为领导决策的积极配合者。他们善于审时度势，长于摆正位置，乐于以勤奋的、创造性的工作姿态努力达成领导（制度）所设定的目标，并且常常获得拔擢（成为领导圈子里的自己人），更为充分地保障个人或小群体利益。正是由于这种"榜样"的作用，会让更多的摇摆派追随先进，而让那些"质疑者"倍感压力，甚至会全面瓦解任何"异见"的生存空间（这是中性的描述，笔者注）。

我们发现今天比任何时候都容易听到反思、批评的声音，但却难以观察到多少矫正性的实际行动。那些质疑者被逐步边缘化，采取行动的抵抗者则依然受到惩罚。我们将这种现象定义为共犯结构：即领导和下属在互动中表现出来的远离组织使命（社会期待）和组织责任（社会责任）的一致性行为，其对组织、社会具有长期、深远的负面影响。

（二）领导荒谬决策的阻滞

领导与下属的"信念—认知—行为"系统可能趋向一致，也可能存在冲突。当冲突发生时，比之下属，领导同样存在一定阈值的个体自我意识效应，借助权力也容易形成更为广泛的群体共识。假如领导的错误、荒谬的决策已被识别，是否能从下属方向产生有效的抵抗，则主要取决于个体自我意识效应能否抵御习惯性服从、命运共同体错觉及惩罚—激励想象的影响。如前文的分析，很大程度上，这取决于下属"个体自我意识效应阈值"。当阈值较高时，下属的容忍空间就大，反之，则容易激发个体自我意识效应的产生。

可以按照两种不同的情境分析个体自我意识效应的作用及群体化。一种是领导荒谬决策缺乏广泛群体响应的阶段1，另一种是领导—下属共犯结构已然形成的阶段2。对于阶段1，更像是领导对于下属反应的"评测期"。少数下属被激发的个体自我意识效应与积极配合者的服从尚有相近的机会阻滞或扩大领导的决策效力。而挑战在于积极配合者拥有习惯性服从等多种心理资源，而且有领导"合作"意愿的支持；而抵抗者所拥有的资源却相当匮乏，而且面临"被孤立、受打击"的巨大风险。因此，我们推测，越接近权力核心的下属越容易有效地动员关系资源以激发群体意识，达到阻滞荒谬决策的效果；而远离权力中心者，即使阈值很低，除非具有"意见领袖"式的地位，所激发的自我意识效应作用也非常有限（荒谬阻滞的变革式逻辑，代价较小）。对于阶段2，领导—领导群体—多数下属已经形成较为牢固的合作关系，"信念—认知—行为"系统趋向一致，可能已出现广泛的个体自我意识效应抑制和缺位现象。少数人被激发的个体自我意识效应也多处在社会、组织边缘地带，缺乏广泛的动员力和必要资源。很大程度上，其作用的发挥取决于抵抗本身的决绝性、破坏性（荒谬阻滞的革命式逻辑，代价较大），所谓"众叛亲离、千夫所指"却也"义无反顾"地要"把皇帝拉下马"。

（三）领导正确决策阻滞的破解

当领导已经做出正确的（即使是局部意义的，符合理性，符合常识，容易识别）决策之后，如果遭遇到下属广泛而强力的抵抗（比如今天执政党反腐所面临的挑战），双方的互动会有什么结果？

少数领导重新装配了"信念—认知—行为"系统，"调整"了其个体自我意识效应阈值（如果最高领导群体坚持执政党的信念和传统，就不可能容忍大批同僚、下属"肆无忌惮"的腐败），并形成了哪怕是小群体共识，意欲发起一场组织、社会层面的深刻变革，并做出了因应变局的正确决策。

少数领导拥有足够的支配权和动员力，可以选择主要以"打击"的方式应对下属的抵抗。领导也可以选择"非打击"的方式激发积极配合型下属的响应。领导在实施"打击"的过程中，尽管拥有强烈的个体自我意识效应，但同样会受到"命运共同体错觉""惩罚—激励想象"的制约。从而，在推进变革的过程中有可能出现以下偏差：（1）忽视积极配合型下属的"投机性"；（2）偏袒命运共同体错觉视野中（圈子里）的"自己人"；（3）过分依赖"惩罚—激励想象"的作用；（4）打压过度，缺乏必要的引导、训练和支持策略；（5）遇到较大阻力时，领导及其小群体有可能产生动摇。

当然，组织、社会面临的挑战未必尽如共犯结构那么荒谬。比如一项新制度的改变，一种新气氛的营造，需要如下更系统的设计、更扎实的推进：（1）注重组织主要参与者"信念—认知—行为"系统的重建；（2）注重保护甚至激发组织成员必要的个体自我意识效应；（3）尽量克服"命运共同体错觉"，抑制"惩罚—激励想象"；（4）综合使用多种"支配"方式与下属互动，保护下属服从方式的多样性；（5）最为重要的是，尝试从对历史文化、社会化过程的深刻反思中，修正领导的习惯性支配和下属的习惯性服从，以激发更多组织成员的责任担当，分享群体智慧的成果。

（四）领导—下属的常态化互动机制

领导必须重新理解自己的角色，所谓"支配"更是一种责任的象征；下属也必须重新适应自己的角色，不仅服从支配，而且必须分担纠正领导错误的责任。极端地讲，下属是缺乏勇气犯错的一类人，领导是敢于犯错的人，而下属必须为不负责任地放纵领导犯错承担责任。

作为领导，既要支配，又要善于从善如流；作为下属，既要服从领导和制度，又要适时调动"个体自我意识效应"并尽力克制两种错误的认知，以纠正领导的失误。领导与下属互动的"理想状态"应该是"co-leading"，领导与下属不仅是分享的，而且也应该是可以转换的。它是一种角色、作用，而绝非一种位置。

（五）下属作用的重新发现

本研究更关注组织中的下属如何制衡和抵抗领导的"错误—荒谬"决策，以免酿成难以挽回的灾难。

领导作为组织中的少数群体并非不能纠正"自己"的错误，但我们认为本土领导的觉醒往往严重滞后。因为即使是错误的领导决策在积极配合型下属的支持和动摇型下属的跟进中，也会取得阶段性甚至较长期的自我肯定。而当这一过程逐渐演变为共犯结构时，或许已是积重难返。总寄望于领导（小群体）的"英明"，而下属要么投机，要么摇摆，要么逃避的剧情在我们有限的生命经验里已经上演得太多。下属，也正是下属才更容易发现领导决策的错误和荒谬，才更有责任以勇气和策略避免领导把组织、社会引向歧途。

对于中国情境中的下属，如果意欲改变当下与领导互动中的诸多弊端，就应该努力尝试：（1）既珍视中国传统文化中的瑰宝，也要反思并尝试修正那些塑造着"支配—服从"预设的糟粕。既尊重中国家庭、学校、舆论、职场中的某些优秀传统，也要反思并尝试修正那些单方面加剧"驯化过程"的理念、制度和举措。（2）反思并尝试修正命运共同体错觉、惩罚—激励想象对于领导错误（荒谬）决策的抑制。（3）不要轻率地成为错误（荒谬）的积极配合者，成为贪念短期私利、无知怯懦的错误（荒谬）更为广泛的助力者。（4）每个人无论作为下属还是领导都应该关注人生的意义，尽量在"正确的方向上"降低个体自我意识效应的阈值，成为一个有底线、有原则、有历史感的更真实的自我。（5）最后，也是最重要的，作为普遍意义的下属的我们应该有所行动。

七、研究局限性（略）

八、小结

无论是"共犯结构""领导正确决策的阻滞"，还是"领导荒谬决策的阻滞""领导—下属的常态化互动"，都隐含着一种非常明确的诉求。作为社会组织成员，我们必须重塑自我，重塑一种有信念、有责任、有担当的组织（社会）角色。而每一个体的自我重塑都需要一些直面"他人—社会—环境"的勇气以及切实的行动。

而源自个体"自我意识/认同"的唤醒，需要一种更加群体取向的基于常识、使命感、人类尊严的"普遍觉醒"，即文化的创造性转化，社会化过程的重塑。

最后，有必要对我们探索中国本土领导的一系列理论思考稍加梳理。我们选择了一条与主流研究截然不同的研究路径（问题意识主要来自有限的人生经历和社会观察，是归纳的；尝试用新概念、新机制重新诠释那些熟悉的组织现象，是思辨的）。我们首先对中国本土领导可能存在的更为本质的特征，即支配权进行了探索；又在系统理解领导作用的思路上提出了一个比较完整的研究框架；针对中国组织管理的现实，我们区分了两类非常本土特色的领导类型（机会型领导/幻觉型领导）。我们的"故事"未必展现了足够的严谨性、学术性和理论性，但我们很清楚自己的信念：只有理解了自己，才有可能理解组织；只有理解了组织，才有可能理解社会；只有理解了当下，才有可能理解历史。从理解自身生活出发以建构本土管理知识（理论）的尝试注定会对本土领导研究、中国本土领导实践有所启发。

原载：《西安交通大学学报（社会科学版）》，2015 年第 3 期

作者单位：深圳大学管理学院，西安交通大学管理学院，西交利物浦大学

摘编：钟尉

如何从中国情境中创新营销理论?
——本土营销理论的建构路径、方法及其挑战

张闯　庄贵军　周南

一、引言

中国营销学研究一方面飞速发展，另一方面也出现了可能阻碍理论创新的问题。首先，在消化吸收西方营销理论、模仿和创新的过程中，国内学界在很短的时间内完成了研究方法的转型，但却出现了"轻视理论构建，崇拜工具和方法"的误区。其次，在研究选题方面，模仿、复制西方研究的选题较多，真正关注中国本土营销问题的研究较少。

本文拟以心理学和管理学本土研究文献为参照，回答以下几个基本问题：第一，什么是营销学本土研究？对这一问题的回答涉及中国营销学研究的类型、营销学本土研究的关键特征两个问题。第二，如何进行营销学的本土研究？第三，营销学本土研究面临哪些挑战，以及该如何解决这些问题？最后，我们尝试性地提出几个研究方向供学界参考。

二、中国营销研究的类型与理论创新的方向

（一）中国营销研究的类型

目前中国营销学者的研究可以分为四类。

第一类是西方式研究。这类研究关注的问题是东西方相同的部分，在理论视角上也采用西方的模式，这类研究虽然在中国操作，但其研究设计中不包含任何中国的情境要素。这类研究的导向显然是客位的，是去情境化的，其研究的目的是构建超越任何情境的通用理论。

第二类研究是复制/验证式研究。这类研究虽然关注的是中国情境中的独特现象或问题，但在研究中采用了西方的理论视角，其本质是验证西方理论在解释中国本土现象时的适用性。只是"穿上了唐装的老外"。

第三类研究是比较/拓展式研究。这类研究关注的是中国和西方都存在的现象和问题，但从中国本土的视角来展开研究。与第一类研究的区别是，虽然这类研究也采用来自西方的构念及其测量方式，但在理论解释机制上则区别于西方理论，从而发展与西方理论不同的研究假设。

第四类研究是本土研究。此类研究关注的是中国本土独特的现象和问题，采用本土的理论视角来寻求对现象的解释。与第二类研究最大的差别在于，研究者不是从现有的西方理论中去寻求解释，

而是着眼于中国本土的情境要素（如文化传统、社会制度等），通过建构新的理论来对本土现象进行解释（如用差序格局理论来解释圈子现象）。

（二）中国营销学理论创新的方向

第一，世界营销理论。该理论潜在认识论基础是普遍主义，研究导向是完全客位的，在研究设计中不考虑情境因素。这种研究的本土相关性是很低的。

第二，中国营销理论。该理论主要建构于将西方的理论应用于中国营销问题，研究设计中或多或少地考虑了中国情境，其本土相关性相对较高。但往往难以实质性地突破西方理论范式，最多是结合中国情境对西方理论进行拓展与补充。

第三，营销的中国理论。该理论认为西方理论不能有效解释中国独特的营销问题，而只能通过本土研究来理解和解释中国营销问题。这类研究是完全主位导向的，并且研究的起点也不是先入为主的西方理论，而是基于对独特本土营销问题的识别，主要通过归纳的方法来建构一套能够解释本土营销问题的理论。这类研究的本土相关性显然是最高的。

就中国学者对营销理论的贡献来看，简单地证明西方理论同样适用于中国，并不算是理论贡献；表明西方理论需要调整才能适用于中国是很好的理论贡献（中国营销理论）；表明本土理论比西方理论在解释中国问题时有更强的解释力是更好的理论贡献（营销的中国理论）。显然，中国的学者更应当强化对营销的中国理论的研究，即更多地从事本土营销研究。

表 1　三种营销理论比较

	世界的营销理论	中国营销理论	营销的中国理论
研究类型	西方式研究	复制 / 验证 / 比较 / 拓展研究	本土研究
研究导向	客位	客位为主、兼顾主位	主位
研究视角	外部 / 西方	外部 / 西方为主、兼顾中国	内部 / 中国
研究出发点	西方理论	西方理论	中国营销问题
研究方法	演绎或归纳法建构理论	演绎法检验、拓展理论	归纳法建构理论
本土相关性	低度	中等	高度

三、如何从中国本土情境中创新营销理论？

（一）界定本土研究

本土研究是从本土视角探索本土现象或本土现象的某个独特要素对于本土实践的相关性（Local Relevance），或可能的一般相关性（Global Relevance）。本土研究的出发点往往不是西方现有的理论和概念，而是基于对本土现象的观察，进而采用本土视角和思维，建构能够对本土现象进行深度解释的理论。但需要说明的一点是，本土研究虽然不是检验西方理论的本土适用性，但并不排斥西方理论，本土研究也可能开始于西方理论，但必须要超越西方理论，而将关注点投向本土。

211

本土研究中的 3 个关键要素：研究问题的本土化、研究理论基础的本土化和研究方法的本土化，这 3 个要素显然完全适用于营销学本土研究。

（二）研究问题的来源（What/How）

首先，从中国传统与现代哲学思想中寻找研究构念，前者如儒家和道家的传统哲学观念，后者如毛泽东和邓小平的战略思想。

其次，从中国社会正在经历的制度转型中寻求研究问题。改革开放以来，中国社会所经历的制度转型是全方位的，不仅体现在经济制度从计划经济向市场经济的转型，政治、法律、社会、文化等方方面面都发生了重要变化。制度转型为企业和个人的行为创造了更多的不确定性，也塑造了企业在转型期的独特行为。

本土问题的第三个来源是丰富的中国企业营销实践。中国企业在学习、吸收西方营销理论的过程中，针对中国独特的市场环境，探索并创造了很多具有中国特色的营销管理实践，也展现出很多值得学术界关注并给予回答的问题。

（三）研究的理论基础（Why）

中国本土营销研究的合法性建立在中国文化与西方文化存在巨大差异的基础上，因而从中国本土视角来解释中国的营销问题就意味着要从中国文化与制度中寻求解释机制。

除了直接从中国文化中寻求解释机制以外，营销学者还可以间接地从一些相关学科，如人类学、本土社会学、心理学及社会心理学的理论中寻求对所研究问题的解释机制。

（四）研究方法

本土营销学研究面临着对本土构念进行概念化和操作化测量的双重挑战，这种挑战尤其体现在本土研究与西方主流理论的对话方面。这里有两种方法值得营销学研究借鉴：一种方法是赋予西方学者熟悉的概念以新奇的本土内涵，另一种方法则是以西方学者熟悉的方式概念化本土新奇的概念。

我们认为，高质量的本土营销学研究可能需要中国营销学者更多地做一些基础性工作，如对本土现象的识别、概念化，进而开发测量量表。

四、本土营销研究的挑战

（一）对中国传统文化的理解

中国营销学的教育体系在不断朝着国际化方向前进的过程中，课程体系、研究方法的训练越来越与西方接轨，本土传统文化的精髓却在教育体系中缺位了。因此，要推动营销的中国理论建构，我们需要补上中国传统文化这一课。

（二）内部人盲区

即便是对中国文化和制度有了比较好的理解，但本土学者由于浸润于本土文化之中，他们可能缺乏对独特文化现象的敏感性，即所谓的内部人盲区。相对于研究方法、学术制度等方面的限制，要克服这种盲区，除了学者自身要不断提高敏感性之外，组织跨文化的研究团队可能是最为有效的方式。

（三）理论与测量工具

如前文所述，能够有效解释本土现象、测量本土构念的理论与测量工具的缺乏是本土营销学研究的重要限制性因素。值得庆幸的是，我们看到了本土心理学、社会学、社会心理学和组织管理学在本土化的路途上已经起步，未来本土营销学研究当然可以从这些学科中借鉴理论和测量工具。当然我们也可以在营销学本土化研究中采用跨学科研究方法，既从上述理论中借鉴，也在营销学本土研究中发展本土心理学、社会学或社会心理学理论，并将其反馈回这些"母学科"，从而形成多个学科互动的良性循环。

（四）国内学术制度的压力

本土营销学研究的挑战还来自国内的学术制度。一方面是大学的学术评价制度。为了推动科研的国际化与精品化，更快与国际接轨，越来越多的高校出台了若干政策激励其研究人员更多向西方学术标准靠拢。在这种"胡萝卜加大棒"的政策指引下，很少有学者愿意投入精力从事费时费力，并且可能难以被英文期刊接收的本土研究。

另一方面，挑战来自营销学术期刊及其评审制度。在国际化的过程中，越来越多的期刊倾向于发表采用规范科学方法的实证型论文，而处于本土化研究早期的研究很多都不具备进行规范实证研究的条件。国内期刊的这种导向让那些没有很强动力发表英文论文的研究者也不得不减少本土研究的投入。

214

（五）西方学术社区的偏好

我们认为挑战还来自西方营销学界对本土研究可能存在的"偏见"。他们当然是遵循主流学术规范的学者，但也拥有他们自己的偏好。如果这些研究问题对于西方主流学界太过新奇或陌生，这样的研究就很难加入国际主流的学术对话。

五、几个未来研究的方向

（一）深化对关系（Guanxi）的研究

对关系的研究可以说是中国学者对主流管理（包括营销）理论最重要的贡献，为了进一步提升围绕关系的营销研究的理论贡献，我们认为以下几个问题值得深入研究。

第一，关系构念的进一步概念化。关系构念的内涵极为丰富，现有文献中关系概念化的方式呈现出高度多元化的特点，显然，未来的研究不应再模糊地使用"关系"这个"伞概念（Umbrella Term）"，而应具体地界定研究中关系构念的具体指向，这就需要对关系构念的概念化做更加深入的研究。

第二，人际关系与企业间关系的相互作用机制。中国社会中的关系本质上指的是人际关系，当研究涉及企业层面时，就涉及了不同研究层面间相互影响的逻辑问题。

第三，关系对营销活动及其结果的负面影响机制。因此，未来的研究更应该关注关系作为一柄"双刃剑"的作用，将中国传统伦理与相关理论结合起来对上述问题做出回答。

第四，对企业关系策略的研究。关系从来都不是免费的，关系的建立和维持是需要成本的，并且关系也并不总是会对企业的营销活动及其结果带来正面的影响。那么，什么因素驱动企业建立、维持，并利用关系展开营销活动？

最后，开发相关构念的测量量表。虽然在量表开发上，现有文献已经取得了一些令人瞩目的成果，但这项工作依然任重道远。一方面，一些量表是在客位导向下开发的（如社会资本视角下的关系量表），即使这些量表得到了学界较多的认同，但却与关系在中国文化中的涵义相去甚远。学界需要基于中国本土文化来开发关系量表，这显然需要先完成对关系构念的概念化。另一方面，现有关于人情、面子、感情等关系维度的量表多元化，且都没有得到学界一致性的认同。显然，这项工作需要更多学者投入更多的精力来实现。

（二）制度转型过程中企业营销行为研究

首先，制度转型过程中企业如何处理与政府的关系？企业与政府的关系如何影响企业的营销战略与绩效？

其次，转型过程中非正式制度对企业营销战略产生了什么影响？这种影响在制度转型进程中呈现出怎样的演变趋势？

再次，制度转型过程中，中国企业社会责任弱化与非伦理营销行为（如制假售假、商业欺诈）研究。在中国正崛起为世界经济强国的进程中，这个问题尤为关键，因为缺少社会责任和伦理道德的企业是难以支撑一个经济强国的崛起的。

最后，制度转型如何影响企业内部营销制度的建立与调适？宏观的制度转型也会影响与塑造企业管理制度，进而影响企业的行为。如在制度转型过程中，企业如何对待销售活动中的商业贿赂？

（三）文化融合与变迁过程中消费者心理与行为研究

改革开放不仅是中国制度的转型的过程，也是打开国门接受外来文化影响的过程。因而，在文化融合与变迁过程中，中国消费者独特的消费心理与行为构成了本土营销理论重要的研究方向。

（四）其他本土文化构念在营销学研究中的概念化与理论化研究

营销的本土研究需要从中国传统文化中汲取养分，因此我们认为未来的本土营销研究应当致力于将中国本土文化中的一些重要构念在营销学研究中加以概念化与理论化，这是本土营销研究的根本所在。

原载：《管理世界》，2013 年第 12 期

作者单位：东北财经大学工商管理学院，西安交通大学管理学院，

香港城市大学商学院，武汉大学经济管理学院

摘编：钟尉

复杂系统管理：一个具有中国特色的管理学新领域

盛昭瀚　于景元

本文通过对复杂系统管理这一管理学新领域的形成背景、科学内涵、现实意义与学术价值的分析，诠释了该领域的学理逻辑、中国特色与钱学森系统思想的内核及底蕴。

一、管理：从系统性到复杂性

整体性与功能性是管理活动两个最基本的属性。钱学森认为系统是"由相互作用和相互依赖的若干组成部分结合成的具有特定功能的有机整体"。这表明，"系统"的基本属性即为功能性和整体性，这样，管理的属性与系统的属性是同一的。

如果自然科学、社会科学等是按照研究对象领域的纵向性来划分，系统科学则不论它们所研究的具体领域和具体问题的特质性，仅仅把它们当作抽象的"系统"来看待和研究。这一特点决定了系统科学的横断科学的属性，即它是一门运用系统的思想和视角来研究各纵向科学所涉及领域的各门类问题，并在系统意义上形成这些问题共同的本质属性和规律、建立相应的理论与技术体系。

以系统性凝炼管理的基本属性，有助于我们理解如何通过系统的要素分析、关联分析、功能分析和组织行为分析，从整体上规划、设计、组织管理活动；并在具体技术层面上采用明确目标、严格分析、注重定量化和程序化执行管理活动流程，以实现管理的整体目标与综合效果。系统性不仅把原本对管理混杂、破碎的认知梳理出一条有条理的逻辑路径来，而且成为人们设计、构造、实施和执行管理活动的一种范式，这一基于系统性的管理思维原则称为系统性管理。

如果我们对构成要素众多、关联和结构复杂、与环境之间有着各种紧密相互作用的复杂的管理问题，在研究和解决问题过程中还仅仅运用还原论把整体问题分解细化为各个相互独立的部分，单独研究各个部分，再简单汇总叠加，这势必就把问题各部分之间的复杂关联与结构切断、损伤了，原有的整体性机理也被破坏了，这样，即使把每个部分都研究清楚了，还原论也解决不了整体性问题。

在管理学术研究领域，还原论不可逆问题是一个具有重大挑战意义的问题。钱学森首先把这类具有还原论不可逆属性的"复杂的问题"称为"复杂性问题"，因为正是"还原论不可逆"才使得这类问题表现出许多复杂性形态；另外，这类"复杂性问题"广泛存在于社会经济系统之中，这对我国社会经济建设具有重要的现实意义。

这样，复杂的管理活动中的"复杂的问题"就其本质属性与钱学森先生提出的复杂性问题相一致。第一，管理中的复杂的问题不仅具有"复杂的"具象，而且还具有"复杂性"的抽象，这一抽象即为管理复杂性；依据管理复杂性思维的管理活动称为复杂性管理。第二，运用钱学森系统方法论原则来辨识管理中的复杂的问题，可以精准锁定这类问题中的复杂整体性与涌现性等特质。第三，钱学森关于"复杂性问题"定义中的"复杂性"是对事物属性的凝炼，具体到管理，是对复杂的管理中蕴含的复杂性属性的抽象，即复杂的管理引发、催生了管理复杂性。第四，随着管理活动的发展，管理复杂性在所有的管理活动类型中数量越来越多、比重越来越大、形态越来越丰富、内涵越来越深刻，整体上出现了管理从系统性到复杂性的演变趋势。

二、复杂系统管理概论

（一）复杂系统概述

复杂系统的属性就是一类还原论不可逆，或者非可加的复杂整体性，亦简称为复杂系统的复杂性。本文所谓复杂系统管理是基于钱学森复杂系统思维与范式，即在对复杂系统的认知范式、方法论及核心知识架构基础上，通过复杂系统与管理科学融合而形成的对复杂社会经济重大工程系统中一类"复杂整体性"问题的管理实践活动；在学术上，它是关于复杂整体性问题管理知识逻辑化与系统化的科学体系。

（二）复杂系统管理的学理逻辑

复杂系统管理理论体系是管理学领域的一棵新生大树，我们要在更高的学术层面与更广阔的学术空间中思考清楚以下基本学理问题。

第一，复杂系统管理领域的基础性理论体系是复杂系统管理整个科学体系的"根"，形成该基础性理论体系的基本条件与环境是什么？

第二，复杂系统管理基础性理论体系的科学内涵是什么？它的标志性理论元素与结构是什么？应该如何保证它的形成过程的规范性？

（三）复杂系统管理思维原则

复杂系统管理的思维原则，就是关于复杂系统管理本质属性的认识论。复杂系统管理活动是一类组织协调构建、重构复杂人造系统的实践类型，凡是一种稳定的实践类型，实际上就是一种规则或规定性，也就形成了一种区别于其他类型的认知准则。钱学森的复杂系统思想以及由此形成的复杂整体性问题本体的物理复杂性、在复杂系统空间中的系统复杂性以及在管理科学范畴内的管理复杂性三者融通性，从而在更高层次、更大尺度、更多维度的哲学思维层面上为我们提供了对复杂系统管理问题本质属性的认知。

（四）复杂系统管理实践思维

复杂系统管理的实践思维主要内涵是：管理主体首先是对管理活动中直觉感受到的一类"复杂的"问题进行梳理和分析；并主要

从管理多主体在利益、偏好、价值观等方面的异质性，管理主体的适应性与自组织行为，管理活动要素之间的各类复杂关联，管理环境的深度不确定性、突变与演化等动态性，管理活动架构的多层次、层次之间的涌现或者隐没，管理过程中的信息不对称和不完全、不确知等方面进行分析、归纳，形成不仅仅运用还原论来完整认识管理问题的认知路径，此即为管理复杂性的认知的综合集成。进一步，主体在复杂管理活动虚体"可变性"思维基础上，通过多种适应性行为来"降解"问题的复杂性，并且在管理活动中将复杂性整合与"复原"，实现问题原来复杂性的真实和完整。

（五）复杂系统管理基本范式

复杂系统管理过程中，人们首先是从直观上感受到复杂系统中复杂整体性问题的物理复杂性，这往往是人们在复杂整体性问题物质性资源组成的硬系统层面上对系统物理形态的感性、直观认知；接着，人们将复杂整体性问题的物理复杂性在系统科学思维层次上进行抽象，并运用系统科学话语体系进行表述，提炼出如复杂整体性问题环境高度开放性、工程主体多元异质性、问题要素之间强关联、多约束、问题状态或者主体行为和功能具有演化和自组织等系统复杂性属性，复杂整体性问题的系统复杂性是其物理复杂性在复杂系统范畴内的凝炼与抽象，也是复杂整体性问题物理复杂性在复杂系统空间中的"映像"。进一步地，人们再在管理科学范畴内，结合前述系统复杂性，并依据管理思维原则、基本原理、方法论等，对复杂整体性问题管理的理论逻辑与话语体系进行转换，运用复杂性思维来认知、分析和解决问题。这就构成了复杂系统管理在管理过程中基本的物理复杂性—系统复杂性—管理复杂性学理链的完整性与融通性，可以把这一路线理解为复杂系统管理的基本范式或者基本模式。

（六）复杂系统管理学术内涵

复杂系统管理理论是人们在复杂系统管理实践活动与思维活动中建立起来的以知识为基本要素的系统化与逻辑化体系。在这一体系的支撑下，人们更有条理地描述和理解复杂系统管理实践活动中的各种现象，也更深刻揭示管理问题与活动的本质特征与一般规律，因为该体系已经被赋予了系统化与逻辑化研究对象本质属性的品质。

（七）复杂系统管理方法论与方法体系

钱学森于 20 世纪 70 年代首先在方法论层次上，创新性地将整体论与还原论统一在一起，提出了认识、分析和解决复杂系统组织管理的方法论。20 世纪 80 年代初，钱学森又在系统论的基础上明确提出了系统论方法。之后，钱学森又提出了将还原论方法与整体论方法辩证统一起来的综合集成方法体系。

三、复杂系统管理的中国特色

中国传统文化对两千多年中国历史长久发展的有力推动，也成为今天构建复杂系统管理思想体系的强大基因。钱学森从中华传统文化本体内核出发，既看到物理、物质性本体，又看到人的"内为心性"的观念本体，在物理、物质、社会的一类"复杂系统"本体的认知基础上，凝练出表达人的思维与观念的"复杂性"，作为复杂系统本质属性，这一理念突破了还原论对复杂性思想的桎梏，并以一种理性思维的方法论来辨识复杂性，从而确立了一条自主性的认识复杂系统的路线，充分体现了复杂系统管理内涵中的中华民族文化精髓。复杂系统管理在我国有着极其丰富的实践基础，并不断地成为复杂系统管理思想、经验与理论的源泉。最能体现我国复杂系统管理实践与学术思想紧密结合的就是我国几十年来航天工程与"两弹一星"的复杂系统管理实践，其中，既包括复杂系统管理思想与理论等方面的原创性成果，也包括驾驭复杂系统管理实践方面的系统性贡献。

四、复杂系统管理：管理学的一个新领域

（一）复杂系统管理是管理学的新领域

复杂系统管理因为已经具有自身的学理逻辑、思维原则、实践思维、基本范式、基本内涵、方法论与方法体系，且具备了一个学科领域自我成长的逻辑起点、生态环境与内生动能，因此，复杂系统管理已经形成了管理学一个新的领域的基本雏形，并因为以下特征表现出自身生命力的强壮性与鲜活度。

1.复杂系统管理是管理科学在充分汲取复杂系统学术营养的基础上，通过揭示人与复杂社会经济重大工程系统中人对复杂整体性

问题的管理行为与规律，增强自身应对复杂整体性管理问题的能力与活力。

2.复杂系统管理基于复杂系统思维与范式，通过复杂系统与管理科学融合而形成了新的自身学术理念、模式与内涵。在实践上，它主要是对复杂社会经济重大工程系统中一类"复杂整体性"问题的管理活动和过程；体现了研究问题的物理复杂性、系统复杂性与管理复杂性的完整性与融通性。

3.复杂系统管理主要源于我国管理实践，有着长期的实践积淀与当今重大现实需求，充分体现着中华传统文化的滋润，具有鲜明的中国特色。

4.复杂系统管理中的关于复杂系统认知源于钱学森构建的系统科学体系。

5.复杂系统管理是个高度开放系统，包含不同的学术流派和方向。

（二）复杂系统管理新领域的发展要旨

总体上，复杂系统管理可在整体性框架下，开展如下的系统性研究：1.复杂系统管理逻辑前提与基础理论体系；2.复杂系统管理组织管理系统工程体系；3.复杂系统管理知识形成范式转移与路径变革；4.复杂系统管理综合集成方法论体系；5.复杂系统管理综合集成方法论下的方法体系；6.复杂系统管理典型重大应用。

另外，以下一些科学问题对于当前复杂系统管理研究具有重要的学术意义：1.社会经济重大工程领域复杂系统与复杂整体性问题基本属性与特征；2.复杂系统与管理科学融合的适应性与范式；

3. 复杂系统管理活动中主体的基本思维原则；4. 复杂系统管理组织治理模式变革与关键技术；5. 复杂系统管理复杂整体性模型化与综合符号系统；6. 复杂系统管理交叉学科研究范式与新机制；7. 社会经济重大工程领域复杂系统管理若干重大科学问题研究；8. 基于现代技术环境下复杂系统管理方法新的拓展与突破。

（三）复杂系统管理发展正在路上

当前，在复杂系统管理研究中，要特别注意防范以下几种可能的倾向。

1. 忽视基础性理论研究。 复杂系统管理研究具有学术上的突破性，需要原创性基础理论的支撑。

2. 研究问题逻辑模糊。 复杂系统与复杂系统管理都是宽泛而模糊的概念，这给复杂系统管理研究带来了实际上的困难。从基本逻辑讲，复杂系统管理主要研究对象是社会经济重大工程复杂系统中一类复杂整体性问题，因此，那些完全遵循自然规律而不具有社会性规律的复杂系统问题不宜纳入复杂系统管理问题范围之中，进一步说，对复杂系统管理中的人的行为准则与现象的复杂性研究，相当大的程度上不宜采用传统意义上的"管理""管控"思维与手段，而需要采用共享、融通、共治、多中心等现代治理思维向新的研究范式转移，这里要特别注意的是不能以事实上的简单系统还原论思维研究复杂系统管理。

3. 数学工具化倾向。 复杂系统管理中的复杂整体性以及综合集成方法体系的内涵告诉我们，数学不仅不具备对复杂性问题的全部描述与分析的功能，而且往往由于数学面对现实复杂性不得不"大力度"地降低复杂性来"适应"数学化范式的制约，这必然会"损伤"复杂系统管理的真实世界情景与人的行为的复杂性。

原载：《管理世界》，2021 年第 6 期

作者单位：南京大学工程管理学院，中国航天系统科学与工程研究院

摘编：钟尉

本土管理研究何以重要？——对质疑观点的回应及对未来研究的建议

井润田　程生强　袁丹瑶

一、引言

　　过去 20 多年间，中国管理学者研究的规范性和科学性日益提升，越来越多的成果开始发表在国际权威的管理学期刊上。但大多数研究都是对现有西方理论在中国情境下的实证检验，与之相应的是一种与情境无关的（context-free）理论假设，即管理理论是可以应用于任何情境的，而中国情境在研究中只是被视为数据收集和实证分析的渠道。

　　与上述的追求普适性理论的研究范式不同，本土管理研究秉持如下假设：任何理论都受到情境的限定（context-bounded），研究者需要在特定情境中寻求更具有解释力的理论。徐淑英将"本土研究"定义为"使用本地的语言、本地的研究对象和富有本地意义的构念对本地现象进行的科学研究。这些研究旨在检验或构建能够解释、预测本地社会文化背景下的特殊现象或相关现象的理论"。

　　当前国内本土管理研究已经从第一阶段"强调研究的重要性"、

第二阶段"探讨研究的困难性"，发展到第三阶段"提出措施和推出成果"。我们需要通过剖析和反思一些典型本土管理研究成果的开发过程，澄清以上质疑和阻碍本土管理研究的观点和问题，进而为未来管理研究指出更清晰的方向。接下来，本文将结合"中国企业本土视角下的组织变革与领导行为研究"的会议报告、会议讨论和 31 份与会研究者以及 14 份安泰经济与管理学院研究生的问卷调查结果，重点阐述对于理解本土管理研究至关重要的三个问题：本土研究与区域研究的概念区别、本土化理论创新的目的和意义、本土研究如何贡献普适性的理论知识，在此基础上本文将对未来如何开展本土管理研究提出建议。

二、本土管理研究的"本土"到底是指什么？

（一）本土研究不同于区域研究

"本土"（indigenous）视角相对于全球（global）视角。全球化是一个同质化的过程，"本土研究"关注的则是当地社会文化背景下的特殊现象，呈现的是文化的异质性。对"本土研究"与"区域研究"概念的混淆是影响本土管理研究的一个重要原因。

事实上，"本土"一词源于人类学，其含义往往与远古、土著、传统、原住民、边缘化和脱离主流文化等有关。从概念本身可见，本土体现着一种边缘相对于主流的差异，本土管理研究与主流管理研究（针对发达市场环境下的企业研究）的区别主要体现为其所根植的本土与主流文化价值观的不同。因此，美国研究者针对美国社会现象所做的研究可以被称为区域研究或主流研究，但并非本土研究。

（二）本土研究的合法性

由于主流理论在学术界拥有毋庸置疑的话语权优势，主流理论所依托的情境通常也被视为默认的和有共识的，基于此情境建构的理论更具有合法性。这也导致一个现象，大多数研究者着手一个本土研究问题时，通常倾向于采用主流视角进行解读，因为这样的研究成果容易融入时兴的学术讨论圈，更容易被接受和发表。

很多西方研究者以"猎奇"的方式对一个本地文化现象进行研究，没有深层次地进入情境，就以西方主流意识形态解释本地人的行为习俗，致使这些研究在当地人眼里失去了合法性。本土研究不只是边缘相对于主流在地理区域上的差异，更涉及研究者对本土传统文化价值观的理解和尊重。产生于主流文化的理论往往被自然地视为具有更优越的普适性和解释力，这种自我中心主义的研究会带来学术研究上的殖民化倾向。

（三）本土管理研究的视角要求

在尊重当地人和当地文化情境的前提下展开研究，要求研究者抛弃那些外部人（Outsider）视角而学会用内部人（Insider）视角分析当地现象。蔡尔德（2009）认为，除了文化体系差异，与主流地域的经济、技术和政治制度差距都会阻碍普适性理论对非主流地域管理现象的解释。因此，主流研究对普适性的追求虽然使得理论能够解释大部分管理现象，但不可能覆盖所有本土问题的理论逻辑。席西民引用"东施效颦"的典故阐述用主流研究范式解释本土现象的问题。过去三十多年间，很多中国管理问题研究正像是东施效颦，套用西方的管理理论框架研究中国的管理问题，但事实上这些研究往往只能发挥有限的理论贡献。

以上问题也提醒我们，不要在对一个本土现象尚未深入了解的情况下就轻易地进行普适性的理论化，此时采用本土的文化和思维逻辑解释本土的管理问题是最合适的，这一点对于本土管理研究者而言更加重要。

比如用阴阳思想管理矛盾是铭刻在中国人传统文化基因中的重要思维方式。与西方分析思维对事物本身类属和逻辑规则的关注不同，中国文化更倾向于关注事物的整个领域并为其分配因果关系。不同于西方人对矛盾"非此即彼"的对立选择，中国人经常持有兼而有之的观点，矛盾既是对立的，也是统一的。在阴阳哲学的影响下，矛盾的对立性还可以随着时间推移而相互转化。基于这些传统哲学，许多中国的领导者会表现出看似冲突但又相互关联，并且随着时间推移而变化的行为，即矛盾领导行为，这些行为很容易为同样受中国传统哲学熏陶的下属所接受和理解。研究者采用本土化的文化价值观能够帮助理解根植于本土情境的管理问题，并产生高水平的本土化研究成果。

三、管理研究为何需要本土化理论？

（一）好的理论是在普适、准确和简洁之间的折中

研究者经常忽视的一个问题在于，对理论普适性的追求是以牺牲理论的解释力作为代价的。安德鲁（Andrew H.Van de Ven）指出一个好的理论很难同时兼顾普适性（general）、准确性（accurate）和简洁性（simple），研究者总是需要在三者之间权衡。一些宏大理论特别强调普适性，但这往往会以牺牲准确性为代价。当前，为了迎合主流期刊对理论普适性的要求，研究者会忽略研究的具体情境、特定理论或命题的适用条件，致使很多研究既不准确也不简洁。事实上，很多管理理论的适用条件在该理论刚提出时并不清楚，而是伴随着研究深化逐渐被认识到的，这些适用条件在不同经济、文化、制度环境中的重要性也可能是不同的。例如，主流组织变革理论（如库特·勒温的变革三阶段模型等）假设组织变革是间歇性的、不连续的、蓄意而为的，通常发生于外部环境（如技术变革）或内部环境（如高层领导者更换）出现突变的情况下；与以上假设相关的一个问题就是，研究者不需要关心变革不同阶段之间的联系性。然而，中国文化（如以《易经》为代表的阴阳辩证思维）所强调的恰恰是持续变革过程中不同阶段之间的关联性。很多本土研究都具有这些特点，研究者一开始对某些独特的、无法被主流理

论解释的现象进行探索性研究，没有囿于追求理论普适性而限制理论发展的可能性。

（二）追求普适性理论的过犹不及

几乎所有期刊（无论是国内的还是国际的）都要求其投稿论文必须对普适性理论有所启示和贡献。虽然每个研究都源自一个具体情境，但研究者却需要在一开始就逼迫自己找到一个普遍适用的（无论是现有的还是新开发的）理论框架来解释其研究现象。这样做的结果就是，很多想法简洁易懂的美感不复存在，取而代之的是扭曲的、时髦的或套路化的理论，研究内在的有趣现象被不匹配的理论框架所束缚。具有讽刺性的是，以上看似痴迷的理论追求带来的结果却是原创性理论开发的停滞。

而本土研究的价值恰恰在于提出新的问题，进行"问题化"（problematization）的研究，"问题化"方法能够寻找替代解释，可以推翻现有的假设，并铺设新的研究道路。

（三）情境化理论的适宜性

本土管理研究源于对一个有趣现象的好奇，当研究者尚无法对现象所根植的情境的理论特征作出深入解释时，一个谨慎的做法就是从"outsider-in"转变为"insider-out"的研究视角，提出一些针对特定情境的理论解释，避免草率地给该问题贴一个不相称的普适性概念和理论标签。

好的本土研究的共性在于它们都源于对某个特定情境中不同于主流的、很难被现有文献中的逻辑和理论所解释的管理现象的兴趣。因此，研究者开始以本土视角深挖现象背后的管理逻辑，采用本土化名词和概念，充分反映所探讨的管理现象的"原汁原味"。

四、本土管理研究何以贡献普适性理论？

（一）本土研究的理论贡献

对本土特定问题的关注并不妨碍本土研究可以贡献出普适性的理论知识。

（二）重视本土研究情境的理论化

基于本土情境开发的理论，前期可能是研究特定区域情境的理论。当弄清情境因素并与现有理论进行关联时，无论是比较不同情境下理论的差异还是探讨情境要素与管理现象的相互作用，随着理论在不同情境下的验证、拓展、修订和完善，最终将发展为普适性理论。

（三）本土管理研究的困难

一个理论是否被接受取决于"在当时读者自身的文化情境下，这个理论能引起的共鸣程度"。当基于主流情境的研究论文提交给西方学术刊物时，评审人容易对其研究情境产生共识，也熟悉其相关概念，因而只需对研究问题和理论逻辑进行评审即可。当基于本土情境的研究论文提交给处于主流情境的评审人时，如果评审人无法与论文中描述的遥远情境产生共鸣，就容易产生质疑。

寻找普遍熟悉的概念来描述或比喻本土现象不失为一个保证具体情境同现有知识联系起来的好方法。在中国本土文化环境下，Jing 和 Van de Ven 发现了管理者借助阴阳思维，通过改变"势"来推动组织变革。在进一步理论推广中，为了更容易让西方学者理解中国文化里"势"的内涵，他们将"势"与西方战略管理研究领域中的"组织势"（organizational momentum）研究进行了对比，这也是他们将"势"一词翻译成"momentum"的原因；通过比较两者的异同使得大家更容易看到对中国文化中的"势"进行概念化贡献出的理论独特性，也进一步总结出这样的概念化对推动组织势领域研究的启示价值。

因此，本土管理研究既需要与历史、社会、情境进行深入的对话，建构有趣的本土管理理论，也需要与现有文献积极对话，识别和建立与主流理论之间的联系。

五、对本土管理研究的建议

本土管理研究可以解释本土管理现象，促进本土管理知识的发展，同时也具备开发原创性、普适性理论的潜力，有助于全球知识的积累。

但本土管理研究也面临不少挑战：主流期刊很难认可本土研究的概念（71%），国内文化概念很难与西方文献对话（22%），以及研究者本身阅历受限且难以找到志同道合的合作者（22%），等等。针对这些问题，本文提出以下六个方面的建议。

（一）在本土情境中寻求有意义的研究问题

理论是人类在实践活动中对经验的总结和概括。要得到具有思想启发性的理论选题，研究者需要遵循扎根精神，走进企业去观察、访谈或邀请企业管理者和员工参与到研究中，在现实中寻找真实的管理问题。只有对情境有深入的了解，并将这些情境知识同理论和方法结合起来，才能产出高水平的本土研究。

（二）遵循入世治学精神鼓励下的研究范式

管理学者可以在研究选题、模型构建、研究设计和问题解决等不同阶段，通过与不同利益相关者合作来增进对科学和专业知识的认识，并缩小理论和实践知识之间的差距。

本土研究在秉持入世治学态度时，更要强调人文关怀和社会责任。研究目的不是解释现实，而是改变现实。

（三）选择合适的研究方法和研究策略

定量化的实证研究方法在检验理论时有很强的说服力，但在建构本土理论时应重视定性，包括案例研究方法的作用。在理论开发前期，特别需要借助定性或案例研究展开对概念的深入思考。过早转入定量研究对本土化理论开发并不有利。鉴于本土研究在主流期刊上发表的困难性，樊景立等建议研究者在年轻时可以先跟随主流研究的热点和趋势进行理论探索：一方面，与主流理论的对话有助于研究者学习和借鉴现有研究范式，关注管理理论的历史经验与发展现状；另一方面，对主流理论的熟悉有利于研究者界定独特的和新颖的本土管理问题，为后期开发本土理论做好铺垫。

（四）辩证地看待文化思维

中国人比西方人通常更善于应用整体思维方式考虑问题。如何看待建立在整体思维意识上的理论模型的优势？整体模型意味着部分牺牲了理论的简洁性，我们只有通过充分的证据说明该模型具备更多的准确性和普适性意义，才能通过"好的理论"的检验。事实上，有些管理问题产生的原因很多，它们之间本身就存在很多相关性，此时用更符合该情境逻辑的整体思维进行解释会更加合理。

（五）积极开展本土与主流的理论对话

并非所有中国情境下的管理经验在理论上都是新的，有时过分关注本土概念或本土文化的独特性，会导致研究者无法走出本土情境的限制；此时，与主流理论的对话可以延展本土理论的启示性和影响力。本土学术圈可以与主流学术圈保持积极的对话，这一方面可以促发本土研究对普适性理论的启发，另一方面也是反复推敲本土理论解释逻辑科学性的过程。

（六）建立本土研究的学术社区

本土研究学术社区发展的策略：在分化阶段，需要在主流范畴之外建立更加包容本土研究的社区，强调一些重要的本土现象是在现有范畴的理论关注范围之外的。倡导学者应以探索管理学理论，特别是具有中国特色的管理学理论创新为使命。同时在资源和评价体系方面进行动员，对现有范式存在的理论解释力不足问题作出反应，这也是目前很多商学院和国内外期刊正在做的事情。最后，有了这些外部形势和资源动员之后，我们需要在更大范围内建立起本土研究学术社区的合法性，需要学者们在本土研究范式上取得更多的学术共识，例如，本土研究是不是就是区域研究？本土研究应该遵循怎样的方法论？本土研究有没有普适性理论贡献？而这正是木文写作的目的。

原载：《外国经济与管理》，2020 年第 8 期

作者单位：上海交通大学安泰经济与管理学院

摘编：钟尉

讲好"中国故事"——管理学者的责任与行动方向

刘军　朱征　李增鑫

一、引言

近 20 年来，中国管理学者一直在追随西方管理研究的步伐，关注西方情境中的研究课题，验证西方发展的理论和概念。我们并不否认借鉴西方管理理论来发展本土管理理论，但更倡导本土管理研究者立足于本土管理实践讲好中国管理故事。

随着中国科技的迅猛发展，各类新技术（如云计算、人工智能、物联网等）在企业发展中的应用不断深化，中国涌现出了一批如滴滴、小米、华为、海尔等跨界者和整合者，为管理学研究者"讲好中国管理故事"提供了丰富的实践素材。对中国管理学者而言，关注中国现象，构建中国理论的机遇已经到来。

事实上，一些期刊如《管理世界》《管理学报》等对中国本土管理研究的相关问题进行了大量探讨。本文将结合国内外典型的"中国好故事"，对优秀研究案例进行对比、剖析，解释这些研究案例的"闪光点"以及研究过程，试图从贴近实践的角度探讨什么是中国管理的好故事，如何讲好中国管理故事，希望能为本土管理理论的进一步发展和完善提供具体的指导。

　　具体来说，本文首先提出了中国好故事的五项标准；其次，本文从立足实践、理论对话和追溯文化三个方面探讨了国内外优秀的"中国故事"是如何发现和提炼研究问题的；再者，本文分析了优秀"中国故事"是如何基于研究问题选择恰当的研究方法，并讨论了研究者如何通过研究问题与研究设计的匹配、研究变量的操作化等方面提升整体研究设计的严谨性；最后，本文总结了讲好中国故事的方法、研究者应具备的素质以及一些其他的策略。通过对国内外优秀"管理故事"和"中国管理故事"的分析和讨论，本研究澄清了什么是中国管理好故事，并展示了讲好中国管理故事的方法和路径，为管理学者开展管理研究、构建本土化的管理理论、解决中国管理问题，甚至世界管理问题提供了可以借鉴的思路和方法。

二、中国管理好故事的标准

　　首先，一个好的故事所反映的本质问题是重要的，这种重要性主要体现为能回应与解决重大问题和重大挑战。例如，中国老龄化问题逐渐凸显，养老保障不仅是一个严峻的社会问题，更会成为国家全面建设小康社会的短板。李海舰等创造性地提出"时间银行"这一新型互助劳务养老模式，为解决世界养老难题贡献了中国智慧。

其次，一个好的故事是新颖的。新颖的故事能够为我们带来新知识，并改变特定文献中已经发生的"对话"。例如，传统的组织行为研究认为信任对员工的工作态度和表现具有积极作用，然而Baer 等的研究却发现，被信任可能会增加员工的压力和情绪耗竭，给员工带来负面影响。Baer 等的研究改变了我们以往在信任文献里的"对话"，启发管理者在借助信任管理和激励员工时，重视信任可能产生的代价。

　　最后，好故事总能吸引人的注意力，始终让读者保持好奇心。一个吸引人且始终让读者保持好奇的故事不仅在于让人猜不到故事的结局，更在于让人始终有兴趣知道"为什么"。例如，Matta 等的研究提出了一个问题："领导者时而公平、时而不公平会不会比一直不公平更加糟糕？"这样的问题会引发读者的好奇心，让读者有兴趣进一步去探索答案。

　　毫无疑问，"重要性""新颖性""令人好奇"三项标准也是衡量中国管理好故事的基本标准。不过，以上三点尚不足以完全反映出什么是中国管理好故事。中国与西方在文化认同、社会发展阶段、政治制度和产业政策等诸多维度上存在巨大差异。因此，衡量中国管理好故事还应该增加两个标准：根植于中国文化土壤，立足于中国社会实践。

　　管理学者讲述中国故事的过程就是将实践现象转化为研究问题，并通过研究设计解决问题的过程。因此，接下来我们将围绕提出重要的研究问题和进行合适的研究设计两个方面对一些优秀管理故事进行归纳和整理，为管理学者讲好中国故事提供一些启发。

三、讲好中国故事的根本：提出重要的研究问题

研究问题是讲述管理故事的起点，也是讲好中国管理故事的根本。一个好的研究问题能反映出中国管理实践的现状，并将特殊的管理经验总结为普遍适用的管理理论和知识，最终达到传播的目的；一个好的研究问题能让研究者准确加入特定文献的"对话"，对已有文献和理论进行挑战，修正已有理论的缺陷；一个好的研究问题能彰显中华文化的博大精深，包裹着文化内核的研究问题才更具有生命力和传播中国声音的价值。因此，重要研究问题的发现和提出也应满足以下三点要求。

（一）立足实践

立足实践是指尝试提出并从学术理论上解决中国社会经济及企业管理的"大问题"或"真问题"。好的问题是从实践中来的，由问题牵引出的理论最终需要接受实践检验。

管理研究者可以通过直接经验（现场观察、工作经验）和间接经验（访谈、新闻）来获取现实的管理实践，并从管理实践中提炼出实践者关心的"真问题"。只有从企业管理的经验和事件出发，才有可能提出有价值的研究问题，最终才可能产生能被复制和传播的管理理论与知识。

（二）理论对话

只有回到文献中，我们才能真正将现象的本质抽象出来，并为实践现象在已经形成的管理知识中寻找一个恰当的位置，凸显研究的理论贡献并获得理论研究的"合法性"；也唯有将现象置于理论检视之中，才能真正了解这个现象是否被已有知识解决，明确研究问题的价值。

尽管将实践现象转化为理论问题是枯燥又充满风险的过程，但仍有大量的学者成功地将实践现象定位在文献中，为现象找到恰当的理论"位置"，并对相关研究领域做出了巨大贡献。

由于理论构建的简约性要求，每个理论都有适用的边界，每个理论的有效性也都建立在一定的基本假设之上。通过理论和实践的持续激荡和对比，我们往往能够发现理论成立的基本假设可能是违背现实情况的。当我们找到能够弥补理论存在的基本假设的缺陷时，我们就能对已有的理论形成巨大挑战，弥补已有理论的漏洞，并最终形成我们研究的理论贡献。

（三）追溯文化

追溯文化是突显组织行为的"独特性"或"历史性"的手段，使研究问题更加契合中国情境。深挖传统文化不代表否定西方的管理思想，东西方的管理思想和文化并无优劣之分，只是反映了不同文化背景下个体的行为模式的差异。将实践现象提炼的理论问题放在特定文化（道家、儒家、法家）背景中进行思考，能够提升研究问题的深度并且让我们对研究现象产生亲切感和共鸣感。简单来说，文化可以增加研究问题的厚度，升华实践现象背后蕴含的思想。

四、讲好中国故事的关键：进行恰当的研究设计

恰当的研究设计是进行科学研究的关键，也是讲好令人信服的中国管理故事的必由之路。恰当的研究设计不仅要求研究者对研究问题有深刻认识，同时要求研究者熟知管理研究的基本方法并能够根据研究问题选择恰当的方法进行设计，以保证研究问题被可靠地解决。

（一）研究方法的选择

定性研究方法论和定量研究方法论是指导社会科学研究的两种基本理论取向或哲学原理。以唯物主义、经验主义和实证主义为基础，定量方法论强调确定性和因果推断，适合解决演绎性的科学问题；而定性方法论以相对主义、建构主义和人文主义为基础，适合解决归纳性科学问题（艾尔·巴比，2018）。基于此，社会科学研究者会选择不同的研究方法解决研究问题。

1. 定量研究方法及适用的问题

受实证主义研究范式的影响，定量研究方法是管理学研究的主流取向。接下来，我们主要以组织行为学为例对定量研究方法适用的研究问题进行梳理。组织行为的定量研究一般通过问卷调查获取

数据，并采取不同的分析技术解决问题。早期的定量研究采用多层线性回归进行数据分析。

为了进一步提升研究的严谨性，组织行为研究者在解决特定研究问题时选择了更为严谨的研究方法，如多项式回归与响应面分析。

另外，随着经验取样法（experience sampling method）的普及，越来越多的研究开始利用经验取样法捕捉个体变化性高的一些情感、态度和行为。传统的问卷调查不能准确描述个体情感和行为的每日变化，但现实情况却是员工的认知、情感、态度和行为可能每天都存在差异。因此，越来越多的研究采用经验取样法弥补以往研究的不足。

除了问卷调查之外，组织行为研究还通过元分析（meta-analysis）进行量化的文献综述，并利用实验法进行更为严格的因果推断。不同的研究方法没有优劣之分，其本质是为了服务于研究问题的解决。因此，组织管理的研究不能为了追求方法的新颖和高端而滥用方法，还是应该回归研究问题，选择最适合解决研究问题的方法来进行研究，以回归科学研究的"初心"。

2. 定性研究方法及适用的问题

定性研究适用于探索性研究，其最大优势在于我们对一个问题的认识不够清晰时，定性研究方法可以帮助我们找到问题的答案，甚至能够帮助我们构建和发展理论。内容分析法（content analysis）、扎根理论（grounded theory）和案例研究（case study）是三种管理研究中应用比较广泛的定性研究方法。这些定性研究策略在多数情况下并不是单独使用，而是互相结合使用。案例研究的过程中往往会用到内容分析的研究策略，也可能会用到扎根理论的研究策略。

随着混合研究方法论的产生，一些研究者开始同时使用定性研究方法和定量研究方法，主要包括三角校正设计（triangulation mixed method design）、嵌入式设计（embedded mixed method design）、解释式设计（explanatory mixed method design）和探索式设计（exploratory mixed method design）四种类型。解释式设计是指先基于特定理论逻辑进行定量研究设计，然后通过定性研究结果解释或扩展定量研究的结果。探索式设计是先通过定性研究探索概念的内涵、结构和理论逻辑，再设计定量研究进行验证。量表开发及模型检验是一种典型的探索式设计方式，此外，也有研究先通过质性研究确定研究的逻辑，再通过定量研究验证理论逻辑。

（二）提升研究的严谨性

严谨的研究设计是提升研究结果可靠性和可重复性的重要环节，也是做负责任研究的基础。不严谨的研究设计主要体现为以下三方面：研究设计与研究问题不匹配、测量和操作的问题、研究模型的设计不合理。

1. 研究设计与研究问题不匹配。在研究设计阶段，选择什么样的方式收集和分析数据取决于研究问题的界定。现实情况却是，很多研究的研究设计与研究问题是不匹配的。例如，管理学研究往往会提出"因果关系"的问题，但是在研究设计的过程中却收集了截面数据。不管使用何种分析工具，截面数据都无法验证因果关系。因此，如果要进行强有力的因果推断，研究设计就应该采用纵向数据或实验数据。例如，为了提升研究的严谨性，建立合理的因果关系，Yao 等围绕"陌生人信任"的问题进行了四项实验和一个二手数据的实地研究，结合微观行为实验和宏观数据对文章的核心理论进行了反复检验，极大地提升了文章的可靠性和严谨性。

2. 测量和操作问题。研究人员由于对现有测量工具的不当调整可能会导致构念的操作化不能有效反映概念的内涵。为了提高调查对象配合的程度，研究人员往往会通过缩减量表长度实现。但一些研究人员毫无依据地随意删除构念原量表中的测量题项，导致测量的有效性被大大降低。因此，一些研究者会依据因子载荷进行题目选择，比如选择因子载荷最高的若干道题目进行测量。

另外，同源数据是导致可能的因果关系倒置和共同方法偏差（比如评分者效应、背景效应等）的一个重要原因。因此，越来越多的管理学研究（尤其是微观研究）在数据收集时要求研究者收集不同来源的数据。由于数据的不易得性，一些研究者会选择补充实验的方法弥补研究缺陷，增强研究设计的可靠性。

3. 研究模型设计问题。恰当的控制变量选择可以提升研究的准确性。

原载：《外国经济与管理》，2020 年第 8 期

作者单位：中国人民大学商学院

摘编：钟尉

以史为镜，吾道不孤——"入世式学术"生产本土管理知识的回顾与前瞻

武亚军　葛明磊

作为一种认识论和研究范式，"入世式学术"倡导管理学研究者在研究过程中要保持与实践者、多学科学者、政策制定者等多元利益相关者的密切联系，以回应和解决现实复杂问题为研究出发点，以充分知情或者合作的方式生产、输出管理知识，最终达到一种满足切题性、严谨性、影响力等多重标准的知识生产方式。

本文首先对管理知识类型和中国本土管理知识生产必要性及现状进行了简要的回顾；其次，系统介绍了实践中管理学入世式学术的四种具体范式及其特点；再次，以围绕 20 世纪 40—60 年代通用汽车（GM）、20 世纪 90 年代以来华为公司的相关研究以及Tushman 教授近 40 年的研究成果为范例，详细论述了入世式学术四种模式在高质量管理知识生产与实践应用方面的优秀表现，并简要论述了在考虑语言差异的"半全球化"时代进行全球比较管理研究的意义；第四，在对历史案例分析的基础上，总结了入世式学术对中国本土管理知识生产的重大价值以及开展入世式本土管理研究的机遇、要求和建议；最后，文章提出走向新时代的中国本土管理学

术发展倡议，即倡导新时代的本土管理知识生产要以史为镜，充分学习和吸收入世式学术的方法论精髓，根植本土企业管理实践，在中国学术主体性哲学精神指导下走出一条中西融合、理论与实践融合的创新发展之路。

从系统完整性、操作方法论、哲学和认识论基础等方面来看，入世式学术无疑是一种富有前景的兼顾严谨性和切题性的本土管理知识生产方法论及研究范式。因此，本文尝试回顾性地挖掘第二次世界大战以后世界管理学思想发展早中期的重要历史和典型人物，钩沉历史，臧否人物，意图"以史为镜，可以知兴替；以人为镜，可以知得失"，进而探究入世式学术在生产本土高质量管理知识方面的成功经验、现实条件与未来前景。

入世式学术在实践中的四种范式的划分，它基于两个维度：（1）研究的目的是对基础性问题进行描述、解释、预测，还是要对应用型问题进行设计、评估或行动干预。（2）研究者在研究时是作为外部观察者，还是内部参与者的立场。基于此，入世式学术的现实类型分为四种细分模式：获悉参与者信息的基础研究、与知情者的共同知识生产、政策评价科学、企业行动研究。

因此，本文主要关注入世式学术在实践中的四种具体类型及其不同特点。

1. 获悉参与者信息的基础研究。基础科学研究用于描述、解释或预测社会现象。这种形式既包括了基础社会科学的传统方式，研究者身处社会系统之外进行观察，也充分吸收相关研究成果、利益相关者和被研究者的意见与反馈。其中，其他视角的研究者、利益相关者和被研究者扮演建言者角色，研究者主导和管控所有研究活动，并依据自己的判断综合形成理论。

2. 与知情者的共同知识生产（合作研究）。 与基础研究相比，合作研究这一类型更关注研究者与利益相关者的互动与配合。合作研究团队通常由内部人员和外部人员组成，双方联合行动以生产面向复杂问题或现象的基础知识。这种分工旨在充分利用不同研究团队成员的互补性技能，包括内部人员的实践经验和信息优势。

3. 政策评价科学。 研究不同方案在解决实际问题时的效果或相对成功概率。多方利益相关者的共同参与是必要的，但受到一定程度的限制，因为他们有机会影响与他们相关的评估性研究决策。在入世式学术模型中，这些决策包括了评估性研究的目的（问题设计）、用于评估的标准和模型（研究设计）以及如何分析、解释和应用研究发现（问题解决）。

4. 行动/干预研究。 采用"临床式"干预路径去诊断和处理特定委托人的问题。行动研究在开始阶段是诊断委托人的特定问题或需求，研究者会使用基础科学或设计科学的知识，尽最大的可能去理解委托人的问题。但这些知识并不一定能完美适配于委托人的特定情境问题，需要更进一步的调整。行动研究项目通常包含多个试错的过程。行动研究者认为需要通过全面细致的干预与合理的判断来分析问题，这需要与委托方的人员一起进行较长时期的互动、专门培训和组织咨询，并最终形成一套解决方案。

入世式学术的四种类型适合处理不同的研究问题。究竟哪一类型最合适，则要基于主导研究者的研究兴趣、研究问题本身的社会影响、利益相关者的需求以及主要研究者决定采取的研究视角等情况而定。本文第四部分的示例性回顾将对此进行详细说明。

在管理学的历史上，入世式学术有着丰富的成果。从美国的实践来看，早在 20 世纪 40—60 年代已涌现出《公司的概念》（彼得·德鲁克，2006）、《企业成长理论》（伊迪丝·彭罗斯，2007）、战略地图与平衡计分卡（卡普兰和诺顿）、蓝海战略（金和莫博涅）、破坏性创新（克里斯坦森）、动态环境下的战略法则（艾森哈特）到实业界流行的精益创业、从零到一、设计思维、商业模式画布、平台战略等，不一而足。基于日本企业界的实践，还产生了诸如 TQM、Z 理论、JIT 与丰田模式、知识创造型企业、公司核心竞争力、时间基础的能力竞争等入世式研究成果。上述研究成果不仅在实践界大放异彩，而且也对全球管理学的发展起到了重要的推动作用。

通过历史回顾，可以得出以下结论。

第一，尽管每种范式有不同的研究目的、立场和研究方式，四种类型的入世式学术都可以产生富有理论意义或实用价值的管理知识。我们大力倡议中国管理学发展中积极借鉴并注意平衡四种入世式学术生产方式，促进多种管理知识的繁荣和共存。

第二，历史上以工业经济之典范——GM 为基础的入世式学术曾对美国为主要诞生地的现代公司管理和组织理论、战略管理学和交易费用经济学的发展起了重要的推动作用。我们应以此为镜像，聚焦现代中国工业经济、信息经济或者知识经济典范企业的入世式学术研究，以此推动中国本土管理学理论的大发展。

第三，近二十年来围绕中国典范企业华为的相关研究说明，管理的入世式学术曾经而且正在对中国本土管理知识的生产产生重要的推动作用与实践价值，我们有理由也有责任进一步深化这种基于重要本土典范企业实践的学术研究。

第四，美国杰出管理学者 Tushman 教授 40 多年的学术生涯很好地说明了入世式学术的知识助推作用。

因此，我们期待中国本土有更多管理学者能走出单一范式的束缚，尝试多元综合的入世式管理学术。

为此，我们首先需要树立实践思维与主体意识。中国的管理及管理研究的主体是中国人，加强哲学主体性原则，在融合西方管理研究范式思维和中国辩证思维基础上进行融合创新。

其次，要拓展中国管理学术共同体的责任感与机构差异化定位意识，根据自身的资源与使命，大力开展学术创业或创新实践，如成立新学术期刊或促使期刊转型、举办名家专栏、组织学术专题特刊和凸显办刊特色等一系列新举措；在互联网与信息技术革命的新时代，中国的商学院和管理学院等学术机构也需要根据新时代商学发展的趋势提出新使命、调整学术定位或提出创新型解决方案。

最后，要提升本土管理学者的学术定位意识与"入世治学"方法论技能。管理学者可以参考以下方式与实践者建立联系，拓展入世式学术研究的机会：（1）为企业、政府、事业单位等提供咨询服务；（2）兼任企业外部董事或担任专业咨询公司的顾问；（3）依托高校案例中心，借助 MBA、高管培训班等在职学员，合作开发研究型和教学型案例；（4）与政府机构、学术组织、行业联盟等平台合作，由平台牵头对关联组织进行调研等。

原载：《外国经济与管理》，2020 年第 8 期

作者单位：北京大学光华管理学院

摘编：钟尉

全心学：试解华人本土社会科学的"黄光国难题"

李鑫

一、引言

解决华人本土社会科学的"黄光国难题"可以有不同方案，但至少需要两个步骤：一是需要对中国传统学术的属性或旨趣（相对于西方学术传统而言）做出一个总体性判断。该总体性判断的合理性取决于它是否指向作为中国文化主体的儒释道三家思想的共通之处。二是需要对第一步所辨析出的中国文化的思想内核（即儒释道三家共通之处）进行批判的继承和创造性的诠释以形成一种新的学术思想，使"天人合一"的精神境界与"天人两分"的科学思维能够在其中并行不悖、相辅相成。在笔者看来，当前华人本土社会科学研究所面临的诸多问题可以首要地归因为第一步工作的缺失或不成功，即很多本土社科研究者没有较好地把握中西文化之本质区别以及中国传统哲学之精神共旨。

本文通过先破后立的方式来试解"黄光国难题"。首先通过对"中国智慧哲学"学说的破来点明中西学术的总体差异是"治心之学"与"驭物之学"的区别，然后通过对中国传统心学以及当代中西方学者所提出的一些相关理论的整合来初步建立一套"全心心学"（简称"全心学"，下同）——其主要内容包括一个关于自我的全心模型以及"心理相映""知行互证"和"尽心知理"三个命题——对黄光国所追求的"儒家思想的第三次现代化"做出一种尝试。

二、破：对"中国智慧哲学"学说的批评

执教于宁波诺丁汉大学的李平于 2012 年提出"中国智慧哲学"学说，他将中国传统哲学界定为"智慧哲学"，而西方哲学则为"知识哲学"，并认为"中国智慧哲学"比"西方知识哲学"更高明，更有利于全新知识的创造，进而声称"中国智慧哲学"在解决当今管理学研究中最棘手的悖论问题上比其他任何哲学都更优越。笔者对"中国智慧哲学"学说所涉及的五个关键概念，即智慧、道、阴阳、平衡和悟，进行分析并指出其中的错误或不足，其目的是通过对"中国智慧哲学"学说的破来消除误解并点明中西学术的总体差异实则为治心之学与驭物之学的区别，并在破旧的基础上完成立新的工作。这里的立新指的是笔者为完成解决"黄光国难题"的第二步工作而提出的一套"全心学"。

（一）智慧高于知识吗？

李平将中西方哲学的区别界定为智慧和知识的区别，然而，他

并没有对智慧和知识这两个在他的学说中极为重要的概念给出任何定义。他认为中国智慧哲学主要关注的是新知识的产生，而西方知识哲学主要关注的是既有知识的检验。[1]这就显示了李平的学说的自相矛盾，因为创造新的知识和检验已有知识都是和知识这个概念相关，而与智慧这个概念无关。

（二）道是中国哲学的本体论吗？

李平认为中国传统哲学（或"中国智慧哲学"）的本体论是"道"。但"道儒释"三家哲学体系所暗含的具有本体论意味的范畴分别是"道""理"和"空"，它们各自最根本的具有本体论意味的范畴并非统一为李平所谓的"道"。李平所讲的"道"基本上是道家的"道"，所以他实际上犯了以偏概全的错误。

（三）阴阳平衡是中国哲学的认识论吗？

李平认为中国传统哲学的认识论是阴阳平衡，这里的平衡就是执两用中不走极端的意思。李平显然是把阴阳和中庸混在一起了。李平对阴阳的理解有三个主要的错误：第一个涉及阴阳思想用逻辑符号应该如何表达的问题，第二个涉及阴阳是不是辩证思想的问题，第三个涉及阴阳是否比黑格尔辩证法更高明的问题。

---

1 Li, P. P. Exploring the Unique Roles of Trust and Play in Private Creativity: From the Complexity-Ambiguity-Metaphor Link to the Trust-Play-Creativity Link. *Journal of Trust Research*, 2012. 2 (1).

（四）悟是中国哲学的方法论吗？

李平认为"中国智慧哲学"的方法论是"悟"。他把"悟"定义为以"直觉想象，以比喻类推为具体方法获得洞见"的方法论，但西方并非没有这些。

三、立：中国文化之"全心学"的初步建构

（一）中国文化总体上是一种"治心之学"或"心学"

李平建构"中国智慧哲学"学说的努力之所以徒劳无功，其根源就在于他没有做到对中国文化的"天人合一"展开彻底"实有的承认"。中国传统文化总体上是一种"心"文化。中西学术的总体差异界定为"治心之学"与"驭物之学"的区别。

如表1所示，笔者将这两种世界观的"对立"展开解释为"治心之学"与"驭物之学"在四个方面的区别。由于西方"驭物之学"的志趣主要在于求真求知，而中国"治心之学"的志趣在于求善求美。与西方哲学深究本体论、认识论和方法论问题不同，中国哲学探讨的问题集中在本源论、体悟论、功夫论和境界论。

表1　中西两学的区别

西方哲学"驭物之学"		中国哲学"治心之学"	
志趣	求真求知　兼顾善美	志趣	求善求美　轻视求真
本体论	Being	本源论	道心微一
认识论	理性思维	体悟论	以心观道
方法论	还原主义	功夫论	虚心忘物
目的论	人主宰天	境界论	天人和合

从"心文化"的视角来审视中国哲学，我们大致可以说中国哲学的本源论的核心思想是道心微一。"道心"是"先天之心"，即人和道合一之心，而"人心"是"后天之心"，即人和道分离之心。"道心"的概念表明道和心是同一的，所以道教内丹学有"道即心"的说法。在道家思想中，道是世界的本源，所以心也是世界的本源，道心也是世界的本源。正如老子讲的，道是幽微难明、玄虚无言的，道心也是幽微玄虚而难以明言的。那么如何才能体验证悟这无法明言之大道呢？中国哲学的体悟论的核心思想是以心观道，因为只有用"心"去体验、去证悟才能实现以心合道。这种体悟的过程必然需要"用心"，它其实是一种修养功夫。

在表1中，笔者在西方哲学体系的三论——本体论、认识论和方法论——之外增加了一个目的论，为的是和中国哲学体系的四论之境界论相对应。西方科学哲学的"驭物之学"认为科学的目的就是要实现人主宰天。中国哲学的治心之学的目的就是要追求天人和谐合一的境界。正是因为中国文化有天人和合的价值观，所以中国文化的儒释道三教才可以合流为一，而这个"一"就是"心学"。中国文化的精神实质就是儒释道共通之心学。

（二）"全心学"的基本内容

1."自我"的"全心"模型

笔者认为，如果儒学要现代化，就必须通过融合儒释道以及汇通中西的方式来建构出一个全新的具有现代社会科学意义的关于"自我"的模型。为此，笔者建立一个"自我"的"全心"模型。该模型把自我分为四个层次：由低到高分别称为理智之心、礼义之心、仁爱之心和虚静之心[1]。它们分别对应"心"的四种能力（intelligence，或孟子讲的"良能"），即智商、情商、灵商和慧商。智商是逻辑性思维，情商是关联性思维，灵商是创造性思维，慧商是超解性思维。

慧商使人能够认识到虚实有无成败得失之辩证关系，并将功名利禄、荣华富贵视为梦幻泡影、过眼云烟，从而使人能够不痴迷执着于身外之物，因此而获得身心愉悦，精神自由。历史上那些能够散尽家财或者功成身退的人往往都是慧商极高的人。笔者认为，理性的非此即彼的思维虽然是智商的基础和表现形式，但如果一个人为了最大化追求个人利益而将其发挥到极致，容易导致人我对立。如果自我懂得并善用关联性思维，追求实现人我之共同利益，那么这种自我就是情商和灵商层次。如果自我懂得发挥超解性思维，那么它就会超越人我（即我与非我）的区别，从而消解掉"自我"本身，即庄子所讲的"吾丧我"状态，从而达到孟子所追求的"万物皆备于我"和庄子所揭示的"天地与我并生，万物与我为一"的至善境界。

"自我"的"全心"模型是立体多层曼陀罗结构。为了视图的简洁，笔者只在最下一层（"理智之心"层）画出了每一层都具有的相同的内部结构，即每一层的内核是一个虚线框住的"Self 自我"，它表明"自我"的边界的可伸缩性。笔者在这个虚框"自我"内核外的东南西北四个方向上画了四条向外指向的箭头线条，分别指向"心（四层次）""理（天地人）""知（思维模式）"和"行

1　这里的虚静之心的"虚静"指的是虚怀若谷、恬静自怡之义。虚怀若谷指虚心谦恭、胸怀宽广，能够包容一切，不存成见。

（利益追求）"四个标签。最上一层（"虚静之心"层）是虚线，表示在这一层"心"的超解性思维（慧商）已经使自我得到了超越和消解，已经物我两忘、人我不分和天人合一了。"自我"从最底层向上发展的过程就是"心"的扩张过程，也就是张载讲的"大其心也"，相反地，"自我"从最上层向下发展的过程就是"心"的坎陷的过程，也就是孟子讲的"心之放失"。

接下来，笔者详细分析图1中所蕴含的"全心学"的"心理相映""知行互证"和"尽心知理"三个命题。

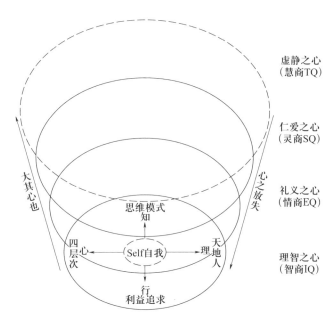

图1　自我的"全心"模型的立体多层曼陀罗结构

2. "全心学"的命题1："心理相映"

笔者对王阳明的"致良知"命题中的"良知"概念做了全新的

诠释，"良知"应有四种，即优良之知（智商 IQ）、温良之知（情商 EQ）、善良之知（灵商 SQ）和谦良之知（慧商 TQ）。这样全心、道 / 理、三才、良知、良能就能一一对应起来，这就是"心理相映"命题的结构性（structural）意义。

"心理相映"还有一个非结构性意义，即天地人"三才"之"理"，先天性地"投映"在"先天之心"中，也就是"先天之心"中有获知"理"的"良能"的种子，人究竟能否知"理"则要取决于后天之行动。笔者在下文中提出的后两个命题正是要具体回答这个"心"能否知"理"的问题。

3."全心学"的命题 2 与 3："知行互证"与"尽心知理"

"知行互证"指知和行会互相证明（justify）对方的合理性。也就是说如果一个人有比较狭隘的心胸，那么他就会采取相应的行为（比如追求自我利益最大化），并为自己的行为进行合理性解释。相反，如果一个人有比较宽广的心胸（比如全心），那他也会采取相应的行为（比如追求人我共同利益最大化），并为自己的行为进行合理性解释。"知行互证"在知与行的互动关系上有互相促进和互相抑制两种相反的作用机制。

"知行互证"指出了学习的重要性。当然这里的学习包含纵向的和横向的学习。纵向的学习又分为向善的学习和向恶的学习两个方向（即上一段中所分析的情况）。横向的学习则又分为拓展的学习和收缩的学习。拓展的学习是一种祛魅的过程，指的是学习的内容越来越丰富，其结果是使人变得越来越高雅。收缩的学习是一种迷信的过程，指的是学习的内容越来越狭隘，其结果使人变得越来越愚昧。"知行互证"命题是"心理互映"命题和"尽心知理"命题之间的逻辑过渡，虽然"心理互映"命题指出天地人之理可以投映于心，也就是心是有可能认识理的，但毕竟心不等于理，后天之人心可能受到物欲的遮蔽，从而放失掉全心之部分，但由于人有学习的能力，通过"知行互证"的知行互进机制，人是能够向善增知促行的。因此，笔者提出第三个命题"尽心知理"，即"全心学"最终落脚到鼓励人们去尽可能地扩大自己的心——类似于张载所说的"大其心也"——从而尽可能地去获知更多的关于天地人"三才"之理。"尽心知理"的命题契合了孟子的"尽心知命以知天"的思想。

四、结论

"全心学"对于中国心学发展的贡献在于如下几个方面。

第一，自我的"全心"模型对孟子"四端之心"学说进行了完善。孟子的"心之四端"只有社会性意义而无超越性意义，而且其作为智之端的是非之心其实主要是对人际关系的是非（人之理）进行判断，而非对于天与地之道理规律的是非判断，因此孟子的"四端之心"其实都是关于仁义道德的心。这正如王阳明说"良知"之"诚爱恻怛"四字皆归于一个仁字。另外，自我的"全心"模型对阳明心学的"致良知"命题中的"良知"概念进行了内涵的丰富化和逻辑上的一致化。

第二，"心理相映"的命题对于传统心学的"心即是理"命题进行了修正，从而使"全心学"在关注"生活世界"的中国传统文化与现代科学"微世界"之间架起了沟通的桥梁。孟子"四端之心"学说将智排在仁义礼智之最后，并且将智作为人际关系的是非判断的做法显示了他对于"尊德性"的重视和对于"道问学"的轻视。同样地，王阳明"四句教"最后一句"为善去恶是格物"，实际上把格物致知从对天地之理转变成了为善去恶的道德教化，同样显示了他对于"尊德性"的重视和对于"道问学"的轻视。显然，传统心学对于现代科学发展不利。"心理相映"命题对传统心学（文化）这一问题进行了修正。

第三，"知行互证"命题指出了学习的重要性。"自我"的"全心"模型的立体曼陀罗结构图中，纵向的学习指的是跨层次向上向善的方向发展"全心"的多层之心，也就是张载所讲的"大其心也"。而横向的学习是指在同一个层次上获得新知。科学研究的深入开展可以视为自我在"全心"之底层的"理智之心"上横向的学习，其结果是科学知识的积累。

更为重要的是，"尽心知理"的命题化解了孟子"四端之心"观点和"学问无他，求其放心"的思想（这一思想被王阳明所继承）之间的矛盾。"学问无他，求其放心"的思想表明人先天就有完全的良知良能，只是后天受到物欲遮蔽而放失掉了，传统心学包括王阳明都认为只要找回放失的先天本心就够了，就成为圣人了。但笔者认为，先天之道心虽然可以投映于婴儿，但婴儿的赤子之心并不等同于先天之心，因为婴儿的心并没有先天道心那样体量宽广，虽然二者是同构同质的，但它们在量上是不同的，所以婴儿生下来也需要教化，让其先天之心的种子生根发芽逐渐扩展。每个人由于受后天因素的影响，这个四个层次的"全心"的发展是不均衡的，低层次的容易发展，高层次的不容易发展，有些较高层次的心甚至有可能被较低层次的心的畸形发展而挤压掉了（crowding-out），这就是笔者所理解的"心之放失"，即"全心"的部分层次可能没有能够均衡发展起来甚至消失掉，因此，"求放心"应该是找回或重新发展出先天原本具有的那些高层次的心。

原载:《中国文化与管理》，第 2 卷

作者单位：丹麦哥本哈根商学院

摘编：钟尉

《转型境遇下中国管理理论创新的哲学研究》简介

李培挺

该书是转型境遇下中国管理理论创新的哲学基础研究，也就是直面当代中国转型实践及其历史，基于此前提，从哲学视角对中国管理理论创新的根基及其支撑因素、理论导向实践的关键性扭结或关联点进行深入研究。

一、直面转型境遇研究中国管理理论创新的因由

创新已成为社会的热点话题，政界关注它，业界需要它，学界也探讨它。一般认为，创新主要体现在技术创新上。而技术创新何以可能？以技术创新为主导的创新还需要管理支撑，进而技术创新的可持续发展需要管理创新的支撑。而直面中国本土，同时在中西比较视野下，本书的管理创新分为管理现代化发展阶段的管理创新和管理创新时代的管理创新。在管理现代化阶段，管理创新可以不

是原创性的。因为借鉴也可以提升组织管理能力，进而推进技术创新；中国在管理现代化发展过程中是以引进型借鉴式管理创新为主导的，学界没有进行太多自觉的管理创新。业界也不太相信国内学界有支撑管理创新实践的相关管理理论创新成果。而国家社会综合发展状态在推进、在深化，那就需要管理理论的更新以及深入推进，这就需要管理创新时代的管理创新的理论研究。

二、研究对象与研究特色

该书是管理理论创新研究，其具体的研究对象是基于中国转型期管理演化基础上的管理理论创新的路径和模式的哲学机理。其中，管理理论创新的路径研究，是建立在中国转型期阶段性界分前提管理演化基础上的分析。管理理论创新的路径研究包括阶段性管理演化分析基础上的管理创新、管理特色、管理典型的路径选择和路径依赖博弈分析、发展线索提炼，进而分析管理理论创新的路径和模式类型，再提炼管理理论创新线索，在其中兼及管理理论创新的知识生产类型辨析与澄清。这使管理理论创新的探讨不仅落脚在管理理论框架、模式和类型的分析上，还要基于此分析，深化与升华管理理论的知识生产方式更根本的追问与探讨。

管理创新是直面管理实践的。管理理论探讨需要立足于管理实践探讨。而只有两者有效衔接，才能使管理创新有扎实的理论根基，使得管理理论创新有管理实践的源头活水。基于此初衷，该书论证特色如下。

第一，鲜明的问题导向。该书并没有人云亦云，而是基于这种话题探讨往深里推进一步，对问题进行推展、深化理解，使直面中国管理探讨与既有管理传统结合，而既有管理传统不仅仅是传统文化，也需要正视新中国之后开启并累积的传统。这是当下管理革新、面向未来的管理创新不容忽视的历史前提和制度前提。直面中国的管理哲学基础研究，理应重视它。直面中国的管理理论创新，需要在对既有管理传统诊断之上进行重构，才能够真正做到直面中国。

第二，引入管理诠释学，深入探讨管理理论的知识生产方式。通过对管理理论知识生产方式这个根本性问题的探讨，使管理诠释学视野下管理理论创新研究导向，在与管理模型化的管理科学研究导向、管理经验化的直观实践和历史管理经验体悟的研究导向的对比中，争取到管理诠释学研究的比较优势。探讨管理模型化、管理经验论和管理诠释学三种管理理论知识生产方式，在面向未来的管理理论创新重构中相互支援、相互互通状态，关键是使管理诠释学在管理理论创新的研究阵营中，有其合法性。这为本书的探讨方式提供理论支撑。

第三，通过管理教育理念、模式与管理理论创新、管理创新的关联性探讨，为管理理论创新导向管理创新拓展了衔接点。这种衔接点的理论价值首先在于使管理理论创新的探讨，在直面中国管理探讨中得到落实，至少是以理论探讨方式回应了管理理论如何更深入面向管理实践的问题。通过对管理教育这个衔接点的深入研究，尤其是对管理教育理念和管理教育模式分析中的破旧立新的理论重构研究，拓展了管理教育与管理创新关联的研究视野。管理理论创新导向管理创新实践中，管理教育这个扭结理应发挥更关键性的作用，这个问题在中国更加迫切。

三、研究的特色观点和特色方法

转型重在转念。直面中国管理的转念重在深入加强直面中国既有文化传统的管理认知（思维）的系统化构建与分析，更需在诊断、反思既有管理传统前提下，在面向未来全球化视野、网络化境遇中，重构管理理论创新模式。而对既有管理传统的理解来说，相对于直面中国企业管理的微观境遇、直面中国传统文化的宏观境遇来说，更需直面从新中国成立以来，多层次政管关系总线索演化延展下的管理传统（文化传统、制度传统等）。直面中国的管理理论创新需要直面中国既有的管理传统，也仍需直面全球化视野下的管理理论与实践的发展规律，尤其是对阶段性管理理论与成果进行界分与区分对待。这样做的目的是既要看到其纵向的关联演化趋势，又要看到其阶段性管理理论与管理实践的特质。在该书来看，中国目前仍将长期处于转型期，管理转型仍是管理理论探讨的重心，我们应该更有针对性地吸收与管理转型相关的管理理论与实践成果。

为管理理论创新的拓展理解与基础概念奠基。该书把"构建"这种普通词汇与建构进行对比研究，同时引入构境，丰富词汇内涵。该书也进行了为管理理论创新模式"构建"涉及内容的深入关联界说，使管理理论创新模式"构建"的理论探讨更有针对性和特色，其核心要义就是管理创新。管理理论创新不仅仅是纯逻辑"构建"，它要在与"建构""构境"关联分析中，与实践境遇阶段性特色结合分析才行。该书的基础概念创新点是拓展了对"构建"、建构的理解，基于对管理创新模式支撑因素的分析，把对"构建"的基础概念探讨深入拓展到构境的探讨中，也就是使管理理论创新要深入管理传统境遇，与当下管理境遇对接。这使管理历史分析不仅仅是纯逻辑分析，也不仅仅是纯事实、史实分析，而是历史的、逻辑的、历时性与共时性的互通共融分析。管理理论是理论探讨，需要逻辑的"构建"，但管理是面向实践的，需要与管理境遇结合。管理理论的探讨应正视管理境遇演化历史。基于此，我们把管理理论探讨贯通到管理境遇阶段性塑造中。

组织定位演化探讨的新开拓。第一，提出组织血缘学、组织活力学、组织文化学之后的组织境遇学，梳理其演化规律，并把其引入直面中国的管理理论创新探讨中。第二，提出直面中国更重要的是直面中国文化传统，尤其是新中国成立之后的组织文化传统。本书开拓之处是从组织文化探讨分离出组织境遇学探讨。组织境遇与组织文化有何不同？组织文化与组织境遇首先有密切关系，就表述方式来说，组织文化是组织的软性因素分析，是对组织的元素的累积直至积淀成文化状态进行分析，其实文化是长时期累积的组织软性因素的学术探讨。该书的开拓创新之处在于，相对于组织文化元素分析，更应重视组织整体境遇分析。例如对水的分析可以归向对 H 元素和 O 元素的分析，也可以分析其关联结构，一个 H 元素和 2 个 O 元素就可以构成水。这就是组织文化的分析研究导向，但组织塑造的是境遇而非文化元素。文化元素是个别的、因素性的，组织境遇应该进行整体性分析和塑造。组织文化塑造与组织境遇塑造存在不同之处，组织文化需要积淀，而组织境遇可以在短期内或瞬间形成。直面中国管理需要直面中国的传统文化，需要直面中国管理组织情境，更需要直面新中国成立以来的文化传统和当下的组织境遇来进行管理创新，进而进行管理理论创新。该书设置组织境遇－组织自由与管理创新的关联探讨。目的是从整体上理解管理创新的氛围、气氛的状态，并且从理论根基上探讨管理创新氛围状态的理论支撑。

该书把管理理论研究中的诠释主义方法进行拓展理解。这种方法不仅是与案例研究、文献研究法、理论辨析法等同的研究方法，也是代表管理理论知识生产方式特质的研究方法。基于此，该书把研究方法，尤其是其中的管理诠释学研究方法作为该书的有机内容，把研究方法做深入研究，并把它与管理理论创新紧密结合起来，把研究方法深化为研究方法的本体论探讨，同时与管理知识生产方式、类型的探讨结合起来，深入拓展管理理论创新的论证方式和论证层次。具体说是，中国管理理论创新利用管理诠释学方法，而诠释学方法是有中国文化底蕴，体现了中国管理研究特色的研究方法。中国管理理论创新需要在中西比较中，拓展这种研究方法。而且管理诠释学不仅仅是解释学，它是管理理论面向实践，面向管理历史境遇，面向当下管理境遇和面向未来管理境遇，进行理论奠基与理论构建的管理理论知识生产增生的方法。通过诠释学方法，我们使管理理论创新探讨类型在管理知识生产方式、视角上，区分出管理知识的"原始"创新、"引进借鉴型"创新之不同，并把管理理论知识增生、延展出管理理论的"次生"创新、"重生"创新、"再生"创新几种相关类型。这种管理理论创新知识生产方式的探讨，其实就是管理创新的元理论探讨，也就是管理创新最基础的理论根基探讨，它使管理创新元理论探讨视角的知识生产与再生产探讨往前推进一步，旨在理清管理创新元探讨属于哪种性质的管理知识生产类型，并在诸多管理知识生产类型中树立起管理理论、管理理论元理论知识生产的合法性及其比较优势。

作者单位：曲阜师范大学

编辑：吕力

基于结构化行为的"无为而治"管理——面向实践的至善管理模式的哲学探讨

李亮　齐善鸿

依据管理价值层次和结构化管理行为的价值取向，至善管理的特征如下：（1）组织的最高目标指向超越性的精神性价值，因此，公司愿景、宗旨等就不仅仅涉及功利性相关的价值，而是这些功利性价值作为实现精神性价值的条件而获得自身的合理性；（2）管理者与被管理者自身人格价值就体现在朝向神圣人格之实现，从而从内心心灵秩序、人际交往模式等方面，将"人的全面发展"的人本主义人格目标升华到神圣性的"高尚化发展"；（3）管理的方式以人格的感召和榜样的作用为主，计划、组织、领导、控制、协调等管理手段仅仅作为组织提高福利水平的工具，而每项职能的内涵在至善管理中有着本质的改变；（4）管理的处境（主要是组织制度、企业文化等无形环境）成为修行的道场，其涵义超越公正原则和道德教化等世俗伦理的功利性色彩。

朝向最高价值的至善管理是管理实践意志的必然客体，要达到至善管理，在实践上的可能的必然途径无疑是"无为而治"。

无为而治的功利性价值，主要表现为依据"事物"之"道"而为，在结构化管理行为的各要素中体现为以下4个方面：（1）以效率为基础，以"最大多数人的最大利益"为基本原则来制定管理目标；（2）管理主体应该洞悉物之本末、先后，不要用自己的主观臆断和有限认识当作物之本在的规律，物尽其用，从而形成具有最优功效的物之秩序；（3）在满足被管理者多样化的功利性需求和遵循物之规律的基础上采用适应性的管理方式；（4）建构体现契约精神的公正的制度环境，由自上而下的管理变成共同管理，实现组织的最大福利。

无为而治的利他性价值，主要体现为"交互性的人心规律"，在组织管理中主要体现为以下4个方面：（1）树立"恭己利人"的人际交往原则以实现和谐型组织的目标；（2）管理者不应以领导自居，管理就是服务；（3）以心灵对话的方式形成相互"感恩"机制，实现共同体生命意义的共同使命；（4）以利他型的心灵契约关系形成"感恩"的情感文化环境，并以感恩文化激励启动管理主体心灵中的高贵密码。

无为而治的义务性价值，主要体现为"共同义务规律"，在组织管理中主要体现以下3个方面：（1）由于组织处在社会之中，因而促进社会的进步便以"共同责任"的方式赋予每个组织以义务性的使命——以服务社会为宗旨制定组织目标；（2）管理者主体以遵从社会的规范和促进社会的发展为实现个体人格的价值依托，在服务社会的过程中实现自我人格的升华；（3）形成服务社会的"大我"文化，以"大我"文化滋润意义人格的价值感受。

无为而治的生态伦理价值，主要体现为"天人合一"之道，在组织管理中主要体现在以下3个方面：（1）以"人与自然和谐共处"的原则重塑组织的功利性目标；（2）将组织的生命过程融入大自然的运行过程之中，为利润、科技等功利性要素设定一个生态价值阈值，从而形成"天人合一"的组织运行模式；（3）管理主体开启人格精神中的"天地精神"价值，以"物我一体"的观念建构"天人合一"的心灵模式。

无为而治的神圣性价值，主要表现在以下3个方面：（1）组织的最终目标仅仅在于为神圣性人格的实现提供条件；（2）由于绝对不能以规范或命令以及任何形式要求一个人格提升自身的人格价值，同时，人格的提升只是在于共在的人格互动中体验到更高的人格价值，而通过仿效进行自我人格的提升，因此，组织中人格价值的提升机制是通过道德感召即榜样的力量，因而组织的管理方式就成为以道德感召为基础的自我价值提升的模式；（3）组织中没有管理者和被管理者的区别，激励、薪酬，甚至制度等一切外在条件的规范性约束在此都失去效能，但是，人格的力量在昭示着心灵的精神互动，这就是没有管理的管理。

…………

无疑，"无为而治"的至善管理模式作为一种"善"的管理的理想型，只是在意志领域必然地呈现（必然客体）。但是，只有在至善管理模式中，现有的管理科学研究和管理实践才能依照此模式中得到更完备的理解，这也是"无为而治"管理模式提出的理论和实践意义。同时，意志管理学和价值管理学作为某种形式的学科还有一段很长的路要走。

原载:《管理学报》，2019 年第 1 期

作者单位：鲁东大学商学院，南开大学商学院

摘编：钟尉

"人单合一"管理模式与悖论式领导

徐立国　富萍萍　庞大龙　郑娴婧

海尔集团于 2005 年提出了"人单合一"管理模式。"人"指员工，"单"指用户，"人单合一"把员工和用户进行有效衔接，让员工的自身价值实现需要基于为用户创造价值。

"人"和"单"即员工与用户之间具有天然的张力，根据经济理性，员工追求的是以最低投入获取最大的收益，即获得最大生产者剩余；而对于用户而言，追求的是以最低的支出获取最大的预期，即获得最大消费者剩余。"人单合一"从悖论的视角把两者进行了有效的融合。

1. "人单合一"：应对悖论的悖论

按照悖论定义（存在于相互依赖要素之间的持续性矛盾），"人单合一"具有悖论的特征。

第一，"人单合一"具有悖论的自指涉性（self-referential）与循环增固性（reinforcing cycles）。自指涉性是指悖论中的双方（或多方）相互嵌套，任何一方越是强烈地将对方分离，就会发现与对方的缠绕越紧。"人"和"单"即员工与用户之间，员工价值追求的过程中，需要基于对用户价值的实现为前提，即员工越是追求自我的价值，则必须要实现用户的价值，悖论的自指涉性导致了悖论的循环增固性。循环增固性是指悖论的两级随着时间的增加会相互增强。在循环中，员工与用户的价值会相互增强。

第二，"人单合一"具有悖论的结构非对称性。结构非对称性即张力双方的强度并非一比一的状态，是悖论的另一个重要特性。员工与用户之间的交互力量并非均等，而是动态发展与变化的结构非对称性均衡状态。

2. "人单合一"对传统管理模式的颠覆

时代已由传统的工业时代转向互联网时代，进而进入了物联网时代。工业时代的管理模式嫁接于科层制的组织结构，运用上级行政命令的方式加之工作流程进行业务的传递，很难满足物联网时代对社群、共享与体验的关注与需求。

传统管理模式主要存在以下问题：

第一，员工往往工具式地等待上级的命令，缺乏自发性与创造活力。

第二，组织内部的沟通不畅。上下级往往是单线的沟通，部门之间的沟通往往是部门领导之间的沟通，部门墙高耸。

第三，企业对市场的感知来自高层，当高层感知到的市场信息再传递给下属转换成产品或服务时，往往会出现偏差或滞后。

第四，传统的科层制结构把企业内外部资源割裂，外部的资源难以与内部资源进行有效的互动。企业难以进行资源的整合与优化。

"人单合一"强调用户的社群、共享与体验，有效应对互联网和物联网时代的需求，化解了以上四个主要问题。

首先，"人单合一"重构了个体与组织的关系，融合了个体与上级及组织的张力。"人单合一"管理模式下，员工的指令来自用户，而不是上级，上级只是对员工的工作起到服务与支持的作用，克服了上有政策下有对策的恶性循环，融合了个体与上级及组织的张力，从内在激发了员工的活力。

其次，"人单合一"重构了组织内部的结构关系，融合了人员之间及部门间的张力。"人单合一"颠覆了传统的组织结构，把传统的科层制金字塔结构转变为平台化的网络组织。使企业从大型的管控组织裂变为小微公司，直接面向用户创造价值。

再次，"人单合一"重构了员工与用户的交互，融合了员工与用户的张力。企业的出发点是用户价值，需要员工与用户的持续与深度交互。

最后，"人单合一"重构了组织的边界，融合了内外部资源间的张力。"人单合一"管理模式把组织的边界打开，内外部资源紧密相连，外部资源通过互联网平台整合在一起，进行有效的互动与应用。

3. "人单合一"背后的悖论式领导

"人单合一"背后有个重要的领导类型，即悖论式领导。

首先，悖论式领导以组合型特质为基础。组合型特质包含一组或多组矛盾的特质含义，基于情境能够呈现出合适的特质含义。组合型特质不是简单一组或多组矛盾特质之和，而是矛盾特质之上的升华，如基于"强势"和"柔和"两种矛盾特质，升华为组合型特质"思方行圆"。"思方行圆"形成于张瑞敏的社会化过程中，使张瑞敏能游刃有余地处理各种冲突或危机。

组合型特质是悖论式领导的核心与前提，也就是说，只有具备组合型特质的领导者才能成为悖论式领导。

其次，悖论式领导的行为在情境的呈现上是适宜的，但是在整体上观测是行为的矛盾性，即组合型特质所表现出来的行为的冲突。张瑞敏曾说，他经常会选择性发火，这种"选择性"，体现了悖论式领导行为对情境的适宜性以及在不同情境下的行为矛盾性。

最后，悖论式领导能有效地应对与建构悖论。组织中的复杂悖论不断涌现，悖论式领导在组合型特质的作用下，能够有效识别组织中的复杂悖论，通过对悖论张力的消减或强化来管理悖论。如张瑞敏在对"人单合一"的实施中，把小微分成了创业小微、转型小微和社会小微。转型小微的设置就是给予了部门转型的过渡时间，消减了稳定与变革之间的悖论张力。

4. 结语

具备悖论性特征的"人单合一"是在海尔战略转型的张力冲突过程中提出来的管理模式，有效应对大企业无活力的悖论，同时化解了传统模式下的难题。"人单合一"的提出来自背后的悖论式领导的力量。悖论式领导以组合型特质为基础，行使矛盾但适合情境的领导行为，有效地应对与建构悖论。

"人单合一"强调用户的社群、共享与体验，有效应对互联网和物联网时代的需求，化解了以上四个主要问题，应对了背后的张力。

原载:《清华管理评论》，2019 年第 10 期

作者单位: 西安交通大学管理学院　宁波诺丁汉大学商学院

摘编：钟尉

基于文化视角的中国领导学研究路径评述

孙秀丽　王辉　赵曙明

本研究探讨中国领导学研究究竟从哪些文化视角出发以及如何前进，从"坚守、传承和弘扬"中国文化内涵的视角，按照"照着讲、接着讲、结合讲"三大研究路径进行了梳理。三类研究的综合评述见表1。

表1　"照着讲，接着讲，结合讲"三类研究的综合评述

类别项目	"照着讲"：传统哲学思想视角下的领导行为研究	"接着讲"：当代情境视角下的领导行为研究	"结合讲"：综合视角下的领导行为研究
文化内涵	传统文化内涵的阐释与坚守	文化内涵的传承与变迁	文化内涵的展现与弘扬
研究路径	照着讲：演绎式——考证、提炼、分析其影响	接着讲：归纳式——对比、变迁总结	结合讲：综合式——整合、构建、对话
研究意义	"理想的是怎样"：提供"规范"和影响分析框架	"实际怎样"：寻找当代实践的特殊性，归纳总结	"能多怎样"，在特殊性基础上寻求普适性：为本土理论寻求国际话语权

续表

类别项目	"照着讲"：传统哲学思想视角下的领导行为研究	"接着讲"：当代情境视角下的领导行为研究	"结合讲"：综合视角下的领导行为研究
现有研究的研究内容不足	①主要聚焦于儒、道、法家经典，其他著作和流派关注较少；②哲学流派外的传统文化解读、挖掘、提炼不足；③研究内容呈碎片化状态	①当代实践挖掘不充分；②其他西方理论不能解释的情境挖掘不充分；③信息技术的迅猛发展，对文化变迁的冲击关注不足	①主要聚焦于思维方式；②思维方式外的中国核心文化元素寻找、开发不足；③情境扩展实证研究不足
面临挑战	各流派自成体系；与现状可能脱节，难以与西方对话	以偏概全，见木不见林，难以与西方对话，难以扩展	真正东西、古今对话挑战大，向其他文化拓展难度大
发展趋势	进一步"照着讲"，寻求"规范"和"现代活力"	进一步"接着讲"，继续"求索"和"创新"	进一步"结合讲"，寻求"国际话语权"和"拓展"
整体挑战	①国际话语权整体较低；②缺乏思想文化视角下领导行为和模式的古今、东西整合研究框架；③实践导向和应用性不足		
未来展望	求真（多视角、多方法）、务实（融合性、创新性）、至善（实践性、应用性）		

1. "照着讲"：传统哲学思想视角下的领导研究。此类研究以传统文化内涵的阐释与传承为出发点，演绎式地分析出各流派所蕴含的核心领导思想要素及其与现代领导理论的联系，呈现了各哲学流派所蕴含的"理想的领导行为/模式"，为中国领导学研究提供了"规范性基础"和"影响分析框架"。现有研究以思辨、对比和构建3种形式对道、儒、法、兵4个主要流派的代表人物思想及经

典著作进行了解读、考证、提炼，但对其他流派和典籍的讨论较少，研究内容呈现碎片化状态，对核心概念的定义、探讨及系统论述较少。这类研究的不足在于，传统哲学体系虽然提供了一定的分析框架，但可能自说自话，与现实脱节，难以与西方思想体系对话，而且各流派之间也难以对话，更难以形成完整的宏大思想体系。

2. "接着讲"：当代情境视角下的领导研究。此类研究以文化内涵的传承与变迁为出发点，针对当代情境归纳出当代领导实践"实际怎样"，探寻中国领导行为和模式具有何种"特殊性"。现有研究主要沿循"中西比较"和"中西合璧"两条研究路径进行了探索。其中，前者对西方领导理论进行修正或改良式的研究数量较多，构建式研究数量较少且国际认可度有待提高；后者则探索了文化特征变迁的影响。这类研究存在对当代情境的"特殊性"挖掘不足的问题，以偏概全，见木不见林，且难以与西方情境对话和向其他文化情境扩展。

3. "结合讲"：综合视角下的领导研究。此类研究以文化内涵的展现与弘扬为出发点，在整合传统文化与情境特征的特殊性基础上，寻求中西普适性的领导特征，探索其"能够怎样"。现有研究主要围绕阴阳、辩证和中庸三大思维方式展开，构建了新的领导行为概念和模型，进行了一些实证检验。此类研究目前还处于起步状态，对中国文化核心元素的挖掘还不充分，且真正实现东西、古今对话的难度较大，向其他文化拓展也面临着不小的挑战。

除了各自面临挑战外，上述研究还存在一些共同不足。例如，国际话语权整体较低、缺乏思想文化视角下的古今和东西整合研究框架、实践导向和应用性待提升等。针对这些挑战和不足，未来研究应从求真（多视角、多方法）、务实（融合性、创新性）、至善（实践性、应用性）3个视角继续推动中国领导学研究和实践取得新进展，在"坚守、传承和弘扬"文化自信的道路上实现中国领导学研究的"顶天立地，融贯中西"。

第一，求真：多视角、多方法汲取传统文化有关领导的鲜活成分。三类研究在研究方式和方法上都存在一定的局限性。"照着讲"的研究仍以思辨研究为主，缺乏科学化定义，实证检验较少。"接着讲"和"结合讲"的研究虽大多采用了实证方法，但可能以偏概全。鉴于此，未来研究应综合运用多方式和方法，积极与国际主流研究范式和方法接轨，建立科学严谨的研究体系。

第二，务实：探寻传统文化、社会主义制度、西方理论、技术发展在领导研究上的融合与碰撞。文化本身是不断演变的。随着改革开放和市场转型不断进入深水区，包括社会主义意识形态和自由市场价值观在内的新元素正在挑战原有以传统文化价值观为内核的领导范式。鉴于此，未来研究应从传统文化、社会主义制度、西方理论的碰撞和融合入手，构建更为宏大的思想体系和文化研究框架。另外，技术发展为中国领导研究带来了新机遇。

第三，至善：从实践中来，回到实践中去。未来研究应多立足于领导实践创新，深入考察，挖掘与总结其独特和领先之处，努力构建出具有普适性的中国领导理论。同时，要将研究应用到实践中去。研究的最终目的是指导实践。未来研究在探究什么样的领导知识更接近中国领导实践"真相"的同时，更应关注什么样的知识能更有助于改进领导实践的"品质"，将对传统文化中的哲学思想、智慧、理念等的领导学意义诠释和理论构建同领导实践接轨，在实践检验中获取合法性和可复制性。

原载：《管理学报》，2020 年第 12 期

作者单位：北京大学光华管理学院，南京大学商学院

摘编：钟尉

积极构建中国特色管理学理论体系——基于 NSFC 管理科学 A 类期刊刊文（2013—2020 年）的分析

周泽将　王浩然　修宗峰

一、引言与文献综述

…………

中国特色管理学理论体系构建主要有两个源泉：一是中华优秀传统文化中的思想以及中国现代思想；二是以现代企业管理活动为核心内容的中国管理实践。但令人遗憾的是，学术界对中华优秀传统文化的解读不足致使中国管理学理论体系无法与西方管理理论有机衔接，也难以支撑现代管理学理论体系的构建。基于此，在运用传统文化解释中国本土管理实践的同时，也应注重引入规范严谨的研究范式，发掘中国本土管理现象的文化根源，进行本土情境概念的探索，提出和解释富有趣味性和现实意义的本土管理问题。

再次，关于管理学理论体系构建的研究方法。科学适当的研究方法有助于研究结论可信度的提升，其在管理学理论创新方面发挥着重要作用。与中国管理学研究从引进到逐步成熟的发展轨迹相类似，管理学研究方法在中国也经历了从早期以定性、思辨和总结研究为主到当前以实证研究法为主流的逐步蜕变过程。当前中国管理学研究主要遵循西方规范严谨的实证主义研究范式，中国管理学研究正在朝科学化、系统化、严密化方向发展，这能够提升中国管理学研究的国际学术话语权与影响力，但是也会对中国特色管理学研究的发展产生一定的阻碍。陈春花等（2014）提出在构建中国特色管理学理论体系的过程中不能过度推崇实证主义研究范式的作用，而应依据研究问题和研究目的的不同选择多元化研究方法。质性研究法作为连接理论与实践的重要工具，尽管目前尚存在研究设计不充分、现象分析不深入等客观问题，致使理论构建的情境化程度较低，但是能深入剖析管理实践情境的质性研究不失为将中国情境融入至世界主流管理学研究的重要方法。

基于上述分析，本文认为，中国的管理学研究正在从检验、拓展西方已有管理学理论逐步向将中国特色情境因素纳入研究范畴的本土管理学理论构建转型，研究方法多以实证研究法为主，案例研究法已得到推广应用，质性研究法也处于引入推广阶段。中国管理学理论界已在构建中国特色管理学理论体系过程中进行了大量的尝试与努力，并力争充分体现中国特色、中国风格、中国气派。但是现有文献中较少存在通过分析代表性管理学学术期刊刊文以揭示中国特色管理学理论体系构建的现状、问题与实现路径，这也是本文的主要研究目的。基于此，本文尝试基于 NSFC 管理科学 A 类期刊刊文数据（2013—2020 年）、采用文献计量学工具以分析探讨中国特色管理学理论体系构建的相关问题。

二、样本来源、数据处理和研究方法（略）

三、研究结果与分析

（一）刊文篇数和篇幅分析

NSFC 管理科学 A 类期刊刊文总篇数由 2013 年的 3619 篇下降至 2019 年的 3320 篇，但 2020 年刊文总篇数又上升至 3969 篇，呈现出先降后升的趋势。

（二）刊文研究方法分析

根据各类具体研究方法的统计分布，主要呈现出以下 3 个基本特征：（1）研究方法呈现多元化。（2）定量研究法占据主流。（3）案例研究法的重要性得到凸显。

（三）管理学研究问题的演变逻辑

NSFC 管理科学 A 类期刊刊文的研究问题具有以下主要特点：（1）技术创新、供应链、创新绩效和经济增长等 4 个方面是管理学领域关注的热点主题。（2）技术创新和创新绩效是当前中国管理学研究的焦点问题。（3）经济增长已成为中国管理学研究的重要内容。

（4）供应链逐渐成为中国管理学研究的热点话题。

NSFC 管理科学 A 类期刊刊文研究问题的演变逻辑主要有两点：
（1）延续性与交叉性相结合。（2）时代性与前沿性相结合。

（四）中国特色管理学理论体系构建过程中存在的问题分析

1. 研究方法占比不均衡：NSFC 管理科学 A 类期刊刊文倾向于采取定量研究法，而其中实证研究法和分析性研究法占比较高，主要原因在于中国管理学理论研究倾向于采用实证研究法和分析性研究法来检验西方经典管理学理论，而定性研究法和案例研究法在普及度方面存在不足。

2. 管理学研究的本土情境性有待深入沉浸。

3. 本土化管理学理论的国际影响力有待提高。

（五）中国特色管理学理论体系构建的实现路径

针对中国特色管理学理论体系构建过程中存在的问题，本文总结 NSFC 管理科学 A 类期刊与《管理世界》《南开管理评论》《管理科学学报》《公共管理学报》《农业经济问题》在刊文方面所呈现的研究方法、研究问题以及演变逻辑的基础上，尝试性地提出构建中国特色管理学理论体系的实现路径。该理论模型的基本逻辑为"实践—理论—实践"，即"理论从实践中来，再到实践中去"，并严格遵循"实践是检验真理的唯一标准"这一马克思主义实践论的基本原则。具体来说，构建中国特色管理学理论体系实现路径的理论模型的核心要义包括如下 4 个步骤：

1. 置身于中国文化、技术和制度情境中，根据本土管理实践发掘中国管理学问题。

2. 根据中国管理学问题构建中国管理学理论框架。

3. 根据中国管理学理论框架检验中国特色管理学理论。

4. 将中国特色管理学理论用于指导中国本土管理实践。

四、研究结论

研究结果显示：（1）NSFC 管理科学 A 类期刊历年刊文篇数总体呈现先降后升的趋势。（2）刊文篇幅方面，NSFC 管理科学 A 类期刊刊文有所增加。（3）管理学理论构建中使用的研究方法经历了动态的变迁过程，当前研究方法呈现多元化，且以定量研究范式为主，案例研究法近年来受到重视。（4）研究问题主要结合中国情境下的管理实践开展，技术创新、供应链、创新绩效和经济增长 4 个热点问题是中国管理学领域关注的核心主题，延续性与动态性相结合、时代性与前沿性相结合是当前中国管理学研究的基本特征。

《管理世界》刊文研究问题涉及面较广，聚焦和服务于国家宏观政策制定与国家战略布局，注重对本土管理案例进行分析，"本土化"与"务实性"、延续性和前沿性是研究问题演变逻辑的基本特征；《南开管理评论》刊文倾向于研究微观企业管理问题，注重将管理问题与社会学、政治学等多学科知识相融合，其研究问题的演变同中国现代企业制度改革同步；《管理科学学报》刊文的研究对象主要为市场参与者，供应链是中国管理科学与工程研究的核心领域，研究问题始终面向管理科学理论前沿和管理工程实践的重大需求，演变过程中涌现了大量管理学新理论、新方法和新手段；《公共管理学报》刊文则聚焦于政府治理，注重研究问题与新技术的结合，且研究问题紧密围绕党和国家的制度政策及行政管理体制改革而展开，具有由宏观经济管理变迁至微观主体行为的演变特征；《农业经济问题》刊文的核心研究领域为"三农"问题，其中粮食安全、乡村振兴、现代农业和农业现代化是近年来研究的热点问题，且呈现出由"三农问题""粮食安全"逐步向"乡村振兴"转变，从而与国家农林经济发展战略保持同步的演变逻辑。在以上分析的基础上，本文提出构建中国特色管理学理论体系的实现路径模型，以马克思主义实践论作为方法论指导，并遵循"实践—理论—实践"的基本构建逻辑。

在借鉴、吸收和消化西方管理学研究基础之上，中国特色管理学理论研究未来可以从以下方面加以拓展：（1）发掘中国情境下的管理"真问题"。能否从本土管理实践中提出有趣且有意义的管理"真问题"，直接关乎管理学研究质量的高低，当前在定量研究法、定性研究法等已得到基本普及的前提下，如何寻找管理学"真问题"已成为基础理论创新的制约瓶颈，不可简单地模仿复制西方最新研究成果，中国学术界必须结合本土化管理实践提炼出管理学"真问题"，这是科学构建中国特色管理学理论体系的重要环节和内容。（2）跟进5G、人工智能和大数据等新技术引发的中国管理学新问题。技术创新会导致管理思想和管理模式发生变革，进而引发新的管理实践，传统的管理学理论可能不再具有适用性，此时需要新的管理学理论对之加以解释。在中国，当前5G、人工智能及大数据等新技术正在社会各个领域被广泛地应用，未来的管理学研究应深入分析以上新技术所催生的管理实践，形成具有针对性的对策性研究成果以更好地解释和解决其中存在的管理学新问题。

原载:《管理世界》，2021年第9期

作者单位：安徽大学商学院，安徽大学经济学院，中南大学商学院

摘编：钟尉

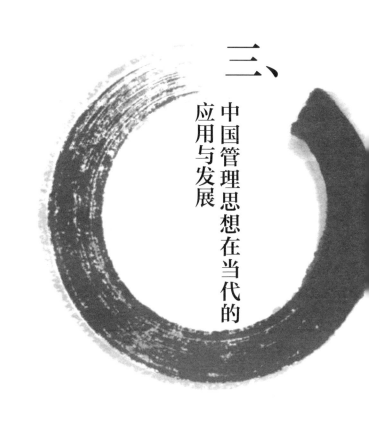

三、中国管理思想在当代的应用与发展

组织管理整体论：组织系统演化的过程启示

陈春花　梅亮

一、引言

　　本文聚焦组织整体视角，基于组织系统理论解析国有企业持续成长的原因，并基于典型中国国有企业"中国电子科技集团有限公司"（简称：中国电科）的纵向案例研究，从动态视角解析电科组织系统的演化过程机制。

二、理论视角（略）

三、研究方法（略）

四、研究发现：组织系统建构与演化（略）

五、结论与讨论

（一）研究结论

围绕"建构什么样的组织系统"以及"组织系统如何演化"的基本问题，本研究以我国国有领先企业中国电科为对象，基于组织系统理论解析电科发展中组织系统的三阶段演化过程。研究发现：电科组织系统经历初创期、转型升级期、高质量发展期的三阶段动态过程演化，涌现了以"战略定位""组织体系""创新工程""组织使命"为核心范畴的要素构成体系，系统架构实现了由核心要素的逐步复杂化、要素构成逐渐丰富、要素聚类逐步体系化的动态过程演进。

（二）贡献讨论

对组织系统理论的贡献。聚焦组织系统构建演化及系统要素的组合协同，已有研究主要将组织系统解构为核心要素与支持性要素等的交互，并基于核心要素的增补、删减，抑或替代等过程逻辑，延伸发展出核心要素修补、递进、裁剪等演化轨迹。本文采纳了组织系统理论关于要素交互的思路，并基于电科组织系统演化的三阶段发展过程，深入解析组织系统整体结构基于要素逐步复杂化、系统架构逐步体系化的过程机理，这在组织宏观层面支持并证实了Siggelkow、Siggelkow 等对组织系统演化过程的描述。在此基础上，本文进一步对组织系统理论做延伸，其主要表现在：第一，电科组织系统演化过程，深度伴随系统要素集聚下系统核心范畴的涌现与进化（如本研究涉及的战略、组织、创新、使命等），以及具体组织要素自身的迭代发展等复杂过程，这延伸了 Siggelkow、Siggelkow 等研究仅重点聚焦核心要素（对应本文要素集聚形成的关键核心范畴）及其演化过程讨论。同时，已有组织系统理论研究，主要围绕战略、人力资源、财务、组织管理、管理者、供应链等相关核心要素展开讨论，电科组织系统所涌现出的"创新工程"与"组织使命"等关键要素进一步丰富了组织系统的要素构成；第二，已有组织系统演化研究均嵌入从简单到复杂、从局部到全面、从要素单一到系统化的线性和动态均衡等隐含假设。电科组织系统建立在整合中国信息产业部直属的 47 家电子科研院所及 26 家全资或控股公司的基础之上，显示"先有儿子、后有老子"的企业集团组建模式。这一组织系统初始状态的复杂性并未在已有研究中提及。由此，本文重审了组织系统演化的隐含假设，尤其定位已有组织系统研究相对忽视的系统启动情境，主张关注"系统初始条件与起始状态的复杂性"这一特征；进一步，电科组织系统围绕组织体系要素（如47家科研院所和 26 家公司，三层架构、两级经营等要素），形成了跨组织单元的管理协同，将传统组织系统理论封闭单一组织单元的研究场域范围延伸至跨组织单元的情境之中，引导实现开放视角下的组织系统研究讨论；最后，组织系统理论面向中国大型国有领先企业电科的应用，也是该理论与中国等新兴经济体国家情境相结合的重要延伸。

对国有企业与中国情境管理研究的贡献。国有企业治理及其对增长的贡献长期受到研究与实践关注，其在组织功能、治理结构、地缘差异上的复杂性为情境化理论提供了丰厚的研究基础。尤其基于新兴经济体国家，国有企业往往根植于国家战略性产业，为经济发展做出了积极贡献。中国国有企业经营者普遍意识到其相较私营企业为国家创造更大的经济价值与发展贡献，中国情境也为深入理解国有企业提供了有价值的战略场景。基于此，本文聚焦中国代表性国有企业中国电科的纵向案例，从组织整体视角出发解析国有企业组织系统演化的过程机制。这一研究将国有企业组织管理议题与中国典型国有企业的实践情境相结合，为国有企业治理研究输出中国情境下的启示。同时，本研究的另一个启示意义在于：以往国有企业研究主要聚焦公司治理的委托代理关系、组织所有权结构、公共治理创新、企业绩效管理等单要素为主导的研究议题，本研究则尝试聚焦国有企业多要素及其交互为焦点的组织系统整体层面的议题，认为国有企业竞争优势的关键在于组织系统的建立与系统要素间的有效适配与协同，这为系统层面揭示国有企业管理黑箱、深度理解国有企业管理实践复杂性输出知识增量。

原载：《科学学与科学技术管理》，2021年第10期

作者单位：北京大学国家发展研究院，北京大学未来教育管理研究中心

摘编：钟尉

中国文化背景下消费者还礼行为研究：基于收礼者视角

周南　周元元　王殿文

一、问题提出

　　研究消费者的还礼行为具有重要的实践和理论意义。几千年的传统文化铸就了中国人"来而不往亦非礼也"的性格。中国人注重礼品流动的互动性、延续性。一般而言，消费者的收礼行为会影响到后续的送礼行为，具有"礼尚往来"的特性。同时，在中国，礼品业成为最具有规模的产业行列之一，占全球礼品市场近 60% 的份额，传统节日、生日婚宴等礼品消费在中国零售业非常活跃，具有巨大的市场潜力，因此，理清这一文化背景下消费者还礼的行为机制对企业开发礼品市场就变得尤为重要。

　　在营销学领域，礼品消费和消费者的行为研究相结合。但是既有研究大部分基于 Sherry 于 1983 年提出的框架，从送礼者视角研究消费者在特定情境和事件的时间点上的行为及相关的影响因素（如圣诞的送礼行为），无法解释基于跨越时间的行为——还礼行为（Gift-reciprocating），即消费者收到礼物后进行礼物回赠的行为。

同时，从行为主体来看，在西方社会送礼被视为是一种个体有选择的（selective）和直接交换（direct exchange）的行为。而基于个体层面的这些因素在解释还礼行为存在局限性，如何解释和应用于礼品流动"礼尚往来"的特性不是很清楚。因为在中国有基于血缘和姻缘以家庭为单位延续性的送礼和还礼的行为，即使个人的收礼情况也会影响到家庭的送礼情况，会基于上一次的送礼行为形成跨时间和跨事件的互动性，这必然与西方文化背景下消费者的送礼行为存在差异。

基于此，本研究在中国文化背景下，从收礼者的视角来研究消费者的还礼行为。中国人的意义单位是家，关系的建立和维持是中国人际互动最基本的命题，人情、回报、面子成为人与人之间交往重要的机制。同时，随着市场经济的发展，当前中国社会正经历着有史以来最为重大的社会转型，与这种社会转型同步，中国人的人际交往方式也在发生巨大的变化。在传统文化和市场机制的双重作用下，以下三点成为本研究的重点：（1）消费者还礼的心理机制是什么；（2）消费者还礼呈现为怎样的模式；（3）相关的潜在因素。

二、文献综述与理论背景

（一）送礼行为和还礼行为

1. 从行为的方式来看

送礼可以划分为构思阶段（Gestation Stage）、送收阶段（Prestation Stage）、关系再修订阶段（Reformulation Stage）。送礼的构思阶段

主要是研究实际送礼的前期行为，包括信息的搜寻、产品类别的选择、金钱和时间资源的配置、决策方案及选择。送收阶段是实际的送礼过程，包括礼物的实际转移、收礼者的回应、送礼者如何评价这种回应等。关系再修订阶段是实际送礼的后续行为，包括礼物的处理，如礼物是被消费、展示出来、收藏起来、再交易，还是拒绝接受和送礼的实际行为对送礼者和收礼者关系的影响。

既有的关于消费者送礼行为模式的研究具有共同的假设，将送礼行为理解为独立的事件，无法解释基于跨越时间的行为——还礼行为（Gift-reciprocity），即消费者收到礼物后进行礼物回赠的行为。送礼者不仅仅要考虑本次送礼的情景（如生日、婚礼等），而且还要考虑以往收礼的事件，对以往"人情"的偿还及关系的延续。

2. 从行为的主体来看

在西方社会送礼被视为是一种个体有选择的（selective）和直接交换（direct exchange）的行为。个体通过礼物，体现"自我"，构建与维护社会关系，可以称为基于情景的礼仪性的行为。

在个人维度上，送礼是送礼者和收礼者对自己和他人的认同，这种自我认同可以通过给他人送一份物化的礼物或通过送礼过程得到印证，同时，对礼物的接受或拒绝也会对自我进行有意识的肯定。因此，送礼、收礼、拒绝礼物这些行为都可以体现出是对自己还是别人的认同，这使得礼物具有独一无二，不能在送礼者和收礼者之外进行传递的特性。

基于个体层面这些因素在解释还礼行为时存在局限性，如何解释和应用于礼品流动"礼尚往来"的特性不是很清楚。因为在中国有基于血缘和姻缘以家庭为单位延续性的送礼和还礼的行为，即使个人的收礼情况也会影响到家庭的送礼情况，会基于上一次的送礼行为形成跨时间和跨事件的互动性，这必然与西方文化背景下消费者的送礼行为存在差异。

从广义上讲，完整的送礼行为包括送、收和还，从以上相关文献的梳理可以发现，既有的研究一般基于送礼行为，原因有二：（1）研究的视角，基于送礼者视角，并不能透视行为的延续性；（2）在西方背景下，这种个人性的送比较常见，是为了表达情感，而在中国更多的是以家庭为中心的行为。中国讲究平衡，收到礼物后需要"还"，那么还礼的行为就变得尤为重要了。这也使得研究消费者还礼行为具有紧迫性。从本质上讲，礼物的流动是为了建立和维持关系。在中国，人际交往呈现了不同的形态，其中人情、回报、面子是影响人际交往重要的机制。

在中国传统文化背景下，人际交往主要沿着"关系—情—报—礼"的脉络延续和发展，人与人之间的交往注重礼尚往来。

在西方社会，个体是一个独立的决策者，人与人之间的关系具有理性、短暂性、非持续性的特征，在中国，个体需要与他人相联系，形成关系，关系具有情感、长期和持续的特性。

在中国，人与人之间会受到情感因素和道德因素的影响。在情感因素中，比较重要的变量就是人情，人情是要记录的。正如金耀基所指出中国人均有两份平衡表，一份是钱财的平衡表，另一份是人情的平衡表。对于人情通常有三种解释：（1）人情是指个人遭遇各种不同生活情境时可能产生的情绪反应；（2）人与人在进行社会交易时，可以用来馈赠对方的一种资源；（3）人与人应该如何相处的社会规范。在本研究中，主要是指第三点，人与人之间相处的社会规范。

三、理论框架和基本命题

本研究在中国文化背景下，基于收礼者的视角来研究消费者的还礼行为，一种基于收到礼物后的时间序列的研究。值得指出的是，从收礼者视角一方面可以理解送礼者的行为，另一方面也可以观测收礼者的行为，同时，过渡到下一次的送礼行为（还礼行为），这样可以从时间序列上观察送礼行为下关系的延续性及变动性，并从还礼行为中了解中国消费者特殊的心理和行为机制。

不同于西方的文化背景，差序格局、人情、报、面子成为人际交往的重要影响因素，另外，随着市场经济的发展，当前中国社会正经历着有史以来最为重大的社会转型，与这种社会转型同步，中国人的人际交往方式也在发生巨大的变化。在非经济性因素和经济性因素双重影响下，消费者还礼行为的本土研究面临着新的特征。

基于此，试图研究以下的问题：

（1）消费者还礼的心理机制是什么，如消费者的还礼行为基于何种动机？

（2）消费者还礼呈现为怎样的模式？以往的研究将特殊事件，如圣诞节作为引起送礼行为的特殊情景，而忽视了以往的收礼行为对消费者送礼行为的影响。

（3）潜在的影响因素。影响消费者还礼行为的相关因素是什么？

本研究不针对家庭内部成员的送礼行为，同时，也不涉及商务中的送礼文化。

四、方法（略）

五、结果与讨论

本研究基于收礼者视角，探索中国文化背景下消费者还礼的心理和行为模式。通过采用内容分析的方法对焦点小组和深度访谈获得的文本数据进行分析，发现：（1）在心理层面，收礼者会记录人情债，回报和面子成为还礼的重要动机；（2）在行为层面，不同的关系类型会引起消费者不同的还礼行为。对于自家人而言，包括亲属和好朋友，日常交往中还礼具有延迟性和增量性，但在春节期间却具有及时性和等量性；同时，也存在人情规避的现象，即互相之间不送礼物，被视为是亲密关系的一种表现。对于外人而言，以家庭为中心的关系单位很少与之有礼物流动的现象，遵守公平原则，礼物交换具有等量性。

本研究的理论贡献在于：（1）研究的视角。本研究从收礼者的视角出发，探索消费者时间序列上的心理和行为模式，这样会对送礼行为的模式有更加全面的认知。（2）文化的视角。现有的关于消费者送礼行为的研究主要基于西方文化背景，尤其是美国社会。从本质上讲，送礼是一种仪式行为，不可避免地会随着文化的改变而改变。西方文化背景下的送礼行为模式在解读东方文化背景下的送礼行为存在一定的偏差。通过在中国文化背景下对该问题的研究，可以深入了解中国市场消费者的还礼行为模式。（3）传统和市场经济的影响机制。一方面由于传统文化的因素，另一方面是市场的发展和社会结构的变化，如工作的需要，远离自己的亲戚圈，人与人的交往越来越规避人情，一些人认为送礼是一种负担和麻烦，这给本土消费者行为模式研究带来新的变化和挑战。

本研究存在一定管理贡献。正如杨中芳所指出，"在购买礼物的过程中，许多通常在购买商品时所常用的标准，如价钱及品质等，往往变得不重要了。许多维持社会人际关系的规范，反而变得更重要起来，也比较具有约束力"。从一定程度来讲，消费者送礼行为的研究最终会反映到礼品的消费上，只有理清本土消费者行为模式，才能采取针对性的营销手段，如广告宣传、礼品促销等手段。

原载：《珞珈管理评论》，2011 年第 2 辑

作者单位：武汉大学经济与管理学院

摘编：钟尉

基于君子文化的中国式管理模式：德胜洋楼的案例研究

胡海波　　吴照云

一、前言

改革开放 30 多年来，我国经济的快速发展和企业国际竞争力的日益增强，使得国内外学术界对中国企业管理活动和中国式管理的关注逐渐增多。而伴随着国际学术交流的加强以及中国学者学习西方研究方法的热情增高，参照西方实证研究方法和基本假设，对"中国管理学"的研究也日益增多，特别是从中国情境以及传统文化角度探索中国管理问题的研究成为热点（王学秀，2007）。

中国传统文化中所包含的管理思想，既是当代企业管理实践的智慧源泉，又是中国管理理论体系的重要组成部分（戴国斌，2010）。近年来"国学热"的兴起，充分显示了企业管理者向中国传统文化汲取管理智慧的热情，这也推动了管理学界对中国传统文化管理思想的深入挖掘和研究。如何将传统文化中的管理思想与现代管理科学进行创造性的整合，从而使传统文化管理智慧服务于当代企业的各种管理实践，是管理实践者和研究者非常关注的内容，也是中国管理学研究的重要任务（王学秀，2008）。

（一）文献回顾

改革开放以来，随着我国企业的发展壮大以及企业管理实践成功经验的不断丰富，国内外学术界和企业界都在积极探索基于中国传统文化思想的中国管理学原理和文化理念。研究学者试图从中国传统文化的角度研究适合现代企业和社会的中国管理学，力图创建一套新的理论体系（罗纪宁，2005）。目前，国内学者对君子思想的研究虽然较多，但主要是从中国传统文化和哲学等角度对君子思想和理念进行研究，阐述君子思想的起源、内涵特征和范畴，目前学界从企业管理视角对君子文化在企业管理实践中运用的研究较少，大多是从公民教育的视角出发，如儒家君子人格与现代公民教育的研究（段宏亮，2008）、儒家君子理想与当代公民素质教育（高伟洁，2008）等。

在德胜洋楼（苏州）有限公司（以下简称德胜）管理文化和管理模式的研究方面，由于早期德胜规模较小，在企业界知名度不高，国内学者对德胜管理的关注较少，近年，随着《德胜员工守则》一书的热销和德胜管理模式在管理学界影响力的提升，国内外学者和企业界对德胜管理文化的关注也越来越多。

综上所述，目前学界对中国管理思想的研究有越来越多的关注，而在如何将君子文化等具体的传统文化理念运用到企业管理实践中的研究有待进一步深入，尤其是关于中国传统管理文化运用于企业的案例研究十分匮乏。中国管理学思想和理论更多倾向于感性方面的经验总结，其管理运用要更多基于企业管理实践活动不同的情境，因此，通过案例研究对中国管理学思想和理论进行实证分析显得更加重要。

（二）理论基础——儒家君子思想

1. 君子德性与德治

"君子"一词在西周时期就已经出现，用于对上层统治者和贵族男子的称谓。后来孔子创立儒家学派，对君子的含义进行了演变，赋予了君子更多的道德内涵，成为儒家描述人格修养的称谓（钟同彬，2012）。"君子"是儒家思想的核心概念，在儒家《论语》《中庸》《孟子》等主要典籍中随处可见对君子的阐释，如："君子坦荡荡，小人长戚戚"（《论语·述而》）、"君子中庸，小人反中庸"（《礼记·中庸》）、"君子所性，仁义礼智根于心"（《孟子·尽心上》）、"君子怀德，小人怀土；君子怀刑，小人怀惠"（《论语·里仁》）。"君子"一词逐渐成为对道德品格较高的人的一种称谓，具有德性上的意义，道德境界是君子的至高境界，只有具有高尚道德品质的人，才能成为圣贤君子（李长泰，2012）。"君子务本，本立而道生"（《论语·学而》）。君子的首要品格是尚德，立人以德，行道以德，才能成为君子。

儒家不仅强调了君子德性的重要性，也主张君主要实行"德治"，"为政以德，譬如北辰居其所而众星拱之"，"道之以政，齐之以刑，民免而无耻；道之以德，齐之以礼，有耻且格"（《论语·为政》）。孔子主张用"德"来治理国家，即以德治民，把德礼施于民，以道德去感化教育人，发挥道德教育在管理中的作用，匡正人心，使人心良善，知耻辱而无奸邪之心（胡海波，2013）。

而管理者要实施德治，首先要学会"修己安人"，即管理者自身要有较高的德性修养，才能用道德去教化他人。"德之不修，学之不讲，闻义不能徙，不善不能改，是吾忧也"（《论语·述而》），在孔子看来，德治的方略在于内修品德，外塑榜样，重教尚贤。管理者要从多个方面进行自我学习和修养，不断地提高自身素质，通过以身作则，忠信笃行，来影响他人（吴照云，2010）。

2. 君子素养与管理

"君子所性，仁义礼智根于心"（《孟子·尽心上》），君子应该具备仁、义、礼、智、信等素养。

（1）仁治

"仁"是一种道德范畴，主要指君子要有仁爱之心；"仁"也是儒家管理思想的内在精髓，其核心内涵是"仁治""仁爱"。

儒家认为企业不仅要关心自身员工，还要关心客户，关心社会，维护客户利益，关心社会公益事业，承担企业的社会责任（胡海波，2013）。

（2）义利

"义"是指合乎正义之事，君子要担当责任，追求道义、行大义。孔子将"义"和"利"对举，作为划分君子和小人的标准，"君子喻于义，小人喻于利"（《论语·里仁》），为义而为者是君子，为利而争者是小人，"义"成为区分君子与小人的一个核心概念和界限（苏东水，2005）。儒家主张合乎义者积极为之，不合乎义者则不为之，认为义为利本，力倡"以义制利""义利合一"，在企业经营和管理过程中，企业管理者不仅要关注企业的利润和收益，还需要注重社会道义，遵守商业伦理，不做违背商道之事（刘云柏，1990）。

（3）诚信

"信"是指君子要诚实，守信用，做到以诚为贵，以诚立德，以诚为善。在儒家的君子思想中，对诚信特别重视，孔子将"信"和"恭""宽""敏""惠"一起并列为"五德"，诚信是儒家"仁、义、礼、智、信"的根基，被视为中国传统伦理道德的基本行为规范（苏东水，2005）。

中国古代以及现代儒商特别重视诚信商业道德，他们恪守诚信的品德，追求产品和服务的质量，在商业行为中坚守诚实无欺，以义制利，仗义疏财等商业道德，倡导和躬行儒家的道德规范和精神理念（刘云柏，1990）。

（4）才智

"智"指君子应才智聪慧，明辨是非，明晓事理，君子要善于学习，提升自我才智和学识。在儒家看来，君子并不是天生而成的，是需要通过不断的自我修养和学习才能达成的。修身是齐家、治国、平天下的基础和前提，作为管理者，想要管理好组织，首先要提升自我的修养，管理好自己，这样才能管理好员工。

（5）礼制

"礼"是指典章制度、道德规范。它是社会政治制度的体现，是维护统治秩序以及社会关系的礼节仪式，也是人们日常行为的伦理准则。"道德仁义，非礼不成，教训正俗，非礼不备""是以君子恭敬撙节退让以明礼"（《礼记·曲礼》）。君子应遵守伦理规范，恪守礼仪，为人谦让，待人彬彬有礼，行为端庄。在社会人际关系方面，儒家认为君子之间的交往应该是单纯的、简单的，"君子之交淡如水"（《庄子·山木》），应该是君子交往法则。"礼"作为古代法律的重要组成部分，是维持政治秩序，调整社会关系和权利义务的规范和准则，是修身、处事、治国所依据的准绳（朱绪健，2012）。

（三）问题的提出与研究目的

在"中国管理学"的研究过程中，对中国传统文化管理思想的挖掘、整理和阐述一直是诸多国内学者和海外华人学者的重要研究方向（成思危，1998）。不可否认，这些整理和阐释对中国管理学研究做出了一定贡献。但是，与广泛运用于中国企业生产和管理的西方管理理论相比，这些传统文化管理思想似乎更多停留在理论的层面，被企业真正吸收并运用到管理实践的机会较少。然而，在企业界，反而是一些企业家自觉运用传统文化思想进行管理实践活动，并将成功的管理经验进行总结，上升为企业的管理制度和文化，形成独特的管理体系。因此，中国企业的管理实践和创新应当是中国管理学存在和发展的基础，创建中国管理学应该从研究中国企业的具体管理实践活动入手，要以客观端正的态度去观察总结具体管理情境下企业的管理经验（罗珉，2008）。

本文以德胜洋楼（苏州）有限公司为案例研究对象，从德胜君子文化管理理念的建构过程出发，分析德胜如何运用儒家君子思想将那些出身于农民的建筑员工培养成为谦谦君子，使员工价值观与公司价值观一致；如何坚守诚信道德底线以构筑高尚的君子公司，并分析德胜管理范式的树立过程，以期能对德胜的管理经验进行归纳总结，为中国企业运用传统文化思想进行管理实践活动提供借鉴。

二、德胜案例描述

德胜洋楼（苏州）有限公司注册成立于1992年，1997年落户苏州工业园区波特兰小镇，是美国联邦德胜公司（FEDERAL TECSUN INC）在中国设立的全资子公司，主要从事美制现代木（钢）结构住宅（中国俗称"美制别墅"）的研究、开发设计及建造。德胜创始人聂圣哲出生于安徽休宁，曾在美国留学和经商，是一位横跨文、理、工三学科的学者，作为德胜的创始人，他是德胜管理体系创建者，亲自编写了《德胜公司员工读本（守则）》并把它作为德胜的管理制度文本。

德胜规模并不大，员工仅千余人，其中很大一部分员工是由农民工构成的建筑工人，但德胜制造的美制别墅却超过了欧美的标准，让客户由衷赞叹。更引人注目的是，几乎每天都有企业界人士、政府部门官员和国内外专家学者慕名而来，人们通过参观学习，深入了解了德胜独树一帜的企业管理文化。

（一）以"德"治企的战略定位

德胜始终提倡的价值观：诚实、勤劳、有爱心，不走捷径。只有接受和认同德胜价值观的人，才可以进入德胜，因为一个好的公司对某些人来说如鱼得水，对另外一些人则如喝毒药。在德胜的员工守则的第一页就开宗明义地说道："德胜的合格员工应该努力使自己变成君子，做合格公民。"（周志友，2013）德胜旨在将传统农民工转变为现代产业化工人，塑造为合格的公民，使他们靠近君子，远离小人（杨壮和王海杰，2012）。

在公司与员工关系上，德胜保持着少有的坦诚，直言不讳地说出了很多企业都明白，但表面上都不敢明说的观点："公司始终不认为员工是企业的主人。企业主与员工之间永远是一种雇佣与被雇佣的关系，是一种健康文明的劳资关系，否则，企业就应该放弃对职工的解聘权。"虽然德胜强调公司和员工是一种雇佣关系，但企业管理者与员工在人格上是平等的。

为建设成为君子公司，德胜将 2005 年定为心态建设年，聂圣哲在当年公司第八次战略会议上提出"做敬业的真君子，共同建立德胜心态年"的口号。君子员工的教育和养成需要外部环境的支持，需要通过氛围的构筑。因此，在公司战略会议上，聂圣哲提出在德胜成立企业君子团。君子团要维护员工的利益，维护君子团的利益，维护做事诚实的员工的利益（周志友，2013）。"质量问题不可商量"是德胜永恒的宗旨，当管理与发展发生矛盾时，永远牺牲发展而保障管理（温德诚，2009），德胜对质量的重视提升到道德修养的程度，也是"君子务本"的体现，要成为高尚的君子公司，保证产品质量是根本。

（二）以"仁治"为基础的人本管理

"仁治"是构筑员工与企业良好关系的关键，这要求企业以人为本，关心爱护每位员工，实行人性化管理。德胜品德的力量，最重要的一个动力就是爱心。爱心是管理的最高境界所不可缺少的东西。

在德胜的员工守则中能看到如下规定：公司允许员工请 1 至 3 年的长假出去闯荡，并为其保留职位；公司对现场工作人员实行强制休息法，强制休息期间享受强制休息补助；公司不提倡员工带病坚持工作，带病坚持工作不但不能得到表扬，而且有可能受到相应处罚；公司不能接受员工因办公事而自己垫付资金的事情发生。在公司连续工作满 10 年，始终如一地遵循公司价值观，各项考核指标评审均通过的员工，可以获得终身员工资格，享受终身员工的权益和福利（由公司负责养老送终）；工龄满 5 年的员工可以报名出国参观访问，由公司全部承担员工首次出国的差旅费用（周志友，2013）。

德胜福利待遇是别的建筑公司无法比拟的，如：公司给没有住房的员工提供免费宿舍；员工一日三餐在公司食堂就餐只需 5 元钱；公司鼓励员工学开汽车，公司报销一半学车费用；公司给所有员工都购买了商业医疗保险和商业养老保险；如果德胜有员工想上大学学习深造，德胜会慷慨地提供无息贷款（汪中求，2010）。德胜在财务制度上还规定了一些与众不同的"因私报销费用"：如员工每年可以代表公司招待家庭成员一次，代表公司向正在上学的子女赠送一件礼品；员工从工作地回家的往返差旅费以及员工治疗重大疾病的费用几乎全由公司报销；此外，员工家庭如果遇到不可预见的困难，可向公司申请困难补助（温德诚，2009）。

（三）以"义"制"利"的管理思维

德胜要求员工做君子，同时，公司也首先以君子示人。比如：公司永远不实行打卡制；员工可以随心所欲地调休；员工可以请长假去另外的公司闯荡，最长时间可达 3 年，公司保留其工职和工龄。德胜员工报销任何因公费用或者规定可以报销的因私费用，都不需要领导审批签字，员工只需要写清费用发生的原因、地址和时间，签名之后就可报销。但在报销前必须认真聆听财务人员宣读一份《严肃提示——报销前的声明》，此后，员工将报销凭证交给出纳员即可完成报销（周志友，2013）。

"诚信"是君子的首要品格，是立人之本。在德胜看来，费用报销事关个人信用，相关责任应该让员工个人承担，主管签了字，报销的责任就等于转嫁到了主管身上，主管必然要为员工的行为担责，这是很不合理的制度。报销不需要领导签字，就是要让员工对自己负责，让员工自己选择做一个君子，而不是小人（杨壮和王海杰，2012）。通过对员工的信任来塑造员工的诚信价值观，让员工成为不贪小利的君子。

君子的养成更多在于自我的修养和内省，要以君子的行为标准规范自己的言行，使君子价值观内化为自我行为意识。因此，德胜在日常管理和生活中，通过让员工在每一件小事上，在"义"与"利"之间做出诚实的选择，使员工靠近君子，远离小人。

德胜员工在食堂购买饭菜，在冰柜拿饮料喝，没有人负责收钱，由员工自己往箱子里投币；公司储藏间的洗衣粉、香皂、卫生纸等物品，免费提供给员工使用，储藏间也不上锁，但是员工不可以私自拿回家；公司的免费长途电话由员工自觉控制时间（原则上不超过 15 分钟）；等等，通过这些细小行为，员工都会面临是做君子还是做小人的选择（温德诚，2009），以强化自我行为修养。

（四）以"诚信"为根本的价值导向

德胜的质量问题与道德问题一样，是不可妥协的最高原则，是必须坚持的底线。德胜不重营销，不做广告，而是扎扎实实练内功，重视产品质量，把时间和精力都放在做好产品和服务客户上。因此，德胜的产品质量就成为它最好的营销手段和广告宣传，德胜永远是"以能定产"，当质量与发展之间产生矛盾时，德胜优先选择质量，绝不为了扩大规模而做超过自己能力范围的事情（杨壮和王海杰，2012）。这就是德胜的"君子务本"，坚守质量底线，注重自我的"内修"，以可靠的质量赢得客户。

德胜致力于成为高尚的君子公司，把"诚实"放在企业价值观的第一位。比如，德胜负责建造的上海美林别墅，其闭路电视线路和游泳池工程出现问题，本应不是德胜的责任，但德胜主动承担所有责任（温德诚，2009）。德胜不仅自身诚实守信、严格自律，同时对于合作伙伴也提出了诚信守约的要求。对于违反合约的合作伙伴，德胜会给予最严厉的惩罚，如停工，直至强行拆楼（赵晓，2006）。

德胜坚守商业伦理和道德，还表现在其坚决抵制世俗的商业贿赂。具体来说，德胜规定，公司员工不得接受供应商和客户 20 支以上的香烟、100 克以上酒类礼品，以及 20 元以上的工作餐，违者属于谋取非法收入，一经查实立即开除。所有供应厂商、客户在首次洽谈业务时，就要签署"禁止回扣同意书"，德胜人力资源部会向所有供应商和客户寄发反腐公函及反馈表，每半年一次，雷打不动。对于其中至少10%的供应商，德胜还定期派专人上门调查或暗访采购员的品行操守（汪中求，2010）。

（五）以"才智"为指引的员工行为

君子的修养首先表现在日常生活中的卫生习惯和行为举止，基于此，德胜对员工的改造从最基本的个人卫生、行为习惯开始，来提升员工的素质。在德胜的员工守则中就有这样的规定：员工必须讲卫生。比如，勤洗澡、刷牙、理发，饭前便后必须洗手，用完卫生间之后，必须立即冲刷干净，在工作场合必须"衣冠整洁，不得穿拖鞋，不得一边工作，一边聊天；不得唱歌、吹口哨，不得打闹，不得影响他人工作"；在日常生活中要"讲文明，懂礼貌，员工不得说脏话、粗话；真诚待人；不恭维，不溜须拍马"；等等（周志友，2013）。这些详细的规定构成了员工的日常行为规范和准则，即君子的"礼制"，旨在改造员工的生活陋习，养成员工良好的素质。

在人际交往方面，德胜提倡同事关系简单化，君子之交淡如水是德胜推崇的同事关系准则。针对同事关系，德胜员工守则中就有这样的规定：任何场合都不得与同事或闲人议论其他同事或公司的事情，不得发表对其他同事的看法，不得探听同事的报酬及隐私，不得从同事的表情及眼色或无意的话语中猜测同事的内心想法，不得经常与同事一起聚餐，不提倡将钱借给同事与他人（周志友，2013）。

德胜对员工行为举止的培养效果在员工日常工作和生活中随处

315

可见，如在波特兰小区，每个员工都是面带微笑，主动而热情地与他人打招呼，见到地上的垃圾会主动捡起来。德胜员工参加公司在五星级酒店举办的年会，衣着整洁、彬彬有礼、文明礼貌的表现让酒店经理也大为赞叹（温德诚，2009）。

（六）以"礼制"为保障的制度体系

在德胜员工守则的第一页有这样的话："一个不遵守制度的人是一个不可靠的人！一个不遵循制度的民族是一个不可靠的民族！""制度只能对君子有效，对于小人，任何优良制度的威力都会大打折扣，甚至是无效的。"（周志友，2013）

制度（礼制）是规范员工行为的准则，是员工成为君子的重要保障；而有效的制度执行是保护君子行为，防止小人行为的重要举措。德胜致力于把员工培养成君子，为防止"小人"的产生，德胜制定了独特结构的企业制度，来保障公司制度的有效执行。在整个德胜的制度系统中，制度要求条款所占的比例最小，执行细则较多，监督检查程序则最多，德胜的企业制度要求条款、执行细则、检查程序三个组成部分之间的比例大约为1∶2∶3；德胜所有管理制度，都有详细可操作的实施执行细则和监督检查程序，特别是监督检查程序，更是德胜制度执行机制中的重中之重（汪中求和温德诚，2009）。

德胜的制度对于君子具有无限的情怀，而对于小人则毫无半点的怜惜，为保障制度的切实执行，德胜制定了多种有效的措施，如：独立的质量与制度督察官、神秘访客、权力制约规则、个人信用系统、1855规则、解聘预警程序等（汪中求和温德诚，2009）。

三、案例分析

在本文的案例分析中，主要从两个方面对德胜的君子文化管理模式进行分析，以期得出中国管理学思想在企业管理实践中进行运用的一般模式。

（一）如何培养君子式员工

将员工塑造成为君子不仅是德胜为培养高素质的现代化产业工人而做的努力，也是其基于民族文化而做的国民性改造的实验田。在德胜创始人聂圣哲看来，管理就是一个教育的过程，要用公司的价值观（诚实、勤劳、有爱心、不走捷径）去改造员工世俗的价值观，培养员工的高尚情操，他相信"优秀是教出来的"。

德胜主要从以下四个方面将农民工出身的员工改造成为君子员工。

1. 行为改造。要成为君子员工，首先要注重日常的行为习惯培养。德胜的新入职员工都要在物业中心接受三个月的培训，从最基本的清洁打扫、园林护理等工作开始，以端正员工的劳动态度。德胜还在公司的员工守则中从卫生习惯、人际交往、文明礼貌等细节着手，规范员工的行为，使员工举止高雅。

2. 价值观教育。德胜通过有效的君子文化教育，改造员工的价值观，实现员工与公司价值观的一致性，端正员工工作态度，使员工的行为举止符合君子行为规范；也促使员工与公司目标的一致，提高工作绩效和质量。

3. 诚信导向。"诚信"是君子品格的第一位，是人的立足之本，为使员工靠近君子，远离小人，德胜秉持孟子的"性善说"，充分信任员工，在员工财务报销、日常生活方面，由员工自觉选择做高尚的君子。

4. 制度管理。通过全面的制度执行细节和监督程序，防止"小人"行为的制度条款得以有效执行，规范员工行为，确保公司价值观的落实，保护和鼓励君子行为，防止和遏制"小人"行为。

德胜在将员工改造成为君子员工的过程中也会受外部环境的影响，特别是外部世俗化的商业环境对员工价值观的影响；通过以上四方面的努力，德胜的管理文化形成一个相对封闭的系统，避免了外部环境因素的不良影响，以确保公司价值观教育的有效性。

（二）德胜君子文化管理范式的树立

德胜的管理模式之所以被研究学者誉为中国管理范式的代表，不仅在于德胜通过有效的价值观教育贯彻了公司的价值观，使员工成为合格的君子式员工，还在于德胜制度管理与人本管理的成功结合，实现了制度的有效执行，公司生产和管理的程序化，降低了生产和管理成本，增强了员工的敬业度和忠诚度，建立了和谐的公司与员工关系，提高了公司的凝聚力。

培养君子员工：一方面，德胜从日常行为习惯培养员工，提高员工素质，使员工靠近君子，远离小人；同时，德胜致力于运用君子文化教育改造公司员工的价值观，通过有效的价值观教育，增强员工对公司价值观的认同，实现员工与公司价值观和目标的一致性；另一方面，德胜通过制定结构合理的管理制度（明确的制度规定、全面的执行细则、严格的监督机制和公正的奖惩手段），实现公司的精细化管理，保障制度的有效执行，确保公司生产的程序规范和质量产品；同时，通过有效的制度执行来保护和鼓励君子行为，防止小人行为。

塑造君子公司：一方面，德胜永远做捍卫正义的高尚公司，德胜秉持商业伦理，抵制世俗的商业文化，坚守产品质量与诚信道德的底线，致力于成为君子公司；另一方面，德胜通过人本管理，关心每位员工，营造企业的爱心文化，使员工获得尊严，获得关爱，增强员工对公司的情感归属感、敬业度和忠诚度。

（三）中国式管理模式的理念分析

中国社会历来倾向于德治与仁治，而轻视法治理念，维持和谐的人际关系成为统治和管理的重点，法治在管理中的作用显得较小；传统思想中重义轻利的倾向，也使得商业发展的盈利性不强，竞争力不足。而在企业管理过程中，德治与仁治的倾向不利于企业管理制度的落实，制约着法治的实施；注重仁义而轻视利润也不符合当代企业经营管理的出发点。因此，在将中国管理学思想运用到企业管理过程中，如何兼顾中西管理文化的差异，实现二者的平衡成为探索中国式管理模式的一个关键点。德胜在这方面的成功经验值得学者研究分析和其他企业借鉴学习。

在协调德治、仁治与法治关系方面，德胜将君子文化这一中国管理思想运用到企业中，通过价值观改造，提高员工的素质；通过诚信机制，实施道德教育，将员工培养为君子。尽管德胜将其与员工的关系明确界定为雇佣关系，看似严肃，但德胜对员工的关爱与福利待遇却已超出经济学的范畴，真正体现了以人为本的"仁治"，铸就了员工对公司的深厚感情。另一方面，德胜制定了完备的规章制度——《德胜公司员工读本（守则）》，通过独特的制度结构保证制度的有效执行，以实现公司生产运营的精细化以及规范员工的行为，实现了公司的"法治"。因此，在德胜，严格的"法治"并没有使员工与公司的关系疏离，反而成为"德治"和"仁治"实施的保障。

在协调义与利关系方面，德胜实行的是以义制利，公司"以能定产"，不盲目扩张，坚持"质量问题不可商量"的原则，保障公司产品质量，甚至以此作为销售名片，使得公司的订单应接不暇，保障了公司的运营盈利。德胜坚守质量和道德的底线，树立了良好的企业形象，德胜的品牌效应也逐步建立起来，保证了企业的经营利润增长。

（四）中国管理学思想实践的一般模式

通过对德胜管理范式的研究分析可知，君子文化思想运用于德胜公司管理的过程并不是只停留在文化宣传的层面，而是通过多方面的管理措施予以保障，使君子价值观能内化为员工的自觉行为。由此可见，中国管理学思想运用于企业管理，其影响力和作用主要体现在企业文化的构建，公司制度的建设，员工思想价值观的教育以及企业对外形象等方面，通过影响员工的工作态度和敬业态度，间接影响企业的生产绩效。因此，中国管理学思想运用于企业管理实践的过程，需要获得来自多方面的支持以及企业管理制度和文化的保障。

四、研究结论与展望

（一）研究的理论价值与实践意义

本研究从君子文化管理切入，对德胜案例进行研究，分析了中国管理学思想如何在具体的企业管理情境下运用，并创新企业管理文化，取得良好的管理效益。另外，本研究通过归纳分析德胜的管理范式构建过程，提出了中国管理学实践的一般模式，对于完善中国管理学运用体系，提升中国管理学的实践性和操作性，具有重要的理论参考价值。

本研究通过对儒家君子思想的总结以及中国管理学思想实践的一般模式的提出，对我国现代企业运用传统文化进行管理实践提供了有现实参考价值的观点，有助于企业管理者树立精细化管理与人性化管理的理念。

（二）研究的启示

德胜管理体系很大一部分是再教育体系，是价值观和信仰再造体系，其灵魂是"有效的教育"。德胜运用儒家君子文化对员工进行教育，以改造员工的价值观，源于公司创始人聂圣哲对中国国民性问题的思考，希望通过改造员工的价值观，将传统员工改造成为合格的现代产业工人。因此，公司管理活动及其相关的管理模式的产生，离不开对特定社会文化形态的思考和反思，会受特定历史时期民族文化、道德准则和制度变迁的影响。企业管理者在运用传统文化思想进行企业管理实践时，要充分考虑企业所处的社会文化环境和员工的思想价值观取向。

在中国管理思想运用于管理实践过程中，除了构建传统文化管理体系，还需要相应的保障机制，如员工价值观教育、有效执行的制度、平等的企业文化、人本管理的实施等，否则传统文化管理只会停留在口号宣传的层面。

原载：《管理学报》，2020年第12期
作者单位：江西财经大学工商管理学院
摘编：钟尉

中国本土组织的家庭隐喻及网络治理机制——基于泛家族主义的视角

胡国栋

一、问题提出

与西方组织相比，中国组织远未发育到韦伯所谓的合理性与合法性基础之上的理想科层制程度，由于传统价值观的嵌入和正式制度约束的不足，中国企业的组织化程度原本就较低，而且人格化色彩很浓。那么，中国企业弱组织化的社会架构与具有悠久历史传统的关系思维能否在大数据时代转化为一股"去科层化"的积极力量而走在新一轮组织变革的前列？

近年来，组织与管理研究者愈来愈重视中国本土情境因素对管理理论与组织行为的影响。中国是个关系取向的社会，建立在血缘、地缘、血缘及个人互动经验基础之上的"关系"是中国本土组织运行及其治理效果的重要约束条件和触发机制。与西方社会更多地凭借"弱连带"获取信息与结构洞利益不同，中国人更倾向于运用特殊取向的"强关系"建立以人伦为基础、具有网络封闭性的组织结构，并以此获取中介利益及封闭利益。西方的组织分析范式受理性主义预设影响，强调个人效用最大化，并以此推导组织存在和运转逻辑，使其人际交换与组织协调具有等值倾向，这种等值效果则通过"成本—效用"分析的计算逻辑来实现。遵从人情主义而非理性最大化逻辑是中国组织与管理的重要特色，黄光国（1988）、郑伯埙（1995）、罗家德（2008）与 Fan（2002）等学者研究了人情、关系等因素对本土企业的影响，认为它们对华人组织行为产生重要作用。那么，是什么影响着中国本土组织的运作逻辑？本土企业在组织定位、组织功能和组织结构等方面，与法约尔、韦伯和汤普森等西方学者开拓的经典组织理论有何不同？学者对此鲜有揭示和深入研究。

中国人的关系建立在家庭伦理基础之上，是家庭关系的对外延伸。家族主义是中国传统伦理文化的基本精神，深深地渗透在中国社会的伦常关系、价值观念、民众行为方式及组织制度设计之中。受家族主义影响的中国、日本等东亚国家往往将组织"隐喻"为家庭或家族，并以此来设计相关的经营管理制度。由于对组织及其管理模式的建构深受作为基础假设与总体原则的组织范式影响，而范式的提出和发展则始于作为人类表象思维之集中体现的隐喻，因而对组织隐喻的考察，是深化对组织范式的认识，进而建构恰当的组织管理模式的基础性工作。本文以"组织隐喻"（Organization Metaphor）为突破口来检视家族主义文化情境如何界定和塑造本土组织的本质及功能，并揭示其与西方主流组织理论的差异，进而结合大数据时代的环境特征及中国当下文化、制度情境，建构本土组织的特殊治理机制。

二、西方社会的组织隐喻及其演化规律

隐喻（Metaphor）作为传统文学语言是一种特殊的叙述方式。后现代主义哲学使隐喻从传统的文艺领域拓展到科学研究领域，组织研究领域中的隐喻是观察者用形象的语言对组织的某些本质进行高度提炼或对其某些现象高度概括而形成的直观感知。

不同时代的学者在不同价值观驱动下对不同的经验形象进行观察，对组织功能与组织生活有不同的认知，也就形成了各种不同的组织隐喻。以泰罗和马克斯·韦伯为代表的古典管理理论学者将组织隐喻为"机器"，组织中的人则被隐喻为机器上的"齿轮"和"螺丝钉"，组织管理就是设定各种理性化、精确性的制度、规则和程序以使组织这架机器得以最大效率地运转。霍桑试验之后的组织行为理论发现并强调组织的非正式规则，将情感推衍到组织考察的核心地带，使组织被隐喻为人与人之间关系互动的"社会网络"，组织管理就是依据不同的需求，协调网络中的各种人际关系，并尽可能地调动员工积极性及组织士气。这两种隐喻观念分别厘清和把握住组织的效率与人性层面，对组织现象进行片面的抽象概括有利于改善组织的管理水平，但效率与人性的对立则使组织被碎片化。巴纳德（2009）尝试对组织隐喻进行整合性建构，认为古典组织理论者把组织隐喻为"骨骼"，同时又结合当时行为科学的发展，将组织的价值观和道德内涵隐喻为组织的"血肉"。巴纳德事实上把组织隐喻为一种活性生物体，兼顾了组织活动的自然属性与社会属性，综合考察了刚性的组织结构层面与柔性的组织文化层面。随着知识经济时代环境的动态变化，组织逐渐由牛顿物理学范式支配的机器隐喻走向生物学范式的有机体隐喻。一些学者针对传统组织理论过于强调技术层面而淡化价值层面的弊端，开始从文化、心理及价值观考察组织现象。Gareth Morgan（1986）就把组织隐喻为"心理囚室"，即组织是关系约定的总和，组织中的各种约定的关系制约着组织参与者如何观察、分析和行动的无意识假设，因而人们往往被自己约定的组织关系所控制，并成为自我奴役的积极参与者。"心理囚室"的组织隐喻与后现代主义者福柯的"全景敞视塔"隐喻有异曲同工之妙，两种组织隐喻都揭示了人们对各种组织制度及技术的消极适应和潜在认同。

三、华人社会的"泛家族主义"及其在组织管理中的延展

…………

家族主义由家庭延展到企业、国家等其他非家族组织，从而产生类家族行为的过程或倾向被称为"泛家族主义"，它是一种将家庭以外的团体与关系予以家庭化的思维习惯和行为理念。在传统中国社会，家族中的生活经验和习惯常是中国人唯一的一套组织化生活的行为模式，因而在参与家族以外的团体或组织活动时，他们自

然而然地将家庭组织视为其他团体组织的典范，将家族中的结构形态、关系模式及处事方式推广与延展到非家族的团体或组织，并将家庭中的人际关系与伦理类化（Generalize）到行号、社团、郡县、国家等其他社会情境或团体之中。

泛家族主义在中国社会的长期演化中，已经深深内化到中国人"文化—心理"结构之中，从而成为华人心智模式的一个重要部分，这种深深嵌入民族心理和价值思维上的隐性烙印很难因时代的变迁而发生骤变。泛家族主义至今对华人社会的企业、政府等组织架构及行为仍有重要影响，甚至超越制度、程序、规章及政策等正式规则而对组织管理发挥着主导性的作用。企业组织形式方面，受泛家族主义影响，在中国及东南亚等华人支配的经济区域中，家族企业或由家族控制的系族企业是这些地区经济的主体。这些企业一般由第一代企业家创办，而后将公司财产和权威传递到下一代，外人较少具有染指控制权的机会。家族企业的所有权及控制权一般都掌握在家族核心成员手中，企业在创办新事业或扩大经营时，一般由家族成员主导或寻找家族信任的伙伴，委托至亲好友或亲信，采用人脉关系而非授权给专业的外部人员来开展业务。此外，东南沿海及中国台湾等地部分企业集团的内部整合也主要依赖于血亲和姻亲关系维系。家族企业及类家族企业的经营行为典型地反映出家族主义强调家族富足感、团结感、一体感、安全感和内外有别等在认知、情感及意愿等多个层次的内涵特征。

家族主义在向不同组织类型泛化的过程中，由于血缘、地缘等关系的亲疏及情境适应性的利益调整结果的不同，往往使中国人在不同组织中形成不同的"圈子"，并采用不同性质的组织逻辑。泛家族主义关系模式大体由"家人"、"拟家人"（亲信）、"熟人"、"生人"等四个圈子层次构成，形成关系强大和信任度大体呈现费孝通（1986）所说的差序格局结构。对于家人及拟家人化的亲信，一般采用利他主义的情感组织逻辑，相关组织行为被视为一种义务或关怀；对于熟人，则根据具体情境和资源能力结构采用工具性的计算逻辑与关怀性的情感逻辑混合的人情交换法则，相关的组织行为往往具有"施"与"报"的利益考量和情感期待；对于其他陌生人，则依循利己主义的计算逻辑，按照规章制度和程序法则行事。泛家族主义关系模式中四个圈子使用的三种逻辑，只有"生人"之间的行为逻辑类似于西方经典组织理论设定的理性逻辑，其他两类行为逻辑则渗入诸多情感色彩而削弱正式制度的功效。

泛家族主义在企业、学校、医院及政府等非家族组织中的延展，使中国社会躲避了僵硬无情的现代法权关系和去人格化的组织冷漠，同时也使本土组织的正式化与理性化程度较低，组织的正式制度在运行中往往受到非正式规则的冲击。在泛家族主义影响下，中国人的组织行为与工作关系往往重友谊、爱面子、看人情、守信义、托熟人、攀关系、讲忠诚，过于浓重的人格化色彩使中国各类组织在理性化、规范性程度方面与西方相差甚远。与西方组织相比，中国是一个弱组织化的国家，但这在某种程度上恰恰顺应了知识经济时代"去科层化"和"网络化"的组织演变趋势，为精于解构而拙于建构的后现代管理模式提供了恰当的运行经验和组织样板。因而，泛家族主义也使中国在信息网络技术主导的大数据时代，建构后现代组织和克服现代组织的诸多理性困境具有特殊的本土优势。作为一种情景脉络，泛家族主义对本土组织的内涵、功能界定及治理逻辑方面，都与西方主流的现代组织理论不同，在新时代的组织变革中蕴含着丰富的积极力量。

四、本土组织的家庭隐喻：组织内涵的重塑及关联预设

传统的组织隐喻，无论是古代组织理论的机器隐喻、现代组织理论的心理囚室隐喻乃至后现代主义的全景敞视塔隐喻，大都将组织视为一种消极力量而存在，倾向于将组织类比为争权夺利的竞技场或奴役与被奴役的牢笼。本土组织的家庭隐喻则冲击了这一传统的思维惯式，赋予组织以温情色彩，并将之改造为一种积极的存在。这种隐喻及一系列关联预设的转变涉及组织概念的重塑等基础性命题，因而是组织观念的根本性变革。

1. 家庭式组织的使命是创造价值而非生产效用。以家庭隐喻组织，组织不再是参与者追逐个人效用最大化的功利性竞技场所，而是通过集体协作创造价值的一种生物性存在。这种价值既包括传统组织进行"成本—效用"计算的经济价值，也包括产生个体自我认同和愉悦身心的精神价值与情感价值。即，家庭式组织不仅是员工谋生的经济生产场所，同时也是满足员工部分情感生活、精神生活和自我实现的重要领域，在某种程度上有助于解决"工作—家庭"冲突这一组织行为难题。

2. 家庭式组织的结构趋于柔性化和网络化，在基于理性计算的正式科层结构外，应该发展和培育基于情感价值的关系网络。家族主义的实质就在于它是建立在周孔教义的伦理道德基础之上，于中国现实情境中形成的亲属（Kinship）、血缘（Lineage）及其扩张的关系网络。这种网络关系既有父子代际之间的垂直关系，也有夫妻及兄弟姐妹之间的横向水平关系，两种关系整合的基础是基于血缘的亲情和责任。与此相应，家庭式组织成员在"共同愿景"与"共同体验"基础之上打破传统僵化的垂直结构，发展基于家庭式情感和关怀伦理的纵横交织式网络协作关系。

3. 家庭式组织的"经济—财产"关系是一种非均衡的共产和共享制度。与西方世界家庭财产独立制度不同，在中国家族主义传统中，家庭的"经济—财产"关系事实是一种具有共产主义倾向的分享制度，即所有家族成员共同拥有整个家族的一切物质财富，但这种分享不是均衡分配，而是由家长（族长）支配，根据嫡庶、长幼、亲疏原则对在家庭成员之间进行差别式分配，各分支或成员之间具有相互供养抚恤的义务，这在财产继承方面表现最为突出。基于家族主义的家庭式组织强调所有权，强调共享制，组织的出资人、管理者与普通员工共同拥有财产所有权，财产的最终支配权集中在处于家长式领导位置的经营者之手，经营者对管理人员及员工进行股权激励，并根据组织绩效情况进行分红。

4. 家庭式组织的"政治—权力"关系是一种基于教化权力的长老政治。权力是组织中政治行为的核心，家庭式组织中的政治行为具有伦理规制的特色，这是由于家族主义的内涵及其依托的权力形态均具有伦理特色。在中国传统社会结构中，既有专断的横暴权力，也有民主的同意权力，以民主与否的尺度衡量中国社会的权力运行都不确当，基于教化性权力的长老统治是对中国社会权力运行最恰当的表述。教化性权力在家庭内部的亲子关系中表现最为明显，但它又不限于亲子关系。文化在本质上必须是同意的，凡属文化性认同而非政治性强制的行为都包含某种教化性权力。所谓长老政治则是指，由在组织中辈分、资历和威望（在家庭或家族中则指家长或族长）最高者行使权力，依据某种约定俗成的伦理规则对组织成员进行教化式管理的过程。因而，家庭式组织的领导模式是具有典型伦理特色而又兼具威权特征的家长式领导。激励往往采取依据工作年限、教育程度、道德威望和社会地位进行奖赏和晋升的年功序列制。

5. 家庭式组织的"文化—心理"关系强调情感依存与休戚与共。与"囚室"或"牢笼"等组织隐喻不同，家庭式组织在"文化—心理"方面的最大特色是强调情感依存和对组织的心理认同。深受中国家族主义文化影响的日本东京商业会所曾旗帜鲜明地表示，企业所有者以完美的家族制度应用于雇员，以家长般的温情亲切对待雇员，或照顾其家庭子女，或在员工遇到不幸时加以安慰。万事皆持温情态度待之，则雇员必会视雇主为家长，与之同甘共苦，并积极配合其各项管理工作。基于情感的家庭式组织在劳资关系方面往往采取长期雇佣制，在领导与激励方面往往采取情感和伦理感召制度，这一切都会增强员工对组织的认同感和责任意识，因而家庭式组织中的组织公民行为往往较为普遍。

331

五、家族主义信任与本土组织的网络治理机制

信任机制是除权威与价格之外，对组织结构、关系及行为进行系统整合的第三种机制。对人类社会组织形态及其整合逻辑进行历史性考察，可以发现，组织存在权威、价格与信任三种整合机制（如表1所示）；单一的权威整合机制是农业社会组织的主要整合途径，权威与价格的二元整合机制是现代工业社会组织的主要整合途

表1　组织治理的三种整合机制比较

比较维度	权威整合机制	价格整合机制	信任整合机制
社会形态	农业社会（传统文明）	工业社会（现代文明）	信息社会（后现代文明）
主导逻辑	权力逻辑	市场逻辑	伦理逻辑
整合规则	强制服从（任务）	等价交换（利润）	互信合作（互动）
整合形式	垂直纵向整合	水平横向整合	立体网络整合
整合途径	等级控制	价格调节	自我管理
整合特征	高效率、低自由度	低效率、高自由度	高效率、高自由度
管理角色	集权者（君主）	职业经理人	领导者（领袖）
组织价值	物本导向	资本导向	人本导向
组织结构	U型组织（简单科层）	M型组织（复杂科层）	N型组织（网络组织）

径，而由权威、价格和信任构成的三维网络整合机制则是后工业社会组织的主要整合途径；依据整合逻辑划分，农业社会、工业社会与信息社会分别形成权威主导型组织、价格主导型组织和信任主导型组织；信任与合作具有同构关系，信任是合作的基础和前提，而合作则促进信任的产生，全面审视信任的功能，并在信任基础之上重建组织结构与形式，是当前组织建设的一项重要任务。维持合作关系，尤其是合作意愿，则是组织与管理实践的基本逻辑，是包括管理在内的组织各项活动内在统一的基础。

泛家族主义是一种特殊的信任机制，与西方基于契约与制度的普遍主义信任相比，根植于儒家文化价值体系的家族主义信任具有特殊主义取向和非正式性。也就是说，家族主义往往没有明文规定的制度或法律依据，其存续主要依靠传统习俗和教化伦理等非正式规则。在非正式规则指导下，人们往往将组织内外人员分为"拟家人""熟人""陌生人"三类（为保证组织管理能力的提升和持续发展，非家族企业往往依靠制度理性将具有血亲关系的"家人"排斥在企业之外），领导者对于拟家族人员信任度极高，而对于后两者则表现出较低的信任度或不信任，从而使中国的信任结构也表现为一种内外有别、层层扩散、信任度递减的波状差序格局。

泛家族主义所蕴涵的一体感、归属感、关爱感、荣辱感、责任感及安全感使之成为一种内在的（基于血缘、姻缘和共同体验）、自然的（基于情感的自发倾向）的信任机制，基于家族主义信任基础之上的组织可以产生合作的内在动机，这一功能仅仅靠强制性的公共伦理规制难以实现，更远非建立在权力或资本等外部性的利益诱因基础上的组织可以比拟。家族主义信任的内在性与自然性还能够有效弥补权力与价格机制的外在性及强制性缺陷，它使基于共同的内在体验和自然的情感交流的"感召—合作"关系取代了官僚制组织僵硬的"施动—回应""命令—服从"与"成本—效用"关系。家族主义信任同时在权威整合中的等级性与价格整合中的平等性之间起到某种"桥介"作用，由于情感依存及归属感的存在，组织成员之间在处理冲突问题时易于妥协和达成共识，从而有效缓解了组织整合中的强制性权威通道与平等性交换机制之间的矛盾。

在家族主义信任的影响下，中国本土组织围绕拟家人、熟人和陌生人三个圈子（三者在特定情境下可以相互转化），分别形成由信任、价格和权威三种逻辑主导的立体网络治理机制，其主体由彼此互动与协同的感召机制、交换机制和惩戒机制三种机制构成，如图 1 所示。在中国目前情境下，本土企业的治理主要有技术、制度与价值观三种触发机制，其中泛家族主义价值观形成的关系网络对其他两者产生重要影响。大数据制造与处理技术已经在中国蓬勃发展，它形成了即时互动和交互影响的社区网络，使个性化的情感表达得以实现，在泛家族主义影响下，企业往往将必要的技术服务外包给自己的拟家人或熟人主导的供应商。此外，处于市场转型关键时期的中国，政府主导下的制度环境对企业资源获取及权力运行产生强有力的规制与约束作用。为提高企业资源获取能力，本土企业在泛家族主义影响下，往往通过各种途径与政府相关规制部门建立私人情感关系，使得企业政治行为在中国本土组织治理中具有特殊重要性。

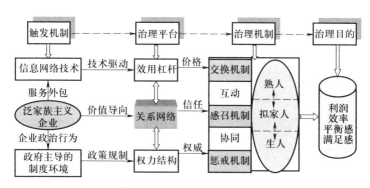

图1　中国本土组织的立体网络治理机制

泛家族主义信任、政策规制与信息网络技术分别构筑了关系网络、权力结构和效用杠杆三种本土组织的治理平台。计算机信息网络技术影响企业成本效用核算的技术优势，它构成企业采用何种技术以及如何获得该类技术必须考虑的效用杠杆，它衍生出熟人之间基于价格逻辑的交换体制，这种交换或是人情的或是利益的，一般具有按照等价原则获取回报的效益期望。家族主义则构建了组织内外活动的关系网络，它是组织处理各种工具性和情感性关系以获取资源支持和关键技能的基础平台，基于信任逻辑构建了具有强烈感情或责任倾向的感召机制，主要适用于拟家人圈子。政策规制影响组织间权力配置、组织活动领域及组织内部权力结构，它建构了基于权威逻辑的惩戒机制，主要适用于陌生人圈子，是基于合法性与合理性而构筑的组织活动的最后屏障，并为交换机制和感召机制提供基础性的制度架构。

在目前的制度环境与文化情境中，事实上，本土企业形成三个维度的治理途径：基于权威责任的纵向权力惩戒机制，基于成本效用核算的横向交换机制和基于特殊信任关系的交叉感召机制，从

335

而使治理结构表现出三维立体的网络形态。组织外部的技术服务外包、企业政治行为、组织间关系协调以及组织内部的经理人选拔、员工激励和资源配置等事宜都依赖于三种机制的交互作用。其中，强调技术效用和成本核算的交换机制是现代市场体制下组织治理的基本途径，也是本土组织人情主义交换的主要平台；惩戒机制是本土组织治理的最后屏障，一般适用于陌生人之间，本土组织中的员工往往认为规范、制度、规则、程序、章程和法律等正式约定只适用于一般情形，必要时可以有所例外而灵活运用，而判断是否必要的依据，则是关系的种类和情感的亲疏；也就是说，泛家族主义构筑的感召机制是组织治理的润滑剂，能够用于缓解纵横两个维度产生的权力利益冲突。与西方组织不同的是，本土组织治理的目标也具有复合性，既有工具性的利润和效率要求，也有权力的平衡和情感上的满足感。当三种机制围绕组织治理的复合性目标取得协同效应时，价格、权威与信任的整合功效达到合力最大状态，则组织治理的效果也就最佳。

在复杂性和不确定性日益增加的现代技术与制度环境中，本土组织的网络治理机制使之具有极强的弹性适应能力。泛家族主义影响下的本土组织因其对外部环境的敏感性和调适性而具有自组织能力，它能够通过高度确定性的强连接关系缓冲技术创新及制度变迁对组织治理带来的冲击，同时积极利用外部资源来拓展业务。此外，寓于情感与忠诚的关系可以在优化组织资源配置的同时，大大降低用于拟家族人员控制的代理成本，并减少用于组织内外部沟通和协调的交易费用。但另一方面，家族主义信任在本土组织治理中也具有明显的消极影响，一是最具代理能力的人才未必能够家族化，基于家族主义信任的组织治理就难以保证维系长期的治理效率，同时也使未被拟家族化的人员产生不信任感和被剥夺感，进而影响其工作态度；二是家族主义关系网络冲击交换机制和惩戒机制的功效，在缓解两种机制紧张关系的同时，也可能降低其效率，并在组织内部营造不公平氛围和加剧权力斗争程度，进而增加组织摩擦成本和削弱组织整体行动能力；三是拟家人、熟人与陌生人角色的转化具有难度，本土组织建构的内外部关系往往具有锁定效应，这对其治理开放度和治理能力的提升都具有很大限制，不利于建立现代性的大规模企业组织。

六、结论与启示（略）

原载：《中国工业经济》，2014 年第 10 期

作者单位：东北财经大学工商管理学院

摘编：吕力

传统文化践履型企业的多边交换行为研究

晁罡　钱晨　陈宏辉　王磊

传统文化践履型企业的界定如下：在文化复兴的时代背景下，于21世纪初在我国出现的以弘扬、践行中华传统文化和服务社会大众为使命的一类企业，它们强调企业家对中华优秀传统文化要有真正的信仰，倡导身教感召和知行合一，以促进员工的德性发展，并且重视企业自身的良性发展和社会责任的全面切实履行。

前期调查表明，在我国珠三角、长三角、华北地区、环渤海湾等区域已经涌现出一批传统文化践履型企业。这些企业的管理实践中具有浓郁的中华文化特色，如广泛学习《弟子规》《孝经》和孝道文化，创办祖宗堂、德孝学堂，建设孝亲驿站、孝亲墙、新二十四孝经典石书、石雕，铺设圣贤路、孝亲大道等，企业家们自身更是身体力行，带动和倡导员工孝敬父母、关爱家人、善待朋友、积善行德、亲近社会，不断传播正能量。

传统文化践履型企业对员工的交换形态和交换内容为企业带来了三个方面的变化：（1）作为交换主体的员工自我发生了变化；（2）员工对企业和社会的态度和行为发生了变化；（3）企业、员工、社会之间的互动模式发生了变化。这些鲜活的企业管理实践无法在现有的理论框架中得到满意的解释。

本文基于对多边交换的界定在诸多传统文化践履型企业中进行理论抽样，运用程序化扎根理论的编码流程对案例资料进行逐层归纳，识别多边交换的主要维度。通过对 4 家案例企业全面、深入的解读，呈现多边交换的过程机制。重点从"企业→员工""企业→社会""员工→企业"和"员工→社会"四种交换关系来分析：（1）交换的内容；（2）交换的形态，包括双边的协商交换、互惠交换和多边交换；（3）交换的动机，探讨这些交换是利己、互惠还是利他等。本文还探讨了社会反馈性质的两种交换（"社会→企业"和"社会→员工"）。

分析过程（略），研究发现：

（1）交换一：企业给予员工。获得 524 条编码，并最终提炼为圣贤教育、德行垂范、仁惠护持和情感关爱四个核心范畴。

（2）交换二：企业给予社会。获得 174 条编码，并提炼为阳光经营和心怀天下两个核心范畴。

（3）交换三：员工给予企业。获得 178 条编码，并提炼为敦伦尽分和亲社会组织公民行为两个核心范畴。

（4）交换四：员工给予社会。获得 71 条编码，并最终提炼为两个核心范畴：亲亲之爱和泛爱众生。

（5）交换五：社会给予企业。传统文化践履型企业强烈的文化使命感，以及通过"阳光经营""心怀天下"传递出的积极的社会责任形象，使得企业获得社会多个主体的积极反馈，如政府的支持与奖励、社区的赞誉、与其他企业的合作机会、客户的认可等。

（6）交换六：社会给予员工。由于传统文化践履型企业的员工自发、真诚地服务社会，而不是迫于组织压力或"作秀"，因此获得当地社区和其他企业的高度认可。

本文的调研数据表明，案例企业的内部管理成效体现在以下几个方面：

（1）员工幸福感提升。

（2）员工离职率下降。

（3）经营业绩持续稳定。

（4）运营成本逐渐下降。

本文的研究结论有三：

（1）传统文化践履型企业"企业→员工"的交换，即一系列基于中华传统文化背景下的拟家庭化的实践活动，包含圣贤教育、德行垂范、仁惠护持和情感关爱四个方面，受其文化中的价值理性色彩的影响，更强调内求利他；对比西方国家一些企业采用的家庭友好实践，后者在工具理性主义文化影响下产生，更强调互惠和经济效益等。在企业利他观念的感召下，员工在为公司谋取利益时不会损害社会，产生了"亲社会组织公民行为"，而非亲组织非伦理行为。

（2）传统文化践履型企业，给予员工和社会的以利他原则为核心的系列管理实践，能够促进员工对企业和社会的交换逐渐由协商、互惠交换向利他交换演变，从而形成一个"企业—员工—社会"的多边交换网络。

（3）本文发现传统文化践履型企业开展的一系列拟家庭化的实践活动是推动企业、员工和社会不同主体间由双边交换到多边交换，以及由协商、互惠的交换原则到利他交换原则演化的基本动因。

本文建议传统文化践履型企业发展应注意以下几方面的问题：

（1）注重构建基于信任的企业间积极网络和道义场域。

（2）推动中国企业从优秀传统文化中吸收精髓，树立企业经营之道。

（3）需要从多边交换的视角来理解企业处理利益相关者关系的方法，促进企业可持续成长。

原载：《中国工业经济》，2019 年第 6 期

作者单位：华南理工大学工商管理学院，中山大学岭南学院，

华南师范大学公共管理学院

摘编：钟尉

"勤俭持家"之下的中国传统企业成长模式研究

潘安成　王莹　常玉凡

一、研究背景

晋商是中国历史上的著名商帮，作为晋商的代表，晋商乔家历来备受关注。在"家文化"背景下，晋商乔家200多年的发展历程中，"勤俭持家"这一中华传统美德在其间得到充分体现，即"依靠勤劳而进取，厉行勤俭而聚财"。本研究以追溯晋商乔家的兴衰过程为研究对象，探寻推进中国传统企业发展的勤俭行为机理，以期为当代企业发展和倡导勤俭持家理念提供理论依据。

二、理论基础

现有对于勤俭行为的研究（如新教理论），所涉及的"勤勉"与"节制"大都是以宗教信仰为原动力，即谋利活动得到宗教伦理和社会道德的一致认可，以合理性的方式追求财富演变成合法的价值取向。显而易见，该理论阐述与中国传统文化并不相合。

在中国传统文化里，"勤劳"与"节俭"多是隐性相伴的。勤劳是指不背离关系之道的资源价值创造性行为。节俭是指维持关系之道的资源节约行为和欲望节制行为。由此，勤俭行为依存于关系维持的道义规则之中。勤劳行为注意劳逸结合和维护人与自然的和谐，如果过于勤劳，必会因"冒尖"而破坏关系之道，从而招人嫉恨或造成过劳。节俭强调在关系之道上对人力、物力、财力的节省以及对自身欲望的节制，如果破坏了关系之道，当用不用（如吝啬行为），或过分使用（如奢侈等追求享乐的纵欲行为），都可能丧失俭德之本义。

三、研究设计（略）

四、研究发现

作为典型的中国传统企业，晋商乔家在日常组织活动中注重关系维持，在关系维持的道义规则下，勤俭行为普遍发生在日常生产和经营活动中。需要指出的是，乔家的日常活动不仅受到当事人情境性感受的约束和激发，还受到规章制度的约束和推进。在此意义上，勤俭行为源于关系情态变化，并通过顾及彼此感受的关系之道，自然而然地发生着。

作为传统美德，勤俭的意识已潜移默化地存在于乔家人心中，勤俭的要求也被写入家规。在正常年份，乔家的勤劳行为主要表现为独立做事，而节俭行为则为谨慎使用组织资源，将资源用在有用之处，如此这样行事，就会被他人认为有德行，会提高其在组织内的声望。遇到"旺年"时，乔家的勤劳行为主要表现为尽最大努力完成共同的事，这便能促进同合作者的相互沟通，使得人际关系得以维系，甚至增进；而节俭行为则表现为储备资源以备不时之需，或在分配任务时给予组织成员充足的休息时间而不过分使用人力。当面临"荒年"时，乔家的勤劳行为表现为在困境时，感知他人（如合作者、组织成员）需求，并积极行动提供帮助，雪中送炭；节俭行为则表现为把节省下的资源留给更需要的人，在促进人情交往的同时，推动日常组织活动顺利开展。

五、分析与讨论

本研究结论如下：

1.在企业历经"旺年"和"荒年"的发展过程中，勤劳与节俭的日常行为顺应自然之情的关系规则，在资源创造和资源节省中有利于关系维持。

2.勤俭行为在正常发展状态下，在"旺年"和"荒年"之中都有不同的具体表现形式；注重关系维持的勤劳行为提高了组织成员的技术和学习能力，而注重关系维持的节俭行为提高了组织及成员的社会身份和组织能力。

3.勤劳与节俭在日常组织战略化行为层面上具有很强的补充

性，共同地起到开源节流的经济性作用，并在资源能力增强中产生组织性作用。

本研究的结论表明，由勤劳与节俭共同主导的日常组织行为能有效地推进企业持久发展。

本研究的启示：

1. 员工的勤劳有利于提高企业绩效；企业的节俭在一定程度上有助于降低运营成本，从而使企业在开源节流中得以持续发展。

2. 现代企业在注重眼前利益的同时，更应着眼于企业的可持续发展，在勤劳中创造财富；同时，也应注意避免员工"过劳"现象的出现；在节俭中提高企业的社会声望，避免奢侈浪费和过于吝啬，通过营造和谐的组织氛围，使员工与企业都富有持久发展的生命活力。

原载：《管理学报》，2020 年第 6 期

作者单位：大连理工大学经济管理学院

摘编：钟尉

回归人性、回归个体、回归传统文化——中国管理理论创新途径思考

钟尉

目前中国管理学研究仍然囿于西方管理理论范式和研究范式之中，强调研究的科学性和严谨性，而忽视研究理论的启发性和实践价值，导致研究成果离实践越来越远。目前，学术界已经取得了共识，那就是要突破西方管理理论范式和研究范式，进行管理理论创新，构建中国管理理论。那么，如何进行管理理论的创新？研究者向什么方向努力才能事半功倍，提升效率呢？这无疑是一个非常值得思考的问题。我们认为未来的管理研究如果能够做到三个回归，即回归人性、回归个体和回归传统文化，就有可能在较短的时间内，产生对中国管理现象和问题有较强的解释力和指导能力的新理论。

一、回归人性

管理活动是人的实践活动，管理研究的基础是人，研究清楚人是研究管理活动的前提和基础。人性论或人性假设是管理学的基

石，这是学界的共识。从西方管理理论发展过程来看，人性研究经历了理性经济人、社会人、自我实现的人、复杂人等多个发展阶段。而每一次人性认识的进步，都极大地推动了管理理论的创新。国内学者对人性假设也做了大量的研究，提出了诸如理性信息人假设、目标人假设、制度人假设、治理人假设、道德人假设等诸多人性假设。

但总体上来看，管理学界对人性的研究仍然非常薄弱，在人性到底是什么，人性包含哪些基本维度，有没有发展演化机制等问题上仍然存在种种争议。实际上在管理学之外，东西方哲学界和心理学界都有对人性的广泛研究，比如著名哲学家休谟就有关于人性论的专著，东方佛教哲学中的唯识学对人性也有非常深刻的分析。总体上，对管理学发展影响最大的是西方心理学，西方心理学有科学主义和人文主义两大流派，而当代主流管理学界受到科学主义心理学的成果和研究范式的巨大影响，对其他领域的人性研究成果和研究范式借鉴较少。实际上，科学主义心理学在发展过程中受到了广泛的批评，美国心理学家安思图斯就曾指出："在过去的几十年里，认知心理学替代了行为主义心理学，小白鼠与猫走了，计算机模型进来了，但唯一不变的仍旧是人性的边缘化。"我国学者翟学伟（2017）也指出，"（当代主流的心理学研究）不要说潜意识，连意识作为研究领域也几乎被排挤掉了"，"看起来社会科学是研究人的，社会科学的知识就是关于人的知识，但其实不然。随着各个学科的专业化，人的问题已经被分解了，分解到后来，人不见了"，"然而在许多社会科学的理论当中，人性的假设在很大程度上还是主导着理论、方法论、研究方法和研究结论的推演，甚至也成为人的行为与社会运行的正当性之背后的根据"。从某种意义来说，现代主流管理学研究面临的困境，其源头和现代主流心理学遭遇的困境的源头是同一的，都是因为片面倡导科学严谨的定量研究，而忽视了其他领域对人性深刻而系统的研究成果。事实上，西方人文主义心理学就反对盲目崇拜自然科学，反对原子主义、还原主义，重视直接经验和现象描述，强调理解、体悟和现象的意义构建。从马斯洛的自我实现的人，到罗杰斯的机能完善的人，从罗洛·梅的存在分析论到弗兰克尔的意义治疗学，从弗洛伊德的精神分析学到荣格的分析心理学，人性都得到了充分的体现。未来的管理研究者如果能够充分关注和吸收人文主义心理学的研究成果以及东西方哲学中人性研究的成果，就可能使得管理理论的人性论基础变得完善，提升管理理论的解释能力和指导能力，甚至产生全新的管理理论。

另外，人性论在以西方管理理论为主导的管理理论发展过程中，始终受到工具理性的压制。受西方传统文化和思维方式的影响，西方管理理论强调用科学的方法和手段去管理组织活动，侧重于研究管理制度、管理方法和管理行为的规范化，但却不太关注人，甚至把人的情感等因素视为管理的障碍。在这种导向下，西方管理理论中管理事务和人的发展问题呈现出对立性，管理者的自我管理和管理者对他人的管理不是融合的，而是分裂的。西方管理论中的人际关系学派虽然强调对人性、对人的发展进行研究，但并没有摆脱工具理性的控制。人际关系学派研究者思考的核心问题是如何设计符合人性现状的管理制度和方法，从而提高组织的效率，而人自身的需求和目的都成为实现效率的手段。这种思维导向下，作为管理客体的人和物都得到了极大的关注，然而作为管理主体的

"人"却完全没有了地位。管理者主体性地位的管理研究中得不到彰显，就使得管理理论研究得出来的知识缺乏实践操作性，管理的"知"与"行"始终处于分离状态。这样当代管理理论研究在整体上和实践脱节也就不足为奇了。

二、回归个体

当代主流的管理研究都是把组织作为基本的研究，而对个体的研究反而较少。然而个体是组成群体和组织的基本单位，如果个体的问题没有研究清楚，就要进一步研究清楚组织的问题，从逻辑上来说，这种做法无异于搭建空中楼阁。

其实，组织理论在发展过程中，一度有着一个非常重要却被后人忽视的争论，即组织是真实的吗？如果认为组织内的行为是基于组织的，而不是基于个人的，则实际上就假定了组织就是真实的存在的。这样的话，研究者就可以在没有弄清楚个体的情况下，直接去研究组织，当代组织理论的很多重要理论才能够建立。但如果认为组织内的行为是基于个人或人际互动的，就预设了组织不是真实的，所谓组织能力或行为不过是个人能力或行为的一种表象。这样脱离个体去研究组织就是在做自娱自乐的游戏，无法得出真正有价值的观点，如西蒙（simon，1964）就反对将组织的概念具体化，反对将它作为互动的个人组成的系统之上的某种东西进行研究。布劳（Blau，1964）在他关于交换理论的重要论述中指出，组织内的个人行为以个人之间直接或间接的交换为基础，即使这种交换是不对称的。本森（Benson，1977）强调个人的作用，认为真实性就是组织行动者头脑中的社会建构。

当然也有支持组织是真实的观点，如 Clegg and Dunkerley（1980）等认为如果组织对个人拥有强大的权力，它就是真实的。Kahn（1964）提出组织成员对组织内设置的某个职位的角色期待——于某一特定职位相关的规定和限制——在相当大的程度上取决于更广阔的组织环境。组织结构、职能专业化、专业分工以及正规的奖励体系构成给定职位的主要内容。组织成员希望就职者做些什么、同谁一起做、为谁做，取决于组织自身的各种特性。尽管有人在提出希望、进行奖励，但组织的结构特征足够稳定，所以可以认为对设定职位的就职者的希望和奖励与特定的个人无关。Clegg and Dunkerley 和 Kahn 虽然提出关于组织是真实的这一命题的证据，但是他们的论述都有前提条件，即组织结构特征必须足够稳定，组织必须对个人拥有强大的权力，满足这个前提，组织才能被视为一种真实存在。然而，这个前提并不一定存在，从反面来说，当组织处于变革中时，组织结构特征不断变化或者不稳定时，组织就很难被视为真实的存在。当组织的规则是不被个体信任，缺乏足够权威时，组织也不能视为真实的存在。因此，只有在某种特定的情况下，才可以把组织视为真实的存在，继而用组织研究来取代个体研究。而这种特定的情况对于当代中国，甚至当代世界来说，都不是经常存在的。在经济全球化的当今时代，技术飞速发展，文化激荡无处不在，为了应对不断变化的环境，组织中的管理者，特别是高层管理者必须以改变组织结构和推动组织变革为己任，组织不能有凌驾于其之上的权力，为了战略的推行，契约可以变更，规则要重建，否则就无法进行有效的工作。在战略管理和组织变革过程中更值得关注的是另一种信任，即关系信任，企业员工对于领导者才能、远见和价值观的信任。只有如此，组织才能很好地改变自己，积极主动地应对不断变化的竞争性环境。在这种情况下，组织是真实的这个预设就明显是不合适的。

因此，某种意义上来说，当代管理理论研究出现越来越抽象，越来越脱离管理实践的倾向。这和其把抽象且可能无法被视为真实的组织作为主要研究对象，忽视具体的、真实的个体研究有密切的关系。未来的管理研究如果能够深入做好对个体的研究，并在这个基础上进一步做好对群体和组织的研究，就有可能提出更多有实践价值的、全新的管理理论。

但是管理学研究要回归个体研究并不是一件容易的事情。首先，它意味着研究方法和研究范式的转变，因为主流管理学者熟悉的科学实证的研究方法和范式并不是很适用于进行个体研究。因为个体是具体的、生动的，不断发展变化的，个体的思想会不断地变化发展，个体的行为会不断地受到个人主观意识和客观环境影响。而决定个体的行为基础的个体心理学相关理论和观点也是众说纷纭，莫衷一是。实际上，当代西方心理学的发展情况正好反映了这个困境，科学主义心理学和实证的研究范式之所以能够掌握西方心理学界的话语权，就是因为人文主义心理学在描述个体心理方面过于晦涩难懂且存在诸多难以解决的争议，导致一批研究者抛弃传统的诠释主义研究范式，用自然科学的研究方法和研究范式分析研究个体心理和行为。但从最近几十年的研究实践来看，这种努力效果并不是很好。未来的管理研究者可能需要广泛了解人文主义心理学流派提出的各种模型工具和方法，并根据管理研究的需要做好取舍，才可能做好对个体的研究。

三、回归传统文化

中国有几千年来未曾中断的博大精深的传统文化，以及在这种文化中孕育出来的古代管理思想和管理实践。中国传统文化是中国管理研究者进行管理理论创新的最丰富的资源。研究中国的管理理论，应该对中国情境有深刻的理解，而要深刻了解中国情境，就必须深入中国传统文化和管理实践活动中去。中国管理学术界这几年一直强调的做"顶天立地"的研究，从研究的逻辑顺序来看，中国管理研究首先应该顶中国传统文化的"天"，立中国管理实践的"地"，然后才是借鉴西方的管理思想和进行管理理论国际化，否则研究就很容易迷失在西方管理理论丛林和国际化追求之中，丢掉了理论创新最重要的资源。

目前，国内学术界已经意识到直面中国管理实践的重要性，学术界主流的做法是运用扎根理论，进行案例研究和田野研究，使得理论能够密切联系实践。扎根理论强调所研究的问题从实践情境中产生、理论建构扎根于从实践中收集的数据和信息。这无疑是一种解决现有管理研究困境的很好的方法。早期的扎根理论强调研究者在深入具体的实践情境中应该避免任何先入为主的预设或假定，让研究问题从社会过程及对其进行的研究中自然涌现，继而按照不断比较的原则、规范的数据处理方式完成理论的构建。但是，研究者想要做到不带任何先入为主的主观观念进入研究情境不仅几乎是不可能的，而且是不合理的。大体上，扎根研究遵循"深入情境—发现问题—寻找案例—获得数据—初构理论—比较文献—构建理论"的逻辑展开。研究者在进入情境之后，发现问题往往需要特定的视角和预设，没有合适的视角和预设，就无法发现一些细微，但却重要的问题。发现问题之后，研究者寻找相关案例的解释和构建理论都离不开特定的视角和预设。因此，在扎根理论研究过程中，研究者所需要做的不是避免任何先入为主的主观观念，而是应该尽量保持开放的心态，去包容和接受实践情境中的各种现象，避免主观臆断，避免对自己所持有的先入为主的主观观念及其产生的影响茫然无知，并时时警惕这种影响可能带来的后果。只有这样才能更有效地从数据中找到规律，继而构建理论。

可见，要运用好扎根理论工具，离不开合适的视角和相关预设。而研究中国管理实践问题，带着中国传统文化中的视角和相关预设进入实践情境，无疑比带着其他视角和情境更加具有优势，更加容易理解情境中的现象和数据背后反映的问题。而且从中国传统文化的特质和思维方式来看，中国传统文化在研究人性和个体方面有独到之处。中国传统文化重视价值理性的彰显，强调对人性和个体的分析，重视管理者的主体性，强调管理者的内省功夫和人格境界提升，这些都是当代西方管理理论比较欠缺或者被忽视的。西方传统文化是一种抽象的逻辑思维方式，强调分析与综合，排斥情感介入理性思维，这种思维方式在分析规律性特别强的自然物质世界时效果很好，但是在分析复杂多变的社会人文世界时效果就有些不尽如人意。而中国传统文化是一种具体的悟性思维方式，强调内省、譬喻以及推己及人，把情感融入理性思维，形成了一种情理结合、由情入理的思维方式，这种思维方式非常适合分析复杂多变的社会人文世界的现象和问题，深刻地影响着当代中国管理者。因此，回归传统文化可以帮助我们获得解释中国管理实践问题的合适的视角和相关预设，帮助我们更有效地从实践案例和数据中找到管理者的思维和行动逻辑，从而为我们提出新的管理理论奠定坚实的基础。

四、扎根经史，融合中西——一种新的扎根理论研究

回归中国传统文化，深入研究中国传统文化和中国传统管理思想，还可以帮助我们形成一套更加系统化和高效的扎根理论研究思路。按照目前学术界进行扎根理论研究常见的方式，需要直接深入管理实践的一线去进行案例研究和田野研究，收集各种一手数据和二手数据，并在此基础上来构建直面中国管理实践的管理理论。这种研究方式耗费的时间精力非常大，一个研究者能追踪的案例和田野研究非常有限，研究结论的代表性不强，一般都是碎片化的理论。想要形成比较系的且具有指导实践价值的管理理论，不仅需要几代人研究成果的积累，而且还需要有人能够把大量的碎片化理论整合起来。这样研究的效率比较低，理论落后于实践的状况在短期之内不能得到改善。因此，我们提出一种"扎根经史，融合中西"的新扎根理论研究范式，以期获得更高的研究效率和

效果。

所谓"扎根经史"，就是把"经史"作为特定的视角和预设，进行扎根理论研究。所谓"融合中西"，就是要在扎根研究过程中进行古今中外的比较和借鉴，在此基础上构建和修正理论。"经史"中的"经"乃是中国传统儒释道经典，通过深入阅读"经"来获得启发是我们研究当代管理现象和管理问题的视角和分析思路。"史"是中国古代管理实践的积淀，是我们研究当代管理问题的参照物，也是我们如何把"经"的原则与管理实践相结合的注脚。为什么我们强调做扎根理论研究、做管理理论创新要重视"经史"呢？

第一，相对于产生于西方传统文化中的主流管理理论来说，中国传统文化能够给我们带来解读中国管理问题的独特视角，甚至是最合适的视角。而"经史"是传统文化的核心，只有通过阅读"经史"才能真正理解我们的传统文化。从传统经典和历史中去寻找我们的独特视角和元问题，比直接从当代中国的具体管理实践中去寻找可能会更加具有深度和指导意义。当代中国很多管理实践活动或者说成功的经验都受到多元文化影响，也受到具体情境的影响，缺乏普遍推广意义和指导性。相比之下，从经典的视角出发，做以史为鉴的研究可能会更容易得出具有普遍性和指导性的观点。因为历史会把管理实践中最经典的内容积淀下来，并且我们可以在历史长河中追寻这些思想观点的来龙去脉，从而获得对当代中国管理实践更深刻的理解。

第二，历史上的各种管理思想也是源于管理实践，尽管是二手材料、二手数据，但同样具有启发性。正如著名学者克罗齐的名言："一切真历史都是当代史。"没有比历史更精彩、更丰富的实践，没有比经典更深刻的洞见，没有比经典更具有抽象性和精致性的文献！古代许多著名的中国管理实践者就是通过不断阅读经典，然后结合个人的人生经历和管理实践经验，不断地内省，将经典思想运用到管理实践中去，而成为优秀的管理者的。当代中国大量管理实践者也是在阅读《孙子兵法》《论语》等传统经典著作和历史著作的过程中，不断内省体悟；在反复琢磨人性的过程中不断提升自己的管理能力，形成自己的管理思想体系，最终成就自己的管理事业。可以说，攻读经史是很多管理实践者能够在最短的时间内完成理论功底与实践案例素材的积累最重要的手段。既然管理实践者用这个方法取得了明显的效果，管理研究者怎么可以忽视这种方法呢？

第三，其实在"经史"研究过程中，也可以有规范的质性研究。如李圭泉、葛京、席酉民（2014）就曾经根据 MILES 等提出的质性资料分析方法的建议，运用扎根理论的方法对 27 份文本资料进行了编码和数据分析，归纳了史玉柱失败的八个逻辑链条，每个逻辑链条都用备忘录进行说明和分析；再归纳每个失败因素所属的层次和类别，最后总结出失败经历对领导行为影响的一个概念模型。这种研究基本上满足了国外学术界对严谨性、规范性的要求，同时，又可以运用到"经史"研究中去，这样就启发我们可以把传统的诠释性经史研究和当代扎根理论密切结合起来。

我们在后现代哲学的指导下，从诠释主义和建构主义的视角出发，把经史研究和当代扎根理论做一个整合，提出一个基于经史，中西融合的扎根理论研究方法。该研究方法优化了传统扎根理论研究的流程，将扎根理论的出发点推进到在经史之中，然后在古今思想变迁和中西文化融合中去解读案例现象和相关数据。具体操作流程如下：第一，深入阅读中国古代管理相关经典，获得经典中分析问题的视角、智慧和分析框架；不过，有些传统经典比较难懂，没有明确表现出现代意义上的管理思想，可能需要寻找相关领域的权威专家学者的诠释来相互比较印证。第二，深入历史材料去感受经典运用的情境，去印证经典的观点或者重新解读经典；具体而言就是要从历史人物和历史事件中去寻找运用经典指导管理活动的逻辑规则和相关实践案例，以史印经，从而获得对经典中相关管理思想更加深刻的理解；第三，获得经史解读某类管理实践活动的视角、框架以及相关预设。第四，寻找支撑材料或案例——初步构建解读某类管理实践活动的理论。第五，寻找当代国内相关理论与案例或者数据进行古今的比较，分析古今情境的变化，以及这种变化对初步构建的理论影响，然后修正理论。历史上，《韩非子》的作者韩非就是运用上面几个步骤不断完善自己的帝王权术管理思想体系的。韩非在《韩非子》的《解老》和《喻老》篇中，一方面引用和诠释《老子》一书原文，另一方面深入考察各种相关历史事件，来印证自己的诠释，从而获得了对《老子》更加深刻和独特的理解，最后形成了自己的管理思想体系。当然现在管理研究还需要进行上面几个步骤才能算是一个比较完整和规范的质性研究。第六，寻找当代国外的相关研究成果或案例，进行中外的理论与案例或者数据的比较；根据比较情况，修正理论，使之能够适应当代主流管理研究的话语体系。第七，寻找当代中国管理实践案例——获得一手的数据。第八，进行数据分析，深入思考，验证理论或者修正理论。第九，形成正式的理论。

作者单位：江西财经大学

编辑：吕力

传统圣贤思想的演进及其天人合德思维特征

钟海连

华夏文明推崇的生命状态是圣贤境界，历代仁人志士皆以"成贤作圣"为其修学的目标和人生价值取向。

纵观华夏文明史，传统圣贤思想总体上呈现如下演进规律：内涵由才能、德行、修身、治国而及于合道。理论建构由人性论、道德论、治国论而进入宇宙本体论、心性本体论。思维取向由外而内、由身而心乃至身心合一、天人合德。学为圣贤的功夫由修身、立诚转向发明本心、致良知的易简直截之道。在此以儒家圣贤思想为例，从字义溯源、内涵演变、理论建构、思维取向、治道应用、修养功夫等角度对传统圣贤思想的形成发展略述如下。

一、能力超群：圣贤字义溯源

许慎《说文解字·耳部》解"圣"为"通也。从耳，呈声"。"圣"是指"思虑深微，事事无不通达，且识事先于和高于智者、通者"的人。

早在中国上古时代的巫觋文化中，"圣"字就已出现，是指善视、善听、善思、善宣的人，上古时代的巫、觋就是"圣人"，他们在神、民之间起沟通、宣达作用。

"贤"为会意字，在甲骨文中为"臤"，左为臣，意为俘虏、奴隶，右为又，意为抓持、掌握、管理，整体可理解为对奴隶、俘虏进行很好的掌控。据学者高华平的研究："在现有文献中，从春秋战国到秦朝的'贤'字，主要有三种写法'贤'字的这三种形态分别代表了三种关于'贤'的价值观念：（1）以'臤'为'贤'，表示此时的'贤'观念指谁的力气大，能将战俘或奴仆紧紧地、牢牢地抓住，谁就是'贤'；（2）以上'臤'下'贝'为'贤'字，表示其'贤'观念指'以财为义也'，谁的财富多，谁就是'贤'；（3）以上'臤'下'子'为'贤'，则表示以具有如初生婴儿般品德的人为'贤'。"

通过字义的简要溯源可知，"圣""贤"最初没有德行的含义，主要指能力、财富方面过人，并未言及德行，故最初所谓的圣人、贤人均指能力超群的"能人"。而将圣人、贤者赋予善治之才、至德之性、人伦之至乃至为天道（天理）的先知先觉者等引申义，始于春秋时期儒家孔子、孟子、荀子，《易传》则基于易道（天道），通过推天道以明人事而加以系统化、理论化。

二、人道之极：儒家崇圣思想的理论建构及其天人合德思维取向

据《论语·述而》记载，孔子曾将圣与仁并举。子曰："若圣与仁，则吾岂敢？抑为之不厌，诲人不倦，则可谓云尔已矣。"

据《大戴礼记·哀公问五义》记载，孔子曾对鲁哀公讲过他的圣人观。孔子认为圣人是智慧能把握大道，才能足以应对万变，可洞察万物的人。

明确地将圣人与德行修养的境界联系起来的是孟子。孟子认为，圣人既是"百世之师也"，又是"人伦之至也"。孟子还认为，圣人在人伦（德行）修养上达到最高境界，他能充分、完整地展现人之为人的本性，他是教化民众的师表。孟子的这一观点，使圣人由本义上的能人演变成具备完美道德人格的典范。此外，孟子还将圣人视为能够施行他所期待的"仁政"理想之人物——圣君。

荀子对圣人思想发展的贡献是其以"化性起伪"为理论基础的"圣王"观。荀子认为，圣人不仅是道德意义上的完人，"圣人者，人道之极也"，更是政治意义上的"圣王"——礼仪法度的制定者。圣王的礼仪制法度，就是针对人性恶的"化性起伪"，其中"性"属于人不可学、不可事的先天禀赋，而"伪"则属于人可学而能、可事而成的后天德行修养——礼仪。

经过先秦时期儒家孔子、孟子、荀子等原创性的理论阐发，圣

人成为"完人"的代称，被视为天道的人格化身。

圣人的内涵经过儒家孔、孟、荀的丰富发展和初步的理论建构，已与天道建立逻辑关系，这是圣人思想演进过程中重要的理论原创成果。但天道的具体内涵是什么？天道与人道之间的逻辑关系的建立依据是什么？人道如何顺应天道？回答这些问题要求古典思想家、哲学家具备更高的理论思辨水平。被推举为群经之首的《易经》及据传为孔子撰述的《易传》，较早对此问题作出了系统的回答。

《易传》认为，天道、地道、人道，合称"三才之道"，皆包含在"易"中。《易经·说卦传》明确提出"阴阳、刚柔、仁义"分别为天、地、人三才之道的具体内容。而天地人三才之道，又统摄于"一阴一阳"之"天道"，《易传》作者认为，一阴一阳变化的总规律就是天道的最高层次——"易道"，它既是天地人三才之道的总根源，也是天地万物得以生生不息的根本，天地万物顺继之则为善，天地万物顺因之则为各自之本性。

《易传》的作者认为，圣人是洞悉天地变化之总规律即"易道"的先知先觉者，圣人用卜筮和制作相应的卦象、卦爻辞的方式来向世人呈现神妙莫测的"易道"，促成世间万物合乎天道而运行。

三、德行高人：儒家尚贤思想的形成及其治理之应用

"尚贤"是孔子倡导的仁政的重要组成部分。据统计，仅《论语》中提及"贤"至少24次。孔子还对知贤不用贤的行为给予批

评。子曰："臧文仲，其窃位者与？知柳下惠之贤而不与立也。"

孔子从性情、行为、言论、财富角度阐述了贤人的超常品格。"所谓贤人者，好恶与民同情，取舍与民同统；行中矩绳，而不伤于本；言足法于天下，而不害于其身；躬为匹夫而愿富贵，为诸侯而无财。如此，则可谓贤人矣。"《孔子家语·五仪》也有孔子谈论何为贤人的记载："所谓贤人者，德不逾闲，行中规绳，言足以法于天下而不伤于身，道足化于百姓而不伤于本。富则天下无宛财，施则天下不病贫。此贤者也。"上引两段文字，其大意为：贤人之性情与民众相通，是非取舍的标准亦与民众相同，但贤人能做到行为合于礼仪节度，言行能够为天下人所效仿；贤人富有，但不以积财为目的，贤人可以把自己的财产奉献给社会，却并不因此而贫困。

对于何为贤才，孔子认为"德才兼备"是贤才必备的基本条件。《论语》对"贤才"的品质也多有描述，如安贫乐道、知人善任、见贤思齐、贤贤易色等。

孔子虽然把德行纳入了贤才的考量标准，但值得注意的是，孔子所倡导的尊贤、举才，仍是维护封建等级制度的。孟子眼中的贤者，应先知先觉，使人昭昭。孟子的尚贤思想在继承孔子的基础上有深化拓展，其强调"尊贤使能"对"仁政"具有重要作用。孟子继承了孔子"举贤才"的思想，明确提出了尊贤使能的治政主张，强调任用官吏要尊崇贤者，使用能者，让他们在位在职，"贤者在位，能者在职"。

较之于孔子，孟子对如何发挥贤者作用的观点更为明确，"贤者在位，能者在职"是孟子理想政治的典范。他认为贤明的人身居高位，能干的人担任要职，如此国家才能长治久安。孟子还提出大德与小德、大贤与小贤的关联规律。"天下有道，小德役大德，小贤役大贤；天下无道，小役大，弱役强。斯二者，天也，顺天者存，逆天者亡。"此外，孟子进一步拓展了贤者的来源："舜发于畎亩之中，傅说举于版筑之间，胶鬲举于鱼盐之中，管夷吾举于士，孙叔敖举于海，百里奚举于市。"

先秦儒家所确立的举贤任能之德治思想，此后成为历代明君、思想家、政治家的治国理政思想主流，亦是中国传统圣贤思想应用于国家治理领域的重要理论成果。

四、圣贤风范：儒学圣贤气象论及圣贤异同之辨

经过孔子、孟子、荀子等先秦儒家先哲及《易传》的理论建构，圣贤从单一的"能力超群"者向人道之极、至德之人、德行高人、善治之王、天道的化身等多重理想角色演进，学为圣贤成为士、君子的人生价值追求。儒学发展至北宋时期，理学宗主周敦颐吸收《周易》的思想，将圣人之德的具体内容概括为"诚、神、几"，试图对圣贤之德行的具体内涵和特征加以界定。但系统论述圣贤德性之特征——"圣贤气象"问题的是南宋理学家朱熹和吕祖谦。

所谓"圣贤气象"是指圣贤作为理想人格和人生境界的外在表现，也可称之为圣贤风度、圣贤风范。

程颢的圣贤气象表现为：（1）洞见道体。"博闻强识，躬行力究；察伦明物，极其所止；涣然心释，洞见道体。"（2）德性充完。"明道先生德性充完，粹和之气，盎于面背，乐易多恕，终日怡悦，从先生三十年，未尝见其忿厉之容。"（3）善于教化。"先生之言，平易易知，贤愚皆获其益，如群饮于河，各充其量。先生教人，自致知至于知止，诚意至于平天下，洒扫应对至于穷理尽性，循循有序；……教人而人易从，怒人而人不怨，贤愚善恶咸得其心，……闻风者诚服，睹德者心醉。"（4）为政宽裕。"先生为政，治恶以宽，处烦而裕。……先生所为纲条法度，人可效而为也；至其道之而从，动之而和，不求物而物应，未施信而民信，则人不可及也。"（5）主敬行恕。"先生行己，内主于敬，而行之以恕；见善若出于己，不欲弗施于人；居广居而行大道，言有物而动有常。"这五个方面的生动描述，为慕贤希圣者树立了清晰的典范。

除了阐述圣贤风范，朱熹和明代思想家王阳明还对圣贤之异作了辨析。在朱熹看来，根据气质的不同，人可划分为"生而知之者""学而知之者""困而学之者""困而不学者"四类，朱熹认为气质之禀清明纯粹、"生而知之者"是"圣人"，气质之禀虽清明纯粹然略有渣滓、需"学而知之者"是"贤人"，气质之禀多昏浊偏驳而少清明纯粹、"困而学之者"是"众人"，气质之禀昏浊偏驳而无清明纯粹、"困而不学者"则是"下民"。

如果说朱熹是从气质之禀的不同区别圣、贤、众人、下民，那么，王阳明则从是否与天道相合、能否率性以及天理人欲角度谈圣、贤之异。解释说，圣人为生知，知的是"义理"，而不是礼乐、名物等具体的才能。

宋明理学家对圣贤气象和圣贤之异的深入探讨表明，儒家圣贤思想从先秦时期的人伦、德行领域上升至性、理、天、道的宇宙本体层面，且最后归结为心性本体，因此，儒家圣贤思想发展到宋明理学时代，达到新的理论高峰，但其天人合德的思维取向则一以贯之，这也是中国传统哲学"天人合一"理论思维特征的体现。

五、立志修身：儒家学为圣贤的工夫论

自《大学》提出"自天子以至于庶人，一是皆以修身为本"，修身，成为儒家学为圣贤工夫论的主流观点。《大学》把学为圣贤的工夫概括为三纲领八条目，所谓"三纲领"是"明明德、亲民、止于至善"；"八条目"为"正心、诚意、格物、致知、修身、齐家、治国、平天下"。

孔子把修身高度凝练为"忠恕"两字，并以之为自己的一贯之道。关于"忠恕"之道的意涵，《论语·卫灵公》篇有："子贡问曰：'有一言而可以终身行之者乎？'子曰：'其恕乎！己所不欲，勿施于人。'"观此可知，"恕"就是"己所不欲，勿施于人"。《论语·雍也》篇又有："子贡曰：'如有博施于民而能济众，何如？可谓人乎？'子曰：'何事于仁！必也圣乎！尧舜其犹病诸！夫仁者，己欲立而立人，己欲达而达人。能近取譬，可谓仁之方也已。'"可见，"忠"即是"己欲立而立人，己欲达而达人"。

孟子提出"求放心"的工夫论，把学为圣贤的工夫由修身转向修心。孟子认为人人都具备成长为尧、舜那种圣人的先天潜质，至于怎样才可以成为尧、舜那样的圣人，孟子指出的具体路径是"求放心"，即保护好人先天善的德行——仁义礼智之四端。"恻隐之心，仁之端也；羞恶之心，义之端也；辞让之心，礼之端也；是非之心，智之端也。"孟子还将"求放心"的德行修养功夫作了生动的描写："故天将降大任于斯人也，必先苦其心志，劳其筋骨，饿其体肤，空乏其身，行拂乱其所为，所以动心忍性，曾益其所不能。"

周敦颐将"无欲"两字提示为圣贤工夫的要领，也就是《中庸》说的"诚之"的要领。在《养心亭说》一文中，周敦颐解释道，只有无欲才能立诚，才能进入"明"与"通"的圣境，"盖寡欲焉以至于无，无则诚立明通。诚立，贤也；明通，圣也"。

在圣贤工夫论上，朱熹、王阳明均将"立志"作为工夫之本、之首。朱熹言："学者大要立志。所谓志者，不道将这些意气去盖他人，只是直截要学尧舜。"朱熹还把"立志"与"居敬"合起来说，强调"立志"要以"居敬"的态度来保持志之不失于空。除具备学为圣贤的志向和理想外，朱熹认为只有努力不辍才能修成圣贤。

王阳明对于圣贤工夫论的重要理论贡献在于其致良知学说。王阳明曾直截了当地说："夫圣人之学，心学也。学以求尽其心而已。……圣人之求尽其心也，以天地万物为一体也。"他将"明本心"确立为"圣学之要"，推导出圣贤之心与人之本心无异的观点。

接着，王阳明把圣贤工夫论从明本心转为致良知。良知就是孟子说的是非之心，人人皆具，圣愚平等。"是非之心，人皆有之，即所谓良知也。孰无是良知乎？但不能致之耳。"在王阳明的心学思想体系中，圣贤工夫由修心、明本心，顺理成章地转换为致良知，除致良知外别无其他工夫，而且，这是最简易真切的工夫，凡工夫只是要简易真切。愈真切，愈简易；愈简易，愈真切。

王阳明还将致良知与《中庸》所讲的"戒慎恐惧"结合起来讲，他把戒慎恐惧作为致良知的工夫，以确保心之良知不失却其昭明灵觉之本体，如此则此心时时处于"动容周旋而中礼、从心所欲不逾矩"的真洒落境界，这就是孔子曾描述的圣人的精神境界。

宋明理学家皆以成贤作圣为人生价值追求。周敦颐基于其太极本体论提出"诚者，圣人之本"以及"主静"而"立人极"的希圣思想，从性体（天道）上说圣人之本性——诚，其学为圣贤的方法为"立诚"；王阳明则发挥《孟子》"良知良能"和心之"四端"，以及《尚书》"人心惟危，道心为微，惟精惟一，允执厥中"的"十六字心传"，从心体上说圣人之本性——良知（是非之心），将学为圣贤的方法简约为"致良知"。周敦颐、王阳明的圣学，既体现了儒学成圣的共同价值取向，但也有着不同的哲思特征，即用显体与立体达用。两者从思维方式上都坚持了儒学传统的天人合一思维。

通观历史，华夏文明演进的主旋律是探寻天地人生生不息之道。五千年来，基于人的德行修养关乎天地人三才的和谐共生与长生久视，华夏文明形成了丰富、宏博的圣贤思想体系，确立了"内圣外王"的人生最高境界，这一源远流长的圣贤思想是华夏文明之魂。如上所述，它在各个领域均产生过深远影响，举凡修身、齐家、治国、平天下，无不渗透了圣贤思想的文化基因。历代皆以圣贤治世、贤良安邦、选贤任能为善治，以慕贤希圣、见贤思齐、修身志贤为价值追求，可以说，传统圣贤思想凝结了华夏文明关于天地人生生不息之道的理论精华，它矗立于人类文明史的思想高峰，至今仍散发着强大的文化生命力。

原载:《中国文化与管理》，2021年第1期

作者单位：中盐金坛盐化有限责任公司

摘编：钟尉

四、

中国本土管理思潮

非对称创新：中国企业的创新追赶之路

魏江　王丁　刘洋

一、引言

....

本文基于中国管理实践，初步提出了"非对称创新战略"的理

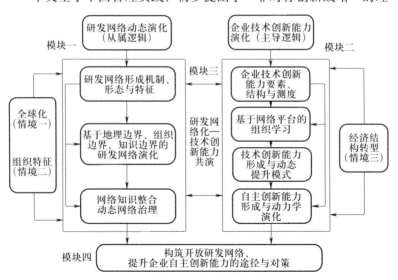

图1　经济结构转型、研发网络化情境下企业技术创新能力演化规律研究

[资料来源：国家自然科学基金重点项目（71132007）结题报告]

论框架，试图挖掘"中国智慧之美"（Wei et al., 2018；魏江和刘洋，2017；魏江等，2017）。

二、"非对称创新"理论凝练历程（略）

三、"非对称创新"理论核心逻辑

接下来简要介绍"非对称创新"的理论基本逻辑、理论贡献和实践意义。我们首先定义基本概念。非对称资源，是指与发达国家行业内领先企业相比，中国企业所拥有的稀缺和差异化的资源。虽然这些资源在发达国家企业看来不是核心竞争优势来源（Miller，2003）。这一概念来自 Miller（2003），其原意是强调企业竞争对手不会或难以用可承受经济成本进行复制的技能、过程或"资产"（Miller，2003）。本文采用这一概念，并突出非对称资源的核心内涵在于独特性（Uniqueness）和不可模仿性（inimitable），以及由此带来的潜在优势（Madhok&Keyhani，2012；Miller，2003）。同时，我们认为这些具有独特性但暂时还不是核心竞争优势来源的资源，是根植于中国独特的制度、市场和技术情境中的。例如，西方学者用制度缺位（Institutional voids）这一具有一定"歧视意味（pejorative labeling）"的概念来标签化以中国为代表的转型经济体国家制度，并认为其会为企业发展带来很多障碍（Bothello et al., 2019）。许多中国企业通过重组蕴含于所谓"制度缺失"中的非对称资源，形成了自身的核心能力。例如，四川电信逐步形成了供应链双元金融模型（supply chain ambidextrous financing model）来弥补融资制度的不完善，进而最终变成了竞争优势（Amankwah-Amoah et al., 2019）。这一过程当然依赖于中国企业以特定实践将非对称资源嵌入组织流程，转化为有价值的资源过程和组织惯例，即非对称创新能力（Wei et al., 2018）。最后，本文用非对称创新——作为一个较为宽泛的概念——来指代中国企业通过识别和重新定义非对称资源，进而逐步获取竞争优势实现创新追赶的创新战略。需要指出的是：一方面，"非对称创新"中的"非对称"指代了识别独特但无价值的"非对称资源"并将之转化为独特且有价值"对称"资源的过程；另一方面，"非对称创新"更一般地表征中国企业不是与其国际领先的竞争对手按照他们所主导的范式下进行"对称"的竞争，而是另辟蹊径，从国际领先的竞争对手所不重视的要素出发逐步形成优势的过程。例如，Williamson（2010）总结得出海尔等企业的竞争优势在于成本创新（cost innovation）：以低价格的方式开发高技术、多样化和定制化的产品，并把原本细分市场的产品重新定位于大众市场，进而带来"物超所值"（value-for-money）的革命。这种创新战略跳出了国际市场上的主流"游戏规则"，而这一另辟蹊径的模式得以实现的根本原因：一是本土市场规模足够大，原本所理解的"细分市场"规模可能比某些发达国家的"大众市场"的规模都大；二是本土市场上高度专业化的制造体系让低成本实现多样化和定制化产品制造成为可能。海尔等中国企业正是通过撬动蕴含于中国独特情境下的非对称资源并将之转化为竞争优势这一"非对称创新"战略逐步实现了赶超。

基于这些定义，我们从情境逻辑和行为逻辑提出"非对称创新理论"的核心内容。外部情境逻辑，即中国市场型态的独特性、制度型态的独特性、技术体制的独特性（MIT框架），这三者是中国企业非对称资源的重要来源，构成了企业非对称创新追赶的基础。这一部分是我们前期探索的重点（Wei et al.，2018；魏江和刘洋，2017；魏江等，2017），我们详细阐述了中国独特的MIT框架如何为中国企业提供非对称资源基础。

（一）外部情境逻辑

1. 中国市场型态的独特性

中国独特的市场特征，具体包括市场规模宏大且发展不均衡，市场高度动荡性等。首先，在市场规模上，世界经济论坛发布的《全球竞争力报告》显示，14亿人口组成了世界上最大的市场，规模指标持续位列世界首位。但同时中国市场的另一个重要特征是市场的不均衡性。市场不均衡具体表现在区域间和区域内部市场成熟度，顾客需求和购买力的巨大差异，例如东西部、城乡之间的市场差异。规模宏大且不均衡的市场中蕴含的一种重要非对称资源是未被满足的低端利基市场以及从低端到高端的阶梯式全链条的市场的存在。一方面，这种市场不均衡特征将规模宏大的市场天然分隔为多个利基市场，处于低端的"利基"市场往往被在位企业所忽视（Christensen&Bower，1996）。事实上，到2018年，中国农村人口仍然占比40%左右，这一规模宏大的中低端市场往往不是国际领先企业的重心所在，这就为缺乏核心资源的中国企业提供了生存和试错的空间。另一方面，从低端到高端的阶梯式"利基"市场的存在，为中国企业逐步通过试错和学习提升能力提供了足够的市场空间（郭斌，2018）。把蕴含于规模宏大且不均衡市场中非对称资源转化为竞争优势的常见路径是以低成本、节约型创新满足低端市场的需求，再通过自下而上的颠覆式创新逐步累积能力实现对其国际领先对手的赶超。例如，华为就利用"农村包围城市"的策略，在主流高端市场上避开与拥有高质量产品的发达国家通信业巨头的直接竞争，转而进入中国广大农村市场，并紧密结合中低端市场需求，开发了一系列质量较好但成本低廉的颠覆式创新（如分布式基站解决方案等）。通过细致的服务逐步占领中国县级和乡镇等中低端市场后，获得了大量资源（例如资金和客户知识等）后不断投入研发并向高端市场延伸，并最终自下而上实现了中国市场上对 Cisco、Ericsson 等在位企业的赶超。

其次，转型经济下的市场特征还被刻画为高度动荡性，具体表现在市场需求多变、消费行为差异化、市场竞争激烈和市场机制不稳定等方面。市场高度动荡性一直被认为是企业的"负债"而不是"优势"，但换个角度亦为中国企业获取非对称资源提供了可能。多变的市场需求、差异的消费行为、激烈的市场竞争和不稳定的市场机制等特征交织在一起形成了一个中国市场的"天然隔离带"：所有企业要想赢得竞争，必须深入理解中国的市场特征。例如，联合利华（中国）总经理提及："我们必须对中国的任何统计数据进行'解构（de-average）'。如果我们试图向全国的消费者销售同一个产品，我们注定会失败（Chang&Park，2012）。"而中国企业基于对本土市场天然和深入的理解，能够把蕴含于高度动荡市场中的非对称资源转化为竞争优势。例如，淘宝网能够赢得与易贝（eBay）中国竞争的关键在于基于对中国消费者需求的深入理解，把动荡的市场环境变成了与易贝竞争的有力武器。具体而言，淘宝网首先通过免费模式而不是易贝已经在发达国家验证过的收取中介佣金模式，采用中国传统集市模式而不是美国成熟的拍卖模式。进一步，与易贝极力阻止卖家和买家交流、采用发达国家成熟的信用卡支付体系不同，淘宝通过支付宝和聊天工具的推出解决了中国电子商务早期信用问题。

2. 中国制度型态的独特性

中国独特的制度型态包含强政府、制度缺位和复杂制度环境等，这些特征背后蕴含了驱动中国企业构建核心竞争优势的关键非对称资源。第一，强政府通过要素供给驱动企业创新。转型的中国政府掌握着大量的关键资源，例如土地、资金、技术等核心要素资源，并通过控制和分配要素资源引领着创新的方向。直接的制度支持已经被证明对中国企业创新能力提升有重要影响（Liu et al.，2011），我们这里强调的是强政府主导模式下的中国企业非对称资源的获取。例如，我们提出了制度型市场（institution-led market）的概念（魏江等，2016；Wei et al.，2020），用来指代"由政府战略性地、适时创造出的独特市场，并配以政策和资源的支持"（Wei et al.，2020）。这一市场对所有企业（包括本土企业和国际企业）开放，一方面吸引了全球企业进入，让本土企业有了技术学习的机会，另一方面基于对中国制度运行逻辑的熟悉，本土企业敏捷地进行反应，进而有可能形成自己的竞争优势，最终实现创新追赶（魏江等，2016；Wei et al.，2020）。例如，海康威视、大华技术等民用安防企业就是从"平安中国""智慧城市"等政策中寻求机会，把政府创造的市场结合自身的能力整合，形成非对称创新能力，逐步成为世界安防领域的领导者。

第二，"制度缺位"促使企业通过制度创业驱动创新。转型经济背景下，一些领域存在制度不完善或执行不完备的状况，这就为企业通过制度创业获取非对称资源并转化为竞争优势提供了可能：中国企业有机会将自身所拥有的能力、属性和特质在规则不完备的条件下进行创造性拼凑组合，一方面逐步形成了自身的优势，另一方面反过来促进制度的建设（Madhok&Keyhani，2012）。这一过程中把"制度缺位"中蕴含的非对称资源转化为优势的一种重要策略是通过政治战略（political strategy）和结网战略（networking strategy），这是因为在正式制度相对不完善的时候，非正式制度扮演了重要的补充作用（Peng&Luo，2000）。通过政治战略和结网战略，中国企业可以在与利益相关者不断互动的过程中，把"制度缺位"下许多运营障碍转化为优势，进而超过与其直接竞争的国际领先企业。

第三，复杂制度环境包容了企业多种形式创新。转型经济体的制度复杂性主要指场域内多重不一致，甚至相互矛盾的制度逻辑（Luo et al.，2017）。具体来讲，制度转型过程中的中国有着复杂的制度体系，例如政府、行业协会、战略集团、社区等不同主体带来的制度逻辑复杂性；中央政府、地方政府等不同层级的制度逻辑复杂性；正式制度与区域文化和规范之间的制度逻辑复杂性；不同所有制组织制度逻辑的复杂性等。例如吉利集团在并购沃尔沃过程中，就通过巧妙借助地方政府之间制度逻辑的不一致，顺利获得了大庆、成都和上海等地方政府的支持。此举不仅为吉利的收购行动筹集了大量资金，还在整合阶段促成了沃尔沃制造基地在中国的成功落地，实现了吉利与沃尔沃双方的共赢。

3. 中国技术体制的独特性

技术体制被定义为技术机会、创新独占性、技术进步累积、知识产权的集合（Lee&Lim，2001）。技术体制通过决定企业研发活动投入与产出的关系，来影响后发企业的创新追赶（Lee&Lim，2001）。事实上，在中国市场的发达国家企业拥有先进的核心技术，并且在很长一段时间内引领着产业技术的变革，而尽管经过多年的发展，有些中国企业的技术水平达到了世界领先水平，但总体而言还是存在巨大的差距（Chang&Park，2012）。尽管如此，中国企业还是在弱技术体制中逐步识别出许多非对称资源，并将其转化为竞争优势。事实上，由于中国企业技术能力薄弱，早年弱知识产权保护体制和以代工为主要模式的大规模制造帮助中国逐步形成了完善的制造体系。例如，浙江省涌现的多个产业集群，如台州汽摩配集群、桐庐制笔集群等，就是在弱技术体制背景下成长起来的。由于早年知识产权"独占体制"缺位和"隔离机制"失效，加之集群的地理邻近性特征，使先进技术可以在集群内实现快速传播和溢出，培育了大量专业化中介组织和标准化模块生产企业，通用部件的大规模生产使得单个部件的成本大幅下降。在弱技术体制下形成的这一完备、高效率的制造体系，已经逐步成为中国的国家竞争优势（Grant，1991；郭斌，2018），为后期我国制造业的快速发展和转型升级奠定了坚实的基础。中国企业从弱技术体制中实现追赶的一个重要策略就是把高效率制造体系这一国家竞争优势转化为企业的竞争优势。例如，以小米公司为代表的大批以"性价比"为卖点的中国企业所依托的正是逐步完善的制造体系。

（二）企业行为逻辑

进一步，我们提出非对称资源本身并不能直接为企业带来竞争优势，因而中国企业如何把嵌入在市场型态、制度型态和技术体制三类情境中的非对称资源，通过实践行动内化为自身非对称创新能力——即以特定实践将非对称资源嵌入组织流程，转化为有价值的资源过程和组织惯例（Wei et al., 2018）——是驱动中国企业创新追赶的核心动力。为此，本部分我们从学习机制设计、组织架构设计、治理制度设计和追赶路径设计四方面，阐述关于中国企业如何构建非对称创新能力的一些发现。

1. 学习机制设计

"非对称创新"的核心逻辑是把传统意义上的并非是竞争优势来源的资源逐步变成核心竞争力，而后逐步掌握国际话语权，这就要求中国企业采取特定的组织学习方式。后发企业向海外技术领先者学习是技术追赶的关键路径，而不同学习方式各有优劣，适当的组合才能够更有效地利用中国市场型态、制度型态和技术体制三类独特情境中的非对称资源。例如，我们在分析制度型市场的内涵与特征的基础上，系统识别了制度型市场与技术不连续交互驱动效应下企业所采用的学习模式，包括"并进式""内控式""外植式""采购式"四种类型（魏江等，2016）。例如，在强制度型市场和高技术不连续性条件下，企业同时进行高内向学习和高外向学习的"并进式"学习更有助于实现技术追赶。该学习模式的特征在于，依托于中国的超大规模市场，通过内部学习将国际先进技术导入国内以掌握核心技术，又在外部通过分支机构的设立充分获取前沿技术以持续保持领先。以中国南车为例，在内向学习过程中，中国南车持续高强度地引进"日本大联合"——川崎重工、三菱电机、日立制作所等六家企业的核心技术，在整体研发系统架构内进行再创新。在外向学习过程中，中国南车通过与庞巴迪、通用等机车、轨道制造巨头共同组建海外合资公司，在美国建立海外研发中心等方式，尽可能地获取领域的前沿知识和技术，以及先进的管理、运营和项目孵化经验，使其更快实现关键技术的突破，并在核心领域保持竞争优势。

2. 组织架构设计

由于制度和技术的差异，后发企业在构建全球研发网络过程中面临着"外来者劣势""新兴者劣势""来源国劣势"等多种挑战（魏江等，2020；魏江和王诗翔，2017）。因此，后发企业如何设计全球创新网络组织形式，对于依托全球化机会进行资源配置，进而提升自身技术创新能力有着重要意义。首先，在全球跨边界研发系统设计规则上，我们分析了在技术差距、制度差距背景下，后发企业在目标选择、系统组建步骤和协调策略三个方面全球研发系统构建的设计规则，归纳了四种不同的技术架构和组织架构的模块性实现路径，并进一步揭示了中国独特制度和技术情境下，中国企业研发系统架构的设计规则，即应当如何综合考虑技术差距和制度差距带来的影响，通过研发系统架构构建过程中目标、步骤和协调机制的设计，实现技术架构和组织架构之间的协同，从而获得研发"走出去"的成功（魏江和黄学，2014）。

其次，在全球研发海外进入模式选择上，我们系统分析了后发企业研发国际化动机和进入模式选择的内在逻辑。具体来讲，在技术和市场的"双元驱动"下，中国后发企业表现出三种研发国际化动机，即新技术探索＋国内市场竞争力提升、已有技术利用＋海外市场扩张、新技术探索＋海外市场扩张。进而中国后发企业根据不同研发国际化动机下内外部合法性需求对海外研发机构进入模式和组织结构进行安排。而在这一过程中，中国后发企业逐步实现从通过自主研发和合作创新积累一定的技术基础"走出去"进行海外市场的扩张，到撬动海外新技术，并"拿回来"服务本地市场的飞跃。进而随着技术和市场的积累，中国企业也开始瞄准海外先进技术和广阔市场，实行两手抓，全面实现技术和市场的双重追赶，实现国际市场最终的"走进去"和"走上去"。(杨洋等，2017)

最后，在并购后整合的架构设计上，中国后发企业并不总遵循已有研究中镜像假设的观点来对被并购企业进行整合，而是综合并购动机、组织身份不对称性、知识差距和技术动荡性等情境特征对组织模块化程度和技术模块化程度进行设计，从而更好地实现对被并购方知识与技术的整合；进而全方位考察在来源国劣势下，在组织身份、并购动机共同构成的组织情境中，后发跨国公司对协调机制的设计和安排，如何帮助它们成功撬动自身和被收购方的知识基础和原有经验来推进新知识的创造和转变，最终实现能力提升的全过程(Wei et al.，2019)。

3. 治理制度设计

与组织设计直接关联的是制度安排的设计，特别是对撬动全球创新资源的企业内部网络和吸纳全球创新资源的企业外部网络的治理机制设计。中国后发企业在治理全球创新网络过程中，会面临外部合法性赤字、组织身份认同不对称等方面的挑战。对此，后发企业采取与之相匹配的治理制度来进行响应。为应对外部的合法性赤字，我们通过分析后发企业海外子公司合法化战略选择的动态演化过程，发现后发企业海外子公司会在国际化不同阶段动态地将反应型和前摄型两类合法性战略进行切换以有效获取和维持其在东道国的合法性。进一步地，我们还揭示了后发企业克服来源国劣势的两类机制，包括直接获取机制和间接维持机制（魏江和王诗翔，2017）。

同时，我们还聚焦于后发企业在发达国家的分支机构（例如，子公司和并购的企业）所面临的组织身份不对称的问题，发现后发企业通过隐性协调机制、实时沟通机制、协调人机制和模块化机制等治理机制的设计，可以有效缓解外部形象和地位不对称以及内部文化和惯例的不对称，进而成功破解了后发企业所面临的并购后协同与学习的障碍（魏江和杨洋，2018）。例如，万向集团在并购A123公司项目中，一方是中国的民营企业，另一方是美国"新能源明星"，两者身份高度不对称引发了如研发人员大规模离职、双方技术协同困难等一系列问题。对此，万向创造性地采用了"反向吸收"的治理策略，将万向集团的电池业务反向并入A123体系，由A123团队负责万向全球业务的经营管理。此举不仅帮助A123最大限度地保留了原有的管理团队及研发人员，并在短时间内迅速扭亏为盈，还在启停电池、储能等多项技术上实现新突破。

4. 追赶路径设计

通过学习机制设计、组织架构设计、治理制度设计保障了中国企业通过独特创新追赶路径实现超越。首先，"从市场的边缘到核心"这一创新追赶路径是许多中国制造企业实现赶超的策略选择。例如，华为在开始聚焦于被国际主流电信巨头所忽视的农村市场，在中国市场占据一定地位后逐步进入非洲、亚洲等地区的十几个"第三世界"国家，而后逐步包围发达国家，慢慢打开市场。这一策略的好处是通过进入边缘市场可以获得大量资金以支撑技术的开发，同时边缘市场中独特需求往往蕴含着许多创新的机会，甚至可能颠覆主流市场。其次，"从产业链的环节到完整产业链"是另一条常见的创新追赶路径。例如，万向集团从"万向节"这一特定汽车零部件起家，先通过强大制造基础占据这一零部件领域的世界领先地位，然后通过跨国并购等策略不断扩大生产零部件的范围，形成从零件到部件、到系统、到整车，并于近期启动"万向创新聚能城"项目，试图构建创新生态系统，引领产业的未来发展。这一从产业链环节到完整的路径的好处是在特定技术领域稳扎稳打，相对快速获取国际话语权，同时基于技术累积进行产业链拓展相对容易。最后，"从互补性技术到核心技术"亦是一条常见的非对称创新赶超路径。例如，吉利汽车从开始就依托广阔的低端市场，专注于降低互补性技术部件的成本，而核心技术通过购买的方式获取，快速累积知识，而后逐步通过跨国并购等策略掌握核心技术，实现赶超。这一路径的优势在于避开技术壁垒，通过特定细分市场获取资金和累积行业相关知识基础。

四、讨论与结论

纵观整个理论构建历程，我们总体按照"从差异性事实出发建构管理学的中国理论"的逻辑（蒋东生，2018），尽量通过"情境化知识与普适化理论的有机结合"（李海洋和张燕，2016），通过总结中国企业创新管理智慧，进而提出一个"中国式创新"的理论框架（苏敬勤和高昕，2019）。

原载:《管理学季刊》，2020年第2期

作者单位：浙江大学管理学院，浙江大学全球浙商研究院

摘编：吕力

案例学的构建——学理基础与现实可行性

苏敬勤　王娜　高昕　张璐

一、引言

所谓案例学是"以社会实践为基础，从案例中挖掘新素材、发现新问题、提出新观点、构建新理论、传播新知识"为诉求的集案例知识的创造、传播与应用为一体的新型社会科学交叉学科。目前，案例不仅在管理学领域，也在各个应用学科领域的知识创造、传播与应用中发挥了越来越大的作用，三大功能的凸显已然形成了浓郁的案例氛围。特别是在工商管理领域，呈现出了从望其项背、同台竞技到形成特色的局面。立足我国独特的转型发展实践，加强案例在各个学科领域教研活动中的深度联结，基于当前已积累的案例人才储备、案例组织机构与实践资源优势，我国已然基本具备了率先构建"案例学"的条件。以相对成熟、发展领先的工商管理学科的案例教学与研究体系为先导，率先初步建设深植中国本土实践、具有国际标准的全新案例学学科体系，进而带动其他应用学科案例建设的融合，对于贯彻落实习近平总书记提出的构建具有中国特色、中国风格与中国气派的中国特色哲学社会科学学科体系、学术体系与话语体系具有重要意义，有望率先实现我国在世界管理科学体系中学科建设的新突破。

然而要推进本土案例学的构建，仍存在若干亟待解决的问题。一是在研究方面，本土学者近年来在方法严谨性、科学性等方面水平不断提升，越来越多地实现了在国际期刊的发表，但在挖掘本土独特管理理论方面则收效甚微（周小豪、朱晓林，2021），这要求我们亟待从研究方法的模仿深入到底层逻辑的审视，从而发掘兼顾科学性与创新性的案例研究本土范式。二是在教学方面，虽然案例教学法在国内得到广泛运用，但如何采集、编写，特别是课堂使用的逻辑连接缺乏系统的研究和有效的实践。三是虽然众多单位成立了案例中心，形成了不同的组织管理模式，但尚未就如何提升案例资源的开发深度、使用效率与效果等进行系统探索，支撑案例教研活动的有效联结机制尚需进一步的探索。四是在案例学的融合构建方面，当前在教研互促、案例素材的深度开发、案例资源的多元化利用等方面仍未形成有机的系统，有待于从学科体系构建的视角，探索案例知识的创造、传播与案例资源应用的系统整合思路。

二、案例学构建的学理与现实基础

（一）案例学构建的学理基础

虽然应用科学的不同学科在理念、方法等方面存在差异，但是在案例的知识、方法、对象等方面存在同源或者相似性，为融合构建案例学提供了坚实的基础。

实践来源同源。经典实证主义认为一切科学知识源于可观察、可验证的实践（阙祥才，2016）。实践是认识的基础，为我们更好地改造世界提供了客观可能性。费尔巴哈曾说过，"理论所不能解决的疑难问题，实践将为你解决"（费尔巴哈，1984）。而案例对实践的依赖更加天然且直接，其本质就是对典型实践的陈述，案例与实践之间天然的连接性使得案例法成为法学、医学、管理学、心理学、教育学等应用性学科最为快捷、准确且行之有效的教学、研究手段之一。

基本问题相似。在应用科学的实地研究中研究者常面临现象与实际环境边界不清且不易区分，或者研究者无法设计准确、直接又兼具系统性控制的变量的问题。此时，研究者多会从回答"是什么""为什么""怎么样"的基本问题开始，即案例研究方法（陆雄文，2013）。案例研究是一种基于现有理论对特定情境中单个或一组典型事件的发生背景、过程进行系统性描述和分析，归纳出具有解释和预测作用的普遍性结论的定性研究方法（王梦洁、方卫华，2019），通俗来讲，案例研究就是摆事实讲道理，其中，"事"基于"理"，"理"蕴于"事"。无论是在法学、管理学、教育学等社会科学，乃至医学、工程等更为广泛的领域均可以通过案例回答相同的基本问题。

教学诉求相同。案例法最早源于法学领域对案例的应用，随着其在法学、医学等领域中的成功应用，激励了商科教育领域对案例法的关注。案例教学法开发的初衷是提高学生的分析问题和决策问题的能力，在后续的发展演化过程中因不同学科教学目标的需求差异，出现了不同形式的案例教学衍变体（如翻转课堂、行动学习等），但提升学生在特定情境下分析问题与决策问题的能力成为案例教学与其他教学方法最大的区别，从根本上改变了传统的知识单向传授的弊端。

研究流程与规范相似。由于社会科学类知识难以被结构化表达，案例成为有针对性传递教育目标，传播学科知识的有效载体（Armstrong and Mahmud，2008）。从社会实践知识到学科理论知识的转化，无不经历了采集、编写、教学实施、理论研究等多个环节。苏敬勤和崔淼（2011）对案例研究内涵的界定，体现了研究程序的规范化，认为案例研究方法是一种遵循"理论回顾—案例研究设计—数据收集—数据分析—案例研究报告撰写"的程序与步骤。虽然当前，各个学科尚未形成案例研究、案例教学完全统一的范式，但在方法流程的整体性方面则是相似的，这也是案例学有可能成为独立学科的最为重要的基础。

学科知识交叉融通。采用案例开展教学与科研的学科广泛分布在管理学、法学、社会学、教育学等社会科学，在工程技术等更广泛的学科领域教研活动中也有大量的应用。不论在哪个学科，案例均会按照其相似的基本流程、规范和方法与各自学科的知识进行交叉融通，并不断从各个学科汲取营养，扩展案例的边界，使其更加充满活力。

（二）案例学建设的现实基础与需求（略）

三、构建案例学需要首先解决的若干问题

（一）案例知识创造——底层逻辑

在管理学研究百余年的历史中，早期的主流方法就是案例研究。虽然在发展中期，管理学界为应对缺乏科学性的诟病和加强严谨性的呼吁，广泛采用基于统计分析的量化研究使得案例研究被边缘化，但到 20 世纪末，案例研究又以其坚挺的知识创造优势重获新生，再次成为国际顶级期刊"最佳论文"备受青睐的管理研究方法之一（Eisenhardt，1989；Bansal，2017；毛基业，2020）。逻辑实证主义指出科学知识源于可观察、可验证的经验，经验之间的逻辑联系是先于经验而存在的，并可以通过语言总结出的理论命题来反映，故逻辑分析在知识创造中至关重要（阚祥才，2016；井润田、孙璇，2021）。一方面，一直以来，学界对于案例研究方法的精确性、客观性、严谨性以及结论可靠性等方面存在质疑，主要认为案例研究分析过程逻辑严谨性不够（王梦洽、方卫华，2019）。另一方面，越来越多的学者认为目前国内的案例研究，并未达到真正构建管理理论的目的。因此，如何在科学严谨性和价值性之间取得平衡是案例研究的重要命题。

1. 发现逻辑——案例研究存在的核心价值

科学发现是一个复杂的过程，发现逻辑是指研究者在经历新

现象或新问题后，在既有理论背景下，或突破原有理论框架，试图提出新的假说以揭示新现象或解决新问题（雷良，2006）。Gioia等（2013）认为在兼顾自然科学严谨性的同时，更需关注管理洞见的发现，提出创新性和揭示性的新概念和新思想。研究问题的发现主要源于实践现象和理论文献两个方面（Eisenhardt and Graebner，2007），基于现象发现的研究问题通常指研究者根据现象的重要性与现有理论的不足以构建研究框架，基于理论发现的研究问题指研究者根据已有研究在现有理论框架下提出问题。

现象发现与理论发现的先后性常常引起案例研究者困惑，Eisenhardt 和 Graebner（2007）认为案例研究问题有的始于实践现象，有的始于理论，在理论文献与实践现象的共同作用下形成了案例研究问题。而新现象、新问题是科学发现的初始催化剂。我们认为，就中国情境下的案例研究现实需求来看，为更好地发现本土创新实践特色、产生本土管理洞见，以实践驱动为起点，实践与理论的反复比较迭代的研究逻辑更为合理有效。魏江（2021）提出"观察—洞见—涌现"的发现框架，但如何更好地观察，如何产生洞见，何时才能实现涌现，尚未形成具体有效的框架，而除此之外，还有哪些有效的方法框架，仍需要学界持续的探索（王永贵等，2021）。

2. 外推逻辑——理论研究升华的突破口

案例研究凭借其在深入细致考察现象的过程和现象发生的社会、经济、政治、文化情境，理解行动者的感受和他们赋予实践的意义等方面突出的优势，获得了学术界的认可。然而，量化研究支持者一直对案例研究方法科学性存疑，疑虑之一便是案例研究的结论能否外推（王晓晖、风笑天，2017）。Magnani（2001）认为外推逻辑是对定义不清的现象形成某一解释性假设的推理过程，而案例研究由于事物之间的关系复杂，存在模糊的现象，适用外推逻辑。外推往往孕育着伟大的发现，是案例研究价值性的主要体现。常见的外推策略有类比溯因（analogical abduction）、法则外推（implicational law abduction）、共因外推（common cause abduction）等。

把握合适的外推是保证案例研究严谨性和价值性平衡的关键。仅关注个案特殊性是无需外推的，而如果关注普适性，案例研究则应该寻求将结论外推至更广阔的情境，从分析材料中发展出的概念或命题越抽象，越能够外推。因此，正是由于案例研究所具有的从微观分析向广阔情境拓展，以及案例分析所具有的理论意义，确立了案例外推的正当性（Geertz，1973）。案例研究基于实践特色，在发现问题、启发灵感、解构复杂性、解释说明等方面可有效填补量化研究的不足，在量化无法解决的情况下可以进行案例研究，并适当外推。而外推的关键是能够学术自洽，并给出其他方法不能解释的规律和特点。案例研究对创造性的要求与外推逻辑对严谨性的要求总像是"鱼与熊掌"，在当前中国情境下，亟需涌现出一大批具有深刻洞见的本土智慧以更好地传播中国本土创新实践，因此，需要学界深入研究中国情境下外推的情境条件与边界，形成有效的框架。

（二）案例知识传播——打通采编撰写使用的隔离墙

案例教学是知识传播的一项重要创新手段。由于应用类学科知识难以被结构化表达，案例成为有针对性地传递教育目标、传播学科知识的有效载体（Armstrong and Mahmud，2008）。案例教学法自

1870 年在哈佛法学院率先使用后，医学、心理学、管理学、教育学等领域纷纷将案例教学引入课堂，案例教学在社会科学、工程技术等不同学科也得到了广泛应用。

案例教学法于 1980 年经由中美合作举办的"中国工业科技管理大连培训中心"项目而引进我国，这一项目第一次系统引进了西方工商管理教育的课程和案例教学。2008 年，中国管理案例共享中心成立，致力于在国内商学院推广案例采编、撰写和教学，陆续推出了全国百篇优秀案例评审、全国管理案例精英赛、竞争战略教研坊、案例行动学习法等系列特色活动，调动了广大教师的积极性。但"教师不愿或不能深入企业""关注案例是否能够获奖""轻视案例在课堂中的有效使用"等现象仍然普遍存在，影响了案例的广泛和有效传播。如何打通案例"采编—撰写—使用"的全流程，为学员提供有效的案例课程成为案例学构建的一个核心问题。

结构性案例采集。目前，对于案例采集还广泛存在被动地听企业介绍和展示的阶段，难以有效挖掘案例企业实践背后的理论。经过多年的实践，学者们构建了一整套的案例采编的结构化思路，不仅提升了效率，也能够深入挖掘成功企业背后的逻辑。除在采集前应提出较为明确的采集需求，根据资源可得性等确定采集对象外，调研访谈是最为关键的环节。调研访谈作为案例采集的典型方法，需要在案例采集时同步关注时间、空间与知识三重维度。其中，时间维度通过访谈主要管理者，对关键节点、决策情境进行追问，把握后续访谈聚焦，勾画故事线。空间维度可结合故事线与部门架构，访谈职能部门人员，深化关键事件的落地执行，同时进行多方印证。学科维度需结合专业知识确定教学主题与理论基础，围绕知识框架补充提问。因此，将案例采集过程结构化为三维模型可以更好地厘清调研访谈思路，实现案例数据采集效果的最大化。

规范性案例撰写。"特定情境＋独特故事＋焦点知识"是保证一个案例完整性的构成要件。在此基础上，为了满足各案例库的收录要求，还需要有规范的案例正文和教学手册（Teaching Notes）。虽然像哈佛案例库、毅伟案例库、CMCC 的要求各有侧重，如哈佛案例库更重视情境还原、毅伟案例库更重视系统呈现、CMCC 更重视框架规范等。但就整体的案例撰写来看，案例正文应更具备趣味性、易读性、普适性，教学手册应基于"故事线—框架—理论—应用"提出系统性解决方案。在此基础上，中国本土情境下的案例撰写更应关注对案例对象的情境化，而非以往案例撰写中仅仅将中国情境作为案例情节展开的背景介绍（苏敬勤、贾依帛，2018），做出真正有血有肉的中国特色本土案例。

兼顾效率与效果的教学实施。案例教学在本土实施过程中的变形往往导致教学双方的反馈不尽如人意，主要源于三个方面原因：一是案例教学实施环节多，费时费力，在教学时长约束下为保证流程完整性使得学生的学习效率不高。二是案例教学理念迥异，源于西方的案例教学强调"个人主义、推理的力量、反对权威"，而这与崇尚和谐、礼貌、遵纪的中国传统观念存在冲突，导致案例教学效果在中国本土课堂上效果受到影响。三是传统的案例教学法注重分析问题和决策问题，而中国的企业和学员更关注如何解决问题。为此，以"案例行动学习法"等为代表的一批满足本土学员需求的新的教学方法得以破茧而出，可有效解决效率和效果的平衡问题（苏敬勤、高昕，2020）。

虽然我国在案例采编、撰写、课堂使用方面都进行了大量卓有成效的实践和探索，但利益机制等的作用导致该路径仍未有效打通，要形成"以学为始"的案例教学新格局，需要各界不断探索和努力。

（三）案例知识应用——模式探索

案例知识应用平台的构建能够有效地促进案例知识创造与案例知识传播的创新与发展。门类齐全、数量众多、质量上乘、结合实际需求的案例组织管理是开展案例研究、案例教学的前提保障。哈佛大学商学院在创建早期就注重对案例知识的应用，成立了最早的案例组织管理部门——商业研究处。此后，各种案例平台组织应运而生，如毅伟商学院案例库（Ivey BSC）、欧洲案例交流中心（ECCH）等，其模式的核心从单校运营逐渐演化成联合运营，成为国际主流的案例平台运营模式。

相比起来，我国最早具有全国影响力的案例平台，始于 2008 年建设的中国管理案例共享中心，采用的是不同于西方的免费共享模式。此后，一批院校纷纷建立了类型不同的案例平台，但多基于西方的联合运营模式。两种模式既有相同之处，更有不同的特点。共同之处在于，都提供多样化的服务，案例平台依据多主体需求提供个性化服务，针对教师主体最关注的如何更好地开展教学活动等需求，开展案例教学方法的培训，针对学生主体最关注的知识学习、能力提升、开拓思维等需求，开展案例公开课、案例技能竞赛等活动。为了加强企业与高校之间的沟通交流与产学合作，开展教研坊等活动，建立学生走进企业、企业融进课堂的有效链接。

但两种模式也存在显著的不同。共享模式的初衷是更快、更广地为全国的案例使用者提供低成本、高质量的案例服务，案例由全体院校提供、评审、使用，保证了广泛的参与性，形成了群聚效应，但由于免费，其持续性和财务压力成为关键问题；而联合模式相对比较传统，参与性受到限制，其商业推广在中国受到挑战。如何在两种模式的基础上，不断创新，在低成本使用的基础上，保证案例平台的持续性，缓解财务压力，乃至推向企业，成为亟待克服和解决的关键问题。

（四）案例生态整合——知识的贯通与延伸

虽然我国在案例的知识创造、传播与应用上具有一定的融合优势，但必须承认，我国的案例研究、案例教学与案例组织管理仍然存在着显著的"脱节"现象，可以说，谁能够率先克服三者脱节现象，谁就具备了率先构建案例学的条件。

案例知识贯通。案例源于社会实践，案例知识如何从现象走向理论、如何从企业走进课堂是案例学构建中需要关注的问题。通过案例贯通整个知识体系，可以从深入管理与社会实践入手，先是以案例的深入调研为切入点，同时覆盖教学和科研所需要的案例素材。以此为基础，先进行基于知识创造的案例研究，再以其为基础撰写教学案例，将其运用到课堂，实现有效的知识传播，加上案例平台有效的案例组织管理，实现案例知识贯通的目的。

案例队伍融合。长期以来，案例研究、案例教学及案例组织管理队伍一定程度上形成了3支队伍齐头并进，但在各自的领域单打独斗的格局，案例建设效率较低（胡芬等，2019）。随着国内对案例的日益重视，案例建设的三支队伍出现了日益融合的趋势，国内几大案例会议均设立案例研究与教学模块，推进三者的融合，教师队伍也出现了双向交叉的新趋势。需进一步采取政策与事业双重驱动的有效机制加速三者的交叉融合。

案例知识延伸。案例知识贯通与案例主体交叉融合将为案例知识延伸提供可行性。通过案例研究实现实践问题升维，案例研究成果反哺案例教学，丰富和深化现有教学知识。案例教学中的思维启发与认知提升又可以进一步触发更高水平案例研究工作的开展。进而，通过案例研究与案例教学的进步，带动案例组织管理活动的快速发展。

四、案例学的学科实施与保障（略）

五、结论（略）

原载：《管理世界》，2021年第9期

作者单位：大连理工大学经济管理学院，内蒙古工业大学经济管理学院

摘编：吕力

范式跃迁视角下第四代管理学的兴起、特征与使命

陈劲　尹西明

一、研究背景（略）

二、时代转型与科学范式交叉推动的管理学范式跃迁（略）

三、两次范式跃迁与前三代管理学

回顾管理学历史从第一代的古典管理向第二代的现代管理的首次范式跃迁，以及由现代管理向后现代管理的第二次范式跃迁，必须认识到管理理论范式的代际演变并不是一蹴而就、断裂式发展的。虽然有范式聚焦点的阶段性差异，但是新一代的管理范式的出现并不是对旧有范式的彻底颠覆和抛弃，而是在原有管理理论的基础上不断丰富、发展和创新的过程。各个阶段的管理理论在同一时

期、同一文化情境可能并存和相互影响，同一时期的管理学流派也存在多维、多元并存的局面。例如，以泰勒的科学管理为代表的古典管理学理论范式，虽然历经百年，依旧是诸多企业乃至国家管理不可或缺，甚至是基本的管理思想。而管理理论范式的发展演变为日趋多元化、跨文化的管理实践和管理情境提供了基于不同假设和不同边界条件的多元化选择，也是管理学这一经世致用之学顺应时代变革，承担社会使命和促进社会进步的体现。

1. 第一代管理学——工业时代聚焦理性与规范的古典管理

作为管理学的先驱，泰勒于1911年通过动作分析和时间研究，准确地把握了工厂管理现场的操作规律，首次将"科学管理"的概念引入管理过程，促使管理由早期漫长的经验管理阶段迈向科学管理阶段，为科学管理理论奠定了坚实的基础，是管理学发展史上一个里程碑式的理论，具有划时代的意义。

科学管理思想主导下的古典管理学的主要特征是聚焦理性与规范，顺应了人类新型组织——工厂管理工作的新要求，也论证了作为行政管理的国家政权及官僚组织合法性的基础，是"一次伟大的创造性破坏"。古典管理理论不但解决了劳动效率最大化的问题，也为组织效率最大化提供了系统的理论阐释，极大地推动了工业经济时代劳动生产率和各类组织管理的发展，推动了人类文明，尤其是物质文明的极大进步。然而，由于第一代管理学以"经济人"为假设前提，以提高运营效率为核心导向，忽略了人性和环境对员工生产和管理效率的影响，遭遇了管理控制成本的增加和劳资关系冲突等一系列挑战，企业和行政管理者不得不思考从更广阔的领域汲取灵感，解决环境管理"非人性化"带来的组织与个体冲突。

2. 第二代管理学——行为科学时代聚焦动机与需求的现代管理

以人际关系学说、组织行为学为代表的行为科学则是对古典管理范式瓶颈的探索和超越。以梅奥、马斯洛、赫兹伯格、弗洛姆为代表的社会心理学家，以及以沙因为代表的企业文化学家推动了社会学、心理学研究成果在管理学中的应用，特别关注人和组织的行为、动机与需求，构成了第二代管理学的主要特征。例如，霍桑实验中发现了非正式组织的存在，创立了人际关系学说，并提出了"社会人"的概念，认为职工不是只追求高工资的"经济人"，还有社会和心理等方面的需求。梅奥的社会人假设与马斯洛需求理论、赫兹伯格的双因素理论以及弗洛姆的期望理论相呼应，促进了20世纪60年代组织行为学的发展，推动管理学从古典管理向聚焦员工动机、期望与需求的现代管理范式转变。基于社会心理需求特征的现代管理强调个体、团队和组织的目标管理与激励，通过鼓励和引导员工从事有利于组织目标实现的事情，限制和避免不利于组织目标实现的员工负面行为。

然而，虽然现代管理学更加强调基于行为科学的管理控制，有效提高了员工积极性，降低企业管理成本，提高了运营效率和管理质量，但是仍然没有摆脱工业经济时代的效率导向，强调控制而忽略个体和组织创新，漠视知识对企业构建核心能力的重要性，也忽略了对组织内外个体、团队的创新管理与创意实施，限制了企业知识创造、吸收能力与创新竞争能力的进一步提升。

3. 第三代管理学——知识经济时代聚焦知识与创新的后现代管理

前两代管理学范式和体系都是工业经济时代的产物，随着人类社会从工业经济时代转向知识经济时代，知识与创新成为组织获得持续竞争优势和动态能力的主要来源。以效率、成本为导向和以人际沟通为基础的第二代管理学体系，在知识经济时代不能够满足组织成员对足够大的学习与成长、自由与创新空间的需要。1985年，德鲁克在《创新与企业家精神》一书中强调经济发展模式已经由"管理的经济"转变为"创新的经济"；1999年，在《21世纪的管理挑战》一书中，德鲁克正式提出了"知识工作者"这一概念，并指出知识工作者是新的"知本家"，而管理者所面对的工作对象也不再是一般意义上的员工，而是知识工作者的管理。"知识人"的兴起以及20世纪90年代以来，互联网和信息技术发展环境下，自由职业家和创业家的大量出现，使得组织管理必须高度关注"知识人"的成长与发展，推动了管理学从现代管理向后现代管理的范式跃迁。

鉴于此，聚焦知识与创新的后现代管理逐渐在知识经济时代扮演更为重要的角色。西方学者提出的开放式创新、创新生态系统等概念和理论快速发展，企业对知识的编码、吸收、转化和应用能力，以及通过知识管理和创新管理"赋能"员工创新，强化自主创新实力，打造自身的核心能力和动态能力变得愈加重要。中外管理学者对复杂系统和开放式创新、全要素管理的认识也不断深化。例如，徐绪松（2010）提出和发展了面向制度复杂性、系统复杂性与复杂产品知识管理的管理学理论；许庆瑞等（2016）则提出和完善了知识管理时代推动以企业为主体的全面创新理论；陈劲（2017）通过"知识人"的观点批判性地回顾了管理学的发展与管理的职能，指出知识与创新是第三代管理学范式的典型特征，也是组织获得持续竞争优势的主要来源。

四、第三次跃迁与第四代管理学兴起——中国哲学智慧引领的整合管理

后现代管理学在多元范式并存和发展过程中，日益面临3个重要的张力和挑战：（1）随着管理学合法化运动的蓬勃发展和实证主义的日益强化，管理理论研究的方法和手段变得越来越复杂，越发忽视对管理实践中所产生的现实问题的研究，管理理论与实践脱节、缺少管理哲学引领的张力日益凸显；（2）全球化发展面临日益严重的环境和社会治理问题，新一代科技革命带来的伦理冲击也进一步引发了社会对企业管理和国家治理范式的思考，经济效率与社会责任和可持续发展之间的张力也日益凸显；（3）以中国为代表的新兴市场的快速发展，冲击和重构着旧的世界格局，以往西方企业为主导的企业管理模式和理论范式与中国情境、中国制度环境以及企业和产业生命周期的差异越发明显。西方管理理论与中国管理情境的张力、多元管理范式之间的冲突也将管理学推到了一个新的十字路口。对此，西方管理学者和主流期刊多次呼吁引入中国、印度等东方国家的哲学智慧。与此同时，中国管理学者也在"管理学在中国""中国管理理论""本土管理"等话题的广泛争鸣、反思与探索中取得了长足的进展。

管理理论发展方面，通过范式变革的视角，可认识到时代转型

和科学范式变革交互推动了管理学从古典管理到现代管理再到后现代管理的两次跃迁。以科学管理为代表的西方管理模式在中国改革开放 40 年的历程中起到了不可估量的贡献。但现有的三大"张力"——实证主义工具理性与管理实践之间的张力、经济效率与社会责任之间的张力、西方理论与新兴经济治理的张力，呼唤管理学者借鉴东方智慧和人文精神，借助新兴科技带来的机遇，实现科学主义与人本主义、科技与哲学的整合——"整合与创新"，已经成为当下和未来中国管理学发展和世界管理学范式变革的新方向。与此同时，新科技革命、认知科学进展和中国特色社会主义管理实践，正推动着管理学向中国哲学智慧引领的第四代管理学范式——整合管理——转型。这一最新范式最大的特征是以中国哲学智慧为代表的东方哲学引领管理学由以往的工具主义理性主导范式向人本主义价值理性主导范式转型。这一新的管理学范式侧重整体观和系统观，聚焦 3 个"整合"——科技与哲学整合、东西方文化整合、规范管理与创新管理整合，旨在推动人的全面发展和全球包容性增长。

全球化的深入发展以及创新的全球化，要求超越单一文化维度、单一经济发展理念，利用人工智能和生物技术等新科技提高人类认知、健康与生物智能的同时，强调人和社会的全面可持续发展以及幸福感提升。一方面，云计算、物联网、人工智能、区块链、生物技术等新一代技术革命的快速深度推进，带来了第二次认知革命，人与人工智能的深度融合趋势日益明显，将人类推进至人机交互、增强智能和有机更新的"新智人"时代；另一方面，管理科学化、技术／平台中立化等思想与负责任的管理、科技伦理、环境保护之间的张力越发凸显，如何让技术创新和管理系统更好地服务于人的价值实现和人与自然可持续发展，成为管理学者必须面对的新问题。陆亚东（2015）指出，由于过于偏重科学性和思辨性，西方的不少管理理论严重缺乏哲理性和思想性，这也导致这些理论的生命力不强，在实践界影响力较低。而强调价值理性引领工具理性，科学与哲学、艺术融合，经济发展和人与自然和谐的管理哲学思想，恰恰是中国哲学与东方智慧所一以贯之提倡和推行的。这一基于整体观、系统观以及和谐观的哲学思想和西方近年来认知科学发展所提倡的"全脑思维"等管理理念相得益彰，符合东西管理文化融合的"人本、人德、人为、人和、人道"的趋势，体现了中国哲学对中国管理学"承袭思维"的突破和引领管理创新的"致用"价值，也彰显了汲取哲学，尤其是中国哲学智慧推动新一代管理学理论建设的潜在理论意义和重要的社会价值。

在第四代管理学范式中，以往基于牛顿经典力学科学范式和行为控制的线性、原子型管理思想，也将让位于使命引领和内生驱动的量子力学科学范式，以及非线性、动态性和整合性管理思想。"融合发展趋势下的中国哲学思想引领西方管理科学范式"，日益成为全球创新发展和中国特色社会主义新时代的管理理论创新的主要特征，既与东西方管理学日益共同强调的系统论思想相呼应，也是中国管理学界践行中国文化自信、助推文化复兴和中国管理学提升理论自信，走出困境、走向世界，进而形成东西方共同认同的新理论的重要途径。

在这一方面，成中英等（2014）、苏宗伟等（2015）从西方管理危机切入，汲取儒释道等中国传统文化精髓，提出并发展了

"C 理论""四治五行"等东方管理学，强调要着眼整体、把握全局，从工具理性和本体价值融合的角度考察管理实践的内涵，为企业在动态和不确定环境下整合知识、理论、价值观和行为方式提供了创造性的原则。席西民等（2009）提出的"和谐理论"则为企业立足和谐管理思想，应用整体性策略来应对多变环境下的复杂管理问题提供了一个有代表性的理论视角。黄津孚（2006）从中国企业管理的现实出发，提出了三维（范式、行为、对象）企业管理模型等框架，旨在分析评估中国企业管理模式的历史文化渊源与发展趋势，从而引导管理实践，为世界管理学发展作出中国贡献。李宝元（2017）等提出了一个"大历史—大逻辑—大跨越"的宏观视阈框架，为中国管理学研究提供了一个突破大历史跨越中的逻辑困局、助力中国管理实践进步的对策思路。陈劲等（2017）则批判性地回顾了东西方创新范式，基于对中国特色科技创新实践的调研，提出了基于东方智慧的"整合式创新理论"，提供了一个"战略视野驱动的全面、开放与协同创新"管理视角。王利平（2012）和陈春花（2010）将西方管理学主流的组织理论、新制度主义思想以及管理科学精髓与中国文化和企业实践三者有机整合，进一步用动态、整合的逻辑来解释包括央企、新创企业和共享时代的跨国企业的组织管理和人的价值实现方式，是一种兼具前沿性和争议性的新探索。杨百寅等（2018）认为，中国当前面临的最深层次的挑战是缺乏严谨坚实的思想理论基础，推动中国企业管理与社会治理亟须吸取中外哲学思想精华，兼收并蓄，从而实现整合发展。

五、第四代管理学的社会责任与发展使命

展望未来，与管理范式第三次跃迁和第四代管理学兴起相互交织的，是全球新一轮科技和产业革命以及企业组织管理模式的快速变革与创新。诸如创新生态系统时代企业主动利用内外部创新资源应对跨行业和跨国的竞争挑战，借助人工智能、区块链、大数据以及工业物联网等新兴技术，超越开放和追赶，迈向"智慧企业"的管理实践探索。中国的阿里巴巴、格力、海尔、华为，西方的谷歌、亚马逊、特斯拉等数字化、生态化领军企业的创新历程则体现了哲学思维与管理战略引领企业管理实践的趋势：（1）推动企业战略和能力的耦合，从数据依托的决策不断向智慧驱动的决策丰富和提升；（2）各种资源要素经过系统集成产生大数据，通过物联网和人机交互增强技术，实现人与人、人与机器、机器与机器、企业与企业之间的数据流动与信息协同，借助云计算、信息化平台实现创新主体的知识共创与共享；（3）通过战略与组织创新引领的人工智能、区块链技术应用，集成和转化企业内外部和生态系统中的各类知识，实现智慧决策和智慧管理。而智慧企业、智慧城市，跨边界、跨文化的共享共创的生态型、混合型组织，与在线教育、共享经济、区块链经济模式的出现，也将颠覆和重构传统的产权概念、雇佣关系、组织边界和竞争逻辑，乃至对企业、产业和人的生命周

期、价值与幸福认知的革命。

第四代管理学范式——整合管理的兴起与发展，不仅体现了管理学者直面管理学发展危机、直面全球创新转型时代的管理挑战的积极探索，更是践行了负责任的科学精神与开放包容的态度，致力于促进中国哲学与西方管理科学对话、东西方管理学社群与理论对话、积极承担使命的重大"转向"。对引领管理实践发展、推动管理理论创新、完善中国管理理论体系、提升理论自信和文化自信有重要价值，也对积极建设东西方共同认同的跨文化管理学理论具有重大理论意义。而整合管理范式的发展与整合管理理论丛林的繁荣，对全球范围内新兴科技治理、企业创新能力提升、创新型国家建设和全球化跨文化管理具有重大实践意义，将会极大地促进人的全面发展和人类命运共同体建设，推动世界和平与可持续发展。

原载：《管理学报》，2019 年第 1 期

作者单位：清华大学经济管理学院

摘编：吕力

中国创业学：学科、学术和话语体系

刘志阳　　赵陈芳　　杨俊

一、前言

....

如果说经济学是研究财富的生产、交换、分配和消费的科学，管理学是研究人类社会管理活动现象及规律的科学，那么创业学则是研究基于财富创造的创建活动规律的专门学问。这里的"财富"不仅指微观意义上的家庭和个人财富，也包括宏观意义上的国家、社会以及自然财富。"创建"活动既指通常意义上新企业的组织创建过程，也包含美好社会的创建，乃至国家基业的创建，体现了从组织创建到社会建构再到国家发展的递进式上升过程。在这个意义上，创业学不仅是经济学和管理学的微观基础，也具有独立服务于国家发展的宏大意义。

西方创业学研究在新企业创建的微观基础方面已经取得了一定的进展，但相关研究聚焦于创业者的个体特征、认知维度和微观创业行为的各种影响因素，忽视了创业行动在社会建设和国家发展等宏观层面的作用；建立在企业家精神实践基础上的西方创业学研究也无法反映中国商业文明的变迁，更不能为中国式现代化新道路提供理论指导。改革开放以来，中国本土蓬勃兴起的创新、创业、创造的生动实践早已超越了研究新企业创建的西方范式的狭隘羁绊，彰显了政治经济体系顶层制度构建与微观主体创业活力共同作用的创建过程。

习近平总书记在 2016 年 5 月 17 日召开的哲学社会科学工作座谈会上发表重要讲话，强调"只有以我国实际为研究起点，提出具有主体性、原创性的理论观点，构建具有自身特质的学科体系、学术体系、话语体系，我国哲学社会科学才能形成自己的特色和优势"。今年是"五一七"讲话五周年，构建中国哲学社会科学体系意义深远，任务紧迫。本文强调，应该尽快将中国创业学纳入国家哲学社会科学体系，积极构建中国创业学理论体系。本文认为，应该根植于我国悠久的商业文明、生动的改革开放实践和新发展理念，始终坚持马克思主义指导思想，同时广泛借鉴全球创新创业研究成果，才能提炼出具有主体性、原创性的中国创业学学科、学术和话语体系，并将其应用于指导中国的创新发展实践，进而为全球创业学的学科发展和创新创业活动的蓬勃兴起贡献中国智慧和中国方案。

二、中国创业学构建的现实背景（略）

三、中国创业学构建的理论基础（略）

四、中国创业学理论体系

中国创业学理论构建是由我国经济社会发展的理论逻辑、现实逻辑和历史逻辑决定的，有其现实条件、理论基础和自身历史背景。中国历史上著名的"四大商帮"形成了"崇文重德""诚信经营""艰苦奋斗、开拓进取""兼收并蓄、求同存异""勇于冒险和不断学习"等商人精神。近代中国以张謇为代表的民族企业家强调"国非富不强，富非实业不张"，将实业救国视为不容推卸的责任，反映了中国企业家"爱国敬业""义利兼顾"的经营哲学。这些鲜明的中国企业家文化，是构建中国创业学体系的历史根脉。在汲取中国历史文化和中西方理论有益成分的基础上，我们必须更加主动地服务于国家创新发展的需要，创建有中国特色的创业学学科、学术和话语体系（参见图1）。

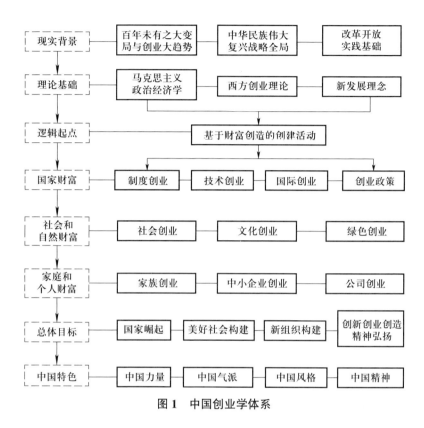

图1　中国创业学体系

（一）中国创业学的学科体系

托马斯·库恩在《科学革命的结构》中提出，一个学科通常包含研究对象、研究群体、研究理论和研究方法等要素。作为系统性的研究范式，中国创业学已经具备学科体系。

1. 中国创业学的研究对象

习近平总书记在十八届三中全会上提出："我们要通过深化改革，让一切劳动、知识、技术、管理、资本等要素的活力竞相进发，让一切创造社会财富的源泉充分涌流。"上述论断明确了财富这一基本范畴以及创造财富的源泉研究在中国特色社会主义政治经济学中所处的重要地位。中国创业学是研究以财富创造为基础的创建过程之现象和规律的学科。与西方创业理论相比，中国创业学不仅可以形成系统性的论述，也表现出其独特性的方面：

（1）中国创业学要实现财富创造和分配的有机统一。价值创造是创业个体与新价值创造之间双向互动的关系，两者形成了一个不可分割的系统。价值创造关注的往往是有形的使用价值，关注的是组织和个体利润的获得。与价值创造相比，中国创业学是以财富创造和分配为研究对象，包含着生产力和生产关系的互相作用，反映出财富创造与分配的统一。具体而言，财富创造的源泉包括创业劳动整合下的多种要素。不同于价值论认为劳动是价值的唯一源泉，财富论认为财富是由商品的使用价值构成的，因此财富创造的源泉不只是唯一的劳动，还包括劳动资料和劳动对象。如今，以创业为代表的物化劳动集中体现为劳动、资本、技术、管理等生产要素推动一切社会力量和积极因素迸发活力，创造更多更大的财富。创业劳动是劳动范畴的重要组成部分，理应参与财富的分配过程。另外，财富可以分为国家财富、社会财富、天然财富、家庭财富和个人财富等，体现了中国创业学研究对象的宏微观结合及其多样性。

马克思政治经济学认为，人类感性实践的拓展和需求的变化使得"财富"逐步"对象化"。财富创造理论既包含物质财富的创造，也包含其他财富的创造，例如精神财富、社会财富、自然财富等方面。所以，企业家财富创造的主体并非单一个人，国家、社会和个人都可能成为创业财富的主体，贡献不同的创业实践。最后，中国创业学强调财富创造与财富分配的统一，分配财富的公平性是社会主义最重要的特点和内在要求，中国创业学应该始终致力于人民的共同富裕和个人的自由全面发展，要努力实现个人财富和国家财富相一致、物质需求和精神需求相统一的目标。

（2）中国创业学要研究系统的创建过程。创业活动是从零开始创建新事业的过程。中国特色创业学研究包括创新、创意、创建的过程，意味着新事物的诞生和应用。相较于西方创业学关注利润追求、机会识别和开发、资源获取、商业模式设计等微观层面的问题，中国创业学关注创新、创意、创建三者间的关系以及如何应用的问题。创新是生产要素的重组，贯穿人类整个社会发展历史。针对发明家和企业家脱节的问题，中国需要搭建发明家和企业家信息交互的平台，促使创新带动创业，提高社会生产力的转化效率。创新创业都离不开最早的创意。创意是以人类创意思维成果为基础，及与其相适应的精神生产与物质生产所产生的交易、分配、消费等生产与再生产的经济活动。因而在市场化过程中，创造思维转化为创意经济，创意经济转化为经济价值，从而推动创新的市场化应用，激发全社会创业、创造和创新潜能。另外，中国特色的创业学包括国家创建、社会构建以及组织创建的过程，体现了中国古代企业家精神"修身、齐家、治国、平天下"的追求。从国家创建来看，"创业"一词最早出现于《孟子·梁惠王下》："君子创业垂统，为可继也。"在《辞海》中，创业被解释为"开创基业"。新中国是一部开天辟地的创业史，从土地革命解放生产力到改革开放的制度变革，其时代价值在于努力为中华民族植入"艰苦创业基因"。从社会创建来看，艰苦创业、勇于创新的文化意识和制度自信，形成了各具特色的创业精神和文化，推动了全社会制度更新和发展。从组织创建来看，以创造、创新、创优为特征的企业家创业精神推动了自下而上的全民创新，点燃了各种新企业的活力，为各种类型新组织的产生奠定了基础。

（3）中国创业学要研究最广泛意义上的创业者群体。改革开放40年来的创业实践证明，企业家不仅是一群能引领变化的人，而且是一群不断利用变化、实现价值创造的人。企业家才能是创业财富创造的重要来源。威廉·配第（1978）曾指出："土地是财富之母，劳动是财富之父。"土地和劳动是两种最原始的生产要素，也是财富的源泉。在资本、土地、劳动三大生产要素的基础上，逐渐出现了能够把上述要素组织起来进行财富生产的企业家才能要素，即第四种生产要素。企业家才能（或创业劳动）作为现代财富的重要来源，必然成为参与财富分配、改变生产关系的关键因素。创业的主体还包括创造各种财富的劳动者。市场经济发展到今天，国家事业的建设者已经不仅包括工人、农民，还包括各个阶层的不同人员，如民营科技企业的创业人员、个体户、私营企业主、自由职业人员等，他们都是中国特色创业的主体。要充分团结为祖国富强贡献力量的社会各阶层，努力形成各尽其能、各得其所的局面。事实上，也只有这样，才能形成一支充满生机和活力的建设者队伍（庄三红，2012）。

2. 中国创业学的研究群体（略）

3. 中国创业学的研究方法

第一，应用跨学科视角研究创业学。学科交叉融合是建构中国创业学理论体系的必要途径。创业实践在时间和空间上的逐渐模糊，对传统创业管理要素的研究内容提出了新的要求。中国特色的创业学应该是宏观、中观、微观多领域交叉的学科体系。从宏观角度看，创业学是研究不同主体改革创新，打破旧秩序并创建新秩序的学问，包括制度创业和国际创业等方式，涉及创业学与发展经济学、国际关系学、公共管理和社会学等学科的交叉；从中观角度看，创业学是研究产业、行业和部门创新创业的学问，涉及创业学与创新经济学、创业金融学、技术创新学和法学等的结合；从微观角度看，创业学是研究市场主体利用和开发新机会的学问，是大众创业实践的结晶，涉及创业学与心理学、营销学、创意学和哲学等学科的统一。

第二，借鉴历史学方法研究创业学。创业在中国的产生是一个宏大的理论和现实命题，中国创业学研究需要基于组织历史演化视角，探索创业赖以生存的中国土壤及其塑造作用。坚持历史观能够更好地认识创业活动随时间推移而千变万化的特性，更多地把握社会和制度的复杂架构对企业家精神的深刻影响。历史为我们观察企业家精神提供了不同的视角，因此，创业研究应该追寻历史长河，通过时间和空间的变化来解释企业的创造、发展、消亡和制度对创业精神的影响，在历史中领会和把握企业家精神的演变历程。

第三，融合新技术方法研究创业。缺乏精密的测量技术和样本容量不足是现有创业学研究面临的两个重要挑战，今后需要把管理、信息、统计、数据挖掘、神经科学、人工智能、机器学习等不同领域的研究方法有机地整合到创业学中，以整合性的新技术优势以及跨学科的综合思维开展创业研究。新时期创业研究还可以利用物联网、大数据、云计算等手段深入理解创业者不同阶段的认知变化。研究者可以使用大数据工具更深入地探索创业决策过程，加深对机会的理解。

（二）中国创业学的学术体系

中国创业学学术体系是基于创业学学科体系范畴下的学术领域问题的集合，其中包括制度创业、技术创业、国际创业以及创业政策等基于国家财富创造的学术领域，社会创业、绿色创业以及文化创业等基于社会和自然财富创造的学术领域，中小企业创业、家族创业、公司创业等基于个人和家庭财富创造的学术领域。

1. 国家财富创造过程。 基于国家财富创造理论，创业学应该是研究不同主体改革创新，打破旧秩序并创建新秩序的学问，包括制度创业和国际创业等方式，涉及创业学与发展经济学、国际关系学、公共管理和社会学等学术体系的融合。

制度创业。指制度框架下的行动者通过撬动资源改变现有制度或创造新制度，以从中获利的行为过程。因此，制度创业的核心议题是制度创业者对现有制度的变革以及新制度的创建。制度创业者为趋异性制度变革创建愿景，目的是通过一系列的行动策略打破被人们视为理所当然的行为惯例，让人们认识到建立新制度的必要性。同时，制度创业者通过社会关系网络建立合作机制，形成战略联盟，以调动各方资源促成集体行动。中国的创业实践是在市场取向的制度变革、多样化的技术体制、多层次的市场空间、新兴的全球网络等新情境下展开的。创业理论创新应植根于中国式的"制度＋技术＋市场＋网络"，体现了中国式创业实践的跨阶段性、多样性、多层次性、多主体性特征。

国际创业。属于"国际商务"和"创业"学科的交叉。国际商务研究旨在解释新创企业和成熟企业的国际化动机差异，例如国际化的决策、潜在风险评估、市场进入模式确定以及资源网络构建。国际商务研究也强调与国际创业活动相关的管理挑战，探讨应对和克服外来者劣势的方法。当新企业进行国际扩张时，由于缺乏经验、资源和市场合法性，外来者劣势可能会削弱其生存能力（Zahra，2021）。从国际创业来看，中国特色国际创业更应该关注中国新创企业如何克服新创和外来者弱势，积极拓展市场，以建立中国创业学的理论创新和贡献。

技术创业和数字创业。技术创业是指创业者在高层次技术的基础上所开展的创业活动，指通过将专家和资产相结合来生产和采用技术的创业项目，从而为公司创造和获取价值。技术创业强调新产品、新资产及其协作试验和生产，主要功能是组合专业的个人和不同的资产，以便通过协作探索和实验，为公司创造和获取价值。数字创业是借助各种社会技术实现数字赋能，有效地获取、处理、分配和消费数字信息，以创造数字价值的过程。利用数字技术的跨边界性，数字创业得以打破时空限制，促成异质性主体的连接和互动。中国持续、快速和多样化的迭代数字技术使数字创业过程具有更加突出的动态性特征。技术创业和数字创业对于大变局时代下的中国创新实践具有重要意义。

2.社会和自然财富创造过程。基于社会和自然财富的创造，创业学致力于研究行业和部门创新创业的学问，包括社会创业、绿色创业、文化创业以及可持续创业在内的创业学术体系的构建。中国创新创业实践展现的行业和部门创业的规模化正推动中国基于社会实践的创业理论走到世界理论前沿，并发挥重要的影响力。包括农村创业、产业创新、绿色创新和社会创新等新领域，涉及农业、制造业、环保、医疗健康、教育培训、社会保障等不同的行业和部门，更加注重社会主体参与社会创新的过程和影响力的发挥。

绿色创业。识别、评价和利用有利于企业保持可持续发展，而且与环境具有密切联系的机会，关注把"未来"产品和服务带到现实中的可能性。绿色创业强调对机会的识别与利用，目的是实现环境、社会和经济的协调发展。绿色创业研究成熟企业绿色化创业、绿色新组织的创生，开启和发展绿色新事业的新方法，创造和传播绿色价值的新途径，是推动绿色创意在更广泛社会领域产生影响的新模式。

文化创业。以创造力为核心，强调一种主体文化或文化因素依靠个人（团队）通过技术、创意和产业化的方式挖掘推广文化资源、开发利用知识产权的行业。文化创业以文化为元素，融合多元文化、整合多方资源，结合设计精准的商业模式进行创业与创新，已经成为获取合法性和资源的有效战略。文化创业不仅对创业者个体的资源获取有着策略上的意义，同时对中国文化独特的话语体系构建、文化传播以及中外文化交流等也具有重要作用。

社会创业。社会创业强调以更加市场化、整体性的创新方式来解决社会问题（刘志阳和王陆峰，2019）。作为一种新的创业形式，它的结果可能是一般意义上认为的新的社会企业的构建，但是也可能是非营利组织或者传统商业的转型发展。社会创业在社会问题解决中发现新的创业机会，同时推动各行各业的社会创业者参与社会创新和价值共创，通过影响力规模化促进社会经济的长足发展。

可持续创业。强调创业要在改善劳动力、家庭、当地和全球社区以及后代的生活质量的同时，持续致力于环境和社会的可持续发展。在制定管理决策和开展促进组织目标的经营活动时，必须考虑到不同的利益相关者群体，而不仅仅是股东的利益。

3. 个人、家庭财富创造过程。基于个人和家庭财富创造，创业学主要研究个体和组织如何开发和利用新机会，创造新财富，是大众创业实践的结晶，包括中小企业创业、家族创业以及公司创业等形式。自主创新、全民创业以及企业家力量的发挥是中小企业创业的主题，也是创业学科发展的基石。诸如女性创业、大学生创业、海归创业、用户创业、公司创业、平台创业等形式涵盖了学生群体、技术人员、使用者、女性群体等不同类型的创业主体。差异性群体具备个性鲜明的特征，为创业的研究和实践增添了独特性、复杂性和不确定性。

家族创业是依靠血缘、亲情关系将创业成员团结起来，共同创建并经营运作企业活动的创业形态，具有成员关系的伦理性、企业关系的非确定性、创业动机的非功利性等特征。家族创业关注家族治理与家族创业精神，差序格局（分殊偏待）下的家族治理与创业，家族创业的行为和决策模式，家族使命价值驱动以及社会情感财富与家族创业，制度环境与家族创业等问题（李新春等，2008）。

公司创业是指大公司从创业的旁观者、被动角色，变为主角、主力和领导者。在新时代发展背景下，公司创业实践既对传统的公司创业理论提出挑战，也为公司创业理论创新带来机遇。其学术价值也不再拘泥于如何解决公司管理中的低效率和惰性等问题，而在于探索公司在边界模糊化情境下的生态化价值创造逻辑的新问题。

（三）中国创业学的话语体系（略）

五、结论和展望（略）

原载：《外国经济与管理》，2021 年第 12 期

作者单位：上海财经大学商学院，上海财经大学中国社会创业研究中心，

浙江大学管理学院

摘编：吕力

"入世治学"与本土管理研究：跨界合作的独特意义

李平　周是今

我们认为，跨界人士在本土管理研究过程中具有以下关键作用：

1. 发现或创造"入世治学"机会

由于与研究对象共享同一情境，或在理论／实践维度，或在本土／国际维度，跨界人士对常用本土概念与实践情境具有相对深刻领会，可以比较敏锐地捕捉到企业管理中有情境特色的因素，在与本土企业的初期对话（尤其是非正式对话）中比非跨界人士更容易找到问题的关键所在，便于完成"入世治学"的第一步，即问题规划（Van de Ven& 井润田，2020）。换言之，作为桥梁，跨界人士能够帮助"局内人"与"局外人"有效对话，因此有助于双方的积极互动与密切合作。这对发现或创造"入世治学"机会具有特殊意义。

2. 构建对话平台

非跨界人士（既包括纯外国学者与实践者，也包括接受西方训练且缺乏长期本土生活经验的中国学者，还包括缺乏实践经验的学者与缺乏理论基础的实践者）可能很难对特定情境下隐含的微妙之处产生深刻理解，往往只能从单一视角出发，观察企业现象或理解理论文献。与此相反，跨界人士可以借助与研究者和研究对象相似的身份，检视企业现象与理论文献的一致性与差异性。这两种不同的视角就像人的左右双眼或左右半脑，充分融合后才能形成完整的"视域"或全面思维能力。这一充分融合的过程，需要跨界人士作为桥梁与平台，基于自身对研究者与研究对象双方的深刻了解，促进多元视角的充分对话。

3. 反哺企业应用

对于研究者而言，或许论文发表可以视为阶段性成果，但是对于实践者来说，这恰恰是将研究成果应用于实践的起点。只有理论成果与实践活动不断互动，才能促进管理水平与研究水平的共同提高。对于将本土管理研究成果应用于指导企业而言，非跨界人士由于对理论成果或企业实践情境缺乏细致深入的了解，很难把学术成果转换成符合企业需要的"药方"。跨界人士则可以基于对理论成果与企业实践情境双重的深入体察和了解，有效帮助企业应用研究成果。换言之，跨界人士对于研究成果反哺企业应用具有特殊意义。

总之，跨界人士是促进理论研究与企业实践之间、全球普适性与本土特殊性之间良性循环的关键桥梁与平台。

原载：《管理学季刊》，2020年第1期

作者单位：宁波诺丁汉大学，丹麦哥本哈根商学院

摘编：吕力

天人合一：从量化研究到质性研究的方法论跨越

贾利军　王健民　徐韵

一、问题缘起（略）

二、可重复性危机的实质（略）

三、西方研究的转向

（一）对整体论的关注（略）

（二）整体论世界观下的质性研究（略）

（三）质性研究的方法论困境

…………

虽然近年来越来越多的研究开始采用"定性研究方法"，但是相当一部分依然停留在形式或者名义上，从整个研究的思考方式到实际操作过程，包括评价都深受定量思维的制约。此外，"定性研究"因其技术门槛低而普遍存在概念滥用的问题。换言之，一些研究者往往没有经过系统的方法论训练就从事所谓的"定性研究"，甚至形成了不使用定量研究方法的研究者也可以自称使用"定性研究"的个别现象。虽然因为随着量化研究在一些领域遇到瓶颈，让越来越多的研究者开始关注质性研究，但是如果质性研究在方法论上不能形成统一的定论，面对量化研究者的质疑，所谓的"质性研究"无疑将不攻自破。从以上分析不难看出，质性研究方法论的模糊直接导致"伪质性研究"的辨别困难，造成了很多质性研究乱象。

对于解决复杂系统的问题，西方社会科学研究提出了"质性研究"解决方案，这个方向是没有错的，即以人为研究工具，用人的综合信息处理能力极强的特征来对应复杂的整体性研究对象。但是，质性研究仅仅只能看作是起步，还需要解决很多不能自圆其说的问题。例如，质性研究要求研究者必须保持独立性和客观性，但是如何保持独立性和客观性却缺乏行之有效的措施。众所周知，量化研究的世界观为原子论，方法论属于还原论，具体技术层面则大多采用抽样技术。这样，"世界观—方法论—研究方法"就形成了一个自洽体系。虽然有机整体论可以表述得非常清晰，也很容易理解，但是如何基于有机整体论去探索世界却很费周章，因为就世界而言，我们人（研究者）都是世界的一个构成部分，构成部分如何能理解整体？就具体的社会现象而言，它如何能从环境中剥离出来而又能保证他的整体性？或者说，社会科学的研究如何在充分尊重环境的情况下对有着千丝万缕联系和影响的研究对象展开研究？当下质性研究之所以对研究主体客观性、中立性的保持缺乏足够的指导理论，是因为它虽然感受到质性研究的世界观是典型的整体论世界观，但是在具体的研究方法和世界观之间却缺少了"方法论"的清晰认知。

为此，我们建议跳出现代西方哲学的局限，转向东方传统哲学，探寻未来出路与方向。值得特别指出，中国传统哲学中的"天人合一"哲学或许可以为解决质性研究的诸多问题提供一个新的思路。

四、东方有机整体观与"天人合一"

（一）有机整体观视角的东方本体论（略）

（二）"天人合一"的内涵

我们提到"道"统帅一切客观事物，而"天人合一"是通往"道"的方法指引，那么到底何为"天人合一"？"天"和"人"是中国哲学中非常重要的两个基本概念，中国历代思想家对天人关系的论述与探讨从未停止，司马迁说他的《史记》"欲以究天人之际，通古今之变，成一家之言"。自先秦至明清，历代思想家在对"天人关系"的回答中，"天人合一"构成了一种主流观点，不同的学者对这一命题的理解和阐述不尽相同，对这一命题深度和广度的探究各有其言。但是，不能否认的是，"天人合一"是中国哲学史上一个十分重要的命题。

1."天人合一"的起源

关于"天人合一"思想究竟起源于何时，学者们有不同的看法。汤一介认为，《郭店楚简·语丛一》中"易，所以会天道、人道也"是最早、最明确的"天人合一"思想的表述。这句话的意思是在说明《易》是一本讲"天道"与"人道"的书。还有学者认为"天人合一"说起于孟子，孟子主张天与人相通，强调人性的道德意义有天道为依据。张岱年认为，"天人合一"的思想起源于先秦时代，但明确提出"天人合一"四字成语的是张载，之所以产生这些不同的观点，主要是因为学者们是从不同的角度进行探讨的，有些是同时表述"天"和"人"的相关概念，有些则强调对天人关系的讨论，而张岱年则从作为思想和成语两方面区分了"天人合一"的起源。

2. 关于"天"的争议

在"天人合一"问题中，对"人"的含义争议较少，但是对"天"的理解，不同的学者给出了不同的解释。汤一介认为归纳起来至少有三种：主宰之天（有人格神义）、自然之天（有自然界义）、义理之天（有超越性义、道德义）。其中主宰之天有皇天、上帝之义，代表着最高神性。自然之天则是与"地"对应的天，即人们平常所说的脚踩大地、头顶蓝天。而义理之天则增加了道德意义，一定程度上代表了人们的追求。张岱年对"天"的解释与汤一介大致相同，"所谓天有三种含义：一指最高主宰，二指广大自然，三指最高原理"（张岱年，1984）。任继愈认为，春秋战国以来，"天"有五种含义：主宰之天、命运之天、义理之天、自然之天、人格之天（任继愈，1996）。林俊义将"天"根据历史顺序，综合抽离出 12 种含义：天为人格神；天为天象或气象；天为天象或气象的规律（天道）；天为天命；天为自然、天、天真；天为天志；天为群物之祖；天为理（天理）；天为性（天性）；天为心（天心）；天为气（天气）；天为宇宙空间（林俊义，2000）。

此外，季羡林（1996）将"天"理解为大自然，"人"就是我们人类，"天人关系"讲的就是人与自然的关系。综合上述学者的多元观点，不管"天"的含义多复杂，大致可以概括为两方面：一是自然意义上的天，具有客观物质性；二是抽象意义的天，这类天被人们赋予了多种人格意义，呈现出许多现实需求。关于"合一"，张岱年认为"合一"与现代汉语的"统一"可为同义词，合一并不否认区别，是指对立的两方彼此既密切联系又相对独立的关系。

（三）"天人合一"的发展与演变

"天人合一"观念在中国历史上有一个发展演变的过程，在学者们较为一致的观点中，"天人合一"大致经历了三个阶段：先秦、汉唐、宋明道学。先秦时期的思想家对天人关系的表述众多，孟子提出"尽其心者，知其性也。知其性，则知天矣"（《孟子·尽心上》），从孟子关于知性知天的言论来看，可以说孟子肯定了人性与天道的统一。同时，孟子并不认为天是神，人们只要能尽心养性，就能认识天。老子说："人法地，地法天，天法道，道法自然。"《庄子·齐物论》中指出："天地与我并生，而万物与我为一。"这是道家对"天人合一"问题的一些表述。到了汉代，董仲舒从"天人相类"出发，讲"以类合之，天人一也"，提出"天人感应"说，认为天和人之间存在必然联系，一定层面肯定了天与人之间相统一的关系。张载的"天人合一"说是宋明道学的开端，其从"诚"和"明"讲天人合一，认为"儒者则因明致诚，因诚致明，故天人合一"（《正蒙·乾称》）。张载之后，又有程朱理学和陆王心学相继发展了"天人合一"说，两个学派都把"天"理解为"理"或"天理"，区别在于陆王更强调"心"的作用，理在心中，吾心即是理。

近现代以来，学者将"天人合一"思想的贡献与人类未来的发展相结合。钱穆先生在其逝世前最后一篇文章中多次强调"天人合一"观的重要性，"在中国文化中，'天人合一'观是整个中国传统文化思想之归宿处"，"我认为'天人合一'，是中国古代文化最古老最有贡献的一种主张"（钱穆，1991）。

通过对古今学者相关研究的梳理，笔者认为，"天人合一"，即指人在道德和修养上的一种超然的境界，是一种以人自身作为认识工具，在一种人与世间万物极度和谐统一的状态里领悟世间真理的方法，也就是道家所说的"悟道"。

五、"天人合一"与质性研究

（一）"人"如何认识世界

上文已经提到"天人合一"与质性研究遵循共同的世界观，即有机整体观。在此基础上，"天人合一"如果要为质性研究提供明确的方法论指导，首先需要回答第一个问题，即人如何认识世界，涉及质性研究方法的科学性问题，这个问题本质上是在回答人和世界的关系。简单地说，关于人和世界的关系一般观点有两种：一种是人和世界是相互独立、彼此外在的平等主体，这种观点需要回答一个主体如何能够认识超越其自身范围的外在的问题。另外一种是把世界看作是一个整体，我们人作为世界的一部分容身于世界之中。这种观点引出了质性研究的第一个问题，即人作为整体的一部分如何来认知整体。"天人合一"作为中国古代哲学家认识事物的基本方法，以经过特殊训练、不同于常人的"圣人"为研究的主体，以人类自身某种特殊的临界状态作为研究的工具与方法，使用有别于现行文字体系的文化符号系统作为自身的语言系统，以"制器尚象"的方式进行实践研究。它认识事物的基本方式并不是通过一系列的推理或分析，而是通过"圣人"在一种"临界"或"超然"状态下的顿悟，即人与事物或现象融为一体时的特殊视角与特殊效果，这在中国传统道家以及中国禅宗理念与实践中得到充分体现。理论"圣人"的说法，顺承了质性研究中对研究者要求极高的特征，并不适用于大多数研究者。这种"临界"或"超然"的状态依托的是人在思想和道德上极高的修养。"天人合一"正是在一种内心保持极大的虚空与宁静，无功利追求的状态下，凭借内心直观来把握世界万物，以达到与世间万物的契合。这也就是上文庄子所说的："水静则明烛须眉，平中准，大匠取法焉。水静犹明，而况精神！圣人之心静乎！天地之鉴也；万物之镜也。"这里的关键在于后半句，"圣人之心"可以作为天地万物之明镜，人容身于世界之中，依寓于世界之中，繁忙于世界之中，乃是人的特殊结构或本质特征。"圣人之心"是工具，是世界万物之展示口，世界万物在"此"被照亮（贾利军，2016）。从这个角度，"天人合一"就回答了人作为部分如何认识整体的问题。如果不承认人可以为天地万物之鉴，质性研究就将永远在客观性和中立性这个关键点上兜圈。

（二）"天人合一"如何做到客观中立

对于质性研究中存在的第二个问题，即如何做到人的客观性与中立性的问题。要回答这个问题，我们还需要回溯这个问题的根源。关于客观性、中立性的问题的本源在于西方哲学中"主客二分"思想规制下的"价值中立"原则。"主客二分"在笛卡儿之后成为西方科学研究中被普遍遵循的原则，简单来说，"主客二分"强调的是主体与客体的对立，这里的主体是指人或人的思想，客体是我们认知的对象。"主客二分"哲学认为，如果我们想要认识事物（客体），就必须将自身（主体）从所要认识的事物（客体）中独立出来，这是认知事物的一个必要条件。而"主客二分"思想规制下的"价值中立"原则，就是要求在研究行为中，研究者需要保证自身的独立性与客观性，充分尊重客观现象。质性研究的支持者虽然不强调"主客二分"，但基本上都认可"价值中立"的原则。质性研究是基于整体论的研究方法，其一方面需要以研究者个人的经验和敏感作为工具来有效地洞察研究对象，另一方面又需要就如何做到"价值中立"或人的中立性、客观性给出解答。目前，质性研究的研究者在如何做到"价值中立"这个问题上，始终未有定论。在此，"天人合一"就需要回答质性研究中如何保证"价值中立"这个问题，从而让质性研究达到从世界观到方法论再到具体研究方法的自洽。"天人合一"是天人一致或天人相通的意思，即人和自然在本质上是相通的，故一切人事均应顺乎自然规律，达到人与自然和谐。它不把世界看作是独立于人之外的纯粹个体，在认识世界的过程中，它并不抛弃对象的感性而个别存在，它也不停留或执着于感性存在，它是理智、情感、意志等多种心理机制合为一体而对世界的一种体验，这种体验是客观与主观的有机融合，它对世界所做的是一种整体性而非分解式的把握，这一点与质性研究不谋而合。到这里，"天人合一"已经回答了质性研究的研究者应该如何保证客观和中立的问题，它强调的是研究者在极高的修养和"超然"的状态下对于事物的把握。

具体如何做到"天人合一"，或者说如何通往这种"超然"的状态？在中国诸子百家的理论思想体系中，有许多宝贵的理论思想和实践经验。如庄子的"至人无己，神人无功，圣人无名"就是在追求极高道德上的修养，追求忘掉自己，不怀功利心、名望心，以此为基础，才能成为顿悟世间万物的"圣人"。再如儒家的养气、道家的修真、佛家的禅修都是帮助人在感受天地万物过程中保持客观中立的思想，从而实现人在道德修养上的"圣人"追求。此外，获得2020年诺贝尔物理学奖的数学物理学家罗杰·彭罗斯（Roger Penrose）指出，人脑的结构和发生在量子水平上各种效应之间一定存在着某种联系。换句话说，人脑就像一台量子计算机，它们都是在整体水平上发挥作用。彭罗斯还指出，人类之所以能够知觉到数学真理，是因为人类大脑的真正结构正好反映了这种真理，和"天人合一"不谋而合，从物理学和数学的角度佐证了"天人合一"中强调的超然状态下的"顿悟"的科学性。

近年来，西方发达国家研究机构，例如哈佛大学、斯坦福大学纷纷开设禅修、正念、冥想等方面的研究，其实就是为了追求这样一种结果，学习这样一种能力。中国人自文明之初就是以整体论世界观看待这个世界，也正是基于整体论世界观看世界，所以华夏文明才得以持续发展，引领世界文明数千年之久。在这个过程中，我们也形成了一系列基于整体论世界观的研究方法论，"天人合一"便是中国古代最重要的方法论之一。

原载:《管理学报》，2020 年第 12 期

作者单位：华东师范大学工商管理学院，华东师范大学教育学院

摘编：吕力

儒家公益伦理：以孟子为中心

王建宝

一、引言——取与有道

本文的目的是以孟子为中心，从精神人文主义[1]的角度来探讨儒家公益伦理的精神根源。公益很难用慈善来涵盖。用慈善来翻译 Philanthropy 或者 Charity 皆有很浓厚的基督教色彩，汉语"慈善"一词本身有一种居高临下，强者赐予弱者的味道。综合以上考虑，本文行文采用"公益"一词，在此可以理解为公共利益，既然是公共的，就不是一己一家之私。但是何为公共利益，学界还没有共识，只有一些模糊的共同的看法，也应该是一个层层递进、层层突破的过程。

儒家教导的是一种差等的爱，由自己推到家庭，再到社群、国家，直到天下，层层设定，层层突破，因此儒家的公益是一个动态的变化的过程，变动不居是其特点，合义遵道是判断的标准。行公益既是儒家的题中应有之义，又有与其他轴心时代的思想不一样的特点。其根本还是一个仁字。孟子"道性善"，由性善则有善行。

1　关于精神人文主义以仁为中心的天地框架，请参见拙文《从精神人文主义看儒家生态伦理》，载于《船山学刊》，2017 年第 3 期，第 104—105 页。

故读《孟子》或可为行公益之善行找到源头活水。

陈荣捷先生（2006）说："儒家由亲亲而仁民而爱物，孟子亦明谓与之聚之。"按儒家，取与有道则富而廉，取与无道则富而耻，乃至贫亦耻。故取与有大道。孟子曰："可以取，可以无取，取伤廉；可以与，可以无与，与伤惠；可以死，可以无死，死伤勇。"在此章，孟子对"取与"之道进行了直接阐述。一方面，取的时候要有廉洁操守，另一方面，与的时候要有分寸尺度。所谓"君子爱财，取之有道"才是孔门真谛。儒家对于财富表现出一种坦诚的接受态度。陈焕章（2009）博士指出，对于接受财富，孟子提出了一般原则，孟子认为，"非其道，则一箪食不可受于人；如其道，则舜受尧之天下不以为泰"。

孟子首先肯定取与皆可，只是"过犹不及"，过取则伤廉，过与则伤惠，取与之道，适可而止。朱子所注"后言可以无者，深查而自疑之辞也"，如果只是一味地取与，而无深察反思，则有可能"伤廉"或"伤惠"，只有深察，则自疑，才可以学会放弃，而不"过"。此处与曾子"君子一日三省吾身"之教一脉相传。有不该取而取者，如朱子注引林之奇所曰公西华受五秉之粟，是伤廉也；有不该与而与者，冉子与之五秉之粟，即是伤惠也。孔子批评了冉子。孔子是吝啬而不肯与之人吗？否也。试看同一章的记载："原思为之宰，与之粟九百，辞。子曰：'毋！以与尔邻里乡党乎！'"取与之道都牵涉到利。"取与"之事，就是义利之事。按儒家义利之辨，利者义之和也，义利同源。孔子批评了冉子之过"与"，又拒绝了原思之寡"取"，可与不可之间，程子感慨"盖亦莫非义也"。君子周急不继富是为了义。不辞其多，而受之坦然，也是为了义，因为可以分诸邻里之贫者。张子曰："于斯二者，可见圣人之用财矣。"取之道之一端是"与"道，"与"道在当今社会以行公益为普遍。下文以孟子为中心试论儒家公益伦理的精神根源。

二、亲亲而仁民——推恩

孟子曰："君子之于物也，爱之而弗仁；于民也，仁之而弗亲。亲亲而仁民，仁民而爱物。"在孟子看来，亲亲，仁民，爱物是一个由内往外推的过程。无论是由内到外还是由外到内，其根本都是仁。爱之，是对于万物；仁之，是对于同类之民；亲之，是对于门内之亲。此谓儒家的差等之爱。孟子说，四端"苟能充之，足以保四海；苟不充之，不足以事父母"。孟子人性论为行公益奠定了哲学基础。

孟子对如何行公益也多有所教。首先，"老吾老，以及人之老；幼吾幼，以及人之幼"。"老吾老"是门内之治，"以及人之老"是门外之治，"幼吾幼"是责任所在，"以及人之幼"是道德所在。内外有别是儒家的特点。所谓"门内之治恩掩义，门外之治义断恩"。但是这种内外又是一体的，都是"推恩"的实践过程和实际结果。如果不推恩，"无以保妻子"，如果推恩，则"足以保四海"。二者是一个连续的过程，没有一种断裂和跳跃。如果内外之分表现的是儒家的差等之爱，那么推恩之教则是儒家的仁者与万物一体的博爱。其精神来源就是"举斯心加诸彼而已"。其哲学基础是孟子的本心——恻隐之心。有了尚未放失的本心的自然之流行发用，一个人就可以老人之老，幼人之幼。换言之，儒家的仁是由己及人、由内至外的自然发用，甚至不必拈出公益二字以做特别之说明。

儒家的公益是立足于家庭的。儒家行公益是由己及人、由内向外进行"推恩"的结果，而不是依外救己、由外向内寻求"救赎"的动机，因此儒家行公益由于内外远近之不同而产生厚薄之分，一般是从家族、乡梓到行公益者求学的母校，再到兼济天下，层层递进。

再看孔子之教。子曰："弟子入则孝，出则弟，谨而信，泛爱众，而亲仁。行有余力，则以学文。"儒家有"泛爱"的思想。泛爱的前提是"孝""弟"。孝悌于家庭之内是基础，没有门内之爱，就无法推到门外之爱，门外之爱就没有了根，成为虚说。分言之，如果不立足于孝悌之内而兼爱，儒家就成了墨家。但这种泛爱，也是有原则的，其原则就是"亲仁"，不亲仁而泛爱就成了"博爱"，儒家就成了基督教。当然，如果只有门内的孝悌之爱而没有门外的"泛爱众"，只突出家庭门内的价值而将社会的价值加以消解，儒家就成了"黑手党"。

从最高理想来讲，儒家的泛爱不是兼爱，不是"博爱"，更不是一家之私，深言之，博施济众是孔门仁圣之求，四海之内皆兄弟。

从伦理实践来说，能近取譬是孔门为仁之方，这一点使得儒家的泛爱具有可操作性，爱人当下即是，身边即是，不必"道在迩而求诸远，事在易而求之难"，而是"人人亲其亲、长其长而天下平"。

总之，仁者亲亲，亲亲而泛爱，泛爱而亲仁，以仁为根，由己及人，从内到外，都是仁者爱人的恻隐之心扩而充之的过程。基于此，儒家行公益得以可能。申言之，在儒家，行公益是一件"沛然莫之能御"的本心发用，天德流行，既不需要对地狱的恐惧，也不需要以进天堂为诱惑；既不需要求涅槃的功利，也不需要求来世的福报，而是当下即是，不假外物，自己的不忍人之心化为公益之行。

儒家这种没有利益诉求，不着相的公益之心，历史悠久。在《诗经》中可略窥一端。"彼有不获稚，此有不敛穧，彼有遗秉，此有滞穗，伊寡妇之利。"深玩此诗，推己及人，进而博施济众是文化中国祖先的成德之教。不获稚，不敛穧，遗秉，滞穗，这四种洒落的粮食都留下来"伊寡妇之利"。让寡妇通过自己的劳动，获得一定的收获，是行公益的更高境界。

从《诗》教再回到孔子本人，孔子之志应该是行公益的典范。子路曰："愿闻子之志。"子曰："老者安之，朋友信之，少者怀之。"在孔子看来，老者安于我之养，朋友信于我之交，少者怀于我之恩。真是"所过者化"，达到人我一体之仁。孟子更将孔子之志进一步具体化：死徙无出乡，乡田同井。出入相友，守望相助，疾病相扶持，则百姓亲睦。

"治古代文化者皆当以社为中心。"孟子期望的是百姓出入相友，守望相助，贫病之间相扶持。在当代社会，如果同仁出入相友，邻里守望相助，一家有难，八方支援，每时每刻都在中国广大的城市社区和农村上演这些感人的事迹，那么就能形成具有特色的社区和乡里的互助公益。

三、推恩与受恩——公益主体之间的互动

首先，行公益是不忍人之心的推恩过程。这既不是一个佛教布

施的过程以求究竟涅槃，也不是基督教的慈善过程以求上帝救赎，因为推恩没有目的或功利，只是不忍人之心自身沛然不能已的推己及人的过程，受恩者没有高低贵贱贫富之分，也没有教内教外之别，人己平等乃至人己一体是题中应有之义，此为推恩之精义。大家耳熟能详的"廉者不受嗟来之食"，就是指如果行善者在推恩的过程中不能够尊重受益者，其后果比不行善还要严重。

行公益最容易理解的条件就是个人或者企业财富之多寡，甚至可以换言之，当财富积累到一定程度的时候，行公益是一种必然的选择。《大学》所教为：孟献子曰："畜马乘不察于鸡豚，伐冰之家不畜牛羊，百乘之家不畜聚敛之臣，与其有聚敛之臣，宁有盗臣。""此谓国不以利为利，以义为利也。"经文所指虽然是国，但是古今中外，许多的个人和企业的财富实力已经是富可敌国。古有子贡，今有众多福布斯富豪榜上的各类商贾。古今中外，资源的占有永远是不平等的。现在贫富不均已经是一种全球现象，不管是发达国家还是发展中国家都出现了巨大的贫富差异。行公益是实现财富的第三次分配，也是避免出现孟子痛斥的"厩有肥马，路有饿莩"那样"率兽而食人"的人间地狱。

总之，行公益是一个由己及人的推恩过程，不是为了满足自己的私欲而行公益，所谓"行仁义"而非"由仁义行"。其次，行公益是一个互动的行为过程。用杨联陞老师的话来讲，推恩者（施助方）和受恩者（受助方）都立足于"报"的感情之上的。从报父恩到报乡党之恩，从彼此相报到报国、报天下再到报万物，都是基于"报恩"的共同情感。从报恩的角度来说，推恩者和受恩者彼此也是平等的。推恩者的动力来自报恩，受恩者的尊严寄希望于未来

439

之报恩。公益必须有施助方和受助方二者的平等互动才能取得良好的效果。施助者有报恩之心，才能"由仁义行"而不是"行仁义"。受助者有报恩之心，才能受之无愧，受之有道。"贫者不以货财为报"，但是贫者可以力为报。有知识的人可以知识回报社会，不一而足。《礼记》说，太上贵德，其次务施报。从这一点出发，并不是富者才可以行公益，而是人人皆可以行公益。只是给予财物的支持而没有内心的投入以及身体力行，这种公益行为即便不是作秀，至少是一种诚心不足的表现。当然有可以到现场的，也有不能去现场的，只要条件允许，行公益者的亲临现场，无论是对公益本身，对受益者，还是推恩者本人的身心之教都是不无裨益的。在公益活动中，身体力行的过程就是一个成己成人的过程。

第三，在儒家，行公益的受众能够参与到整个过程中，而不是一种被动的接受过程，使得受益者能够感受到自己劳动的付出。换言之，"推恩"立足于自身的特长，同时受恩者能够主动参与到推恩的过程，成为受恩者的同时，自己本身也是一个公益的提供者。

瘖、聋、跛、躃、断者、侏儒、百工，各以其器食之。《王制》此章足显圣贤对残疾人的体贴关爱之心。以器食之，而不是以食食之，才是使得受恩者在维护尊严的前提下获得温饱。

当然，儒家是践履之学，不是空头讲章，行公益亦如是。孔子就是一个身体力行者。原思辞粟一节已经证明孔子的公益之心，并鼓励原思"与尔邻里乡党"。《论语》还有一节可以补充说明："朋友死，无所归，曰：'于我殡。'朋友之馈，虽车马，非祭肉，不拜。"

在此，孔子帮助朋友殓棺停柩于其家，因为"以义合"。同时，孔子也是受益方，朋友馈赠，接受的理由是"朋友有通财之义"，接受的原则是"虽车马，非祭肉，不拜"。

儒家的行公益虽然有先后之分，但是由于由近及远的推恩之教，儒家公益不但涵盖人事，也包括动物保护的教诲。"君子之于禽兽也，见其生，不忍见其死；闻其声，不忍食其肉"，儒者的不忍之心可以恩及禽兽。对于虐待动物的行为儒家是天然反对的。动物保护是儒家伦理中不可或缺的内容。由保护动物，不虐待动物，进而保护我们赖以生存的环境，儒家的生态伦理呼之欲出。儒家最大的公益是生态环保。对自然掠夺之后再来行公益，其意义正如以刃与以梃杀人何以异。

从家门之内到家门之外，首先惠及的是邻里乡党，优先考虑的是鳏寡孤独，然后公益的范围逐渐扩大，从人事推恩到动物，儒家胸襟可谓宽广。这是从实行公益的个体的角度出发可以看出这样由内到外，先急后缓的过程。如果从整个社群的公益活动而言，则是无论贫富，人人都可以参与，最后形成蔚为壮观的信赖社群（Fiduciary Community）。

四、结论

综上，行公益是孟子题中应有之义，其哲学基础是基于人的恻隐之心，其伦理基础是儒家的差等之爱，其实施对象是基于义和道的甄选，其实施方法是立足于推恩者自身，由内到外，先急后缓，其实施的态度是平等之爱而不是施舍，同时，受益者的积极参与显得尤为重要。

当然，只有在实践的过程中，才能够体知孔孟所讲的良心之不忍，内外之张力，先后之必要，态度之微妙，能力之有限，对象之复杂，判断之模糊，过程之艰难，结果之出人意料。只有体知如此，才能笃行公益，才能成己成人；只有如此，心系苍生才不是一句空洞的口号，而是与自家身心性命融为一体。

最后，行公益只是权法，儒家最高的理想是大同社会。兹引用孔子大同之教来结束本文。孔子曰："大道之行也，天下为公。选贤与能，讲信修睦。故人不独亲其亲，不独子其子，使老有所终，壮有所用，幼有所长，矜寡孤独废疾者，皆有所养。男有分，女有归。货恶其弃于地也，不必藏于己；力恶其不出于身也，不必为己。是故谋闭而不兴，盗窃乱贼而不作，故外户而不闭，是谓大同。"

原载：《管理学报》，2020年第12期

作者单位：北京大学高等人文研究院，长江商学院人文与商业伦理研究中心

党组织嵌入、晋升激励与员工雇佣保障——基于全国私营企业抽样调查的实证检验

徐细雄　严由亮

一、引言

本文重点考察民营企业党组织建设对员工雇佣保障的影响效应。之所以选择这一研究切入点，原因有三：第一，虽然大量文献探讨了工会的积极作用，但与西方国家工会不同，中国企业基层工会是在共产党领导下组织建立的，政治上接受党的领导，对外呈现"党的喉舌"面貌，发挥着党的"传送带"功能。因此，我国企业工会实际是党的附属机构，具有半官方性质。由此可见，若抛离党组织单独探讨工会作用并不能完全反映中国制度情境及现实特征。第二，近年来我国民营企业党建工作日益受到党和政府的重视，并取得了很大进展。根据中组部《2017年中国共产党内统计公报》，全国已有187.7万个非公有制企业建立了党组织，占非公有制企业总数的73.1%。民营企业党组织的一个重要

443

职责就是依法维护职工合法权益，协调各方利益关系。由于受到所有制、经营方式以及工作对象思想基础等因素的制约，实践中民营企业党组织是否真的发挥作用，并改善了员工雇佣保障，尚需更深入研究和经验证据的支持。第三，防范劳资冲突、维系就业稳定是实现经济增长和社会稳定的基础，也是各级政府追求的重要治理目标。特别是失业严重与劳资冲突可能演化为群体性事件，危及社会稳定，这将对官员晋升造成严重的"一票否决"负面影响。因此，地方官员也有动机对企业雇佣行为和员工权益保障进行干预。基层企业党组织作为共产党在微观经济领域的"神经末梢"，是传递党和国家治理意志的重要通道，有利于促进政府诉求与政策方针在企业经营决策中得以落实。由此可见，要深刻理解中国制度情境下的员工雇佣保障，党组织是一个无法忽视的重要因素。

....

本文的贡献体现在三个方面：第一，与以往聚焦工会作用的研究文献不同（Lu等，2010；Yao和Zhong，2013；魏下海等，2015），本文考察了基层党组织在协调企业劳资关系、改善员工雇佣保障中的独特作用，特别是结合政治晋升动机揭示了地方政府官员在面临不同晋升预期和社会失业压力时通过党组织这一正式组织渠道干预微观企业雇佣行为的内在机理及角色差异。本研究是对以往工会主题文献的拓展与补充，也为理解转型制度情境下行政力量对劳资关系的影响提供了新视角及经验证据。第二，党组织是除国有股东身份、行政资源配置外，政府引导和规范企业行为的另一个重要通道。近年来学术界已从多个角度考察了企业党组织建设的实际治理效果，但这些研究多数聚焦国有企业党组织，较少探讨民营企业党组织的治理功能。本研究揭示了民营企业党组织对员工雇佣保障质量的影响效应及传导机理，拓展了对民营企业党组织治理角色和功能的理解。第三，本研究也丰富了员工雇佣保障主题的研究文献。已有研究表明，政府监管与法律约束、工会组织和企业政治关联等因素都对企业雇佣策略和员工权益保障产生影响。本文则揭示了基层企业党组织这一政治力量对员工权益契约保护的影响效应，因而也对雇佣保障文献做出了贡献。

二、理论分析与研究假设

假设1：党组织嵌入有利于提升民营企业员工雇佣保障质量。

假设2：当地方官员政治晋升预期较高时，党组织嵌入促进员工雇佣保障效应更明显。

假设3：当地区失业率较高时，党组织嵌入促进员工雇佣保障的积极效果更明显。

假设4：当企业位于产业链低端（劳动密集型）时，党组织嵌入促进员工雇佣保障的积极效果更明显。

三、研究设计（略）

四、实证检验结果（略）

五、稳健性检验（略）

六、结论与启示

…………

本文研究结论表明，基层党组织为地方政府官员引导和干预微观企业雇佣行为，改善员工雇佣保障和地区就业稳定提供了正式的组织渠道，有利于政府就业监管政策在微观企业层面的贯彻和落实。这深化了对新兴市场员工雇佣保障中政治力量作用角色的理解，拓展了员工雇佣保障主题的研究文献。本研究也有利于深化对非公企业党组织治理角色和新兴市场政企关系的理解，并为党组织治理主题的研究文献贡献了新知识。本文研究结果意味着，新时代政府应该进一步加大对非公企业党建工作的引导，扩大基层非公企业的党建覆盖面，充分发挥党组织在改善员工雇佣保障、缓解劳资冲突、促进就业稳定中的独特作用和治理价值。

原载：《外国经济与管理》，2021 年第 3 期

作者单位：重庆大学经济与工商管理学院

摘编：吕力

五、

实证中国管理哲学

家族企业研究：理论进展与未来展望

李新春　贺小刚　邹立凯

一、引言（略）

二、家族企业：概念与研究现状（略）

三、家族企业理论演进与路径（略）

四、家族企业的理论开发

（一）战略管理理论在家族企业研究中的应用

　　早期有关家族企业的研究大多以家族为分析对象（Sharma et al.，1997），而并不关心家族企业作为商业组织的研究价值，并且没有提出一个专门的理论框架来帮助理解和考察家族企业的商业实践。战略管理理论的兴起与发展为家族企业的研究提供了广阔的理论基础，开始涉及家族企业商业系统运作的本质。战略管理理论关注的核心问题是，企业之间为何存在差异，尤其是不同企业在竞争行为、竞争优势或绩效等方面为何存在差异？此问题导向下，诸多的理论流派与观点相继提出，诸如治理机制、资源等成为战略管理研究中最常被探讨的话题（De Massis et al.，2012）。而要理解家族企业之所以不同于非家族企业，竞争优势与绩效是否存在本质上的差异性，战略管理理论视角也就成为很有价值的探讨路径（Cabrera-Suarez et al.，2001）。家族成员涉入企业系统，包括所有权和管理权的涉入，这是家族企业的竞争优势及绩效不同于非家族企业的关键所在（Chrisman et al.，2005）。同样，资源禀赋、组织知识等是战略管理理论解释企业决策行为以及竞争优势形成的重要因素，将此引入家族企业的分析，则往往可以发现家族企业的异质性。这些因素导致了独特的家族企业行为，并影响其竞争优势或劣势（Chrisman et al.，2005；Chrisman et al.，2010），这就为对比分析家族企业与非家族企业的差异性奠定了理论基础。

较早应用于家族企业研究的理论基础比较广泛，但最具代表性的是代理理论、管家理论和资源基础观（Chrisman et al.，2005；Chrisman et al.，2010）。代理理论是用以分析家族企业治理等问题最重要的理论基础之一（Chrisman et al.，2004；Schulze et al.，2001），如 Chrisman 等（2010）在统计分析高被引家族企业文献时发现，其中 48% 的文献是基于代理理论的分析。不少学者基于代理理论考察了家族企业的代理成本，进而分析家族企业的治理效率和绩效。大多学者认为，由于家族成员的利他主义，他们是目标一致的行动者，所有权与管理权的合二为一使得家族成员倾向于为了家族的集体利益而牺牲个人的利益，这就降低了所有权、经营权分离所导致的代理成本（Sharma，2004）。当然，家族高度集中化的控制权也可能导致管理层出现堑壕行为等代理问题（Gomez-Mejia et al.，2001）。管家理论的提出则进一步拓展了企业所有者与管理者的合约关系研究（Davis et al.，1997；Miller et al.，2008），这将家族作为社会行动者，进而重新分析家族企业的代理成本（Greenwood，2003）。与此同时，战略理论中的资源基础观也成为家族企业竞争优势的重要理论依据。根据 Chrisman 等（2010）统计，资源基础观在家族企业理论研究中占主导地位，被广泛用于指导识别和管理家族企业独特资源以构建独特竞争优势（Cabrera-Suárez et al.，2001；Habbershon and Williams，1999），尤其是"家族性""家族涉入""家族主义"等形成的独特资源构成了家族企业竞争优势的源泉（Habbershon et al.，2003）。Sirmon 和 Hitt（2003）还进一步区分了 5 种家族企业特有的资源，如人力资本、社会资本、生存能力、耐力财务资本和家族治理结构。

（二）社会学理论在家族企业研究中的应用

随着对家族企业研究的逐渐深化，学者们试图将家族企业竞争独特性的重要来源延伸到社会学理论所关注的社会资本、社会关系、信任等因素（Pearson et al.，2008；Arregle et al.，2007）。将这些理论与观点纳入资源观、治理机制的分析框架，这进一步拓展了对家族企业性质的理解。家族成员与企业经营之间存在密切的联系，在家族参与创建和经营企业的过程中，潜在的重要资源就是家族成员的社会资本。所以，社会资本（网络）理论成为解释家族企

业得以创建并获得竞争优势的重要理论依据（Pearson et al., 2008;
Arregle et al., 2007）。前期的实证研究结论也基本上表明了家族成
员的社会资本在创业、经营过程中所发挥的积极作用（Aldrich and
Cliff, 2003; Steier et al., 2009）。社会资本在华人家族企业的重要性
表现得更为明显（储小平, 2000、2003），在创建、生存和经营活
动中，家族企业都深深嵌入在社会关系之中（Dou and Li, 2013）。
社会学理论对家族企业理论开发的另一个重要贡献是关系治理的提
出（Mustakallio et al., 2002）。不同于正式契约关系，家族企业能够
依靠信任为基础的关系治理来减少机会主义行为，降低交易成本，
因而关系治理在提高决策质量（Mustakallio et al., 2002）、维持家
族团结和提供人力资本（Salvato and Melin, 2008；李新春, 2002）
等方面具有重要的积极作用。不过就现有的研究文献来看，这种特
殊的关系治理对家族企业的竞争优势和成长还有着诸多值得进一步
探究的问题（Sanchez-Ruiz et al., 2019）。

（三）公司财务理论在家族企业研究中的应用

不同于战略学派和社会学派，公司财务学者更趋向于关注家
族企业所有权这个维度，分析家族所有权结构及其与利益相关者
的关系、治理效率及绩效等问题（Lins et al., 2013; Almeida and
Wolfenzon, 2006）。公司财务学者常用的理论基础是交易成本理
论、信息不对称理论、博弈论、代理理论等经济理论，并经常结合
公司理论（如利益相关者理论）来解释家族企业在家族所有权结
构下的一系列财务决策行为、治理机制设计、治理效率和绩效差
异（Gedajlovic and Carney, 2010；许静静、吕长江, 2011）。一些

重要的理论发现，诸如大股东的监督效应与侵占效应（Shleifer and Vishny，1986）等成为解释家族企业治理效率的重要理论依据。另外，由于一些家族企业采取金字塔所有权结构，导致了所有权与控制权的背离（非对称状态），以至于最终影响到家族企业在投资、债务融资等财务决策不同于其他的非家族企业（姜付秀等，2017）。尤其是在金字塔结构或创始家族采取的双重股权结构下（Villalonga and Amit，2009），家族控制权与现金流权的背离还导致了严重的第二类代理问题，这为代理理论的发展做出了重要的贡献。董事会结构或管理层治理也是财务学者所关注的重要研究问题，相关的研究结论，比如管理者的激励效应与堑壕效应（Short and Keasey，1999）成为分析家族企业治理效率的重要理论依据（Gomez-Mejia et al.，2001；Maury，2006）。

五、家族企业的理论探索

（一）社会情感财富理论的提出及其发展

1. 社会情感财富理论的提出

影响家族企业行为并决定家族企业性质具有根源性质的因素是其经营的目标、价值观（Chua et al.，2003）。从逻辑上讲，家族企业理论的研究应该从家族企业目标或期望开始，甚至可以说，家族企业行为与结果的独特性关键在于家族目标与价值观的影响（Chrisman et al.，2005；Fiegener，2010）。早期一些学者也关注到了家族目标与价值观的重要性（Chua et al.，2003；Zahra，2003），但只是停留在一个简单的构想阶段，其中很多问题没有从理论，尤其是经验上进行分析与检验。

从家族企业目标的研究出发，一些学者开始深入挖掘家族企业与非家族企业目标的异质性。其中锁定于非经济目标的研究开启了新的思路。家族企业除了追求物质财富之外，家族成员还对传承、情感依恋及家族声誉等具有强烈的偏好，不过早期的这些研究更多的是借用现有理论以描述家族企业对非经济目标的追求。社会情感财富理论的提出（Gomez-Mejia et al.，2007；Berrone et al.，2010）则在一定程度上系统地概括了家族企业的非经济目标——情感禀赋，这成为分析家族企业性质的重要理论基础，从根源上找到并抓住了家族企业与其他企业的本质性区别。社会情感财富理论的提出，也标志着家族企业理论创新时代的来临。自此，家族企业研究改变了过去完全借鉴其他学科如战略管理理论等来研究家族企业的状况，而转向探索家族企业研究自身的理论和贡献。

Gomez-Mejia 等（2007）将非经济目标衍生为"社会情感财富"或"情感禀赋"，系统地考察了家族企业的非经济目标特性，认为家族成员对家族控制、家族身份、紧密的社会关系、情感依附、传承意愿等非经济目标的追求，是家族企业有别于非家族企业的本质特征。与资源基础观或代理理论等不同，社会情感财富理论能够更有力地阐释了为什么家族企业的目标、决策行为总是不同于其他的企业组织，这进一步拓展了家族导向以及家族企业影响力模型（F-PEC），凸显了家族企业的非经济性质。后来有学者还对这些概念提出了具体的测量指标（Berrone et al.，2012），这进一步为该理论在家族企业研究的发展起到推动作用。社会情感财富理论强调非经济因素在家族企业经营决策中的关键作用，这为进一步分析家族企业战略决策开辟了新的思路，成为分析组织管理流程、战略选择、公司治理、利益相关者关系和业务风险承担等决策的重要理论基础（Gomez-Mejia et al.，2011）。

2. 社会情感财富与企业成长双重目标的整合

虽然很多研究检验了家族企业的社会情感财富作为非经济目标的作用，如 Leitterstorf 和 Rau（2014）实证检验了家族企业愿意牺牲经济收益以维护其非经济效用。但既然家族企业是家族系统与企业系统相互作用的结果，它们就不可能放弃对经济目标的追求，如此家族成员就势必在经济目标与非经济目标之间进行权衡（Zellweger and Nason，2008）。一方面，家族企业追求持续发展，就必须不断积累资源与能力，需要从事投资研发等战略变革与创新活动（Zellweger，2007；Zellweger et al.，2012b）；另一方面，家族企业目标偏向于社会情感财富等非经济利益，就可能降低其从事冒险性投资和决策的动力（Gomez-Mejia et al.，2011）。如何理解长期经营目标与社会情感财富损失规避之间可能存在相互矛盾的状况？有学者认为这可能是由于家族的长期与短期目标及企业经济目标的兼容性所致（Chrisman and Patel，2012）。虽然不少研究认识到了社会情感财富与经济目标整合的必要性与重要性（Chrisman and Patel，2012；Kotlaral et al.，2018），但此领域仍旧有许多问题值得进一步探讨。

3. 社会情感财富效应的制约因素与理论拓展

家族企业对社会情感财富的追求显著地影响到其决策行为，但这种影响效应还将受到一些情境因素的制约，将这些因素纳入考量的修正模型应运而生。比如外部资源、企业家经验等对家族企业社会情感财富保护行为存在修正作用（Gomez-Mejia et al.，2018；Boellis et al.，2016）。另外，社会情感财富目标对家族企业决策行为的解释力也是有限的，企业自身经营状况和面对的外部环境等因素将调节社会情感财富的作用机制（Souder et al.，2017）。

如何拓展社会情感财富理论也是学者们正在尝试探索的方向。目前，针对这一问题的研究给出了一些有意义的探索。如 Zellweger 等（2012）基于前景理论的研究拓展了社会情感财富理论的分析框架，他们将家族控制水平、控制的持久性以及跨代控制的动机与家族社会情感财富联系起来，给出了有意义的结论。基于行为代理模型（Martin et al.，2013）的分析揭示出，家族成员可能会愿意牺牲当前社会情感财富以获取未来的经济财富。Chang 和 Shim（2015）则指出，家族成员需要在当前的和未来的经济及社会情感财富目标之间进行权衡，这为家族企业的社会情感财富理论设定了边界条件。在新近研究中，Kotlar（2018）提出家族企业的决策框架和偏好会发生变化（漂移），不过这取决于当前社会情感财富的初始损失和对未来社会情感财富的预期。这些研究都进一步深化了社会情感财富的动态性分析。

（二）家族企业组织行为理论及其探索

1. 家族企业领导行为理论的探索

早期有关从权威和家长领导模式角度探讨家族企业领导行为的研究取得了丰硕的成果。比如家族控制与影响力（Tsang，2002）、家长式领导风格（Westwood，1997；樊景立、郑伯壎，2000）、家长权威（王明琳、周生春，2006）与家族权威（贺小刚、连燕玲，2009）等观点的提出丰富了家族企业的领导行为理论。在家族制度有着深厚传统的儒家文化影响的经济体（比如亚洲国家）中探索家族企业的领导行为非常重要。将西方权威理论与华人家族企业相融合主要体现在"家长式领导"方面的研究。家长式领导是华人文化中一种典型的领导风格（樊景立、郑伯壎，2000），包括敬畏顺从、感恩图报、认同效法等。以家长式领导和权威为代表的领导行为理论是研究家族企业组织行为的一个重要切入点（汪林等，2009），组织的战略、治理机制、竞争优势、管理风格、继承等诸多问题均是围绕领导行为展开的。但似乎有关家族企业领导行为理论的探索在近十几年进展很缓慢，虽然近年来有零散文献讨论家族企业领导模式（许年行等，2019），但仍缺乏理论创新。另外，有关家族企业继任者领导行为的研究则为深入探索领导行为理论提供了空间，其中二代继任者领导决策与权威构建问题最受关注（李新春等，2015）。然而在实践中情况非常复杂，其中父辈和子辈的权威斗争层出不穷，因而也有一些研究沿着此脉络探索二代接任父辈，并领导家族企业面临的权威问题（Huang et al.，2019）及父辈角色定位问题（Li and Piezunka，2020），这是非常有理论价值的探讨方向。

2. 家族企业决策行为理论，尤其是社会情感财富理论的贡献

企业很多决策行为（如研发投入等）具有不确定性的后果（Hoskisson et al.，2017），基于风险偏好的决策行为近年来成为家族企业决策行为研究的热点。与资源基础观、代理理论等不同，社会情感财富理论认为，非财务目标或社会情感财富目标是家族企业进行决策的参照点（Gomez-Mejia et al.，2007）。从社会情感财富这个角度分析冒险性决策能够更有力地解释为什么家族企业的决策行为总是不同于其他的企业组织，这就为进一步分析家族企业决策行为开辟了新的思路。Gomez-Mejia 等（2011）对此进行了系统的分析，他们认为家族企业在管理流程、战略管理、公司治理、利益相关者关系和家族创业等方面的决策行为与非家族企业存在显著区别。第一，就管理流程而言，包括继任机制、专业化管理、人力资源管理实践等，都与社会情感财富有着紧密关联。第二，就战略选择而言，几乎所有重要的冒险行为的选择，比如企业多元化、国际化、并购、财务融资和研发投入等，都倾向于依托社会情感财富作为决策参考点。第三，就公司治理机制而言，家族企业董事会的作用、激励机制设计、代理契约等方面，社会情感财富理论也有着很强的解释力。第四，就家族创业而言，无论是家族对于新企业的创建还是公司创业，社会情感财富理论都有助于进一步丰富其相关的理论。第五，就利益相关者关系而言，社会情感财富也同样有助于分析家族企业行为的异质性，被广泛地应用于企业利益相关者、雇员工作福利、工作环境及亲环境行为等决策研究中。

根据 Memili 和 Dibrell（2019）对 2006—2013 年家族企业高被引文献的统计，23.8% 的文献是基于社会情感财富理论的分析，这揭示出社会情感财富在家族企业决策行为方面的基础性意义。但值得注意的是，家族企业的决策行为到底是风险承担还是风险规避？这一直是一个有争议的问题。基于行为代理理论为基础的社会情感财富理论框架可能仅提供了该问题的不完整解释，Chrisman 和 Patel（2012）扩展了行为代理模型的观点，提出了一个短视损失厌恶的观点，认为家族企业的冒险性决策行为除了受到其对社会情感财富追求的影响之外，还受到家族企业的业绩期望距离等因素的影响。当然，战略管理上的业绩期望问题值得进一步深化，比如不少研究考虑了家族企业当前的、历史的或社会期望水平，而很少关注未来的潜在收益期望。前景理论则认为，管理者倾向于将这些冒险行为的前景来考量其相对于参考点的损失或收益，这是影响他们风险承担能力的关键性因素（Hoskisson et al.，2017）。未来的研究还可在混合决策行为框架的基础上，探讨家族企业如何为了保护当前和 / 或最大化未来经济收益和非经济财富而调整其风险承担的决策行为（Gómez-Mejía et al.，2018）。

（三）家族企业传承理论及其探索

家族企业传承研究本身缺乏理论，最初的研究多是问题导向，如传承人选择、传承的要素、传承过程等。这导致传承研究的覆盖面大，但关于这个话题的理论文献相对零散化。有一些学者试图对传承问题提出综合性的分析框架（Cabrera-Suárez et al.，2001；Breton-Miller et al.，2004；Royer et al.，2008），如基于资源基础或知识基础观重点分析"如何传"（传承过程）。在理论探索阶段，学者们突破了仅仅关注"传"的局限，将包括从过去到未来的连续时间维度（Shipp et al.，2009）作为代际传承理论创新的新方向。"过去"意味着组织学习和组织认同，"未来"则代表了战略意图（Shinkle，2012），过分强调过去（传统）或未来（创新）都容易割裂两者的关系。从近期研究文献来看，基于时间维度的传承理论探索主要体现在跨代创业（Nordqvist and Zellweger，2010）、跨代创新

（Erdogan et al., 2020）等方面。

1. 跨代创业的理论探索

家族企业代际传承不仅与过去有关，还关系未来（Sharma et al., 2014）。Lansberg（1999）很早就指出，"推动所有传承的是对未来的憧憬，随着时间的推移，它包含了上下两代人以及他们先辈的愿望。不同世代的个人梦想必须编织成一个共同的、集体的梦想"。从时间维度来看，家族企业需要着眼于如何为当前的以及未来的家族成员创造价值。因而有必要建立一个新的理论框架，以捕捉和解释家族如何为他们的商业活动带来新的价值，以便在多代经营中寻求生存和繁荣。学术界将跨代创业引入家族企业代际传承研究范畴始于十几年前。Habbershon 和 Pistrui（2002）首先提出从跨代创业的视角来考察家族代际传承问题，认为创业家族以追求跨代财富创造为目标，代际权杖交接的背后其实是家族企业家精神的更替。而 Nordqvist 和 Zellweger（2010）则对跨代创业进行了详细的阐释，将其作为家族培育和发展创业精神、家族影响能力的过程，从而在几代人之间创造新的创业机会，实现经济和社会价值。家族企业为跨代创业提供了独特的研究情境。家族企业的可持续发展需要根据经济形势和市场需求等因素的变化进行跨代创业，从某种意义上说，家族企业是一种特殊的创业组织（李新春等，2008）。目前跨代创业的研究更多是理论或案例研究，对创业理论有所发展的研究集中在家族企业如何能够将创业观念、模式及能力跨时间和跨代际进行利用和发展，进而可以将其部署在现有活动或拓展新的活动上（Nordqvist et al., 2013）。目前我国家族企业正面临二代接班和跨代创业的双重目标（李新春等，2013；王扬眉，2019），剖析二代继任者创业行为背后的深层机理和过程将有助于更好地发展跨代创业理论。

2. 传承中的传统与创新的理论探索

有关未来性的重视逐渐成为家族企业研究的重要特征（Lumpkin and Brigham，2011；Stafford et al.，2013），甚至有学者指出长期导向是家族企业的一个核心概念（Sharma et al.，2014）。而与过去相关的"传统"却在家族企业研究中未能得到足够重视。传统是过去经验、知识的储藏（Negro et al.，2011），有学者呼吁要探讨传统的时间性，包括它对过去、现在和未来活动的影响（Dacin et al.，2019）。近年来也有不少学者开始关注到家族企业传统与创新的问题（De Massis et al.，2016；Erdogan et al.，2020）。家族企业的传统与创新研究为探索传承与创新理论发展提供诸多可能性。一方面，传统意味着代代相传，共同的信仰、仪式、惯例和遗产等，这都有助于家族企业随着时间的推移而持续得以保存其价值观和文化（Lumpkin et al.，2008）。另一方面，跨代家族企业的繁荣需要不断进行革新（Jaskiewicz et al.，2015）。因而家族企业的各任领导者需要掌握处理这种矛盾的紧张关系的能力。最近的研究表明，家族企业的领导者表现出将过去的传统知识融入企业创新活动中的强烈倾向（Erdogan et al.，2020）。尽管对过去传统的依赖会导致僵化和停滞，但多代家族企业要维持可持续发展就需要基于丰富的传统知识以推进持续的创新和变革（De Massis et al.，2016；李新春，2020）。代际传承过程正是连接传统与创新的重要节点，是挖掘家族企业同时实现创新和延续传统的突破口，以此为线索无疑将有助于进一步拓展家族企业传承与创新的理论。

（四）家庭科学理论的发展

一直以来，管理学者大多是使用与商业相关的理论来解释家族是如何影响家族企业经营决策和结果的（Combs et al.，2020；James et al.，2012），而对家庭科学理论视而不见。家族本身具有很大的异质性（Dyer Jr and Dyer，2009），家庭科学正是研究家庭及其结构、关系、过程和结果等复杂性的学术领域（Jaskiewicz et al.，2017）。Combs 等（2020）指出，家庭科学所描述的家庭关系要素、家庭成员角色和家庭变迁等因素会塑造不同的商业家族，进而影响其所控制的家族企业。不过总体而言，基于家庭科学理论分析家族企业性质的研究文献还相对较少且零散。但近十年来，学者们呼吁可以将跨学科的家庭科学作为分析家族如何影响家族企业的理论基础（Combs et al.，2020），并在此基础上拓展家族企业理论创新（James et al.，2012；Jaskiewicz et al.，2017），这将是家族企业研究者值得高度重视的理论探索路径之一。

1. 以家庭结构为对象探索家族企业异质性

家庭关系描述了家庭成员互动的不同方式，不少家庭科学理论，如家庭系统理论（Bacallao and Smokowski，2007）、家庭沟通模式理论（Ritchie and Fitzpatrick，1990），能够为分析家族企业复杂的家庭关系提供理论基础。家族企业研究很早就指出，家庭系统理论对于理解家族与企业系统之间的复杂关系具有重要意义。如 Grote（2003）研究了代际竞争如何阻碍家族企业的理性决策。不过这些研究大多仅分析了单一维度，而没有包含家庭系统理论所描述的复杂的多维家庭系统。另外，也有家族企业研究者利用家庭沟通模式理论研究家族成员沟通模式与家族企业之间的联系。如 Carmon 和 Pearson（2013）发现，当控制家庭的对话程度高且一致性低时，家庭成员会更多地涉及当前的家族和家族企业。基于家庭关系理论可以归纳出不同家庭成员之间的互动模式，并且通过挖掘不同家庭关系带来的消极（如冲突）或积极方面（如情感支持），学者们进而可以深入分析家族企业经营过程中的各种管理问题。其中以家庭结构作为重要的分析对象，能够超越以前那种对家族企业单一家庭关系维度的简单模式。

家庭结构是理解家庭形成、演化以及家庭成员相互作用的基础。在理论上，学者们将家族成员依据一定的标准，比如亲缘关系程度、代际关系等分成若干个小集团进行讨论。对家庭结构进行深入分析的研究文献并不多（Sharma，2005），比较系统的分析是 Todd（1985）以人类学为基础对家族结构进行的分类，即绝对的核心家庭、平均主义的核心家庭、独裁主义的家庭和社团式家庭，这一分类被运用到不少后续的实证研究中（Sharma，2005）。近年来从家庭结构角度分析家族企业异质性的文献渐渐增多。如 Li 等（2010）提出家庭结构包括创业者控制的家族、兄弟姐妹控制的家族或者堂兄弟和姐妹等远亲所主导的家族；Bird 和 Zellweger（2018）则将家族结构细分为配偶型和兄弟姐妹型，指出不同的家庭结构下其信任、认同和相互义务都存在显著差异，进而对企业成长产生不同的影响。Arregle 等（2019）较为系统地阐述了家族结构的类型，并分析了不同的家族结构对国际化决策所产生的差异化影响。这些研究在一定程度上丰富了家族企业理论的知识体系。

2. 基于家庭角色探索家族企业异质性

近来一些学者逐渐意识到家庭角色理论在分析家族企业性质中的重要性（Huang et al.，2019；Li and Piezunka，2020）。家庭系统中的成员角色是以血缘、姻缘等社会关系为基础而确定的，而企业系统中的家族成员则主要以专有性的所有权资产或人力资本投入以及为企业履行的职责而确定的。这两个体系中的成员组成可能相同，但其目标、过程、职责等可能差异较大。家族成员从家庭角色过渡到企业管理角色是否以及如何影响其互动和行为，及其对家族企业经营带来何种影响，这些是非常重要的研究主题。

家庭伦理支撑下的家庭角色为家族成员参与管理提供了运行规则和支撑，比较频繁讨论的家庭角色主要是父母、配偶、兄弟姐妹、子女等。在关注特定的家庭角色时，引入家庭科学理论可以更深入地解释家族成员的角色认同及其行为表现。比如父母控制理论（Steinberg et al.，1989）将父母教养模式细分为专制、宽容和权威3种模式，家族企业研究者发现不同模式为解释家族成员的代际传承问题提供了新的视角，并有助于发展新的家族企业理论。比如Kidwell等（2013）发现，宽容型养育模式可能会导致无能的家族管理者。出生顺序和个性的家庭生态位模型（Paulhus et al.，1999）则提供了分析兄弟姐妹角色如何影响和塑造家族企业管理模式的理论基础（许年行等，2019）。其他诸如配偶和子女等家庭角色在家族企业研究中受到的关注较少，其发挥的角色还有待更多研究探索，如Van Auken和Werbel（2006）发现，在家族企业经营中配偶的角色似乎更多是支持和承诺。探讨家族成员的角色定位将为进一步理解家族企业异质性提供新的理论视角。

3. 探索家庭变迁与家族企业演变的关系

家庭变迁指的是由于生育、婚姻、死亡等原因引起的家庭结构变化。家庭结构可以随着新成员的出生和结婚而增加，也可以通过死亡和离婚而减少。家庭变迁如何影响家族企业的决策及绩效等研究已经取得了一定的进展（Bertrand et al.，2008；Bunkanwanicha et al.，2013），但仍缺乏一些理论框架来指导关于特定家庭变迁如何影响家族企业发展的研究。家庭科学的研究成果为建立一个家庭及其家族企业如何共同进化的理论模型奠定了基础，比如基于家庭发展理论（Spanier et al.，1975）描述了8个不同的生命周期阶段以及家庭在其中如何经历系统的变化（Combs et al.，2020）。将家庭生命周期阶段纳入家族企业是非常重要的，因为家族与企业之间的紧密联系，使得家庭生命周期和企业生命周期之间存在紧密关联性（Jaskiewicz et al.，2017）。例如，企业代际传承往往直到创始人处于其生命周期的最后阶段才开始，家族企业"富不过三代"的危机也往往是由于家庭生命周期变化所导致。另外，生命历程理论（Elder，1994）则主要是从个体层面描述个人在生活和工作事件中的角色以及个人生活与所处的历史和社会经济背景之间的联系。基于生命历程理论可以解释家庭成员的资源何时增加或减少以及这些变化如何影响家族企业的战略和绩效（Combs et al.，2020），并且在此基础上可以发展新的家族企业生命周期理论。

六、家族企业的理论整合——对未来发展方向的探讨

（一）基于制度情境的家族企业理论

不同国家的家族制度及其他社会/文化制度之间的差异导致了

家族企业性质不尽相同，在特定制度背景下成长的家族企业通常会带有某些特定的制度和意识形态特征（Dinh and Calabrò，2018；Soleimanof et al.，2018）。因而分析不同地区的制度文化与多样性及其对家族企业行为和结果的影响，将深化我们对家族企业及其制度环境之间关系的了解，也有可能形成新的理论突破。家族企业与制度环境之间的关系，存在两种相互作用的机制：一是宏观制度环境对家族企业的影响，二是家族企业应对外在制度采取的战略行动。由于制度存在正式和非正式两种表现形式，因而有关家族企业与制度环境的研究主要体现在 4 个方面（Soleimanof et al.，2018），即正式制度对家族企业的影响或者家族企业如何应对正式制度的形成与变化，非正式制度对家族企业的影响作用，家族企业对正式制度的影响作用，家族企业对非正式制度的影响作用。基于制度视角整合家族企业理论主要可以沿着两条脉络展开：一是将制度环境纳入家族企业研究框架，二是将制度理论与其他家族企业理论进行整合。

1. 将制度环境纳入家族企业研究框架

（1）基于制度环境构建家族企业理论。学者们越来越对制度情境与家族企业的复杂关系感兴趣（Peng et al.，2018）。比如关注失业保险对家族企业就业稳定性、工资的影响作用（Ellul et al.，2018），遗产税对家族企业投资决策和控制权转移的影响（Tsoutsoura，2015），等等。与家族成员利益相关的正式法律，比如继承法、婚姻法、遗产税法等出台，将对家族企业的决策及效率产生何种影响，尤其是在家族成员出现重大事件时（比如死亡、婚姻变化、后代出生等），如何应对法律制度是重要的战略与组织决策。家族企业在应对制度压力时往往更具灵活性，甚至可能会偏离对正式制度的习惯性反应，那么与非家族企业相比，这些家族企业（或者不同的家族企业类型）在何时、如何以及为何会遵循或依赖正式制度（Soleimanof et al.，2018），就成为重要的研究问题。另外，不同国家与民族在长期发展中形成的传统文化，会塑造不同的经济社会生活，甚至影响到个人的方方面面。处于不同国家文化传统和历史背景中的家族企业在经营目标、家族控制、传承等方面千差万别（Chua and Chrisman，2010）。因而从文化价值观、社会规范等非正式制度探讨家族企业的性质也很有可能发展新的家族企业理论。

（2）基于家族企业与制度环境的互动作用拓展制度理论与家族企业理论学说。家族企业在推动地区制度发展的过程中起到何种作用？家族企业如何促进或降低某些社会规范／价值观的影响？家族企业倾向于寻求何种形式的社会变革？对这些研究问题的探索不仅有助于拓展制度理论，还将为发展家族企业理论学说奠定基础。首先，正式制度环境是由多个相互关联的系统，比如经济、政治、教育和劳动力市场等所组成的，通过探讨家族企业为什么以及如何参与政治进程、哪些因素影响家族企业的政治投入、家族企业通过政治策略如何影响到各种政策的制定并确保政策的执行等问题（Soleimanof et al.，2018），这无疑将会推动制度理论的发展。另外，家族企业被视为社区重要的参与者（Berrone et al.，2010），研究家族企业的规范、价值观和信仰对当地非正式制度的影响机制也是一个重要的研究方向（Stough et al.，2015）。最后，探讨家族企业和制度环境之间的相互作用，可以基于共同演化视角考察家族企业及其所处环境之间的双向和长期的相互作用（Soleimanof et al.，2018），捕捉到家族企业如何适应和影响制度，这对家族企业理论和制度理论的发展都很重要。

2. 制度理论与其他家族企业理论的整合

（1）制度理论与战略理论的整合。家族企业战略理论与制度理论相结合成为家族企业领域的重要发展方向（Peng et al.，2018；Soleimanof et al.，2018）。基于制度理论的视角可以揭示出其他理论，比如代理理论、管家理论、资源基础观等未能对家族企业行为做出结论性解释的偶然性和边界条件，并进一步澄清有关家族企业研究中一些长期存在的相互矛盾的观点（Soleimanof et al.，2018）。将制度理论纳入战略理论框架也将有助于系统地解释家族企业的异质性，并深化理解不同国家的公司治理机制之间的差异和相似性（Aguilera and Jackson，2010）。而如果过于依赖单一的战略理论则可能难以解释一些国家与地区的家族企业本质，制度理论的整合将起到重要的弥补作用（Dinh and Calabrò，2018）。

（2）基于制度理论拓展社会情感财富理论。制度环境对家族企业的决策行为及其效率的影响已广泛地受到了关注，社会情感财富理论与制度理论的融合将能够产生新的研究成果。比如日本的"养子制度"揭示了日本家族企业如何避免血缘继承的陷阱（Dinh and Calabrò，2018），并保存社会情感财富（Gomez-Mejia et al.，2007）。相比之下，中国的独生子女政策则导致了中国家族企业的代际传承约束（Cao et al.，2015），因为它降低了创始人对年轻一代继承的期望，进而可能降低家族企业的研发投资等战略性投入，并诱导家族所有者持有高水平的现金用于利益输送（Liu et al.，2015）。究其原因，关键还在于不同国家的生育政策使得家族成员的社会情感财富决策点产生偏离或漂移。另外，非正式制度与家族成员的社会情感财富也存在紧密的关系。这是因为，家族系统以维护家族价值观和信仰为中心，具有强烈的愿望来保存家族成员的社会情感财富（Gomez-Mejia et al.，2011），而社会情感财富代表了非经济因素，这些因素受制于非正式制度，并以可能不太经济理性的方式影响家族企业的决策。比如文化因素对家族企业的社会情感财富禀赋有着重要的影响。Jiang 等（2015）从创始人宗教信仰角度分析企业冒险性决策，就隐含了这样的倾向：家族成员的社会情感财富会受到宗教信仰的影响。从宗教信仰角度融合社会情感财富理论来探讨家族企业的决策行为可能是一个重要的研究方向。

（二）构建基于创业活动的家族企业理论

　　家族企业与创业的研究由于其问题的多样性，目前学者们大多数采取了学科交叉的方法，即关注家族企业和创业共同涵盖的主题和研究问题，如家族资源与创业、家族创始人治理以及二代创业等相关问题。但是这种方法难以真正挖掘家族企业在创业方面的特征，并且在理论上更多是借助已有的理论（Sieger et al.，2011；Zellweger et al.，2012b），如管家理论、嵌入理论、资源基础观、创业理论等进行分析。目前家族企业与创业研究仍缺乏足够的理论整合，有两个路径值得关注：一是以家族为研究视角分析家族创业动因及结果，二是挖掘家族创业过程的独特性，即将家族网络纳入创业理论的分析框架。

　　1. 建立以家族为分析对象的家族创业理论。家族创业理论的研究主要面临两个挑战：一是家族创业实践具有很大的异质性，因此很难概括其一般特性；二是没有形成得到广泛认可的家族创业概念化界定（Randerson et al., 2015）。鉴于此，在目前家族创业的概念和内涵尚处于探索时期，一个可能更明智的做法是重新审视哪些因素应该被视为家族创业的一部分，其中将家族作为创业的分析单位可能是一个有前景的方向。如果创业理论忽略了家族参与，就可能会错过创业中与家族有关的一些关键性因素（Chrisman et al., 2003b）。家族对创业有着普遍的影响，Aldrich 和 Cliff（2003）提出了一个"家族嵌入"的创业活动观；Habbershon 和 Pistrui（2002）则提出了创业型家族（Enterprising Families）的概念。这些研究均是主张将创业研究的重点从传统的企业分析层面转移到家族或所有权层面。创业与家族的融合形成了特殊的创业主体，他们不仅在家族企业从事商业活动或参与经营管理，同时还具有创造跨代财富的价值观和意愿，以此作为分析对象，为构建家族创业理论奠定了基础。

2. 融合家族网络与创业活动构建家族创业理论。有关创业与家族企业相结合的研究文献倡导了一种新的社会网络理论研究视角（Chrisman et al., 2003；Aldrich and Cliff, 2003）。社会网络理论揭示了家族网络在家族创业的重要性，如 Bird 和 Wennberg（2016）的研究就指出，移民创业者在家族中的关系嵌入对他们成功开办和经营新企业至关重要。对于华人家族企业，其所拥有的社会资本对其创业的重要性更加突出，很多华人家族企业得以创建并取得成功往往在于充分地利用了宗族、朋友和地缘等社会关系网络资源（Au and Kwan, 2009）。显然，以血缘与亲缘关系为基础的家族网络对新创企业产生的影响是一个重要的研究方向。已有一些文献指出，家族网络作为一种重要的资源或优势，对家族成员创建新企业发挥了重要作用（Arregle et al.，2015）；但也有学者指出，家族网络可能存在冗余、重叠和封闭性，家族创业者过于依赖家族网络，则有损于企业绩效或新创企业的扩张（Jack，2005；Hite and Hesterly，2001）。但家族的嵌入性——无论嵌入家族网络还是其他社会网络，都将影响到创业者退出或持续创业等重要决策活动（Salvato et al.，2010）。这些研究均表明，将家族网络与家族创业研究相融合，一方面发展了创业理论，另一方面也丰富了家族企业的研究成果。

（三）构建基于社会心理学的社会情感财富理论

自社会情感财富理论创立的十多年以来，学者们一直关注该理论在家族企业决策行为和战略偏好中的应用，而对其微观的心理学基础未进行深入的探索。这导致虽然社会情感财富理论得到广泛运用，但由于缺乏持续的发展和测量体系，一些观点与结论仍旧存在较大的争议。社会情感财富理论如何与社会心理学进行融合，是家族企业理论发展的一个重要方向（Jiang et al.，2018）。比如学者们越来越多地呼吁要对社会情感财富的形成机制进行深入研究，并确定其不同维度之间的逻辑关系。因而将社会情感财富理论与以社会、动机、认知、情感和行为核心原则的心理学理论相结合，将有助于进一步完善社会情感财富理论。首先，尽管情感与社会情感财富相关，但当前社会情感财富理论文献中，还无法清晰解释情感如何影响社会情感财富的形成以及它们对家族与企业运作的影响（Berrone et al.，2012）。家族企业的研究需要对情感有更细致的理解（Kellermanns et al.，2012），融合社会心理学理论和方法可以进一步深化对社会情感财富微观基础的理解，并且由此开拓家族企业基于微观心理基础研究的新方向。另外还值得注意的是，社会情感财富既包含个体层面又有集体层面的要素。学者需要深入了解和解释不同家族成员的思想、情感和行为，以及他们从家族企业中获得的情感禀赋，这样才可以进一步分析社会情感财富在不同层次如何发挥作用，并深入理解其中的因果关系。

此外，尽管社会情感财富的理论扩展了行为代理模型，并假定非财务因素成为家族企业决策行为中重要的参考点，但是学者们需要从社会情感财富的社会心理学基础出发，才能理解这些非财务因素为何、何时以及如何成为家族企业决策参考点（Jiang et al.，2018）。Nason 等（2019）的理论框架对此给出了一个决策参考点如何发展的社会认知过程模型，揭示了家族企业如何才能够摆脱旧的战略框架。当控制着企业的家族成员与提供新信息的行动者进行社会互动时，家族企业的集体知识结构会被改变，家族企业战略决策的参考点也将会受到影响。社会情感财富理论和行为代理模型的理论假设前提是基于认知偏差，因此有必要研究不同的认知偏差如何改变社会情感财富的决策过程。

（四）构建基于本土情境的家族企业理论

不同国家或地区的制度与文化情境蕴含着发展潜在的理论学说的空间和需要，但据 De Massis 等（2012）统计，73% 的家族企业研究是基于欧美国家为背景的，这种状况无法充分揭示诸如亚洲等国家的家族企业运作本质。中国独特的制度情境为家族企业的研究提供了本土理论创新的可能性（储小平，2002；陈凌、应丽芬，

2003；陈凌等，2011）。诸如政治关联（陈凌、王昊，2013）、家族亲缘关系（王明琳等，2014；贺小刚等，2010）、对权威的重视（贺小刚、连燕玲，2009；连燕玲等，2011）、代际传承要素（韩朝华等，2005；窦军生、贾生华，2008；Lee et al.，2019）和独特的制度环境（何轩等，2014；朱沆等，2016；Luo and Chung，2013）等，都有可能成为中国家族企业理论创新的特质元素。

1. 宗族网络与家族企业理论创新。 我国改革开放后，创始家族企业基本上是依赖血缘、亲缘的宗族文化而形成其独特的治理结构和组织管理（潘越等，2019），要挖掘我国家族企业的未来发展模式，就不能忽视中国传统宗族文化，如此才能提出有关家族企业的"本土化"管理学说。在宗族文化的影响下，以血缘联系为基础、从家族伦理和人际关系而发展出来的宗族网络广泛参与到市场资源竞争中，并获得其独特竞争优势或成为"灰色"社会资本。已有研究更多是从资源角度解释宗族网络对于家族企业的作用，但宗族网络在家族企业经营过程中除了获取资源和资本的作用，还具有情感支持功能，即家族或泛家族成员之间强烈的责任感、忠诚度、高承诺及互惠性对家族企业的帮助不容忽视。另外我国家族企业在创建、治理和传承的背后，蕴含着传统宗族文化所信奉或秉持的价值伦理取向。探究宗族文化如何影响家族企业治理和传承发展，对于深入理解我国家族企业行为、特征和模式无疑是非常重要的。

2. 基于中国传统管理思想构建家族企业理论。 一些中国古典哲学思想和管理思维可以为研究家族企业组织行为提供新的思考，如中庸思想、阴阳观、儒家伦理、"家"文化等。中国家族企业蕴含着深远的传统儒家文化基础，在诸多行为中也表现出传统家族文化的历史烙印。这些具有悠久历史和深厚文化积淀的管理哲学思想结合我国家族企业的经营实践和变化，将为中国家族企业理论的拓展提供新的方向（陈凌、王河森，2012）。另外，基于双元平衡思想构建家族企业理论也是一个创新方向。家族企业是家族与企业两个系统的结合，需要从双元平衡理论视角进行考察。双元平衡思想与中国传统哲学和文化中的"和谐""中庸"理念有着相似之处，强调处理两种看似矛盾的关系中如何保持其内外部的平衡。家族企业面临着多重双元平衡与协调问题，这在以往的研究中已有所探讨（Le Breton-Miller and Miller，2011；Kotlar and De Massis，2013）。运用双元平衡思想分析我国家族企业面临不同目标或行为选择的决策具有理论创新空间，也是"本土化"理论探索可能取得突破的方向。

3. 基于制度演进构建家族企业理论。我国家族企业向现代企业制度演进不仅受到正式制度和非正式制度因素的影响（何轩等，2014；朱沆等，2016），还同时面临着制度转型和全球化竞争带来的巨大挑战。大范围、深层次的制度变迁，以及环境的高度不确定性（如经济和政治的变化、要素市场不完备性、产权保护制度缺乏稳定性以及当前复杂的、充满敌意的全球化环境等），为考察我国家族企业的制度变革及演进指明了方向，需要拓展新的理论来解释制度环境与家族企业制度创新的复杂动态关系。另外，探讨不同区域的文化（比如儒学、佛教、道教等）与社会情感财富等理论融合也可能是重要的本土化理论创新方向，这将有助于拓展宏观层面的文化价值体系与微观家族企业特征相融合的理论和知识体系。

七、结束语（略）

原载：《管理世界》，2020 年第 11 期

作者单位：中山大学管理学院，中山大学中国家族企业研究中心，

上海财经大学商学院

摘编：吕力

中国情境下的政商关系管理：
文献评述、研究框架与未来研究方向

田志龙　　陈丽玲　　李连翔　　何金花

一、研究背景（略）

二、政商关系现有文献回顾

（一）现有文献中的"政商关系"相关概念

西方文献中虽然存在"商政关系"或"政商关系"这样的名词，如 business-government（B-G）relationship、government-business relationship、state-business relationship。但这些只是一般名词，西方文献中尚无"政商关系管理"（B-G Relationship Management）概念，更没有相关著作与教材对此进行探讨。西方文献中相关的学术概念是"企业政治策略与行为"（Corporate Political Strategy and Action/Activities，CPA），此概念主要针对的是美国情境下的政治环境特征。随着中国改革开放的不断深入，"政企分开""政企关系"和"政商关系"这3个词依次出现。最近十几年里，"政商关系"更成为我国政商两界的热门话题。但我国学术界则主要遵循西方学者的研究话题和研究思路进行中国情境下的"企业政治策略／行为"研究，缺乏对企业如何进行"政商关系管理"的理论探讨。在现有研究中，与"政商关系"相关的概念主要分为两类，具体阐述如下。

1. 企业处理政府／政治相关事项过程中采取的策略与行动

西方文献讨论政商关系时常用的概念是 CPA。例如，通常用"企业政治行为"概念来讨论企业处理与政府／政策相关事项的策略、行为及其对企业的影响；对政治／政府在经济中的作用、政策有效性等产生的影响。现有文献中，学者们主要从如下 4 个方面对企业应对政治环境的行为进行探讨：①将政治环境理解为政府出台的影响企业运营的公共政策，主要探讨企业应对公共政策的行为以及对公共政策制定与实施过程施加影响的行为，后者通常被称为"企业政治行为"。②将政治环境作为企业非市场环境的一个部分，探讨企业应对非市场环境的策略，即非市场策略（包括政治策略、CSR 策略、环境策略）以及与市场策略的整合应用。③将企业环境分为技术环境与制度环境，将企业政治环境视为来自利益相关者对企业的制度压力的一个部分，探讨企业响应制度压力以及处理来自不同利益相关者相冲突的制度压力的行为。④将企业国内外经营中的政治风险作为研究对象，探讨企业如何进行政治风险管理。

2. 企业的一种社会资本

这种"社会资本"指企业及企业管理者与政府部门及官员间形成的关系的状态。现有文献通常将企业家／高层管理人员（以下简称高管）担任各级人大代表或政协委员以及高管曾经在政府任职经历等的有无和数量用于衡量企业的政商关系。目前，大多文献将上述政商关系称为政治关联，讨论其与企业经营行为或企业绩效间的关系。另外，在社会学领域还有一些文献探讨扭曲的政商关系，即政府（包括地方政府、政府官员）或企业等没有遵循自身应该扮演的角色，没有遵循规则而发生的关系（如企业行贿、官员寻租、"政商旋转门"）。还有文献研究了地方政府因地方经济发展、税收、就业或个人受贿原因而帮助本地企业伪装以"符合"上级政府（如中央政府）的政策，从而获得上级政府支持或躲避有关监管的问题。

（二）西方文献中的"政治环境—政治策略/行动—绩效"研究范式（略）

（三）中国情境下政商关系研究文献回顾

…………

1. 政治关联与企业绩效及经营管理行为的关联关系研究

本研究将政治关联、政治关系、政治资本都归类为"政治关联"。在样本文献中，有58.2%的中文文献、67.9%的英文文献研究中国情境下的政治关联与政治绩效以及企业行为的关系。这些文献用"政治关联"来表达中国企业的政治资本，采用"企业高管是否为人大代表/政协委员、是否曾在政府任职、是否具有共产党员身份"等来测量企业的"政治关联"，并对其与企业绩效或企业经营行为的相关性进行定量分析。具体阐述如下：①企业政治关联与企业绩效。对于这两者间的关系，样本文献主要基于资源基础理论，提出"具有政治关联的企业获得更多市场发展机会和资源"的假设，并主要通过二手数据（特别是上市公司数据）进行检验。这些文献大都认为政治关联有助于企业的资源获取、市场开拓、效率提升、财务绩效。②企业政治关联与企业经营管理行为。本研究将这些文献研究的企业经营管理行为分为4个方面：一是公司层战略选择。例如，对于并购而言，政治关联企业实施了更多的并购和规模更大的并购，拥有政治关联企业的并购绩效更好。二是企业竞争战略选择。例如，中央政治关联企业更可能选择差异化战略，地方政治关联企业更可能选择低成本战略。三是企业战略实施方式。例如，企业政治关联对企业的国际化成长有促进作用，但深度的国际化对企业价值有正向促进作用。四是企业职能活动。例如，政治关联强的公司，在企业绩效预期逆差的情况下，会弱化民营家族企业的创新行为，强化他们对社会规范的破坏性行为。

2. 政治环境与企业经营行为

在企业经营过程中，不可避免地会受到所处政治环境的影响，现有研究主要从以下几个方面探讨了企业政治环境与企业经营行为的关系（共68篇样本文献，包括60篇中文文献和8篇英文文献），具体如下：①税收优惠，如政府环境税等；②中国政府特征，如政府干预、政府管制等；③中国制度背景，如中国转型经济的特殊背景、制度环境等；④法律法规，包括地区法律制度水平、环境政策／环境规制、环境保护信息披露、货币政策环境等。有研究结果表明，税收优惠、政府特征、制度背景、法律法规等政治环境对企业的战略决策、职能活动等均有影响。例如，地方政府会通过环境规制来确保环境规制执行，环境规制会加强企业技术投入。

3. 中国情境下的政治环境、政治策略与政治绩效

共有 48 篇中文文献和 22 篇英文文献涉及相关研究，具体如下：

（1）中国情境下的政治环境及其特征。与政商关系相关的大部分文献都会提及政治环境或相近的词（如政府环境、制度环境等），并没有详细描述。在管理学领域有少量文献从案例研究和定性研究角度详细探讨中国政治环境的要素与特点。社会学领域的部分学者从社会学角度对中国情境下的政治集权 / 经济分权和晋升锦标赛等现象做了深入研究。

（2）中国情境下企业对政治环境的响应策略与行动。在中国情境下，企业政治策略是指企业为构建自身发展所需的市场环境而采取的会影响政府决策或行为的策略，实施上述策略的行为被称作企业政治行为。学者们辨别出 7 种政治策略：政治经营、直接参与、政府关联、财务刺激、代言人、制度创新、信息咨询和调动社会力量。在狭义的定义上，企业政治策略是指在中国环境下，企业通过接近和发展与政府（官员）的特殊关系而取得资源、得到优待的做法和行为。有学者将这些政治战略分为先发制人战略和被动反应战略。在探讨中国情境下的企业政治策略时，学者们还注重与西方情境下的政治策略进行比较。相似的方面如游说、宣传、信息提供等；不同之处如中国企业直接参与或通过企业经营活动参与等，而西方企业则通过选民培养、政治捐款等。此外，虽然中西方在政治策略的名词表达上相似，但中国企业与西方企业在策略的目的、方式、内涵上有很大差别。

（3）中国情境下的企业政治绩效。探讨政商关系的中文文献都会提及企业处理政商关系的价值所在，即政治绩效。学者们将企业

政治绩效定义为企业通过实施政治策略和行动而获得的政治和经济收益，包括获取经济资源（如财政支持等）和关系资源（如企业组织身份等），提升企业的竞争优势，提升企业经济效益。

（4）中国情境下的企业特征、行业特征及其对企业政治策略与绩效的影响。现有文献主要从以下3个方面探讨企业特征和行业特征对企业政治策略选择，以及对企业绩效的中介和调节作用：①一般特征的影响；②企业家特征对于政治策略和行为的影响；③企业政治资本的作用。

（5）企业通过政治行为对政府政策过程进行影响。在样本文献中，学者们将中国情境下企业影响政府决策的策略分为以下3类：①企业高管通过获得人大代表、政协委员等政治身份参政议政，直接影响政府政策。与中国不同，西方工会组织、行业协会、非政府组织、说客等在企业与政府的关系中起着重要作用。②企业通过新闻媒体等舆论工具对政府施加压力，间接影响政府政策。这在中国和西方都越来越普遍。尤其是在西方，西方企业会发动员工和股东向政府施压，以维护企业利益。③企业通过贿赂、钱权交易等腐败手段获得政府产业发展、政策扶持等信息或政策资源，影响政府决策行为。与中国不同，西方主要通过竞选、政治献金等方式参与政治活动，从而参与或影响政府政策的制定。

4. 其他学科领域的研究

本研究还对其他学科领域（科技管理、社会学、行政管理与政治学）与政商关系有关的文献做了搜索，涉及如下话题：政府转型、晋升锦标赛、政企互动、政企联盟、官产学合作、行业协会、政商旋转门、腐败与寻租、政府事务管理等。

三、中国情境下的政商关系管理实践举要

（一）中国情境下管理实践现象与揭示其本质的思路（略）

（二）中国情境下的政商关系管理实践现象

1. 中国情境下政商关系中的政府与企业（略）

2. 中国情境下企业政治环境的 6 种场景

基于对中国政府性质维度和目标／功能维度的讨论，本研究将中国情境下企业政治环境划分为以下 6 种场景（见图 1）：一般性政治环境的 3 种场景、产业发展／市场主体培育的 1 种场景和社会主义性质的 2 种场景。为了说明这 6 种场景的特点，本研究引入美国情境下的企业政治环境进行对比分析。

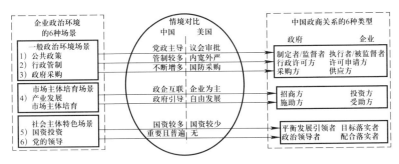

图 1　中国情境下企业政治环境的 6 种场景与 6 类型政商关系

（1）一般性政治环境的 3 种场景：公共政策、行政管制、政府采购

具体阐述如下：①公共政策。指影响企业市场运营的各种法律法规和政策。此方面中美之间的差别体现在公共政策制定过程的差异。从理论上而言，公共政策的制定通常经历如下过程：问题的形成、议程的形成、备选方案的提出、政策目标确立、政策方案设计、政策方案的评估和论证、政策方案的抉择和筛选、政策执行、反馈和修正等。而中美间的重要区别在于参与者及角色的差异。中国的经济政策基本上由国务院和地方政府的行政部门组织制定，由政府部门提出，而在美国，联邦政府的经济政策主要由总统及其行政部门提出，再经由两院批准；各州的经济政策由州长及其行政部门提出，再由州议会审查批准。当然，政策议案的提出者也可能是各方面的利益相关者（包括企业），但议程的形成到政策方案的抉择都是议会议员及委员会决定，并由议会投票通过。②行政管制。指政府对企业经营的行政许可。在美国情境下，需要政府发放经营许可的情况不多，但美国政府会以国家安全名义对外国投资并购等进行行政审查。而中国目前仍处于计划经济向市场经济转型过程中，计划经济遗留下来的政府对经济活动进行"行政审批"发放行政许可的领域和数量依然较为庞大，虽然数量正在逐年减少。③政府采购。指各级政府为了日常政务活动、公众服务等而从国内外市场获取货物、劳务和工程的行为。

（2）产业发展／市场主体培育的一种场景：产业政策／创新政策、行政帮助

在中国从计划经济向市场经济转型过程中，不仅要解决市场经

济制度缺乏的问题，更要解决市场主体（即企业）缺乏的问题，这个任务在我国经济落后地区尤其重要。为鼓励各地方政府积极发展地方经济，特别是推动当地的市场经济从无到有的发展，我国中央政府与地方政府的关系呈现以下特征：①政治和行政上实行中国共产党和中央人民政府统一领导，由上级政府根据社会经济发展情况对下一级政府的政绩进行评估。②各地方政府对当地的经济发展负责，制定与上级政府政策一致但又有自己特色的经济政策。为推动经济发展，各地政府积极开展招商引资，出台各种支持本地企业和吸引国内外企业投资的地方优惠政策。最典型的举措是中央政府和省、市、县/区地方政府出台推动企业创新行为的创新政策（包括科技政策、产业政策），建立县级、市级、省级和国家级经济开发区及科技园区。然后，政府基于企业身份和资质给予相应企业财政补助、税收优惠、融资支持。

需要指出的是，在我国从中央到地方推出的众多创新政策是鼓励性政策（或非强制性政策），且在不同地区（县、市、省）间、在经济开发区或园区与非开发区/园区间、在不同行业/子行业间存在巨大差别。甚至在一些地区，地方政府会针对特定企业采取"一企一策"支持政策；很多地方政府都实施了党政负责人与当地主要企业的直接联系制度。

（3）社会主义性质的2种场景：国资投资与党的领导

国有资产投资和国有企业的存在是中国社会主义性质的重要特征的表现。在国内，国有企业是显性的存在。我国宪法规定，国有经济是国民经济中的主导力量。在过去40多年的改革开放过程中，国有企业从政府直接管理的工厂发展成为按《公司法》独立自主经营的企业，其中的一些中小型国企在 20 世纪 90 年代"抓大放小"政策下改制成了民营企业。在这期间，民营企业不断发展。我国一些民营企业尝试通过与国有资本／国有企业结盟的方式获得政治认可。另外，体现社会主义性质的场景是党的领导。这表现为如下两个方面：①各级政府政策的制定和执行都是在同级党组织直接领导下进行；②党组织在企业的设置、受党的领导的工会在企业的设置以及活动的开展。上述中国特有的现象是西方国家没有的企业政治环境场景。

3. 中国情境下企业要应对的政商关系的 6 种类型

结合图 1 中的场景描述，本研究将政商关系总结为企业与政府根据各自的性质和各自的目的，在履行各自功能时形成的相互作用和相互影响的现象。在该思路下，本研究将中国情境下的政商关系分为以下 6 种类型（见图 1）。具体如下：①第一类，指政府作为市场经济的规则（法律法规和公共政策）制定者、监管者与企业作为规则执行者和被监管者关系。②第二类，指在行政管制方面各级政府作为行政许可方和行政审批方与企业作为经营许可和资质的申请方的关系。政府的行政管制在某些行业（如医药、食品、房地产等行业），比其他行业更多。正是在这样的情境下，某些不够许可条件的企业可能会通过直接或间接贿赂政府官员的方式获得政府行政认可。③第三类，指政府作为货物、服务和工程项目的采购者与企业作为供应商的关系。这种关系发生在为了获得政府订单的企业与各级政府之间。这种关系下也可能发生某些企业通过直接或间接行贿有决策权力的政府官员获得政府订单的行为。④第四类，指政府／地方政府作为地方经济和社会发展的责任人、招商引资者，与企业作为投资者和税收、就业贡献者间的关系。这种场景下企业作为投资者可能利用不同地方间的竞争而与地方政府讨价还价，因此，这种场景下的政商关系也是一种特殊的交换关系。在地方政府与企业共同从上级政府申请政策支持时，双方之间是合作关系，因此，这种场景下的政商关系可能涉及企业与政府间的大量互动行为。⑤第五类，指政府作为国有资产投资者和管理者与被投资的企业间的关系。由于国有投资企业常常会被要求履行一定的社会责任从而被赋予了一定的政治信任，一些民营企业在从事有政治敏感性的经营活动时可能邀请国有企业参与，从而增加经营活动的政治合法性。⑥第六类，指政府（党组织）作为国家的政治、经济、社会生活的领导者，同企业作为被领导者的关系。

值得注意的是，虽然本研究辨析出了政商关系的 6 种类型，但学者们研究各种类型政商关系现象时，需要注意"政"与"商"本身的复杂性；①"政"的复杂性。中国有中央、省、市、县、乡等5 级政府，县级以上政府都有人大、政协、党委和政府四大班子，还涉及具体的不同政府部门。在中国，不同层级的政府间和同层次的不同地方政府间存在利益的一致性和利益分割上的相互竞争与博弈，即"晋升锦标赛"。②"商"的复杂性。各企业间因所有制、所在地区、所在行业等方面的不同而在发展条件、发展权利和发展地位上存在差异。上述两方面复杂性的叠加造成了政商关系利益格局、主体性质上的复杂性。由此，在中国情境下，政商关系既是政治与经济的关系，也是不同政府组织与企业组织间的关系，还是企业组织中的人与政府部门中的人之间的关系，因此，不宜将中国情境下的企业或政府简化成单维度的点变量来探讨其内涵和作用。

4. 中国情境下企业与政府间的互动行为

由前文分析可知，特别在地方政府培育当地的企业主体以及推动当地的产业与经济发展这一场景下，企业与政府之间存在着丰富且独特的互动行为。在这一场景中，政府（特别是地方政府）与企业一样是有明确目标、策略、行动、绩效要求等的行为主体。

（1）政商互动中政府作为行动主体的行为

一般而言，地方政府的目标较为明确，主要体现在以下两个方面：①地方经济发展，这涉及本地企业的成长、本地产业的发展、本地就业与社会发展以及本地在全国、本省、本市的相对排名的提升4个方面。②地方官员政绩的提升，这涉及地方政绩的完成以及官员职务的提升。当然，政府绩效是以当地企业在全国乃至全球的市场经济竞争中的发展与成长为基础的。为发展地方经济，各级政府除了在统一的法律法规和中央经济政策指导下发展市场经济以外，还特别制定具有地方特色的产业政策和创新政策进行招商引资，促进当地目标产业和当地优势企业的发展。地方政府推动当地经济发展的行为包括：通过调整地方法规改善投资环境，建开发区创造优越的投资环境，出台本地的产业政策，创造本地政策资源并支持本地企业获取上级政府政策资源，采取地方保护手段支持本地企业，协调本地企业的行动，支持本地企业开拓外地市场等。地方政府的这些行为都是在与企业积极互动中进行的。

（2）政商互动中企业作为行动主体的行为

在地方政府产业发展和培育当地市场主体的场景下，企业与政府互动的目标就是获取各级政府的政策资源（包括合法性资源、各种政府财政补贴和行政资源的支持），从而促进企业的总体发展。

为实现企业目标，企业可能实施如下行为：①在认知上理解各级政府的产业政策和创新政策的要求；②进行资源投入以建立技术、产品和市场能力，从而满足政府产业政策／创新政策对企业的诉求；③在组织上改进组织方式，积累经验与能力以提升政府事务管理水平；④基于上述能力获得政府产业政策和创新政策的支持，以及影响政府政策制定与实施的行动。企业的这些行为也是在与各级政府积极互动中进行的。

5. 中国情境下企业从政商关系管理中获得的利益

本研究认为，在企业政治环境的不同场景下（见图1），企业可能获得不同的利益。具体如下：①在一般性政治环境的3种场景下，企业通过遵守法律法规和公共政策的要求，从而获得合法经营的权利、获得经营许可以及通过正当竞争获得政府订单。②在政府的产业发展／市场主体培育的场景下，当企业（特别是科技型企业）的经营活动符合政府产业政策和创新政策鼓励的范围，且投资规模和经营成果达到政府政策要求时，企业首先可能获得如下这些企业身份／资质：一是进入各级政府的产业园的资质；二是获得科技型企业身份；三是获得示范项目称号；四是企业研发机构获得省级或国家级研发中心称号；五是企业员工获得政府的人才称号；六是企业的项目进入地方政府专项支持的计划，甚至被列入地方政府工作报告的工作内容等。企业依据从政府获得的上述身份／资质，可能从各级政府申请如下5个方面的支持：一是税收优惠；二是税收减免；三是企业研发项目直接获得的政府资金；四是企业专利申请、人才引进等活动直接获得政府一定数量的资金补助；五是某些在当地有一定重要性的企业可能获得地方政府"一企一策"的政策与行政支持。③在社会主义性质的 2 种场景下，一家企业的国有投资身份或一家企业在党建和工会建设方面的突出表现等都可能给企业带来政府与社会对企业的认可。④在综合的场景下，当一家企业有较好的市场和社会绩效、从政府获得较高的企业身份 / 资质认可，且在当地有较大影响时，企业的高层管理者或企业家很可能被当地政府推荐参加当地政府或更高一级政府人大代表或政协委员身份的竞争，从而获得政治认可。

四、中国情境下的政商关系管理研究：3 层任务框架的提出（略）

五、中国情境下的政商关系管理：未来研究方向（略）

原载：《管理学报》，2020 年第 10 期

作者单位：华中科技大学管理学院，湖南师范大学旅游学院

摘编：吕力

中国文化背景下的中庸型领导：概念、维度与测量

辛杰　屠云峰

一、问题的提出（略）

二、理论源起与文献研究

（一）理论缘起（略）

（二）中庸型领导的内涵

成中英（2011）将中庸领导定义为在管理和决策中能从全局出发，在满足内外部和谐的要求下，考虑并整合不同成员的观点和依情境不断调整行动策略的领导方式。赵志裕（2000）从辩证统一的视角对中庸领导做了阐释，即中庸领导需要在相互对立元素和力量中找到平衡的方法，创造互推、并济、共生的动力，最终实现和谐的兼容状态的思维模式。陈建勋等（2010）认为中庸型领导能够以中和作为行动目标，以整体和合的方式面对全局问题，并且能够做

到顾全大局，有效地调和矛盾。曲阳（2014）将中庸型领导定义为在领导过程中以中庸思想和中庸管理哲学为指导的领导者，在梳理了中庸思想、中庸管理哲学的基础上提出了中庸领导是一种综合性和多元性的领导方式，包括内在价值——诚信、认知方式——整合、决策方法——整合、修身之道——学习、治理方式——授权、关系法则——合作六个方面。

（三）中庸型领导的维度

国内学者对中庸型领导的维度的研究可以分为两个流派：其一将中庸思维直接运用到管理实践中，并把中庸型领导定义为在领导过程中以中庸思想和中庸管理哲学为指导的领导者；其二把中庸型领导当成整体构念，从而确定中庸型领导的构成内容。因此，本文在梳理中庸型领导的维度时将其分为两个部分：一是梳理中庸思维维度在领导行为中的应用，二是梳理中庸型领导这一整体构念的维度。

1. 中庸思维的维度

杨中芳和赵志裕（1997）提出了中庸思维的 8 个子构念，包括静观其变、以和为贵、两极思维、顾全大局、合情合理、以退为进、注重后果、不走极端，并编制了《中庸实践思维量表》。该体系包含子构念过多、内容过广，而且这些子构念所涉及的思维层次各不相同，此外，该量表采用迫选方式，对于每一个子构念的测量都有符合中庸、非中庸正反两题陈述句，共计 16 个题项，然而这两题是否相对立存在异议，而且该量表没有进行信、效度检验。杨中芳（2009）在早先提出的中庸构念基础上进行了适当的修改并精简为 14 题，将之组合成三个主要部分：以和为行动目标，以理为感知方式，以中为指导方针，但和、理、中三个方面缺乏解释性，且并没有在其论文中指出他删除其中两题的合理原因，因此其量表仍存在一定的争议。吴佳辉、林以正（2005）通过规范的实证研究过程将中庸思维总结为多元思考、整体概念、和谐行为三个维度，量表有较好的信度和效度。黄金兰、林以正和杨中芳（2012）对之前开发的量表进行重新整编，经因素分析后，将正反对应的题组适当组合成 1 ~ 7 打分的迫选评价方式，以此提出了"中庸信念 / 价值量表"。杜旌和姚菊花（2015）在探索中国文化背景下的中庸价值取向时发现，在国人眼中，中庸也存在消极的一面，中庸有折中、保守的含义，他将中庸价值取向视为"执中一致（强调与环境保持和谐）""慎独自修（强调自我修养的重要性）""消极成就""消极规避"。陈岩、陈忠卫和蒋兵（2017）将中庸的内涵概括为四个维度：过犹不及、执用两中、权变时中、和而不同。

2. 中庸型领导的维度

由于对中庸型领导这一整体构念进行维度研究的文献较少，到目前为止，本文仅发现邹智敏（2014）对中庸型领导的维度进行了相关研究，提出了中庸型领导的三维度：和、活、度。和是指中庸型领导在其组织、决策时以内外部和谐为其行动准则；度是指不偏执于一方观点，强调吸收整合不同观点；活是指需要根据管理环境的变化和时间的变化不断调整策略，以此实现领导的有效性。该量表有高度的概括性，且经过了信度和效度检验，但一方面因其高度抽象和概括而缺乏实操性，另一方面有可能遗漏关键维度信息，有必要进行更细致精确的研究划分。

三、中庸型领导的维度确定

（一）定性研究（略）

（二）定量研究

…………

根据这 5 个因子所包含题项的内容的共性行为特征，我们尝试为其进行因子命名，并进行中国传统文化背景下的相关阐述。

因子 1：合度用中。中庸型领导的"合度用中"是其核心的属性，该维度包括"我的领导说话、做事在分寸感上总能恰到好处"等六个题项。"合度用中"维度指向的是"中"的标准或尺度，即恰当、合适、合宜、不偏执、不走极端、恰到好处。《中庸》有云："喜怒哀乐之未发，谓之中；发而皆中节，谓之和。中也者，天下之大本也；和也者，天下之达道也。""致广大而尽精微；极高明而道中庸；温故而知新，敦厚以崇礼。"《论语》中也有类似的描述，如"子温而厉，威而不猛，恭而安""乐而不淫，哀而不伤""毋意，毋必，毋固，毋我""质胜文则野，文胜质则史。文质彬彬，然后君子""君子泰而不骄，小人骄而不泰"。事物因其阴阳两端悬殊过大，要做到平衡、适度往往是很难实现的，也正因为此而显示出中庸型领导"合度用中"的可贵。

因子 2：整体和融。"整体和融"维度包括"我的领导更注重合作而不是一味的竞争"等六个题项。中国传统文化的思想内核是"和合"，强调人与天地万物的整体合一性，系统各要素之间以及不同层级的系统要素之间存在异质同构的关系。儒家诉求"家国同构""大同世界""四海之内皆兄弟"等，道家诉求"昔之得一者，天得一以清；地得一以宁；神得一以灵；谷得一以盈，万物得一以生；侯王得一以为天下正"。《中庸》有云："致中和，天地位焉，万物育焉，与天地参。"这些都是"整体和融"的表征。领导者所要终其一生而追求的最高人格理想就是"天人合一"。

因子 3：至诚化人。"至诚化人"维度包括"我的领导能让员工有精神上的升华和进步"等五个题项。至诚、至善是"中庸"的终极追求，《中庸》有云："唯天下至诚，为能尽其性。能尽其性则能尽人之性。""诚者，天之道也；诚之者，人之道也。""自诚明，谓之性。自明诚，谓之教。诚则明矣，明则诚矣。""正己而不求于人，则无怨。上不怨天，下不尤人。故大德者必受命。""故君子不可以不修身；思修身，不可以不事亲。""故君子慎其独也。""心怀虔诚、恭敬有礼，唯心诚才能感而通之。"这种《中庸》里讲的至诚对领导者而言是自修、自证，对被领导者而言是教化、教育。在自我修养的基础上修己安人、正己化人。只有"诚"才能体现真挚恳切的仁慈心，才能体现出渊博深沉的大智慧，才能体现广大无边的大德行，才能使人聪明睿智、无所不通。

因子 4：权变通达。"权变通达"维度包括"我的领导面对新环境和新问题能快速响应、敏捷应对"等四个题项。孔子认为"我则异于是，无可无不可"，即不墨守成规，相机而动，随时变通。

《大学》有云："苟日新，日日新，又日新。"《周易》讲"生生之谓易""日新之谓盛德""易穷则变，变则通，通则久"。道家思想中的"致虚极，守静笃，万物并作，吾以观其复"也是在强调权变通达的特性。中庸型领导不固化自己的思维模式，按照管理对象和管理环境的动态变化来调适自我，极度柔和，则柔相易，唯变所适。

因子5：包容接纳。"包容接纳"维度包括"我的领导接纳和欣赏性格迥异的员工"等四个题项。作为儒家思想集大成的中庸之道并非无原则的"和稀泥"，因为和合思想在其开始之初在强调"和"的同时，并没有排斥"异"，其本身就包含了"阴""阳"相合相斥的内容。《论语》有云："君子和而不同，小人同而不和。"《中庸》有云："万物并育而不相害，道并行而不相悖。"这两句话赞扬君子达到天地境界所具有的和而不同的包容、宽容精神，反映了中国文化及中华民族的敦厚与宽广，这也是中华文明五千年一脉相承、没有断裂、没有转移的一个重要原因。中庸型领导欣然接纳多元思想，不断扩大自己的胸怀和视野，寻求更大时空的成就。

四、中庸型领导与其他类型领导的比较（略）

五、研究结论与管理建议

（一）研究结论与理论贡献

本研究的创新性和理论贡献主要体现在两个方面。

第一，与以往学者在此方面的研究相比，多数相关研究是基于"中庸思维"开发的量表而并未将"中庸型领导"作为一个整体构念来进行研究和开发，杨中芳等的中庸思维包含八个维度，维度与维度之间可能有相互包含的问题，吴佳辉等的中庸思维三维度、杜旌的中庸价值四维度、陈岩等的中庸四维度较为精简，但不同程度地遗漏了中庸本位价值的部分内容，少有的关于"中庸型领导"的量表实证研究，如邹智敏将中庸型领导的维度概括为和、活、度，可能存在语焉不详、难以实操的弊端。本研究所确定的中庸型领导的五维度较好地弥补了上述研究的不足。此外，本研究所确定量表中的整体和融、权变通达、合度用中三个维度涵盖了邹智敏中庸型领导的三维度"和、活、度"，在此基础上又有一定程度的发展，还涉及至诚化人、包容接纳两个维度。

第二，中庸型领导与其他类型领导相比更多是体现了其差异性和超越性，其所包含的维度与题项既包含了领导向外的影响，更强调领导向内的修行，这与以往领导研究中所强调的领导向外实施影响有着很大的不同。

（二）管理建议（略）

原载：《西南大学学报》（社会科学版），2020 年第 7 期

作者单位：山东大学管理学院

摘编：吕力

中国商帮边界划分与文化测度——"和而不同"的商业文化

谢永珍 袁菲菲

一、引言（略）

二、基于萨丕尔—沃尔夫假说的商帮边界界定（略）

三、商帮文化特质与评价指标体系

（一）商帮文化特质

....

1. 晋商

晋商在明清时期开辟了重要的国际商路，贯穿蒙古戈壁沙漠，深入俄境，抵达欧洲腹地彼得堡、莫斯科。在商业合作上，自明代便已与日本进行贸易往来，清末山西商人又在朝鲜、日本开办了银行。晋商崇尚遵守商业信誉，梁启超曾言"晋商笃守信用"。晋商是典型的封建商人，自明朝起，晋商的发展就与封建帝国紧密联系在一起，清朝时甚至有"皇商"的称号。农业经济转型期，西欧的大部分商业资本开始向产业资本转型，而我国传统商人依旧固守"以末起家，以本守之"的理念，未能摆脱封建化的束缚。晋商与封建政治势力的裙带关系，导致其无法避免与封建社会同枯共衰的命运。晋商影响力的衰退，使帮域企业的活力渐渐落后于经济发达地区，特别是受保守文化的影响，其创新、冒险、开放等新商业文化特质较弱。

2. 徽商

徽商受儒家思想的影响，"贾而好儒"，表现出"以诚待人，以信接物，以义为利"的商业价值观。徽商靠盐业崛起于明代中叶，在与官府权力的交换过程中弱化了竞争意识。晚清时期，随着西方金融企业的进入，国内金融市场发生巨大震动，经济受到极大冲击。清光绪九年（1883），胡雪岩所拥有的南帮票号阜康因各地官僚竞相提款、敲诈勒索而引发资金周转失灵，同时受外商排挤，被迫贱卖。曾经势力很强的南帮票号在经历几次金融风暴后败给了西帮票号。阜康的破产倒闭，标志着徽商的没落。徽商企业普遍延续了传统的儒家价值观，家族观念、政商观念都很突出。但与晋商相似，受制于文化的保守性，徽商创新、开放意识的薄弱使其在市场经济中逐渐落伍。

3. 鲁商

无论是历史还是当代，鲁商对经济发展的作用都不可小觑。历史上"鲁商"曾控制了北京乃至华北地区的绸缎布匹、粮食批发零售、餐饮等行业。而在东北地区，鲁商更是名重一方。时下，鲁商以国有经济为主，与史上多次大规模并购中政府的扶持密切相关。山东是儒家文化的发祥地，诚信、仁爱、集体主义等儒家文化价值观对鲁商影响深远。"不义而富且贵，于我如浮云"的重义轻利以及仁爱儒家伦理思想世代相传。对政商关系和伦理道义的过度重视以及受制于经济模式和空间区位等因素的约束，保守的鲁商文化，抑制了企业家的创新精神，成为制约鲁商经济与社会发展的重要因素。但鲁商的诚信、仁爱等精神使其更容易得到合作伙伴的信任，儒家文化的集体主义精神有助于形成多边惩罚机制，确保了鲁商信誉机制作用的发挥。

4. 苏南商帮

近现代苏南商帮的迅猛发展得益于1998年后的产权改革，其乡镇企业发展迅猛。苏锡常地区较早地建立起现代企业制度，为民营企业发展提供了良好的营商环境。从历史看，古代苏商的主要代表是洞庭商帮，行商风格温文尔雅。"做事沉稳不轻浮，似鲁商；头脑机敏，有胆有识，又似浙商。"苏南商帮具有重视格物致知，强调中庸均衡、关注集体主义等典型的文化特质。在吴文化的影响下，苏南企业不仅继承了传统文化中的"诚信""爱人"，还汲取了当代商业文化中的开放与创新。中国金融、贸易、航运、科技创新中心上海的辐射效应，为苏南商帮提供了良好的发展机遇，使其在现代经济中迅速崛起。

5. 浙商

浙商在全国乃至全球的轻工业中具有举足轻重的地位，在其发展中逐渐确立了产业集中、竞争力强、优势明显的区域商帮品牌。

浙商是永嘉文化的重要传人。永嘉文化重经世致用，强调个性、个体与能力，契合了马克斯·韦伯倡导的资本主义精神。温州商人是浙商的重要代表，表现出吃苦耐劳、事业心强、创新意识突出等商业特质，成为现代企业家精神的典型代表。宁波商帮是近代中国最大的商帮，受王安石"田家有子皆习书，士儒无人不织麻"意识的渲染，宁波商帮形成独特的"商文合一""尚文尚礼、崇信崇义"的地域文化。随着经济的发展，浙商逐渐脱离了传统的以家庭为单位的小作坊模式，建立起大规模的现代企业。浙商商帮既拥有传统文化的美德，又具有当代创新精神，成为21世纪新商帮之首。

6. 闽南商帮

闽南商帮依区位拥有突出的海上贸易优势，早期主要凭借家族势力，并联合乡族势力实现发展[1]。利用与台湾隔海相望的地理条件，闽南商帮在历史上几乎垄断了对台贸易[2]。在其内部，各地区的经营项目和主要贸易种类不尽相同，如泉州的茶叶、龙海的纸箱、惠安的药材等。受移民文化的影响，闽南商帮继承了传统文化中对权力的敬畏、对家族的尊崇；同时，受海洋文化影响，其冒险意识又很强烈。闽南与吴越文化的交融，使闽南商帮呈现典型的客家商业文化特质。

1　如明末泉州的郑芝龙海商集团依靠官府的支持，最终夺得东南海上的贸易大权。

2　如从宋代起，闽台贸易是在泉州港和台北港进行的，明代拓展到漳州的月港，晋江的安平，惠安的獭窟，厦门附近的嵩屿、浯屿、曾厝和台湾的鸡笼、淡水等地对渡。甲午战争后，厦台航线虽由日本专营，但常有内河小轮船在泉、漳一带转运对台物资。抗战胜利后，在外地经商的闽南商帮凭着自身优势参加对台贸易，如在上海经商的泉州人租用货船，往返于泉州、厦门、上海、台湾之间。

7. 珠三角商帮

珠三角商帮是史上"粤商"的主要代表。粤商文化历史渊远，商业氛围浓厚，在历史上粤商与徽商、晋商、浙商、苏商曾被合称为"五大商帮"。岭南文化是珠三角商帮的主要文化根基，呈现为心细胆大、灵活创新、擅长贸易等特质，并与港澳及海外资本联系紧密。珠江三角洲抓住改革开放的机遇，利用与香港邻近的便利，以及劳动力成本低、华侨人数众多等资源，吸纳海外资本，建立各种经济技术开发区，经营来料加工，迅速完成原始的资本积累，成为中国重要的新生力量。珠三角商帮受传统商业文化的束缚较少，开放、创新等文化特质更为突出。

整体而言，由于地理环境、文化背景、发展历史等因素的不同，七大商帮的文化特质既具共性，也呈现着差异。全面诠释商帮的文化特质，需构建商帮文化的测度指标体系，从多维度对商帮文化予以量化评价。

（二）商帮文化评价指标体系构建

....

本文采用近 8 年中 CNKI 有关商帮出现频次最高的前 40 个关键词，并以"地域文化""宗族制度""区域文化""文化差异""文化比较""价值观"等关键词进行检索，除去非 CSSCI 文献，共得到 24 篇有效文献[1]。分析发现，我国文化比较中出现频率最高的关键词

---

[1] 除列出的文献，其他文献不符合文化特殊性的研究方法（此处文化特殊性指针对中国文化特色进行分类的方法）或划分维度对本文没有参考性，所以不予在表中列出。

为"创新""诚信""价值观""开放""宗族文化""家族观念""官与民""仁义"等。通过关键词分析，本文从传统文化和当代文化两个层面归纳出商帮文化的 6 个特质，即属于传统商业文化范畴的政商关系、家族意识、仁爱取向和诚信取向以及属于当代商业文化范畴的创新精神和开放精神。详见表 1。

表 1　商帮文化维度关键词提炼

维度	主要关键词	代表文献
政商关系	官与民、官商结合、官本位意识、关系性	王兴元和李斐斐（2014）、易顺等（2017）、殷晓峰等（2010）、张光忠（2008）
家族意识	家庭美满、宗族制度、亲情性	于广涛等（2016）、蔡洪滨等（2008）、张光忠（2008）
仁爱取向	仁义、仁爱有信、关注民生	王兴元和李斐斐（2014）、于广涛等（2016）、卢君（2012）
诚信取向	公平公正、诚信、君子爱财，取之有道、重义轻利	于广涛等（2016）、卢君（2012）、殷晓峰等（2010）
创新精神	开拓创新、勇于创新、创新精神、创新性	于广涛等（2016）、张仁寿和杨轶清（2006）、袁行霈（2012）
开放精神	开放性、拓展精神	袁行霈（2012）、张光忠（2008）、陈大路和谷晓红（2007）

1. 政商关系

"学而优则仕"的儒家观念对商帮的影响深远，对政治与权力的敬畏使得企业崇尚与政府的关联，部分企业高管甚至将目标定为在政府中谋取高位，而非聚力于价值创造。各商帮受儒家文化影响的程度不同，对政商关系的推崇程度各异。

2. 家族意识

商帮有明显的家族烙印，宗族制度严格。至今仍有很多晋商、徽商保留着完整的家谱（蔡洪滨等，2008）。但各商帮对"家"的定义不一，既有以天下为己任的壮志豪情，也有以小家安乐为目标的人事常情，以致各商帮家族意识的表现各异。

3. 仁爱取向

传统儒家的仁爱意指对他人和自然的爱护。孟子的"亲亲、仁民、爱物"，体现为重血缘、重奉献（王兴元等，2014）。本文为有效区别商帮的仁爱取向，避开企业普遍可达到的低层次仁爱，选择高层次仁爱作为仁爱取向的衡量标准。

4. 诚信取向

受中国传统文化影响，我国商帮普遍具有重信守义的特质，但各商帮对诚信的坚守程度不一。

5. 创新精神

创新是区域经济以及企业竞争优势的源泉。受封建保守意识的约束，传统商帮裹足不前，逐渐被市场淘汰。而新五大商帮追逐潮流，通过文化创新、制度创新以及技术创新等成为新经济的主要力量。价值观的差异，导致商帮对创新精神的重视程度各异。

6. 开放精神

开放精神反映了商帮对外交流的程度。我国幅员辽阔，市场空间巨大，自古我国商人就钟意于通过开放构建贸易网络。早期晋商和徽商的发展便是佐证。各大商帮均崇尚对外交流，苏南与珠三角商帮尤具开放特质，温州商人则是遍布全球。

以上各评价指标的代理变量和文献来源如表2所示：

505

表 2　商帮文化评价指标与测度方法

评价指标	代理变量	测量方法	文献来源
政商关系	政治关联企业占比	政治关联企业数量/全部企业数量[a]	Chen, Shimin, Sun zheng, Tang Song: "Wu Donghui: Governance intervention and Investment Efficiency: Evidence from China"
家族意识	家族企业比例	家族企业数量/全部企业数量[a]	陈凌、王昊：家族涉入、政治联系与制度环境——以中国民营企业为例
仁爱取向	公益慈善指数	商帮内城市公益慈善指数的算术平均数	第四届（2014—2015 年度）中国城市公益慈善指数报告
诚信取向	商业信用环境指数	商帮内城市商业信用环境指数的算术平均数	林钧跃：中国城市商业信用环境指数研制与分析
创新精神	创新活动	专利总量/生产总值[a]	Wong P. K., Ho Y. P., Autio E: "Entrepreneurship, Innovation and Economic Growth: Evidence from GEM data"
开放精神	贸易开放度	对外贸易总量/生产总值[a]	张成思、朱越腾、芦哲：对外开放对金融发展的抑制效应之谜

注：[a] 由于不同商帮区域内的企业数量不同，本文衡量政商关系、家族意识、创新精神和开放精神时，选用比例作为代理变量，以确保其可比性。

四、商帮文化评价与比较

…………

商帮文化各维度呈现以下特征：

1. 政商关系

政商关系在不同商帮间呈现显著差异（Sig=0.005），浙商与晋商居于两个极端，徽商和鲁商受儒家官端，浙商的政商关系最强。浙商大多白手起家，务实的精神，使其重视与政府构建和谐的关系。另一个可能的原因与钱塘江区域对儒家文化的保护与传承有关。徽商和鲁商受儒家官本位影响深远，对权力的尊崇以及政府资源配置的核心地位，使得帮域内的企业特别关注政商关系。晋商随着封建制度的瓦解，经济一落千丈，当代经济的落后，淡化了晋商与政府的政治联系。相比之下，苏南商帮和珠三角商帮更倾向于把政商关系看作一种社会资源，将有政治联系的人员纳入董事会，扩展董事会资本，但企业主本身对政治权力的渴望较小。

2. 家族意识

各商帮家族意识差异很大，闽商商帮家族意识最强，晋商最为薄弱。闽南商帮、徽商与苏南商帮"小家意识"突出，以家庭为主要单位的"抱团取暖"式发展成就其竞争优势。改革开放政策使南部以家庭为单位建立的民营企业快速发展，成为推动区域经济发展的重要力量。而北部商帮晋商与鲁商家族意识相对较低，鲁商受儒家"修身齐家治国平天下"思想的影响，对"天下"的关注比对家族的更多，有强烈的社会意识与家国情怀，家族企业较少。此外，受区域经济发展模式的影响，晋商和鲁商以家庭为单位的民营经济力量薄弱。

3. 仁爱取向

各大商帮仁爱取向的差异不大（Sig 为 0.644），可见，作为儒家思想精髓的"仁爱"已深深嵌入各商帮中，虽时代变迁却并未改变。王兴元（2014）在比较鲁、浙文化差异时指出，鲁商将"仁"凌驾于"利"之上，而浙商则主张功利与仁义并存，反对抛弃功利谈仁义。本文的研究显示，鲁商的仁爱取向高于浙商，可见鲁商更重"仁义"。苏南商帮与闽南商帮同受移民文化影响深远，苏南商帮还受中原文化的影响，崇尚"仁义""爱人"，呈现较强的仁爱取向。珠三角商帮经济实力突出，更有能力施善。

4. 诚信取向

诚信取向是所有商帮文化特质中差异最小的，但商帮间差异性显著（Sig=0.000）。这表明，一方面各商帮普遍推崇"君子爱财，取之有道"，另一方面与商帮帮域间的商业信用环境有关。浙商、苏南商帮、鲁商以及徽商表现出较高的诚信取向，晋商受儒家文化影响较深，历史上对诚信的追求有目共睹，当下城市商业信用环境较低主要受经济发展水平低所致。林钧悦（2013）指出，经济发展水平越高，商业信用约束越强，二者之间具有较强的正相关关系。晋商的没落制约着晋商帮域内的城市商业信用环境的改善。闽南商帮和珠三角商帮帮域内城市信用等级差异较大。既有信用程度较高的城市，如东莞、珠海与北海等，又有排名很低的城市，如潮州、阳江以及汕尾等，拉低了商帮整体的诚信评分。参照商帮边界图中各城市的地域分布可见，商帮内中心城市的诚信取向普遍高于边缘城市。

5. 创新精神

现代商帮文化特质的创新精神在各商帮间呈现显著差异。广东、江苏等经济大省创新精神突出，专利数量远超过经济总量和人口规模较小的省市，主要原因是科技投入的差异（魏守华等，

2010）。苏南商帮的创新精神一骑绝尘，特别是苏州市的创新实力有目共睹，苏南地区激烈的竞争也倒逼企业提升创新能力。相对而言，晋商、徽商和鲁商的创新表现不足，这与区域创新氛围、资源配置方式以及竞争程度有关。

6. 开放精神

开放精神在商帮文化特质中的差异最大，标准差系数达 0.69，并且差异性显著。具体表现为：南部沿海商帮受海洋文化影响，开放程度较高，文化更迭速度快。特别是苏南商帮，依靠上海国际大都市的资源，具有强劲的区域开放性。珠三角商帮则利用与香港临近的地理优势，发展进出口贸易，其受传统文化的约束较少，文化的先进性较强，开放精神突出。浙商温州模式是中国近现代开放精神的典型代表。传统商帮晋商、徽商、鲁商一方面受制于地理位置的约束，另一方面受文化保守性的桎梏，在开放的大趋势中逐渐落伍。

总之，各商帮呈现出"和而不同"的文化特质，在弘扬传统文化精髓"仁爱"的前提下，因地理区域、文化传承、市场化程度以及开放程度的差异，新型商业文化在各大商帮表现各异。

原载：《外国经济与管理》，2020 年第 9 期

作者单位：山东大学管理学院

摘编：吕力

《论语》中"仁"的内涵及其在企业人力资源管理中的表征：基于扎根理论与案例分析的研究

颜士梅　张钢

一、研究背景（略）

二、理论基础

　　……由于"仁"是儒家思想的基础性概念，也被称为儒家思想的"心"或者"脊柱"，因此，针对儒家源头著作《论语》中出现的 109 次"仁"的内涵维度的结构化分析及其管理意义的阐发，能够比较准确地把握"仁"的内涵及其管理意义，进而能为儒家文化传统对人力资源管理的影响研究奠定基础；而关于"仁"的内涵维度在企业人力资源管理体系的分析，则能够为儒家文化传统下人力资源管理模式及其特征的研究提供思路。

三、"仁"的内涵维度：基于《论语》的扎根理论研究

（一）研究方法

由于扎根理论研究方法能够通过多级编码，基于归纳通道，对现实资料进行层层离析，进而使敏感性概念或者理论涌现，因此，本研究运用该方法，针对《论语》中出现的109次"仁"字，基于"开放式编码—主轴编码—选择性编码"的编码技术，由本研究成员组独立进行编码；然后，再对编码结果进行一一核校和讨论，最终确定"仁"的内涵维度及其管理意义。

为了分析《论语》中"仁"的内涵，本研究以《四书集注》为《论语》原文出处；同时，也参考了《论语的管理精义》中对"仁"的解释，并且参阅 HIRSCHY 等（2014）所开发的两维度领导者"仁"和杜云等（2017）所阐述的仁道、仁人和仁政3个层面的"仁"。

（二）编码结果

1. "仁"的4个维度

针对《论语》中109个"仁"字内涵的编码结果可知，"仁"的内涵包含孝悌爱人、持续践行、社会规范和自我修养4个维度。

其中，"孝悌爱人"又包含3个子维度，即爱人为本、孝悌为基、与智相容。《论语》中第1、6、7、8、9、12、13、14、15、17、18、19和20等篇中的多章内容都有对该维度内容的讨论。

第二个维度"持续践行"，涉及《论语》第1、4、5、6、7、9、12、13、14、15、17和19篇中27次提到"仁"的相关内容，其又包含行为实践、坚持不懈和广泛学习3个子维度。

第三个维度"社会规范"包括礼乐内核、评价标准、行为规范3个子维度。《论语》除了在第4篇对该维度的相关内容进行集中讨论之外，在第3、7、8、12、13、15、17和20篇中也有相关分析，都强调"仁"是社会规范的核心内涵。

第四个维度"自我修养"可以区分为修养主旨、榜样传递和成功要素3个子维度。《论语》第4、7、8、12、13、14、15和20篇中多次提到"仁"，都直接或者间接地阐述了该维度的内涵。

2. "仁"的4个维度的关系

从理念视角来看，"仁"表征为孝悌爱人，即爱自己和他人，这种爱是"孝悌之爱"的延伸和泛化，是与"智"相结合的爱。从过程视角来看，"仁"是一个持续践行的过程，只有通过长期坚持、广泛学习的切实行动，才有可能达到"仁"的境界。从社会或组织视角来看，"仁"又是社会规范或组织规范的核心内涵，是一种超越个人好恶的社会或组织的价值评价标准，规范和塑造着人们的行为。从个人视角来看，"仁"体现为一种自我修养，也是管理者影响被管理者的重要源泉之一，是管理者成功的关键要素。总之，"仁"以孝悌爱人为理念，通过持续践行的长期努力过程，最终落脚为社会或组织规范，也促成了管理者的自我修养；社会规范和自我修养彼此影响和促进，进而成就了管理者个人及其所在的组织和社会。本研究概括了这 4 个维度之间的关系（见图 1）。

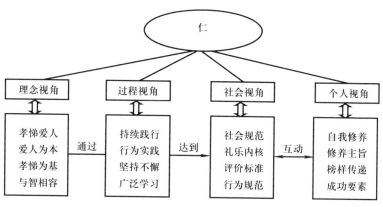

图1 "仁"的内涵维度

三、"仁"的内涵维度在人力资源管理中的表征：基于 3 家企业的案例研究（略）

四、讨论与结论

....

基于 3 家案例企业的研究分析表明，"仁"的内涵的第一个维度"孝悌爱人"，在人力资源管理中具体表征为"家氛围导向"；第二个维度"持续践行"，体现为"长期导向"；第三个维度"社会规范"，则落脚在类亲情关系上；第四个维度"自我修养"，表征为高忠诚度。概言之，"仁"的内涵的 4 个维度在企业人力资源管理中以福利导向和双元特征突显"家氛围导向"这一核心理念，并通过长期导向的人力资源管理实践将该理念不断落实和完善，进而形成具有中国文化传统特色的类亲情雇佣关系，最终培养起管理者和员工的高组织忠诚度。这一独具特色的雇佣关系，与组织成员的高忠诚度相互影响和强化，推动着组织的可持续发展。

在理论贡献方面，本研究初步明确了《论语》中"仁"的内涵维度及其在人力资源管理体系的表征，从理论上，丰富了趋异视角下的人力资源管理研究，并为后续儒家文化传统下人力资源管理研究的进一步深化奠定了基础。虽然以往不少人力资源管理的研究文献探讨了"仁"的内涵，但需要指出的是，现有大多数研究仅停留在内涵解释上，即使个别研究对"仁"的内涵维度进行了分析，但尚缺乏基于儒家文化经典《论语》文本的结构化内涵分析。与以往研究不同，本研究对《论语》中"仁"的内涵进行了结构化分析，揭示出孝悌爱人、持续践行、社会规范和自我修养这 4 个维度，并发现其在人力资源管理中的具体表征。这不但延伸了有关领域的研究，还可以为儒家文化传统下的人力资源管理体系的测量奠定基础，也能够为儒家文化传统下人力资源管理模式及其对组织绩效影响的实证研究提供思路。从管理启示方面，本研究发现企业以"仁"为导向的人力资源管理体系，能够很好地契合于《论语》中"仁"的内涵维度。这充分表明，企业的活力和竞争优势恰恰体现在企业管理，尤其是人力资源管理的文化嵌入性上；在很大程度上，正是儒家文化赋予了我国企业人力资源管理体系以理念和价值观内涵，并为企业的可持续发展打下了坚实的文化基础。基于此，本研究的结论能够为企业管理者构建有助于企业长期发展的人力资源管理理念及相匹配的实践提供指导。

原载：《管理学报》，2020 年第 7 期

作者单位：浙江大学管理学院

摘编：吕力

中国文化情境下道德基础的内在结构与量表开发研究

赵书松　张旭

一、研究背景

　　道德基础理论（Moral Foundation Theory，MFT）最先由海特提出，是一种新颖的心理学理论框架。该理论主要用于了解个体道德基础，从而对个体行为做出判断和预测；同时，考察不同群体对于道德基础的认知差异性。MFT 在各学科中应用广泛，不少学者开始把这一理论应用于公共政策学、商业伦理学、神经心理学等领域。管理学领域的相关研究发现，MFT 可以用于公司增加对客户和员工的了解、改善组织文化和领导力以及基于产品价值的营销。这些研究表明，MFT 能够被拓展应用范围至微观企业情境，为深入分析领导与员工的道德互动过程提供了新的理论视角。根据该理论，个体对于道德的理解存在差异，即不同个体的道德观念可以千差万别，且员工更愿意被与他们具有相似特点的人（领导者）所吸引。领导对员工发挥道德影响力的关键在于员工能将领导行为道德化，而员工是否会对领导者行为做出符合道德的解释在很大程度上取决于双方道德基础观念是否一致。

还有研究认为，价值一致性是道德影响力的核心。换言之，领导与员工之间的道德基础差异性是抑制领导道德影响力的关键因素。在考察领导对员工道德影响的下行过程时，必须关注并测量双方的道德基础，进而才能分析两者的道德基础差异程度。鉴于此，一个完整的道德基础量表对于领导与员工道德互动过程的研究非常必要。

中国文化情境下的组织道德建设强调领导者德行垂范的榜样作用，考察领导和员工双方的道德基础则有助于从理论上深刻揭示领导如何未能充分发挥道德示范效应这一问题。但需要指出的是，当前 MFT 的研究与应用主要基于欧美文化情境，道德基础的跨文化差异未能得到足够讨论和研究。目前，国内学者主要对 MFT 进行了论述性分析，尚缺乏一套完整的、适合中国文化特征的道德基础量表，因此，开发中国情境下本土化的道德基础量表显得较为重要。另外，MFT 认为道德具有文化可塑性。虽然人类长期发展进化形成了共同的道德基础，但是不同文化情境下也存在差异化的道德表达。换言之，东西方文化群体的道德基础存在显著差异。例如，在东方文化中，忠诚、洁净等方面的评价高于西方，但在其他道德内容评价上则无明显差异。

鉴于道德观念的文化差异性，探索中国情境下道德基础内在结构、开发本土道德基础量表具有重要的学术价值，能够为国内学者进行相关研究提供必要的理论工具。那么，在中国文化情境下，个体道德基础这一概念具有怎样的内在结构，以及如何在中国文化情境下进行可靠有效的道德基础测量？为了回答上述问题，本研究设计了前后相互衔接的两个子研究：①研究1，在文献回顾及理论梳理的基础上，运用扎根理论方法，通过半结构化访谈、开放式问卷调查以及专家组焦点访谈方式搜集文本资料并运用 NVIVO 软件进行编码分析，深入探究中国语境文化下道德基础的内涵。②研究2，根据扎根理论结果并结合已有理论（如 MFT）形成初始量表，通过预调研和正式测量开发中国文化情境下的道德基础量表，以期为后续道德互动方面的研究提供可靠的测量工具。

二、理论基础

（一）道德基础概念与结构

MFT 根据潜在的道德直觉和情感，描述了广泛的人类道德判断、价值观和行为，是集先天论、文化发展论、直觉论和道德多元论为一体的关于道德的一整套研究理论和方法，可用于分析研究解决个体心理差异、道德基础差异对个体态度差异影响，以及价值观对政治的参与和政治立场的影响等。

MFT 最初应用于社会心理学领域，海特和格拉汉姆（2012）试图扩展施维德（1997）等提出的三元道德模型，并最终通过跨学科多元了解而建立了现有的 MFT。经过反复论证，HAIDT（2012）认为，人类社会至少存在以下5种道德基础：关爱／伤害、公平／欺骗、忠诚／背叛、权威／颠覆、洁净／堕落、自由／压迫。

上述这些道德基础被认为具有普适性，但道德内涵却复杂且具有文化差异。文化背景不同的社会具有不同的道德观，从而对每项道德基础所具有的道德价值的认同程度不尽相同，并且，同一社会中的亚文化也可能对不同的道德维度具有不同的强调程度。有研究表明，性别、社会经济地位和种族背景也与道德问题的认同差异有关。

（二）道德基础维度与测量（略）

（三）道德基础与本土文化情境

中国是一个具有悠久历史的国家，其优秀的传统文化及中华民族精神至今仍在发挥着重要作用。其中，自古就有的自强不息精神、仁爱精神、竭诚尽忠的爱国精神，以及尊老爱幼、尊师重道、勤俭节约等品质，既是传统文化的重要内涵，也是传统文化的优良品德。另外，勤劳勇敢的优良品质、崇德重义的高尚情怀、科学民主的现代精神也是中国传统文化中不可或缺的一部分。中国传统文化中的道德、美德既与西方道德基础概念有相同之处又自带中国本土文化元素。根据格拉汉姆（2011）等和弗赖伊等（2013）的研究，本研究推测文化差异导致人们对于道德基础各个维度的理解也会不同。例如，中国社会和印度社会对于等级伦常以及社会伦理具有相似态度，但是美国等社会对等级伦常并不如中国和印度一样看重，因此，在权威这一维度的理解上，中西方会存在较大差异；在社会特征方面，中国社会主张社会伦理而西方社会主张社会契约，因此，道德基础中的忠诚 / 背叛这一维度也可能存在一定的认知差异；从历史溯源来看，中国自古以来追求集体主义，新中国成立以来，集体主义逐渐成为社会主义价值体系的基本原则，随着社会发展，集体意识逐渐渗透到日常生活的方方面面。在西方文化中，个人主义作为一种价值体系，是整个资本主义社会的基础。鉴于此，中国社会中，在自由 / 压迫和忠诚 / 背叛这两个维度上，人们更可能倾向于服从规范、

"牺牲小我"，从而更忠诚，且对压迫敏感度小于西方。

由于人类在进化过程中面临众多道德难题，因此，在道德认知上存在文化差异。MFT用简约的内容表明，在统一解释纷繁芜杂的道德现象时必须充分兼顾文化差异才能更具解释力，因此，对道德基础各维度的测量必须表现出义化适应性特征。这是因为一方面，海特等选取以英语为母语的国家进行道德基础文化适应性测试，缺乏在中国情境下的分析；另一方面，西方量表中一些道德基础题项的具体表述也难以适应中国文化情境。综上所述，建立中国文化情境下道德基础量表合理且必要。

三、研究1：本土文化下道德基础内涵探索（略）

四、研究2：道德基础量表编制（略）

五、道德基础量表分析与验证（略）

六、结语

本研究基于扎根理论和严格的量表开发程序，得出以下结论：

①在中国情境下，道德基础包括以下 8 个维度：关爱／伤害、公平／欺骗、忠诚／背叛、权威／颠覆、洁净／堕落、自由／压迫、节约／浪费、勤劳／懒惰，是一个具有丰富内涵的多维度构念。②所开发的道德基础量表包括 8 个因子，共 24 个题项。验证性因子分析结果表明，八因子模型能够较好地拟合实际数据；对量表的信度进行检验表明，各分量表的内部一致性基本不低于 0.8，量表信度较好。由相关分析可知，关爱／伤害、公平／欺骗、忠诚／背叛、权威／颠覆、洁净／堕落、自由／压迫、节约／浪费、勤劳／懒惰等不同维度与道德能力呈正相关，且相关系数基本大于 0.4，表明量表均有良好的效标效度。根据有关数据分析结果，该量表信度和效度均处于良好水平，是一个有效的测量量表。

本研究的理论贡献在于：①揭示了中国文化情境下个体道德基础的概念内涵与结构。与现有道德基础量表相比，本研究开发的量表充分考虑到了样本的合理性以及题项在中文地区的使用性，并在原有道德基础上，发掘出勤劳／懒惰和节约／浪费这两个反映中国文化特征的新的道德维度，使得道德基础的内涵更加丰富，并为个体道德基础的跨文化比较研究奠定了一定理论基础。②开发了道德基础的测量工具，为个体间道德基础差异性研究提供了测量手段和方法。中国文化情境下的道德基础量表不但能够进一步完善道德基础理论，而且能够为中国文化情境下的企业道德相关研究，尤其是为企业情境下个体间道德基础差异性的研究奠定更加扎实的理论基础和提供测量工具，从而为企业组织内个体间道德互动领域的研究开辟新的路径。

本研究的实践贡献在于：①在有关组织（如学校、医院、企业等）管理中，可以将本研究相关结论运用于组织人才甄选、培育、提拔、绩效等方面。例如，可在人才甄选环节运用道德基础8个维度进行测量，挑选出与组织价值观相匹配的员工；在组织人才培育环节，使用道德基础量表作为辅助工具，协助组织培训者对组织员工进行价值观等意识形态的培养。此外，在组织人才提拔、绩效考核方面，组织管理者可利用道德基础量表，进行人才提拔及绩效考核方面的相关辅助测量，以更好地选取与组织价值观更加匹配的管理者。②在企业组织的意识形态多样化以及核心价值观建设中也可以运用道德基础理论和相关工具，在提高员工向心力的策略上参考忠诚维度，以此提高员工认可度；在企业组织氛围建设中参考公平维度，以有效激励员工检举不道德行为，保持企业良好组织氛围等。③运用道德基础理论开展基于价值的企业营销策略，在识别自身产品与哪些道德取向相一致后，进行基于价值的营销。例如，绿色环保产品可基于节约维度进行产品营销、母婴系列产品可以基于关爱维度进行产品营销；同时，在基于产品本身特性之外，还可以增添不同的价值取向的营销策略。

原载：《管理学报》，2021年第11期

作者单位：中南大学公共管理学院

摘编：吕力

基于中国语境的组织内关系治理量表开发与检验研究

李敏　李章森　谢碧君　肖方斌

一、研究背景（略）

二、理论基础

（一）关系治理界定

…………

现有关系治理内涵的探讨主要有以下两个层面：（1）关系规范与行为层面。指通过信任承诺及联合解决问题来维持合作关系。（2）关系状态层面。例如，克罗斯比（1990）提出，关系治理是指销售人员，通过某些手段，建立买方对自己高质量产品的评价，评价关系质量包括信任和满意两个维度。扎希尔等（1995）则从理论上将关系治理界定为介于市场治理和企业科层治理之间的一种治理模式，此模式由结构维度和关系性规则组成。其研究将结构、规则和关系状态综合在一起，对后续研究产生了深刻影响。另外，内龙恩等（2002）提出了家族企业关系治理模型的两个维度，即结构维度（家族机构、家族大小、社会交互作用）和认知维度（共同愿景）。根据研究的对象和内容不同，一般可将西方关系治理内涵界定及研究脉络分为4种类型（见图1）。

组织间	如文献 [6, 8]	如文献 [9]
组织内	如文献 [3, 7]	——
	非正式治理	非正式治理和正式治理

图1　关系治理研究的不同类型

　　早期将关系治理理解为一种包含非正式治理和正式治理的综合治理模式，这也造成关系契约与关系治理难以区分。后来的研究虽将关系治理限定于非正式治理，是一种与正式治理相对的方式，在治理的对象上，大多集中于探讨组织之间的关系治理。

（二）中国文化背景下关系治理研究的思考

　　企业内治理模式是导致企业间治理模式之间差异的主要因素之一，深入研究企业内部关系治理内涵及其运作模式能够更好地了解企业外部关系实践。目前，国内关系治理研究关注的焦点多为家族企业。例如，李新春等（2005）以家族企业为对象，根据关系治理与契约治理的强弱关系两两不同组合，提出4种不同治理模式。中国是泛家族社会，任何组织都扮演着"家"的情境，组织的管理其实都是家庭管理的边界扩展。杨国枢（2004）提出，在非家族组织内仍会采用家族生活的经验和行为。由此可推之，任何组织都存在着关系治理。胡军等（2002）指出，关系治理强调其在正式契约不完全时产生弹性调适，是一种"协调机制"。本研究认为，关系治理不仅仅是契约不完备时的协调机制，而且是一种长期存在的管理模式。尽管对关系有着众多解释，但普遍接受的观点是：关系包括情感、义务、工具性、面子、人情等，关系行为是根据彼此之间的身份确定的。结合关系治理的研究和"关系"的内涵，本研究认为，组织内关系治理是一种在"尊尊""亲亲"特殊行为法则下，由人际关系的互惠义务和情感实践约束、激励彼此间行为，以实现企业治理经济性目标（降低交易成本）和家庭性目标（和谐）的非正式治理方式。该治理方式包含了上下级的垂直治理和同事间的水平治理，并根据交往双方关系亲疏体现行为，伸缩了组织科层制度规定的权力身份；同时，让管理者与普通员工之间有感情依附，即同组织内正式科层结构形成一张类似阴阳融合的太极网络。

三、研究1：本土文化下关系治理结构探索

本研究通过对10份半结构化访谈资料、20份开放式问卷调查资料以及实地观察资料的分析和概念化，最终确定集权程度、特异性知识、人情往来、人际信任和关系权威共同构成了中国本土文化背景下组织关系治理的结构框架。

陈灿（2007）提出，中国家族企业关系治理结构包含结构规定和关系规则，前者包括家族参与、集权程度、特异性知识3个子范畴；后者包括信任、社会交往、依赖性3个子范畴。本研究提出的

组织关系治理结构的 5 个主范畴同样可以分为结构规定和关系性规则两大类别。集权程度和特异性知识可视为是企业的结构规定，人情往来、人际信任和关系权威则是关系性规则。

本研究构建的关于家族企业关系治理结构的异同之处在于：（1）沿用了"集权程度"和"特异性知识"两个概念，但本研究的"集权程度"的评价发生了变化，不再以董事长和总经理是否同为一人、是否同属一个家族来判定，淡化了血缘关系，而是强调在泛家族组织中，通过员工感知来评价；（2）明确中国组织内的信任是一种人际信任；（3）以"人情往来"定义组织内成员的互动，体现了中国社会的交往法则；（4）提出中国组织内"关系权威"的存在。

（一）集权程度

集权程度是评价组织结构特征的 3 个重要方面之一（另外两个分别是复杂性和规范化）。已有研究表明，集权管理风格会对组织绩效和组织变革产生影响。以往研究主要从客观指标和主观感知两个方面评价组织集权程度，客观指标有管理层级、管理幅度等；主观感知主要是参与决策者的自我感受。但现实中往往会觉察到这样一种现象，不同的领导者在同一岗位，其权力和影响力差异很大，除了个人魅力因素之外，还有一个就是关系权威对正式权力的约束。海格等（1967）提出，通过权威等级的依赖程度来衡量集权程度。权威等级指权利在社会地位间分配的程度，由每个社会地位的相关工作来决定。在组织中，表现为员工独立做决策时对上级的依赖程度。本研究用管理规范性来解释，组织规范化程度越高，员工决策对上级领导的依赖程度会降低，集权程度随之越低。集权程度在本研究中是指组织经营决策权集中于最高领导层的程度，主要从领导控制、下属决策参与和企业规范化程度3个方面综合判断。

（二）特异性知识

中国组织的最高领导往往对组织的管理和发展有着决定性的影响。当权者的集权意愿、下属对当权者的依赖会产生对当权者的期望，要求其具有独特的思想和管理水平，以及丰富的政府和商业资源。由此，中国组织的最高领导往往也扮演着组织精神领袖的角色。在中国情境下，员工对组织当权者的期望很高。这反映了中国组织中的强人治理思想。本研究将组织特异性知识定义为一种由企业领导者占有而非组织占有的非制度化专用性人力资本，包括个人的外部关系资源、外部市场知识和内部经营管理知识等。

（三）人情往来

人情是关系的核心内容，反映了个体在人际交往时遵循的行动逻辑。中国文化鼓励顾念人情，只有这样才能赢得好名声。在中国文化中，人情关系讲究人情急似债，衔环报恩30年不晚，把人情当作普遍的人性来看待，将人情界定为一种资源，实现往来者之间的互惠义务。但这种互惠义务不是对等的，是根据彼此之间的社会地位的"馈赠"和"回报"，以一种含蓄的形式，通过实物或非实物形式来往而获得情感附加值。另外值得关注的是"面子"行为。本研究认为"面子"与人情有相通之处。研究资料中的"避免直接批评的尴尬"等"顾面子""维护面子"的行为也是人情往来的重要内容。中国人在人情往来中必须相互"讲面子""给面子"，由此，本研究将组织内成员的情感、互惠义务、面子交往行为视为是人情往来的重要内容。

（四）人际信任

现有研究表明，中国文化背景下员工对人的信任高于制度信任。这反映了中国人特殊主义的特点，同西方社会的一般信任不同。西方社会中，一般信任多源于对社会制度的信念，没有针对特殊的对象；而特殊信任是人际关系互动过程中产生的结果。此外，中国情境下，组织制度的建立、执行受人为因素影响很大。"原则上"往往是"留了空子可钻"；或者是以"制度不外乎人情"为由修正制度。中国组织成员间的人际信任建立在对多个因素的权衡上，可以分为两个方面：一是成员间，尤其是领导与下属之间存在私交，而产生情感信任；二是成员间，尤其是领导与下属间，当对方能力、道德、人品出众时建立信任，这种信任产生决策依赖感。

（五）关系权威

现有研究大都认同将权威归纳为传统型权威（传统授命）、魅力型权威（个人魅力）和理性型权威（法理型权威）3 种类型。翟学伟（2014）认为，中国组织中权威大多来源于传统授命和个人魅力，并提出用"日常权威"来界定中国社会的权威特征。本研究认同翟学伟关于中国社会权威的观点，并借鉴了詹宇波（2006）提出的"关系权威"，认为关系权威是权威在"关系"网络的差序扩散、传递，它不表示一种特定的正式等级和职责，而是在"关系"网络中附着于关键人物而获得的。在中国组织中可以察觉到正式权威的这种扩张和传递。以本研究对国有企业的观察发现为例，正式组织结构等级产生的职位权威在遇到有特殊关系的员工时，正式职位权威受到挑战或是其影响力会受限。例如，企业关键领导是自己的亲属，或者是官员的亲属，这些有特殊关系的成员往往让其管理者感到棘手。还有在企业中受当权者极其器重的成员，即所谓"红人"，虽然在企业中没有职权，却有影响他人，甚至影响其直接领导的能力。总之，会有因同关键人物有特殊关系，由关键人物的真实权威扩散、传递而产生的"关系权威"。

四、研究 2：关系治理量表编制（略）

五、结论与讨论（略）

原载：《管理学报》，2020 年第 12 期

作者单位：江西财经大学工商管理学院，南昌金开集团，
江西财经大学现代经济管理学院

摘编：吕力

儒家如何影响股利政策?

古志辉　张永杰　孟庆斌

一、引言

　　本文中，作者尝试着从以下两个方面对儒家文化如何影响现金股利政策展开研究。儒家认为追求财富是人的本能，"以义致利"和"诚信"等伦理观念抑制了代理人侵占公司自由现金流的动机，因此儒家文化浓厚的地区股利支付水平更高。而且，儒家伦理和威权主义都可能影响公司的股利政策。在威权主义起作用时，儒家文化可能会强化公司大股东的威权地位，并要求中小股东容忍权力不平等导致的利益损失。相反，当儒家伦理起作用时，公司大股东追求控制权的私人收益违反了儒家的道义，因此会抑制其通过现金股利掏空上市公司的行为。同时，儒家伦理会支持中小股东通过合法途径参与公司治理，并提高了中小股东投票率对股利分配的边际贡献。以2002—2017年2 731家A股上市公司共计20 760个公司年度样本为数据来源，本文对上述问题展开实证研究，获得了如下结论。首先，度量儒家的代理变量与公司股利支付率显著正相关，意味着儒家伦理是投资者保护的重要机制。其次，回归结果表明大股东存在谋求私人收益的动机，儒家削弱了大股东通过现金股利掏空上市公司的行为。随后的实证结果发现儒家正向调节中小股东参与公司治理与股利支付的正相关关系，提升了中小股东通过合法途径保护其正当权益的效率。上述回归结果说明儒家伦理是保护中小股东正当权益的重要机制，而且在保护股东利益方面存在"厚此（中小股东）薄彼（大股东）"的特征，没有一视同仁地对待大股东和中小股东的利益诉求。最后，作者通过工具变量（IV）和样本分组回归等进行了稳健性检验，获得了相似的回归结果。此外，实证结果表明中国本土宗教与股利支付正相关，但其回归系数和置信度水平也会受到企业产权性质和交通状况等因素的影响。

本文的边际贡献主要体现在以下几个方面。首先，本文揭示了儒家伦理与法制的差异，为学术同行重新认识正式制度与非正式制度的关系提供了新的视角。"同股同权，同股同利"为大股东和中小股东参与公司治理和盈余分配等提供了公平的机会，因此法律会一视同仁地保护上述股东参与公司治理的权利。儒家从道义出发评价股东决策行为的伦理正当性，既抑制了大股东通过现金股利谋求控制权私人收益的行为，又为中小股东通过合法途径保护其正当权益提供支持。其次，不少学者已经认识到儒家文化在保护中小股东正当权益方面的积极作用，但忽视了儒家威权主义如"三纲六纪"等封建思想的影响。本文从儒家伦理和威权主义的视角出发推演研究假设，为客观认知儒家文化对公司金融的影响提供了经验证据。最后，在处理儒家学校的度量误差方面，本文结合制度经济学中的路径依赖理论进行了探索性研究。在具体研究过程中，选择明代儒家学者数量作为数据来源，为学术同行处理类似问题提供了文献支持。

…………

六、研究结论与启示

本文对儒家如何影响公司现金股利政策进行了实证研究，获得了以下几个方面的研究结论。首先，儒家认为经济理性的股东要求公司派发现金股利是正当的，因此儒家影响与公司股利支付水平正相关。其次，公司第一大股东对股利政策的边际贡献显著高于参与投票的其他股东，说明大股东可能通过现金股利实现控制权的私人收益。但是，谋求控制权的私人收益违背了儒家的道义，实证结果表明儒家负向调节控股股东持股比例与股利支付之间的正相关关系。最后，儒家伦理提高了中小股东依法参与公司治理的效率，实证结果表明儒家正向调节中小股东参与公司治理与股利支付的正相关关系。此外，稳健性检验揭示了宗教对股利政策的影响，主要包括：（1）中国本土宗教对国有企业的股利政策影响不显著；（2）交通状况的改善如修建高铁有利于宗教传播，间接提升了宗教对股利政策的边际贡献和显著性水平。

本文的研究结论为理解儒家思想及其经济伦理提供了以下几个方面的启示。首先，本文揭示了儒家伦理与法制的差异。在"同股同权，同股同利"原则适用的情况下，法律为大股东和中小股东参与公司治理和盈余分配等提供了公平的机会，会一视同仁地保护他们的正当权益。不过，儒家伦理显示出"厚此（中小股东）薄彼（大股东）"的特征，没有一视同仁地对待大股东和中小股东的利益诉求，原因在于儒家伦理要求个体追求经济利益应该满足道义的要求。当大股东通过现金股利谋求控制权的私人收益时，已经违背了儒家的道义。相反，在法律允许的范围内中小股东参与公司治理维护其正当权益符合儒家道义的要求，回归结果表明儒家伦理并没有抑制中小股东的维权行为。其次，本文的研究结果有助于进一步理解儒家伦理规范和威权主义的关系。儒家思想具有威权主义的特征，要求个体在决策过程中服从组织中的权威，并且提高了个体承受经济权利不平等的忍耐度。但是，当大股东利用股利政策谋求控制权私人收益的时候，伦理规范和威权主义之间可能存在冲突。本文的实证结果表明，当大股东的利益诉求不满足儒家道义要求时，儒家文化体现出伦理本位的特点，即削弱了大股东对股利支付的边际贡献，并支持中小股东的维权行为。最后，在法治建设过程中既可以选择加强对公司大股东，尤其是控股股东的行为监督，也可以为中小股东依法维权提供更有效的保障。本文的研究结论意味着，儒家伦理可能会提高中小股东依法维权的效率。换句话说，在儒家文化情境中，为中小股东积极参与公司治理提供有效的制度保障可能是提高 A 股上市公司治理水平的重要途径。

原载：《系统工程理论与实践》，2020 年第 9 期

作者单位：南开大学公司治理研究院，天津大学管理与经济学部，
中国人民大学商学院

摘编：吕力

关系的人口学特征研究：三十年发展述评

刘德鹏　赖小鹏　贾良定　郑雅琴　何刚

一、引言（略）

二、关系的人口学特征概念界定、文献梳理思路及框架

（一）概念界定

关系的人口学特征这一概念最早由 Tsui 和 O'Reilly Ⅲ（1989）提出，其定义是上下级之间或团队成员之间在人口统计学特征（如性别、年龄、种族、籍贯、教育程度等）上的相似或差异程度。作为团队多样化研究的重要分支，关系的人口学特征具有非常明显的特点。从研究视角来看，团队多样化着眼于团队整体，试图刻画团队整体在人口统计学特征上的相似或差异程度（Van Knippenberg 和 Schippers，2007）；而关系的人口学特征则试图刻画上下级之间、个体与团队整体之间的成对层次上的多样化内涵，即成对间的

相同或不同、相似程度或差异程度（Tsui 和 O'Reilly Ⅲ，1989；Tsui 等，1992；Riordan 和 Shore，1997）。从研究内容来看，团队多样化聚焦于多样化带来的社会分类和信息加工的团队过程，如分类、冲突和整合等，对整个团队的影响（Van Knippenberg 等，2004；Van Knippenberg 和 Mell，2016）；关系的人口学特征则着重探讨根据人口学特征的成对间差异或相似形成的认同、竞争、规范和地位等对个体态度和行为的影响。

（二）文献梳理思路及框架（略）

三、关系的人口学特征早期研究回顾（1989—1999 年）（略）

四、关系的人口学特征研究近二十年来（2000 年至今）在概念方面的发展

（一）关系的人口学特征维度的不断丰富

1. 上下级二元视角

（1）从浅层次到深层次人口学特征。性别、年龄和教育程度等相对可见的人口统计学特征被称为浅层次人口学特征；而态度、信念以及价值观等不可见的、潜在的人口统计学特征被称为深层次人口学特征。自 Harrison 等（1998）率先将深层次差异引入关系的人

口学特征研究以来，上下级二元视角越来越关注深层次特征的讨论。有的研究关注整体的深层次差异（Tepper 等，2011），更多的研究则关注上下级之间在某一个性特征上的差异，如主动性人格（Zhang 等，2012）、权力距离倾向（Graham 等，2018）以及控制性人格（Glomb 和 Welsh，2005）等。

（2）从二元关系拓展至三元关系。基于社会认同理论，CEO 倾向于选择与自己人口统计学特征相似的人进入董事会，这样能够提高决策通过的可能性。但是随着监管力度的加大，该类型董事候选人进入董事会的可能性越来越小。Zhu 和 Westphal（2014）揭示了 CEO 越来越倾向于支持那些与自己人口统计学特征相似的共事过的董事候选人进入董事会，以便其决策获得新董事的支持。从二元关系拓展至三元关系是近年来上下级二元视角的重要发展。

（3）考虑家庭背景相似性。Basuil 等（2016）关注上级与下属在家庭相关的人口学特征上的相似度如何促进员工对家庭支持型领导的感知。有趣的是，上下级家庭相关人口学特征的相似，仅对女性的家庭支持型领导感知有作用，对男性并无作用。将家庭背景考虑在内也是近年来关系的人口学特征研究的重要发展。

2."个人—团队"整体视角

与上下级二元视角相似，个人与团队成员的深层次差异也是近年来"个人—团队"整体视角研究的重要发展方向。例如，Liao 等（2008）发现员工感知到的与其他团队成员的深层次差异会导致其总体工作态度变消极、帮助行为变少和离职率变高。Aquino 等（2001）认为，在员工更多地参与组织目标制定时，深层次差异对员工的负面影响会加剧。

近年来，学者们开始深入研究特殊情境下的人口学特征。例如，医疗团队中医生和护士身份差异（Chattopadhyay 等，2010）、工作团队中正式工和合同工差异（George 等，2012）、组织层级差异（Choi，2007）等。

（二）关系的人口学特征的内容归类

除了丰富人口学特征的维度之外，学者们还试图识别不同人口学特征之间的相似性，并进行归类分析，以增加关系的人口学特征概念的简约性。部分学者致力于对最初研究的五种关系的人口学特征进行分类。例如，地位特征理论将年龄、性别和种族作为一般的地位线索，其与工作能力并不直接相关（Berger 等，1980）；将任期和教育程度作为具体的地位线索，其与特定情境下的工作能力直接相关。Webber 和 Donahue（2001）采用了类似的观点，将性别和种族视为与任务无关的人口学特征，而将教育程度和任期视为与任务相关的人口学特征。也有学者将非工作因素称为关系相关因素（Jackson 等，1995；Joshi 和 Roh，2009），这些分类方法与 Webber 和 Donahue（2001）的分类方法没有本质上的区别。

随着人口学特征维度的不断拓展，之前学者的分类逐渐不能囊括全部的研究内容。在此背景下，Harrison 和 Klein（2007）提出了目前最全面、应用最广泛的人口学特征分类方法——"分离、多样、不等"（separation，variety，disparity）分类法。"分离"指的是在观点、价值观、信念以及态度方面的差异；"多样"指的是在知识、经验以及信息等方面的差异；"不等"涉及在占有社会重视的资产和资源等方面的差异。目前人口学特征的内容大部分可以整合到这三种不同的类别之中。

（三）关系的人口学特征的测量和分析方法

本文之所以关注测量方法，是因为测量带来了一些棘手的问题：第一，方法自身存在的缺陷可能直接导致难以有效解释一些关系。有学者认为关系的人口学特征差异对高 / 低地位的非对称效应，实际是由其使用的欧氏距离测量方法导致的，他们采用模拟的方法支持了上述论点（Tonidandel 等，2008）。第二，学者们在不同的研究中采用了不同的测量方法，导致实证结果之间难以进行比较。欧氏距离、交互项、多项式回归以及差异感知是测量人口学特征差异常用的四种方法。近年来，学者们系统地比较了这四种方法，取得了一定的进展：Riordan 和 Wayne（2008）系统分析了各测量方法的缺陷，并指出了其各自的适用范围；Clark 和 Ostroff（2003）同时采用这四种方法对关系的人口学特征进行了测量，比较了它们对情感承诺、工作满意度、对同事的满意度、离职倾向和冲突等的影响。

2000 年至今，关系的人口学特征研究将深层次差异和家庭背景等因素纳入研究之中，将研究从二元关系推至三元关系，较好地弥补了关注的人口统计学特征变量单一、不能体现其丰富内涵的缺陷。不仅如此，随着关系的人口学特征的不断丰富，学者们还对不同关系的人口学特征进行了归类，弥补了早期阶段对关系的人口学特征研究分散和缺乏统筹思考的缺陷。同时，在操作层面，学者们开始明确不同测量和分析方法的优缺点，并使用跨层次分析的方法分析数据。上述发展拓展了关系的人口学特征研究的外延。但是该时期的研究也存在两个缺陷：第一，虽然关系的人口学特征的概念内涵不断丰富，但是却忽视了当今工作场所中的个人特质、身体疾病等因素；第二，并未重视特定情境下的独有因素，如中国的户籍和籍贯等人口学特征。

五、关系的人口学特征研究近二十年来（2000年至今）在理论方面的发展

关系的人口学特征研究近二十年来在理论的验证、深化、繁衍、竞争以及整合等方面的发展见表1。

表1　近二十年来（2000年至今）关系的人口学
特征研究在理论方面的发展

	上下级二元视角	"个人—团队"整体视角
理论验证	（1）验证相似—吸引框架+社会认同理论 （2）验证社会认同理论 （3）验证相似—吸引框架+社会认同理论+社会竞争理论	（1）验证"相似—吸引"框架+社会认同理论 （2）验证社会认同理论 （3）验证"相似—吸引"框架+社会认同理论+社会竞争理论
理论深化	缺乏	深化社会认同理论 （1）进一步发展基于自我提升动机的理论 （2）发展基于不确定性规避动机的理论 （3）从认知到情绪
理论繁衍	（1）引入关系规范理论 （2）引入价值威胁视角	引入信号理论+意义建构视角

续表

	上下级二元视角	"个人—团队"整体视角
理论竞争	社会认同理论和社会竞争理论的竞争	"相似—吸引"和"相似—竞争"理论的竞争
理论整合	整合社会认同和社会角色理论	整合社会认同和地位特征理论

（一）理论验证：直接验证"相似—吸引"框架和社会认同理论的作用机制

在关系的人口学特征研究发展之初，"相似—吸引"框架和社会认同理论是解释关系的人口学特征作用机制的两个理论。如果对这两个理论仅仅是猜测而不对其进行验证，可能会制约关系的人口学特征研究的发展。近年来学者们采用不同的方式，验证了这两个理论的作用机制。

有些学者提供了"相似—吸引"框架发挥作用的证据。例如，Chattopadhyay（1999）证实了感知团队成员吸引性和对同事的信任这两个"相似—吸引"框架的代理变量，加强了团队成员与其他人在人口学特征上的认识与该成员组织公民行为的关系。Reagans（2005）采用计算机模拟技术验证了"相似—吸引"框架的作用。

更多的学者为社会认同理论提供了实证证据。Chattopadhyay（1999）除了验证"相似—吸引"框架的作用之外，还将基于组织的自尊作为社会认同理论的代理变量，验证了社会认同理论的作用。Chattopadhyay 等（2004）采用社会认同理论，验证了个人感知到的与工作团队中其他人之间差异的影响机制。他们直接测量了三个社会认同理论中非常重要的变量，即工作团队原型的效用、原型的明确性以及自我典型性，并将其作为关系的人口学特征的因变量。结果显示，低地位成员数量越多，工作团队原型的效用和明确性越低，因而自我典型性感知也越低。该结论也验证了采用社会认同理论解释关系的人口学特征作用的合理性。另外，Reagans（2005）采用计算机模拟技术，也验证了社会认同理论的作用。

（二）理论深化

深化社会认同理论，解释高地位和低地位群体对自己所属的人口学特征群体以及工作团队的认同情况，是近二十年来关系的人口学特征研究，尤其是"个人—团队"整体视角的主要理论发展方向。大部分研究进一步开拓自我提升这一动机；也有部分研究从不确定性规避动机的视角出发，发展出基于不确定性规避动机的关系的人口学特征理论；还有一批学者试图整合这两种不同动机。

1. 基于自我提升动机的理论拓展

相比于"相似—吸引"框架，社会认同理论的优势在于可以解释不同地位群体对其所属群体的人口学特征和整个工作团队的认同差异。人们具有获得积极自尊的需求，高地位和低地位群体在达成自我提升动机时存在一定的差异。Chattopadhyay 等（2004）认为，高地位群体面对人口学特征差异，当没有感知到威胁时，会采取地位保持策略；当感知到威胁时，则会采取社会竞争策略。因此，高地位群体会更多地认同自己所属的人口学特征群体而非工作团队。低地位群体的行为策略选择则相对复杂：当地位边界可渗透时，他们会选择社会移动策略，此时他们会同时认同对立的人口学特征群体和整个工作团队；当地位边界不可渗透时，他们会根据地位差异的合法程度选择社会竞争或社会创造策略，最终结果是低地位群体认同自己的人口学特征群体而非整个工作团队。后来，学者们分别在不同的情境下对这一理论进行了验证，如工作团队中的性别地位差异（Tsui 等，1992；Chattopadhyay，1999；Chattopadhyay 等，2008）、医生和护士地位差异（Chattopadhyay 等，2010）以及正式工和临时工地位差异（George 等，2012）。总之，实证结果证明，Chattopadhyay 等（2004a）所拓展的基于自我提升动机的理论具有很强的解释力。

2. 基于不确定性规避动机的理论拓展

自我提升和不确定性规避是社会认同理论最重要的两大动机。然而，大部分研究只关注自我提升这一动机，却忽略了不确定性规避这一动机。基于自我提升动机的实证研究相对丰富，而基于不确定性规避动机的理论拓展则依然处于起步阶段。Chattopadhyay 等（2011）发展了基于不确定性规避的关系的人口学特征框架。他们认为，群体边界合法性（group boundary legitimacy）和工作团队中员工地位差异性会引起两种类型的不确定性：规范不确定性和工具不确定性。规范不确定性指的是工作团队不能提供明确的规范来指导员工的行为；工具不确定性指的是员工质疑组织是否具有完成所设定目标的能力。当出现规范不确定性时，员工一般会采取恢复规范的行为；而当出现工具不确定性时，员工则可能采取风险更大的行为，以获取资源。除了理论探索方面，有关不确定性规避动机的研究在实证方面也远远不够。Zhang 等（2020）认为，团队成员感知到的薪资等级差异性与其薪资等级水平，共同影响员工感知到的关系不确定性，最终影响员工的组织认同、离职倾向和工作绩效。

3. 从关注社会认同的认知方面到关注社会认同的情绪方面

由于现有文献过于关注社会认同的认知方面，而忽略情绪方面的中介因素，Chattopadhyay 等（2011）将地位差异和调节聚焦两个因素进行整合，提出了高地位和低地位个体对人口学特征差异化反应的新理论框架。他们认为，地位高和趋利聚焦的人对团队中人口学特征差异的反应，取决于感知到的与沮丧相关的情绪强度；地位高和避害聚焦的人会产生与激动相关的情绪，并且产生高刻板印象思维，这会对其与工作团队中其他成员的交往产生消极影响；而地位低和趋利聚焦的人会产生包含式分类认知，并且产生庆祝的情绪，导致与团队其他成员的差异会对其与团队其他成员的交往产生积极影响；地位低和避害聚焦的人则会产生高激动相关情绪，并且对团队成员产生刻板印象思维，因此，与团队其他成员的差异会对其与团队其他成员的交往产生负面影响。遗憾的是，目前尚没有实证研究验证这一框架的解释效力。

（三）理论繁衍

1. 上下级二元视角

虽然上下级二元视角在理论深化方面发展较少，但是在理论繁衍方面发展较为迅速。有研究发现，上下级关系的人口学特征相似可能会导致消极结果，而差异却可能带来积极结果。为了解释上述现象，学者们引入关系规范理论和价值威胁理论，对上下级二元视角下的研究进行理论繁衍。

关系规范理论有助于解释某种特定方向的差异可能带来积极结果的现象。Tsui 等（2002）将符合社会规范的上下级差异定义为以下几种类型：上级的年龄高于下属；上级是男性，下属是女性；上级的教育程度高于下属等。他们发现，当上下级关系的人口学特征差异符合这些社会规范时，下属的角色内绩效和角色外绩效都会更高。Lau 等（2008）使用来自中国香港和中国澳门的上下级二元关系样本进行分析后发现，上下级在教育程度和组织层级上符合社会规范，会使下属对上级产生更高程度的信任。

Duguid 等（2012）提出了价值威胁理论，这一理论的前提是：解决少数群体（如女性或黑人等）在组织高层和整个组织中人数偏少这一问题的重要方式是，增加他们在组织高层的人数。但是事实上，上述方法却很难奏效。处于组织高层的少数群体不仅不支持本群体的候选人，反而会疏远这些候选人。原因是，人们往往对少数群体有着工作能力低下的刻板印象，而认为多数群体的工作能力较高。在面临选择哪些候选人升职或者进入组织高层时，处于组织高层的少数群体决策者若选择本群体候选者，会被认为存在偏袒（偏袒威胁）。他们如果坚持选择本群体候选人，若日后该候选人被证明能力不足，则会给整个少数群体带来危害，进一步增强人们的刻板印象（集体威胁）；而如果该候选人日后被证明具有高能力，则会与他们自己形成竞争，并且会导致人们认为处于组织高层的决策者才是符合人们刻板印象的少数群体，从而给他们自己带来不利影响（竞争威胁）。基于以上原因，处于组织高层的少数群体决策者反而会选择多数群体候选人。

2.“个人—团队”整体视角

近年来，“个人—团队”整体视角的理论繁衍也开始发展。Lindsey
等（2017）将信号理论和意义建构视角引入关系的人口学特征研究，
发现管理层团队中与员工种族相似的人所占的比例能正向影响员工感
知到的行为整合程度，进而提高其在组织中感知到的人际对待质量。

（四）理论竞争

理论繁衍往往伴随着理论竞争。区分理论繁衍和理论竞争的主
要方式是，新提出的理论与之前的理论之间是否存在针锋相对的解
释，是否提出竞争性假设。近年来，上下级二元视角在理论竞争方
面有一定的进展。Pelled 和 Xin（2000）认为，在高权力距离的墨
西哥，与上级年龄相近的下属会因为竞争失败感知而与上级有较低
的“领导—成员”交换关系。这种基于社会竞争理论的解释与“相
似—吸引”框架正好相反。他们提出了竞争性假设，实证结果最
终支持了社会竞争理论。相似地，Gao 等（2018）以董事长选择新
董事为情境，提出了与“相似—吸引”框架针锋相对的“相似—竞
争”理论。实证结果显示，董事长会支持与自己技术背景相似的董
事候选人进入董事会，却会因竞争关系排斥与自己政治背景相同的
候选人进入董事会。然而，遗憾的是，“个人—团队”整体视角下
的相关研究并未在理论竞争方面进一步推进。

（五）理论整合

近年来，整合不同的理论成为上下级二元视角和“个人—团
队”整体视角下，关系的人口学特征研究发展的主要方向。Joshi

（2014）对此做出了较大的贡献。

1. 上下级二元视角：整合社会角色理论和社会认同理论

Joshi（2014）研究了科学工程团队中性别和教育程度的交互作用对能力识别的影响。根据社会角色理论，被评价者的教育程度和评价者对该人能力的识别或者判断，会受到被评价者性别的影响。具体地，当被评价者是男性时，被评价者的教育程度和评价者对该人的能力识别或者判断呈正相关关系；当被评价者是女性时，被评价者的教育程度和评价者对该人的能力识别或者判断呈负相关关系。当评价者和被评价者都是男性时，被评价者教育程度与评价者对他的能力识别之间的正向关系会进一步增强；而当评价者和被评价者都是女性时，由于内群偏袒的作用，被评价者教育程度与评价者对她的能力识别之间的负向关系会在一定程度上削弱。

2. "个人—团队"整体视角：整合地位特征理论与社会认同理论

Joshi 和 Knight（2015）考察了跨学科研究团队中的遵从现象，发现既存在非对称遵从，也存在对称遵从。非对称遵从是指基于地位特征理论，由于能力期望的差异，人口学特征地位低的员工（如教育程度低、任期短、女性和少数群体等）会遵从人口学特征地位高的员工；对称遵从是指基于社会认同理论，具有相似人口学特征的员工相互遵从。非对称遵从的叠加效应对团队绩效具有正向影响，而对称遵从则对团队整体绩效具有负向影响。

2000 年至今，上下级二元视角和"个人—团队"整体视角这两种研究途径在理论验证、理论深化、理论繁衍、理论竞争以及理论整合等多个方面都有了长足的发展。这不仅较好地弥补了早期阶段研究的不足之处，还开拓了更多的研究空间。尽管如此，目前关系的人口学特征在理论发展上仍存在两个缺陷：第一，不同的研究途径在理论发展上不对称的问题相对突出。与两种研究途径在理论繁衍和理论整合方面的均衡发展不同，理论验证和理论深化主要基于"成员—团队"整体视角，而理论竞争则主要基于上下级二元视角。第二，现有文献尚未充分开发不同理论整合的多种可能性。目前，地位特征理论、系统正当理论、社会主导理论和社会认同理论等都可以用来解释部分关系的人口学特征研究的现象。然而，现有研究却较少讨论上述理论如何进行整合。

六、关系的人口学特征研究近二十年来（2000年至今）在边界条件方面的发展

（一）地点因素作为边界条件

1. 宏观层面的地点因素作为边界条件

由于关系的人口学特征研究最初是以西方，尤其是美国为背景展开的，开展关系的人口学特征的跨文化研究，即考察关系的人口学特征及其效应在不同文化背景下是否存在差异，成为研究拓展的主要途径。跨文化研究主要在与美国文化距离较远的中国、韩国和墨西哥等情境下进行。

首先，通过不同的文化情境，比较不同作用机制的解释力大小。如 Lau 等（2008）使用中国香港和中国澳门的数据发现，在强调上下级权力距离的中国文化中，关系规范理论的解释力要高于"相似—

吸引"框架。但是，Choi（2007）使用韩国样本的研究并未发现关系的人口学特征的影响在韩国与西方文化背景下具有显著差异。

其次，在不同的文化背景下，关系的人口学特征不同维度的影响具有较大的差异。例如，Pelled 和 Xin（2000）比较了在美国和墨西哥的公司中上下级性别、年龄和种族等方面的相似程度对上下级关系质量的影响，发现在墨西哥，上下级年龄越相似，上下级关系质量越低；而上下级在种族和性别方面越相似，上下级关系质量越高。

再者，将不同国家的特殊人口统计学维度纳入研究，进一步拓展了关系的人口学特征研究的外延。相关文献试图识别某种文化背景下特殊的关系人口学特征，并比较其与传统的年龄、性别等特征在概念和预测力上的差异。如 Tsui 和 Farh（1997）比较了同乡和校友两个特征与传统的关系人口学特征的差异。在此基础上，Farh 等（1998）进一步验证了在中国情境下，相比于传统的关系人口学特征，同乡等关系对下属信任领导和组织承诺等具有更高的预测效力。Chen 等（2015）指出种姓是印度文化背景下特殊的关系人口学特征，并发现种姓相同在经济改革之前对 CEO 影响更大。刘德鹏等（2020）发现在中国情境下，同乡与同龄会影响下属对上级的评价：下属对与自己同龄的上级评价更低，而对与自己同乡的上级评价更高。

相比于上下级二元视角下的跨文化研究，"个人—团队"整体视角下的跨文化研究则相对缺乏。Ng 等（2016）发现在马来西亚，华裔在一个组织中的比例越高，该组织对华裔的吸引力越强。相比于马来西亚，上述效应在澳大利亚更强。

2. 中观层面的地点因素作为边界条件

近二十年来，讨论中观层面的地点因素成为关系的人口学特征边界因素研究的重要发展方向。其中，上下级二元视角主要讨论了领导风格和行为、组织类型和政策以及家庭等因素的影响，而"个人—团队"整体视角则主要将组织和团队的多元化观点、文化和氛围等地点因素作为调节变量。

在上下级二元视角方面，有研究指出特定的领导风格或行为可以降低上下级差异带来的负面影响。在西方，尤其是美国，种族和性别是造成社会地位差异和人际冲突的主要关系人口学特征。上级与下属在种族上存在差异，往往会造成下属满意度低和情绪耗竭等。但是如果领导者能给予所有人公平的机会（Vecchio 和 Bullis，2001）或采用令人尊敬的领导方式（Van Gils 等，2018），上述负面效应就会降低。组织类型和政策也会降低上下级差异带来的负面影响。在印度，大企业往往采取跨国公司和大型集团公司等形式。Chen 等（2015）认为在不同类型的组织中，CEO 和股票分析师之间的关系人口学特征相似性对股票分析师预测准确度的影响不同。具体来说，在传统集团公司中，种姓相同对股票分析师的预测准确度具有更大的影响；而在现代跨国公司里，毕业学校相同的影响更大。种族地位低的人往往在工作中处于不利位置，当上级种姓地位高时更甚。但是，Avey 等（2011）的研究证实，组织如果实施基于能力的薪酬体系，则能改善上下级种姓差异导致的低地位下属的不利状态。除此之外，一些工作外的因素，如家庭因素，也可能削弱上下级差异带来的负面影响。上下级性别不同时，双方不同的沟通和行为方式使下属产生情绪耗竭。Luksyte 和 Avery（2015）发现，家庭如果能对员工的工作产生促进作用，则有助于与上级性别不同的下属恢复自控能力，进而提高下属实施组织公民行为的可能性。

在"个人—团队"整体视角方面，Ely 和 Thomas（2001）通过质性研究发现，当面临多样化时，企业会产生"整合—学习""通道—合法性"和"歧视—公正"三种观点。虽然这二种观点都能促使组织走向多样化，却会给个体带来差异化的影响。在"整合—学习"观点下，所有个体都感知到被尊重和重视，相互之间有更多的协作意愿，因此对个体有积极影响。相反，在"歧视—公正"观点下，少数人会感知到不被尊重，产生更大程度的冲突，因此不会贡献自己独特的知识，个体与团队的差异会对个体产生消极影响。Shore 等（2011）从概念的角度分析了包容性文化的作用，包容性文化是一种既能让个体在团队中产生高度的归属感，又能满足个体独特性的文化。在包容性文化、实践和领导方式下，个体感知到的与团队其他成员的差异会给组织和个体带来积极影响。当不能同时满足归属感和独特性需求时，差异则会带来消极影响。David 等（2018）的研究证实，团队公正氛围能够削弱员工感知到的与团队成员深层次性格差异对其组织承诺的负面影响。

（二）人物因素作为边界条件

关系的人口学特征研究最初以基层团队的"领导—员工"关系和"员工—其他团队成员"关系为研究对象。近年来，相关研究将人物作为调节变量，主要呈现出两大趋势：其一，将关系的人口学特征相关研究引入公司高管团队研究；其二，从员工个体主动性角度，讨论如何削弱关系的人口学特征差异带来的负面影响。

1. 高管团队背景下关系的人口学特征研究

随着跨学科研究的兴起，微观的组织行为理论开始应用到公司治理和战略管理等宏观领域。在此背景下，关系的人口学特征研究开始从基层团队逐步被引入高管团队研究中。

基于上下级二元视角，Gao 等（2018）利用中国上市公司的数据发现，董事长更加愿意选择与自己技术背景相同的人作为董事，却更加不愿意选择与自己政治背景相似的人作为董事。Kaczmarek 等（2012）和 Zhang 等（2011）发现，首席执行官（CEO）更加支持关系的人口学特征与自己相似的人进入董事会。

基于"个人—团队"整体视角，Georgakakis 和 Ruigrok（2014）发现，当外部 CEO 接任时，外部 CEO 与现任高管的关系人口学特征越相似，接任后企业的绩效越高。Li 等（2016）发现，CEO 和其他高管团队成员在与工作相关的人口学特征上差异越大，越有利于启动战略变革；而 CEO 和其他高管团队成员在与工作不相关的人口学特征上差异越大，则越有利于实施战略变革。Su 等（2016）的研究则发现，创业团队领导者与其他团队成员在年龄、国籍和受教育地点等方面差异越大，创业绩效越高。

2. 主动视角下人物因素的调节作用

基于上下级二元视角，Richard 等（2019）发现，具有积极情绪倾向的员工能够更好地适应与上级在种族和性别上存在差异的环境，因而离职倾向较低。基于"个人—团队"整体视角，Zhu 等（2014）发现，与现有董事在关系的人口学特征方面差异较大的新董事在被任命时如果强调与现有董事的相似性，则有利于与现有董事更好地协作。有研究发现，个体可以发挥自己的主动性，降低差异带来的负面影响。例如，Vogel 等（2016）发现，放松行为和员工工作重塑可以降低员工与组织价值观不一致带来的负面影响。

（三）时间因素作为边界条件

学者们大多从地点和人物方面探索关系的人口学特征的作用边界，而对时间因素探索较少。现有文献主要关注时间段、时间点以及长时研究的作用。以时间段为例，Vecchio 和 Bullis（2001）发现，虽然上下级之间的种族差异会导致下属对上级的满意度更低，但随着上下级相处时间的增加，上述负面影响会减弱。另外，Mascia 和 Russo（2018）以组织结构变革后的员工为研究对象，发现下属与上级知识差异越大，下属在组织变革后工作满意度越低，而组织变革实施时间越长，上述负面效应越弱。以时间点为例，Chen 等（2015）的研究表明，对于 1991 年（印度经济改革）之前上任的CEO，股票分析师与其种姓是否相同对股票分析师预测准确度的影响较大。近期，学者们开始使用长时数据，讨论关系的人口学特征的变化如何影响员工的态度和行为。Reinwald 和 Kunze（2020）通过追踪七年的连续数据，发现员工在性别和年龄上的差异会使他们的旷工情况不同。

（四）关系的人口学特征作为边界条件

最早将关系的人口学特征作为调节变量的学者是 Yong 和Buchholtz（2002），他们将其应用于公司治理领域。CEO 的薪酬是否受到企业绩效的影响一直存在争议。Yong 和 Buchholtz（2002）借鉴关系的人口学特征的相关理论和研究结论，认为 CEO 薪酬与企业绩效的相关程度，取决于 CEO 与薪酬委员会成员之间关系的人口学特征的相似度。与薪酬委员会成员相似度越高的 CEO 会得到薪酬委员会越多的支持，因此 CEO 薪酬与企业绩效的正向关系越强。

之后，组织行为学领域采用关系的人口学特征作为边界条件的研究开始增多。部分学者将注意力放在性别相同带来的负面影响上。例如，Graham 等（2018）认为相比于性别不同的上下级，性别相同的上下级间的权力距离差异与下属感知到的关系冲突之间的关系更强。相似的结论同样见于 Wijaya（2019）的研究，该研究发现，相比于性别不同的情况，当领导与下属性别相同时，"领导—成员"交换关系与员工建言的正向关系更弱。

也有研究开始将关系的人口学特征作为社会信息处理过程的调节变量，因为人们倾向于向与自己相似的人寻求有用的信息。Jiang 等（2017）的研究认为，员工对战略人力资源管理的感知不仅受到管理者对战略人力资源管理感知的影响，还受到同事对战略人力资源感知的影响。但是员工与同事们关系的人口学特征差异越大，"员工—同事"战略人力资源管理感知的正向关系越弱；而管理者感知到的战略人力资源管理对员工感知的影响不受员工与同事们关系的人口学特征差异的影响。

（五）边界因素研究评析

学者们在地点（跨文化研究和中观因素）、人物（高管团队和主观视角）和时间（时间点、时间段和长时研究）等多个方向对关系的人口学特征的边界因素做了探索。但是，目前边界因素研究也存在一些问题：第一，关系的人口学特征跨文化研究主要以东西方文化比较为主，却相对忽视了同一区域内不同国家文化的差异比较；第二，将关系的人口学特征引入宏观的公司治理、创业等领域成为近五年来研究的重要方向，但遗憾的是，大多数研究依然只是借用关系的人口学特征的理论和结论，并未能使用宏观方面的特殊属性贡献于关系的人口学特征研究，未来该领域的研究应当充分考虑宏观情境的特殊性来推动关系的人口学特征研究的发展；第三，从被关注者的主动性视角来发展关系的人口学特征研究已经成为目前最前沿的研究方向之一，但是目前该部分研究依然是零散的，缺乏一个整合的理论框架指导未来的研究；第四，在越来越多的研究开始强调将时间因素纳入理论发展的背景下（George 和 Jones，2000），关系的人口学特征研究对时间因素的探索尚处于起步阶段，该方向的研究潜力并未得到充分开发。

七、未来研究展望（略）

原载：《外国经济与管理》，2021 年第 11 期

作者单位：山东大学管理学院，中国社会科学院研究生院，南京大学商学院，上海理工大学管理学院

摘编：吕力

六、中西管理比较与融合

东西方思维方式和文化特质比较——兼论跨文化领导力

徐飞

一、东西方思维方式比较

1. 总体与功能

与西方人相比，东方人在思考问题时，通常是从总体的角度对问题加以分析，强调事物的普遍联系和关系，主体和客体相融合。中国魏晋玄学所谓"玄冥之境""玄同彼我""与物冥合"，即是要消解我与物、主观与客观之间的对立，打破"主客二分"。西方倾向于把主体和客体看成独立存在，主体和客体相分离，在处理客体时，会把客体从所处的背景中分离出来，专注于事物本身具有的特征和功能。即便讲整体，也是二者合并，而不是二者融为一体。在分析问题时强调化整为零，从局部入手，通过对局部的认识达到对整体的把握。这在西医和中医方面的表现尤为突出。中医看病是望、闻、问、切，从总体上看患者的阴阳是否平衡，经络是否通畅，治疗方法不是头痛医头，脚痛医脚，而是通盘考虑，固本培元，标本兼治。西医通常会根据患者的具体症状，依据对各个局部

557

所做的生化、CT、核磁共振等检查结果提供治疗方案。

2. 和合与分别、"一分为三"与"一分为二"

国学大师钱穆先生在《现代中国学术论衡》一书中指出："中国重和合，西方重分别。"和合是中国思想文化乃至东方文化的精髓，东方人一向以"和"与"合"为至境。拍照拍"合家欢"，见面行"合十礼"；说话要"和颜悦色"，做事要"和衷共济"，做人要低调"和光同尘"，艺术品要"诗画合璧"；生意推崇"和为贵"，音乐讲究"和乐唱和"，医学主张"身和气和"，政治诉求"政通人和"；美好婚姻誉之"天作之合"，好事齐聚谓之"珠联璧合"。在治学方面，博雅会通是东方人的学术特点，而细分专业则是西方的学术特点。因此，东方（古代）多出通才杂家，西方则多出专家。从哲学上看，西方深受基督教"二元主义"（dualism）文化的影响，重独立、重对立、重竞争，崇尚竞争哲学、斗争哲学乃至战争哲学，是"黑白思维"或曰"0—1思维"。"黑白思维"强调二分法，在其中只有正命题和反命题，一个命题要么对，要么错，无中间性。世界被分裂为主观与客观、观念与实在、现象与本体、物质与精神、社会与自然、内容与形式、知与行、真与善等一系列相互对立的因素，人被析解——二元裂变为灵魂与肉体两个部分，人的生活也被分解为宗教与世俗、天堂与尘世、彼岸与此岸两个领域和两种境界。这种二分的思维方式是西方基本的思维方式。东方深受儒家文化的熏陶，崇尚中庸之道，"执两用中"，讲究兼顾与调和，不极端，不偏颇，不片面，不固执，可谓之"灰思维"（黑、白不过是灰的两极）或曰"正、反、合思维"。在"灰思维"中，强调"一分为三"，世界被区分为道、器、象三个方面。除正命题和反命题外，还有合命题。既有"非此即彼"，还有"亦此亦彼"，并且可使对立互为中介，可以寻求第三条道路。

3. 逻辑与直觉、演绎与归纳

美国密西根大学的尼斯伯特教授指出，西方文明建立在古希腊的传统之上，在思维方式上以亚里士多德的逻辑思维为特征；而以中国为代表的东方文化，则建立在深受儒教和道教影响的东方传统之上，在思维方式上以直觉思维为主要特征。诚然，中国传统思维方式注重直观经验，习惯于直觉体悟，擅长思辨，基于过去长期积累的经验和认知，靠洞察力、潜意识，甚至第六感官进行思维，常撇开细节枝节和过程，无须求证，靠直觉的指引，直指问题的本质和核心。西方则更多地运用逻辑，不管是形式逻辑还是数理逻辑，无论是证实还是证伪，其思维缜密严谨，环环相扣，言之有理，持之有据，严格求证，逻辑思维为西方文明做出了巨大的贡献。爱因斯坦曾言：西方之所以（暂时）优于东方，是因为西方形式逻辑思维体系的早期建立，及近代实证主义和实证科学的发展。再则，基于形式逻辑的西方思维是演绎型的，从一般到特殊，从一般原理或前提出发，经过删除和精化的过程推导出结论，通常在蕴涵的概念下进行。东方的思维方式则是归纳型的，从特殊到一般，举一反三，由此及彼，见微知著。

4. 线性与非线性、结构化与非结构化、实证与意象、左脑与右脑

西方人习惯于线性思维，从问题到方案，从现状点到目标点，两点一线，直截了当。同时，提倡和推崇将解决问题的方案结构化，对问题的处理追求制式化、格式化、编码化、规范化、标准化和流程化，注重实证。东方人习惯于非线性思维，崇尚含蓄婉致，以曲为美。思考问题时，往往不是基于写实的具象，也不是形而上的抽象，而更多依靠需参悟的意象和心相。东方鲜有结构化、体系化、范式化的知识系统，甚或"述而不作"，相当一部分知识属"隐性知识"（如果把条理化、结构化的知识叫"显性知识"的话），多靠体悟，不假言说，甚至不可言说。与素朴的整体观念和求统一的思维方式相联系，东方思维还有一种重顿悟、轻实证的倾向。根据美国 R. W. 斯佩里教授（1981 年诺贝尔生理医学奖获得者）关于脑科学的研究成果，左脑主要负责处理线性的、清晰的、确定性的、因果性的、结构化的、连续的、具象的、逻辑的问题；而右脑主要负责处理非线性的、模糊的、随机的、不确定性的、非因果性的、非结构化的、突变的、意象的、直觉的问题。从上述分析可知，西方擅长用左脑进行思维，而东方则工于用右脑进行思维。

5. 定量与定性、节奏与旋律、绩效与操行

西方在分析问题时，尽量拿事实、数据和报表说话；在制定目标时，强调目标的可度量性，注重将目标细化、量化、节点化，注重把握事物推进的节奏。东方更倾向于从事物的性质上加以把握和判断，注重"定调"和弘扬主旋律，把定性放在首要和优先的地位。西方强调绩效和结果，倡导绩效导向，数字说话。不太关心"做了"什么，也不关心动机如何，而在乎"做成了"什么；在承认辛劳、苦劳、疲劳的同时，更看重成就和功劳。对一个人认可与否，不是看他的身份、头衔（what he/she is），也不是他的家族，而是业绩（what he/she does）。中国人的传统思维方式具有政治伦理型特征，评价一个人时，固然会看其客观绩效和结果，但对其主观的努力、做事的过程和人际关系同样予以充分考虑，尤其是本人的态度、操行和修养。儒家文化十分强调个人修养，所谓"修身、齐家、治国、平天下"，把修身放在第一位。东方在判断一个人时，常看重其身份，特别注重老幼有序，君臣有别。

二、东西方文化特质比较

1. 方与圆、术与道

圆可以解读为灵活性，东方崇尚"圆"，凡事讲变通，善于随机应变，能屈能伸；做人讲圆觉融通，于人方便，于己方便，讲情面，注意换位思考，为人低调、内敛、矜持、含蓄、谨慎。西方崇尚"方"，"方"可以解读为原则性。做人中规中矩，棱角分明，率性而为；做事讲究章法，遵从规则，按部就班，机械化作业，程式化加工。概而言之，在做人做事方面，东方多阴性色彩，西方多阳性色彩。西方人重"术"，"术"可狭义地理解为技术、技能、技巧、诀窍，甚或学术，亦可广义地理解为专业的做事能力，即"正确地做正确的事情"（do right things right）或"有效率地做有效益的事情"的一整套方法。比如说知识管理（KM）、外包（Outsourcing）、客户关系管理（CRM）、标杆管理（Benchmarking）、企业流程再造（BPR）、大规模定制（Mass Customization）、特许经营（Franchising）、数据挖掘（DM）、风险管理（Risk Management）、价值链分析（VCA）、供应链管理

（SCM）、商业智能（BI）、六西格玛（Six Sigma）、平衡计分卡（Balanced Scoreboard），等等，就是擅长怎样把事情做得更好的一整套方法。东方人尚"道"，坐而论道，起而行道，参禅悟道。在东方的语境下，"一阴一阳谓之道；道可道，非常道；道生一，一生二，二生三，三生万物"。再则，道是存在的终极，意识的极致；是事物内在的根本的规定性，是事物存在和变化最普遍的原则；是将经验上升为概念，上升为理念，再上升为哲学，再进一步凝炼后的最高境界。"术"是可学可教的，然而"道"不可学也不可教，故有东方神秘主义一说。

2. 求真与务实、本原与终极

如果把"求真"视作"学以致知"，而将"务实"视作"学以致用"，那么相对而言，西方人求真，东方人务实。西方思维里有一种传统，就是高度关注"精神性"，追求"本原性"，倡导学以致知，为学问而学问，凭着自己的真性情、好奇心，甚至仅仅因为爱好或有趣，不断追问，不遗余力地探究人生的根基、事物的本原。牛顿寻求"第一推动力"，爱因斯坦探究"统一场"就是极好的佐证。东方人强调务实，做事情的出发点和归宿是最终（终极）得到的现实效用和利益。《九章算术》的影响力和对人类知识创新的推动力之所以不及《欧氏几何》，很重要的原因是《九章算术》止于实用的层面，未能透过实（应）用进一步构建"形而上"的知识体系和学理探索；李约瑟所著《中国科技史》详举了古代中国众多的智力成果，但细加思量，其中多数成果为实用的技术性发明，而很少理论层面的成就。张之洞的"中学为体，西学为用"也是实用、效用思想的又一体现。

3. 自然性与神性

东方半封闭的大陆型地理环境和长达数千年的农耕（自然）经济，使其先民们意识到生存离不开自然的恩赐，因而十分看重自然性。这里的"看重"至少有三层含义，其一，热爱自然，亲近自然，回归自然，返璞归真。其二，师法自然，向大自然学习。《道德经》中有一句话：人法地，地法天，天法道，道法自然。其三，顺其自然，推崇水到渠成，因势利导，乘势而上，自然而然，无为而为，在管理中强调"没有管理的管理是管理的最高境界"。神性在西方人的精神世界占有重要地位，法律和宗教在西方人的社会生活中起重要作用。全球咨询业巨头盖洛普民意调查显示，94%的美国人（其中包括比例相当高的各类在职科学家）有宗教信仰。爱因斯坦曾把自己的理论称为"宇宙的宗教"，并说该宗教的使命是探索"自然界里和思维世界里所显示出来的崇高庄严和不可思议的秩序"。欧洲长达一千多年的中世纪之所以被称为黑暗的中世纪，就是神性压制了人性，神权压制了人权。文艺复兴后，宗教对整个西方系统仍然发生深刻的影响。实际上，正如何怀宏在《一个行动中的哲学家——从苏格拉底之死谈起》所说，现代西方文化主要的源流有两支：一是古希腊理性主义的文化；二是基督教启示的神文化。

4. 点头文化与摇头文化

东方（古时）的书是竖排的，看书时从上到下又从上到下（点头）；西方的书是横排的，看书时从左到右又从左到右（摇头）。西方人典型的发问方式是"为什么不（Why not）"，从根本上怀疑和否定：若不这样有什么不可以？！西方思维具有发散性、开放性，求异性和批判性，批判性是西方科学精神里最宝贵之处，质疑、反省、检讨、追问、解构乃至否定几近一种自觉。"吾爱吾师，吾更爱真理"（亚里士多德）、"破除学界之奴性"（笛卡儿）、"走自己的路，让别人说去罢"（但丁）、"上帝死了"（尼采）、"只有偏执狂才能生存"（格鲁夫）等，是西方世界不同时期惊世骇俗的名言和振聋发聩的呐喊。西方人勇于探索，敢于标新立异，质疑问难，敢于挑战前人、智者的定论，不肯向任何外来（政府、教会、学术权威、舆论、时尚）的压力屈服。东方人典型的发问方式是"为什么（Why）"，当问为什么时，发问人虽然也有困惑或怀疑，但潜意识里其实大体上已认可了被告知的事实，只不过通过发问进一步求证，讨个说法。东方人思维上趋于认同性、收敛性、封闭性、稳健性，比较缺乏颠覆性、突破性和冒险性；政治上强化一元化和权威性；行为上推崇听话、追随与服从，某人一经定位，则当到位，不可缺位、虚位，更不得越位、错位和抢位。

5. "情""理""法"排序

作为解读东西方文化的一个典型例子，我们再来看看"情""理""法"在不同国家中的排序。美国人会把"法"排第一位，"理"排第二位，而"情"排第三位；德国人的排序则不同，日耳曼民族是一个非常崇尚理性精神的民族，一定会把"理"排在第一位，"法"其次，"情"最后。中国人讲情义无价，"情"当然排第一，其次是"理"，第三才是"法"。

三、跨文化领导力的挑战（略）

原载:《上海交通大学学报》，2006 年第 5 期
作者单位：上海交通大学安泰经济与管理学院
摘编：吕力

复杂动态视角下的组态理论与 QCA 方法：研究进展与未来方向

杜运周　李佳馨　刘秋辰　赵舒婷　陈凯薇

一、引言（略）

二、复杂因果关系和组态理论的进展

（一）组态理论中的复杂因果关系

　　社会科学中有一种常见的关系是子集关系，它可以描述非对称因果关系（查尔斯·C. 拉金，2019），如，当研究者提出"核心能力是竞争优势"时，实际上认为核心能力构成了竞争优势的一个子集，进一步理解为核心能力是获得竞争优势的充分性原因之一。因为没有核心能力（如通过非市场战略）也可能获得竞争优势，这表明因果关系是非对称的。而在传统相关理论化中，因果关系是对称的，即"核心能力是竞争优势，没有核心能力就没有竞争优势"。区分这两种关系对正确理解因果关系和发展组态理论非常重要。因为在社会科学中，集合关系常常被错误地表述为相关关系，"这个错误是所有当代社会科学中最常见的错误之一"（查尔斯·C.拉金，2019）。

1. 复杂因果中的 5 种基本关系

在组态理论中，用集合关系表示必要性、充分性及其延伸（INUS 和 SUIN）等复杂因果关系。这类复杂因果逻辑可以追溯至哲学家休谟对充分性和必要性因果的区分，并且巴哈拉赫认为理论假设采用"必要、充分或充要性的清晰陈述"是其满足可证伪性的前提。后来哲学家和方法论学者将充分性与必要性两种因果关系结合，进一步提出了 INUS 因果关系，以及 SUIN 因果关系，并使用交集和并集表示这些复杂因果关系。关于必要性、充分性、充要性、INUS 和 SUIN，这 5 种基本因果关系的内涵详见《管理世界》网络发行版附录 1。需要注意的是在这些因果关系中，"X 导致 Y"表示不同的直接因果机制，或者 X 在不同组态中如何发挥间接作用进而影响到 Y。而且对于复杂现象需要更加复杂的因果关系解释，因此本文在未来研究方向中提出了两种值得研究的新型复杂因果关系。

2. 复杂因果关系、平均因果关系与内生性问题

案例导向的研究与总体导向的定量研究是两种主要的研究范式，故区分他们的差异是正确理解社会科学中不同研究范式及其结论的前提。案例导向的研究主要基于必要、充分、充要、INUS、SUIN 等因果关系，找到特定案例中产生特定结果的特定原因。而在总体导向的定量方法和实验方法中，对特定的案例不予解释，因果关系被理解为 X 与 Y 间的平均因果效应，分析的是控制其他因素后，特定变量的平均净效应。

作为案例导向研究的 QCA 与总体导向的研究存在以下几方面

差异：（1）QCA 使用集合关系表述必要、充分等因果关系，而总体导向的研究对必要与充分等因果关系类型不加以区分，解释的主要是线性、对称的因果关系（查尔斯·C. 拉金，2019）。（2）QCA 关注的是特定案例的因果关系，总体导向的研究关注的是总体的平均趋势，难以用于解释特定的案例。（3）QCA 聚焦于多要素的组态效应，认为管理现象是由多种因素共同产生的，且存在多条路径；而总体导向的研究聚焦于这些因素与结果的线性关系，由此产生的理论往往被打上"普遍线性的现实"（general linear reality）与"净效应思维"的烙印。然而正如战略学家米勒所说，"线性分析的严重缺点在于，现实通常不能用线性二元或多元关系来表示"。（4）传统对称性定量方法中普遍存在的一些内生性问题在 QCA 方法中不存在。这些内生性与传统回归方法依赖均衡和正态分布假设，聚焦于个体变量的线性、对称性关系，而 QCA 方法使用子集合关系来表达多因并发的组态效应和因果非对称性，通过提出清晰的必要与充分性关系，能够从源头上规避反向因果、遗漏变量偏差和样本选择偏差的内生性问题。首先，在"鸡生蛋，蛋生鸡"的经典线性因果循环问题上，如果考虑到并非所有的鸡都可以生蛋，蛋也不会自己变成鸡，通过考虑外部条件，基于组态视角和因果非对称性，QCA 方法就避免了反向因果关系：如果"鸡"和"性别—雌性"这两个集合的交集"母鸡"是生蛋的充分条件，逻辑上，鸡蛋却不是孵出母鸡的充分条件。其次，QCA 基于布尔代数，研究的是集合关系而非相关关系，所以也并不存在遗漏变量偏差。最后，QCA 的溯因推理和集合分析不依赖随机抽样技术，因此随机抽样带来的样本选择偏差问题在 QCA 中并不存在。

（二）组态理论的研究进展

在管理学研究中，较早应用组态视角的是战略管理。以往战略研究强调"最优区分"，忽略了战略维度之间以及战略与环境等因素间的组态效应，而组态视角和 QCA 方法有助于发现等效的战略组态，打破了"最优区分"的思维定式。首先，战略维度的组态效应开始受到关注。在战略创业领域，研究者以往聚焦于创业导向（EO）各个维度（自主性、先动性、竞争积极性、创新、风险承担）对企业绩效的独立影响，然而在复杂创业实践中，创业导向5 个维度的不同组合构成了不同的创业导向模式，系统地影响企业绩效。Mckenny 等采用组态视角和 QCA 方法，系统地分析了创业导向战略的 5 个维度如何系统地影响绩效。研究发现，在每个创业导向维度上表现都好的企业，在行业中不一定绩效最好，不同行业可采用不同的创业导向模式实现成功。其次，战略组态与复杂环境的匹配效应开始被研究。如，在新经济体，企业面临不良竞争、敌意竞争和制度支持不足共同构成的复杂环境，新创企业需要平衡创业导向（探索型战略）和市场导向（利用型战略）两种市场化战略，同时还要考虑政治网络这一非市场战略。Du 和 Kim 运用战略组态视角和 QCA 方法分析了创业导向、市场导向和政治网络，以及不良竞争、敌意竞争和制度支持 3 种环境因素如何影响新企业绩效，发现了能够产生高绩效的 6 种战略组态。最后，组态视角和 QCA方法强调等效性，打破了"最优区分"的战略思维定式。传统理论基于原子、机械的认识论，试图寻找达到均衡状态的最优解，近年来，战略研究基于 QCA 等效性的假设，认为存在实现同一结果的多条路径，而非单一"最优区分"解（optimal distinctiveness）。如，

Mcknight 和 Zietsma 采用组态视角和 QCA 方法，分析了新技术企业如何在合法化和竞争差异化之间选择的悖论，研究发现战略（差异化框架和合作策略）和情境的多种组态，可以实现成功的商业化，颠覆了最优区分的传统认识。Gupta 等分析了利益相关者参与战略与企业绩效的关系，认为企业应根据不同的环境，采取不同的平衡股东和员工的利益相关者参与战略，而不是追求单一的最优区分。研究发现在特定的制度环境下（自由市场经济、协调市场经济），不同企业采取与之相匹配的利益相关者参与战略（互补利益相关者参与战略、替代利益相关者参与战略、最小利益相关者参与战略、包围利益相关者参与战略），可以等效地实现高绩效。

组态视角也有助于解释集群与企业创新间的复杂因果关系，回答一些争论。传统的集群研究局限于线性关系的分析，未能考虑到集群内部资源和外部资源间高度复杂的互动关系，对一些理论关系存在争论。如，关于集群内知识溢出是促进创新，还是造成"搭便车"现象，以及集群应该专业化还是多元化促进企业创新等方面存在争论。对于这些争论，组态视角基于等效性原理认为并不存在"非此即彼"的结论。因此，Speldekamp 等通过组态视角和 QCA 方法，分析了企业内部资源与外部的地理、网络、制度等资源的组态效应，发现没有单一的资源是实现集群企业创新的充分条件，企业内部资源通过与外部不同资源的组合，可以形成实现高创新的多种路径，揭示了企业内外部资源之间复杂的互动关系，也回答了集群中"非此即彼"的一系列争论。

组态理论和 QCA 方法在高绩效工作系统研究中的运用取得了实质进展，弥补了在人力资源管理与组织行为等微观层面的应用相对缺乏的不足。比如 Meuer 比较了组态视角相对通用和权变视角在研究高绩效工作系统（HPWS）复杂影响机制方面的优势，指出因为 HPWS 是一种包括 9 种人力资源管理实践的复杂系统，通用视角和权变视角难以分析 HPWS 的整体性、系统性和复杂性，这阻碍了对 HPWS 内在本质的细粒度理解。Meuer 基于组态视角和 QCA 方法，分析了多要素复杂互动的人力资源管理系统问题，研究发现了 4 种可以产生高劳动生产率的 HPWS 模式，并且揭示了构成高绩效工作系统的"核心"和"边缘"人力资源实践活动，深化了对高绩效工作系统内部本质的更精细化的理解。

组态视角和 QCA 方法有助于分析创业生态系统、创新生态系统、数字生态系统等生态系统问题。创业生态系统研究近年来成为创业领域的研究热点，但大多研究基于还原论的回归方法，并不能充分揭示创业生态系统的"系统性"和"整体性"。QCA 基于并发因果假设，能够识别创业生态系统中多要素间的协同、联动的复杂机理。杜运周等率先将 QCA 引入到生态系统领域，将营商环境生态系统视为生态要素的组态，从制度组态视角探讨城市营商环境生态和创业活跃度间的关系。研究揭示了政府效率、市场环境、人力资本、公共服务、金融服务、创新环境等生态要素在政府和市场混合制度逻辑下如何系统地影响创业活跃度。谢智敏等也基于 QCA 方法分析了包含市场规模、金融资本、人力资本、互联网、硬件设施和政府规模 6 个要素的创业生态系统，讨论了这 6 个要素在影响城市创业质量时的协同作用，加强了对城市创业生态系统中多要素互动，联合影响创业质量的复杂因果机制的理解。此外，部分学者对创业群体进行区分，研究创业生态系统对女性创业的影响。如程建青等研究发现在金融资本、政府政策、人力资本、市场环境、基础设施与社会规范形成的创业生态系统中，形成了5种驱动女性创业高活跃度的生态途径。此外，QCA和组态视角也被用于研究创新生态系统。随着数字转型的快速发展和数字技术广泛渗透，以及经营环境和管理信息系统日益复杂，数字技术、组织和环境因素相互依赖共同决定了企业创新能力和经营绩效。组态视角和QCA对这类复杂数字现象具备独特的洞察力，开始被用于数字生态系统，以及数字环境中组织复杂性与企业绩效关系的研究。此外，可以预见QCA方法对服务生态系统、价值生态系统、电商生态系统等生态系统领域的研究都有较大的运用价值。

组态视角和QCA还适用于商业模式的研究。因为商业模式的成功与否并不取决于个别因素，而是多要素间的匹配，因此商业模式需要从系统、整体的角度来解释公司如何经营。组态理论和QCA具有整体性和多维度分析的优势，可以探究商业模式多个因素如何匹配创造价值，适用于发现商业模式的本质。

此外，组态视角及QCA方法还被应用于分析公共管理以及图书情报与档案管理领域的因果复杂性问题。在公共管理领域，复杂的治理问题给政府治理带来了系统性的挑战。政府在采取干预措施时，往往需要兼顾多种因素的协同效应，例如，政府网站建设的绩效不仅需要考虑政府的关注及支持，也需要结合公众需求、对手竞争，综合考虑多要素相互依赖的联动对政府绩效产生的复杂作用。在解决复杂政府治理问题时，由于治理系统中多重因素的并发因果特征，组态视角和QCA方法日益受到公共管理研究者的广泛使用。在图书情报与档案管理领域，信息技术的迅猛发展使得网络舆情的生成日益复杂。网络舆情的生成，离不开事件、网民、媒介以及政府多方的相互联动作用。因此，可将信息、行为主体、信息环境、技术等影响因素视为一种信息生态，研究这些因素间的复杂关联对网络舆情的影响。即在研究复杂的公共管理和网络舆情问题时，需要识别多个要素间复杂的互动机理，组态视角和 QCA 方法为这类研究提供了新的思路和方法。

通过上述文献梳理，可以发现当前组态视角和 QCA 方法主要基于静态视角分析因果复杂性问题，可以解决传统相关理论无法处理的多重并发因果、等效性和非对称性等问题，并对复杂管理中多要素间的组态效应提供了细粒度的分析。这些特征使得组态视角和 QCA 方法已被广泛运用于多个管理研究领域，研究整体性、系统性、综合性和生态性的复杂管理问题。在 QCA 方法应用日益普及的基础上，一个重要的理论问题开始被重视，即如何使用 QCA 更好地发展组态理论。下面本文对如何发展组态理论的主要研究进展进行梳理。

三、动态视角下的组态理论与 QCA 方法进展

（一）动态组态理论：纳入时间的组态研究

静态的组态研究由于缺乏对时间维度的考虑，而受到质疑。社会学和管理学中关于时间、轨迹及其共演化的研究，对构建动态组态理论具有重要的借鉴意义。历史社会学关注顺序和序列，认为因

果关系需要考虑事件在时间上的联系。Aminzade 提出了速率、持续时间（duration）、周期、轨迹（trajectory）4 种时间概念，其中，轨迹是指一个累积的、具有一定的顺序和方向性的过程，由一系列相互联系的事件序列组成。轨迹的概念也用于研究路径依赖等过程问题，但受干涉事件影响，路径依赖可能会发生突然转折。近年来，在管理学研究中，轨迹、多重轨迹的并发与共演化也日益受到关注，这对发展动态组态理论具有积极的借鉴意义。

1. 管理学研究中轨迹的内涵及其演变

近年来，管理学各领域（例如，人力资源、知识管理、组织场域及组织制度等）对动态和轨迹的研究日渐受到关注。不同于 Aminzade 将轨迹定义为事件发生的顺序，管理学研究中的轨迹概念具有更广泛的涵义，它将时间的定量与定性的特征结合起来，不仅定性地刻画变化的方向，而且定量地测量了变化速度或持续时间等。轨迹通常表示随时间变化，某个条件（因素）的变化状态、程度和方向。首先，条件的一种状态在时期内可能保持，也可能转化为另一种状态，从而形成轨迹。例如企业内的知识存在整合和分化两种状态，状态的不同演化产生了 4 种知识轨迹（整合到整合、分化到整合、分化到分化、整合到分化），代表了企业不同的知识流动方向。其次，通过对整个研究时期内多个时段或时点的速度或持续时间的测量，可以描绘出某个条件随时间变化的轨迹。轨迹的变化速度和持续时间可以体现不同对象对相关事件的反应速度和受到相关事件影响的程度。再次，轨迹也可以表示长期的平均变化趋势和变化方向。比如，测量某一时期某条件变化的斜率，用斜率正负值定性地表示轨迹变化的方向（增加或减少），用数值大小定量地表示轨迹变化速度的大小。最后，轨迹可能呈现出多样性的演化特征，因为当研究时期较长或存在明显的阶段性特征时，研究者还会结合轨迹的速度和持续时间，考虑轨迹可能出现的拐点和变化趋势。如 Litrico 和 David 在关于企业争议事件的研究中，描绘了在"争议事件出现—事件争议—事件解决"3 个阶段中，两种争议事件解读框架的比率（整合框架 / 缓冲框架）的变化轨迹。在整个时期内，若某种类型的解读框架始终占据主导地位，则称为"主导轨迹"（dominant trajectory）；而"转折轨迹"（shifting trajectory）指占据主导地位的类型发生了转变，由一种解读框架明显转变为另一种类型；"混合轨迹"指两种类型"势均力敌"的共存，且未像转折轨迹那样出现明显的转折，而是在整个时期内会多次出现轨迹的细微转折。传统相关理论化和回归方法主要聚焦于分析单个条件的轨迹和演化，但是对于复杂管理问题，这种轨迹的演化通常会发生在多个相互依赖的条件上，因此需要关注多重轨迹的共演化。

2. 多重轨迹共演化与动态组态理论

复杂现象通常会涉及多个条件的轨迹共同决定结果，需要分析多重轨迹的动态共演化。多重轨迹的共演化视角认为多个要素轨迹相互交叉（intersect）或并发（conjunctures），共同决定结果。

多重轨迹的共演化视角，对探究多重技术等复杂管理现象的动态演化具有重要的理论和现实意义。如技术轨迹（technological trajectory）描绘在不同时期多种技术轨迹共同耦合和演化的关系，当构成模块化产品的多技术轨迹出现速度失衡，将影响企业间的多技术耦合合作模式。研究发现当产品之间依赖程度可预测，以及技术轨迹均衡时，多技术公司之间通过市场机制协作；当产品之间的依赖性不可预测，并且技术公司技术轨迹失衡时，多技术公司之间通过垂直整合协作；当产品之间依赖性程度不可预测或者多技术公司的技术轨迹失衡时，多技术公司之间采取松散耦合。

多重轨迹共演化可能产生多种耦合模式，如某段时期内呈现某种轨迹主导，跨时期可能存在轨迹转折的现象，不同阶段的轨迹耦合模式可能也不同。因此探究多个条件间轨迹的相互作用及对结果的影响，需要揭示多时段多要素轨迹的共演化规律，推动动态组态理论化的发展。比如，可以根据研究对象本身的阶段或自然的时间划分，将整个研究时期分为多个时段，既关注各时段内的变化轨迹，又分析时段之间的变化即整体轨迹的阶段性演化。这类动态视角下的组态理论和 QCA 方法的发展有助于分析多重轨迹决定结果的复杂动态因果关系。

四、组态理论与其他多要素理论的比较（略）

五、组态理论和 QCA 方法的未来研究方向（略）

六、结论（略）

原载：《管理世界》，2021 年第 3 期

作者单位：东南大学经济管理学院

摘编：吕力

中西文化的本体论比较与国学知识体系模型建构

贾旭东

迄今为止，政界、学界与社会各界对如何传承发展传统文化并未达成一致共识，其根本原因是，各界对传统文化的理解和认识存在巨大分歧，这从学术界围绕"国学"这一概念的争论就可见一斑。本文认为，造成这种分歧和争论的主要原因是：长期以来我们没有明确认识到"国学"与"西学"的本体论差异及由此带来的认识论、方法论及研究方法的差异，以致长期采用"西学"的范式进行"国学"研究，由此产生诸多误解。因此，本文尝试从本体论出发，对"国学"与"西学"进行初步的比较研究。

一、"国学"与"西学"的不同范式

（一）人类认识世界的基本哲学框架

人类如何认识世界？很多人马上会想到科学。当然，科学是当今人类认识世界的主要知识和方法体系。但科学研究方法

（Method）有很多，不同学科方法不同，同一学科也有不同的研究方法，那么我们采用哪种科学方法来认识世界又是什么决定的呢？从哲学上来讲，指导人类如何运用特定的科学方法去认识世界的理论是"方法论（Methodology）"。方法论是一个方法体系，不同的方法论包含着不同的研究方法。也就是说，当我们采用某种研究方法去研究和认识世界时，指导我们如何运用这种方法的是该方法背后的方法论。那么，又是谁来指导方法论呢？或者，方法论很多，我们该用哪一种来进行研究呢？决定方法论的是"认识论（Epistemology）"，而比认识论更高，进而指导认识论的，就是人类哲学最根本、最本源的理论"本体论（Ontology）"。

本体论要回答这样一个根本性的问题，也是人类开始探索宇宙真相之前必须做出的一个基本假设：宇宙的本源是怎样的？精神世界和物质世界是否可分？基于特定的本体论，衍生出了与其相应的认识论，认识论要回答的问题是：人类是否能够认识世界？应该如何去认识世界？继而，在认识论基础上产生了与之相应的方法论，即我们怎样用一个方法体系来研究和认识世界；最后，在方法论的指导下派生出具体的研究方法，人类开始运用这些研究方法，踏上认识宇宙真相的漫漫长途。本体论、认识论、方法论和研究方法的关系如图1所示：

不论东方文明还是西方文明，共同的追求都是认识宇宙真相，也都要通过本体论、认识论和方法论，才能到达方法层面，衍生出特定的方法和工具，开始对宇宙真相的研究和探索。而人类文明史上最大的遗憾和悲剧是，中国近代以来从西方引进了科学研究的方法、工具和技术，却忽视了追本溯源地探求这些科学方法与技术背后的方法论、认识论和本体论，并与自身的学术即"国学"相比较，找到二者之间的异同，近代以来中国人对"国学"最大的误解便由此而生！

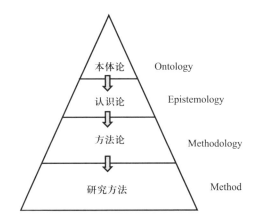

图1　本体论、认识论、方法论、研究方法及其关系

（二）"国学"与"西学"的本体论差异

基于不同的本体论，人类生发出不同的文明，"国学"与"西学"就是其中最重要的两大体系。二者根本的差异来自其本体论的不同，继而因本体论的不同而使得其认识论、方法论乃至研究方法都完全不同，形成了迥异的学术和思想体系。

"国学"的本体论是"心物一元"，即认为"心"（精神）与"物"（物质）二者是合一的、不可分割的，而且在一定条件下是可以对立转化的，表达这一思想最形象的图形就是太极图。在太极图中，阴（代表精神）和阳（代表物质）混合在一起，成为事物不可分割的两个组成部分，而且阴中有阳，阳中有阴，阴阳还能够相互转化。

"西学"的本体论是"心物二元"，就是假定宇宙由物质世界和精神世界两个部分构成，"心"（精神）和"物"（物质）是分割的、对立的，表达这一思想最形象的图形就是十字架，在十字架的图形中，上、下、左、右分得很清楚，代表着物质与精神的对立，而不能融合与转化。

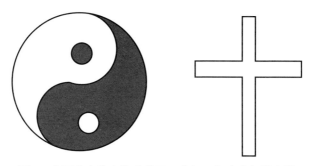

图 2　中西方文化本体论差异：太极图与十字架的比较

以前我们经常批判中国传统文化中的一些学说是唯心论，比如道家、佛家、阳明心学等，这些批判是没有认识到中西文化的本体论差异而产生的历史性误读，亟待纠正。唯心论、唯物论这两个概念是如何产生的？我们要首先将世界分成物质和精神两部分，才能讨论物质和精神哪个是第一位的。所以在划分唯物和唯心这两个概念的时候，其本体论已经进入了心物二元的体系——只有先把世界分成物质和精神，才存在哪个决定哪个、哪个是第一的问题。但在中国传统文化里，精神和物质根本就不可分、不能分、是一不是二。王阳明所谓"心外无物，心外无事，心外无理"，陆九渊所谓"宇宙便是吾心，吾心即是宇宙"，都是对心物一元本体论的准确表达。道家所谓"道生一,一生二,二生三,三生万物",佛家也一直强调自己是"不二法门",认为"万法唯识",而这个"识"是精神和物质合一而非分离的状态。

所以,道家、佛家、阳明心学既不是唯物论也不是唯心论,它们根本没法用"唯物论""唯心论"这样的二元论概念来定义。"国学"里所谓的"心"和"物"与西方文化里的"物质"和"精神"根本是两个不同知识体系里的不同概念,其内涵完全不同,既不能简单套用,更无法简单比较。但近代以来,中国全盘接受了西方基于二元论的整个"西学"学术体系,然后用这个体系来研究和评判我们的传统文化,就产生了这样一个历史性的误读。

(三)"国学"与"西学"的认识论、方法论与研究方法差异

"国学"与"西学"的本体论迥异,决定了其认识论的不同。"国学"的认识论是"整体论、系统论"(holism),"西学"的认识论是"化约论、还原论"(reductionism)。所谓"整体论、系统论",就是儒家和道家都在讲的"天人合一",这是心物一元的本体论决定的。既然心和物不可分,精神和物质不可分,那么我们就只能去整体地认识它。而西学的"化约论、还原论"是:既然已经在本体论那里把物质和精神分开了,那么就把物质世界和精神世界继续进行细分,细分到我们可以认识的水平后,逐一来进行研究,最后再把它整合到一起来认知完整的世界。所以,"西学"的认识论可以总结为四个字:解构还原。就是类似盲人摸象一样,先分工研究大象的不同部位,最后再把大家的认识综合到一起来认识完整的大象,这种认识世界的方式和国学是完全不同的。

认识论决定方法论，认识论不同，方法论自然也不同。本文认为，中国文化的方法论可以总结为"反求诸己"，而西学的方法论可以总结为"逻辑外求"。国学为什么要反求诸己？因为心和物不可分，即我们内部的世界和外部的世界不可分，那我们只要回头研究自己内心的世界，就一样可以认识外部的世界。所以中国人研究宇宙的真相是从研究自身开始的，是内求的。但"西学"不同，因为在本体论那里就已经心物二分了，所以只能向外求、分别研究不同领域的规律——研究物质世界的科学家专门研究物质运动的规律，即物理学；研究精神世界的科学家专门研究精神运动的规律，即心理学。以科学为代表的"西学"还特别强调建构一套基于某一逻辑起点的理论体系，去认识和描述所谓的"客观真理"（在心物一元的哲学体系中是不存在所谓"客观真理"的，因为根本就没有主客观的对立和差别，主客观是合一的）。

方法论决定研究方法，从本体论、认识论到方法论都不同，"国学"与"西学"的研究方法当然差异很大。"西学"的方法论，是要通过建立科学的逻辑体系而向外研究，所以发明了一整套科学的研究方法以及相应的仪器、设备，通过运用外界的工具来研究世界，甚至连对人类精神世界的研究，即心理学的研究也都大量运用物质的仪器和设备，本文将其总结为"物化实证"四个字，即通过物理的、化学的方法，或者说采用物质化的手段、观察和实验的方法来认识世界。但在中国文化中，"心物一元"的本体论决定了，我们可以通过天人合一的返观内照来认识这个精神与物质不可分的、一元的世界，其研究方法就是"禅定直观"，即通过禅定的方法，把人自己的身心当作研究工具，向着人自身的内在世界去探索，以直观的方式认识完整的世界。

（四）"国学"与"西学"的范式比较

美国哲学家托马斯·库恩（Thomas Kuhn）在《科学革命的结构》一书中提出了"范式"（paradigm）的概念。他对范式的定义是：一个科学家集团所普遍接受的共同信念，一种得到普遍承认的科学成就，它包括科学概念、规律、形而上学理论、解题模型、范例、应用及工具等在内。本文引入范式的概念，将其内涵拓展为包括本体论、认识论、方法论与研究方法在内的、某学科认识世界的基本框架与一系列基本假设的总和。

贾利军等基于国学中易文化的视角，创造性地提出了"东方科研范式"的概念并对其内涵、方法论等进行了深入讨论（贾利军、徐韵，2012）。本文高度认同其观点，但认为"东方科研范式"的提法应稍作修正。首先，"东方"没有准确地表达出中国文化的空间范围，印度、日本亦可称"东方"；其次，"科研"一词源自西方科学话语体系，虽然容易让习惯了这一话语体系的读者理解，却无法体现出中国人认识世界和研究世界的方式与源自西方的科学不同。基于此，也基于本文认为"国学"就是中华传统文化的学术知识体系这一认识，本文将中华传统文化中由本体论、认识论、方法论和研究方法构成的这一体现了中国人独特的世界观和有别于西方科学范式的学术系统称为"中华学术范式"，简称"国学范式"。

基于此定义，综合上文分析，我们对国学与西学进行范式比较，可以发现二者在每个层面上都完全不同。

表 1　"国学"与"西学"的范式比较

	国学范式	西学范式
本体论	心物一元	心物二元
认识论	天人合一	解构还原
方法论	反求诸己	逻辑外求
研究方法	禅定直观	物化实证

因此，"国学"与"西学"是人类在探索宇宙真相的过程中所形成的两大完全不同的学术和知识体系，虽终极目标相同，最终也必将殊途同归，但研究假设、路径和方法，即研究范式完全不同，我们不能用其中一个体系的概念和理论来简单评论另一个体系。

二、"国学"知识体系结构模型构建

（一）"西学"的树状知识结构

"西学"是从"心物二元"的本体论而展开、生发出的一套学术与知识体系，从将宇宙的本源分为物质与精神二元开始，基于"化约论、还原论"的认识论而不断细分，产生了整个的西方学术和知识体系，以科学体系为核心和代表，目前已成为人类主流的知识体系，其基本形式是一个树状结构，如图 3 所示：

按照一般的学科分类，科学这一学科可分成自然科学、社会科学、思维科学、哲学、数学五大门类，每一门类又会进行细分。在我国，这种不断细分的结构体现为：从各门"一级学科"细分到

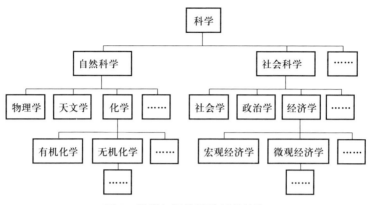

图3　科学知识体系的树状结构

"二级学科"，再继续不断细分下去。如自然科学再细分为物理学、天文学、化学……化学又分为有机化学、无机化学……社会科学也细分为社会学、经济学、管理学……经济学再分为宏观经济学、微观经济学……管理学再分为公共管理、工商管理……

现在全球的大学和科研机构开展科学研究与教育教学都建构在这样的学术体系和知识结构之上，整个中国的大学体系和科研体系架构也都来自近代以来全盘引进的这样一套"西学"知识体系和研究方法体系，这种知识结构体系是"西学"基于还原论的认识论所产生的，其背后的本体论正是"心物二元"。

（二）"国学"知识体系结构模型构建

"国学"从本体论开始就与"西学"不同，这决定了中国传统文化的知识结构体系与"西学"完全不同。但由于近代以来的"西学东渐"，连中国人自己都完全忽视了这个根本性的问题，因而产生了很多对中国传统文化的误解和误读。为更加形象地表达"国学"与"西学"的差异并体现"国学"知识结构的特点，本文尝试构建了一个"国学"知识体系结构模型，如图 4、图 5 所示。

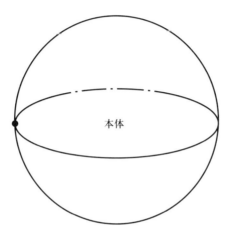

图 4　国学知识体系三维球体模型

从图 4 可以看出，如果国学有知识结构的话，那么这种结构不应是树状结构，而应当是一个三维的球形结构。这个球形结构的核心就是那个心物一元的宇宙本体。虽然国学里把这个本体叫作"心"，但这个"心"不是心物二元的"精神"，而是心物一元、"心外无物"的那个"心"。当然，既然心物一元，也可以说它就是那个"物"。

儒释道各家都用了不同的语言来表达和描述这个一元的本体。儒家经典《大学》讲"大学之道，在明明德"，所谓"明德"，就是人人都有的那个"光明的德行"，就是儒家所表达的那个心物一体的本原，它本来就是光明无限的，这也就是阳明心学所说的"心外无物"的那个"心"、那个"不善不恶心之体"的"体"。为什么"不善不恶"？因为"善、恶"就是二元，而本体是一元的，不能二分。在道家，这个本体就是"道"，万物皆从道中生出，而道又无形无相、无所不在，所以"道生一""无中生有"。在易学，这个宇宙的本体就叫"无极"，"无极"生"太极"，宇宙万物都是从这个一元的本体生发出来的。用佛家的语言来讲，这个本体叫作自性，也就是禅宗"明心见性"的那个"性"，中国禅宗六祖惠能大师说："何期自性，本自清净；何期自性，本不生灭；何期自性，本自具足；何期自性，本无动摇；何期自性，能生万法。"这个本体本来清净、一即一切，没有生灭、动摇，世间万物皆是这个本体的作用，或者说是这个"体"所现的"相"。

中华传统文化最终的核心和归宿都是为了让人们认识到、回归到这个本体，所以整个的学术和知识体系、儒释道武医各家的理论全都围绕它而展开，这与西方文明是根本不同的。因此，这个三维球体模型既适用于儒家，也适用于道家、佛家、易学和心学，尽管在他们的知识体系里，这个球心的名称不同。因此，该球体模型是一个全息球体，它也不二，一即一切，它既可以代表儒家的知识体系，也可以代表道家、佛家、易学、心学的知识体系，同时各家的知识又并行而不悖，可以相互诠释和印证。如图5所示。

如图5，我们以全息的多个三维球体结构代表传统文化中各分支对该本体的不同表述和共同认识，以及其学术体系导归同一本体的共同取向。这样的三维模型能够表达出传统文化各分支"一即一切"的知识体系及其相互融合的共性特点，却不易表达出各学科间的差异与不同，因此，我们再建构一个平面模型来表达，如图6所示。

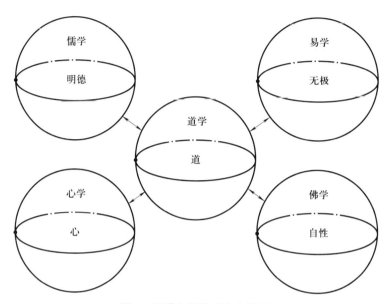

图 5　国学知识体系全息模型

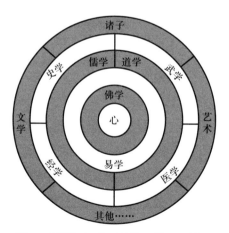

图 6　国学知识体系结构二维平面模型

图 6 是一个二维圆形的平面模型，其圆心就是各学派共同认知的这个"心物一元"的本体，称为"明德""无极""道""心""自性"，等等。根据不同学科的知识体系中对该本体论述的全面深入程度，或者说根据其理论距离认识这个本体的知识跨度，"国学"各学科的知识围绕该本体如涟漪状渐次展开。

　　离本体最近的，能够把这个本体认识得最完备、最全面的一套理论，本文认为是佛学，尤其是佛学中的唯识学。从本体往外第二圈是易学，也是跟这个本体最接近的、最完备、最全面的一套理论。易学其实与佛学完全相通，所以明代的佛门高僧蕅益大师曾以禅解易，易家也有以易解佛法之学。本文之所以把佛学放到更接近本体的位置，是因为佛学的理论体系更加完整、内容更丰富，而易学则更加抽象，但实际上二者是完全相通的。再往外扩展，易学是儒家道家共同的经典，也是儒学和道学最根本的学问，所以从易学再生发出儒学和道学。但儒道两家学问的研究对象稍有不同，按照南怀瑾先生的阐释，如果说儒家更多是在研究人与社会的关系的话，那么道家则是更多研究人与自然的关系。

　　往外再展开一个大圈，就有了"经史子集"里的"经学""史学"和"武学""医学"。"经学"以儒家经典为主，而"史学"是把儒家的经学拿来研究历史，让人看到经典在历史中的运用和权变，体现了儒家"经世致用、内圣外王、修齐治平"的思想，让人既懂得通权达变又不失中道，不至于变成"腐儒""小人儒"和"学究"。道学的核心是研究人与自然的关系，直接延伸出来的学问就是"武学"和"医学"，它们虽应用领域不同，但都以人的身心、生命为研究对象，其实这是中国人的生命科学。再往外延伸，就有了诸子百家、文学、艺术等更多的知识，包括"经史子集"里的"子"和"集"，再加上其他方面的知识和学问，如琴棋书画诗酒糖茶之类，也都是传统文化知识体系中不可分割的部分，为表达简单起见，不一一列出而以"其他"代表。

当然，这样的划分是不得已而为之，是为了便于理解和把握国学各家学问的共性和个性，实际上"国学"中的每一学科，哪怕是文学、艺术，都是"一即一切，一切即一"，所谓"文以载道""书以载道"，它们全都是一体和全息的，都符合图4和图5的三维球体全息模型。因此，把图4-6三个图放到一起，既有二维平面图，又有三维立体图，就能够对国学知识体系的整体特征及其结构有一个比较全面的认识。

三、国学的"体""用"及中西文化的关系

（一）"体""用"与国学学习的正确路径

比较图3与图4—6可以很清楚地看到，"国学"的学问或知识体系与不断细分的"西学"完全不同。而且，"国学"的学问自古就有"体""用"之分，"体"就是这个心物一体的本源，而其他所有的学问、学术、知识，都是从这个"体"生发出的"用"。如图7所示。

如图7，研究和学习中国传统文化，从任何一门知识甚至技艺都可以入手。从学习诗词歌赋、琴棋书画入手，从学习中医入手，从研究儒家经典入手，从诸子百家的学问入手，都可以。但不论从

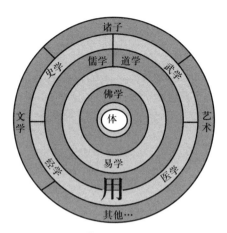

图 7　国学知识体系体用模型

哪一门学问入手，国学的最终目标一定是指向这个心物一元的本体，就是去认识这个"道"、认识这个"心"、认识这个"无极"，追求"得道""明明德""明心见性"。真正在身心上直观体验而非在头脑里认识到了这个本体，学易者就"感而遂通天下"，儒者就实现了"内圣"，修道者就称为"得道"，佛家谓之"开悟"。

所以，基于"中华学术范式"的特点，学习国学的正确路径是首先从这个心物一元的本体下手——先实证这个本体，继而再去应用，即所谓"证体起用"，因为"体"为本、"用"为末，"但得本不愁末"。当一个人认识到这个本体（这不是在头脑层面对知识的思考和理解，而是基于"中华学术范式"，以"禅定直观"的方法身体力行地直观体验，即达到所谓"知行合一"）时，国学的知识就能够融会贯通，因为它们是一体的，"一即一切，一切即一"，那时候所有的学问都成为"一"，琴棋书画、炒菜做饭无不是道，所谓"头头是道"。

（二）国学与科学的共同追求

前文比较了"国学"与"西学"在研究范式上的差异，但其终极目标是相同的——认识真理，这是全人类共同的追求。"西学"的核心是科学，人们进行科学研究的目标就是让人类更好地认识宇宙的真相，并造福人类，促进人类更好地发展进步。科学将其目标表达为追求"真、善、美"，与劳业辛（劳业辛、劳承万，2013）等学者的观点不同，本文认为"国学"也有着类似的追求，只是在自己的话语体系中与科学的表达方式不同：国学将求真的目标表达为认识"诸法实相"，将求善的目标表达为"止于至善"，将求美的目标表达为自性"本自圆满"，与科学的追求异曲同工，如表2所示。

表2　国学与科学共同的追求：认识真理

科学的追求	国学的目标
真	诸法实相
善	止于至善
美	本自圆满

西方一些学者其实已经认识到了中西文化的共同目标、方法差异和殊途同归，卡普拉（Fritjof Capra）在其《物理学之道》一书中这样写道："在论及两个不同的世界的概念时，我的观点是只有一个世界……一个可畏和神秘的世界；但是，这一个实在具有多个方面、多个维度和多个层次。物理学家们和神秘主义者们涉及的是实在的不同方面。物理学家们探索物质的层次，而神秘主义者们则探索精神的层次。他们的探索的共同之处是，在这两种情况下，这些

层次都超出了寻常感官的知觉……物理学家们借助于复杂的仪器探索着物质，神秘主义者们借助于微妙的沉思探索着精神。两者都达到了知觉的非寻常层次，在这些非寻常的层次上，他们观察到的图像和结构原则似乎十分相像。"

（三）人类知识体系的"中体西用"模型

那么，"国学"与"西学"作为中西方文化的产物，承载着中国人与西方人自古以来探索宇宙真相所积累的知识，其知识体系差异又如此之大，他们又如何能够统一在对真善美这样的共同目标的追求上呢？

本文认为，面对共同的目标，"国学"与"西学"分别以不同的范式展开研究，体现了中西方文化不同的特点以及由此产生的中国人与西方人思维方式的差异，其分别构建的知识体系互有差异而又相互补充，这可以理解为中西方学术在追求共同目标的过程中所产生的不同分工。基于国学的"体用"思想框架，本文构建了一个人类知识体系的"中体西用"模型，以表达"中学"与"西学"的分工并将人类两大知识系统统一起来，如图8所示。

如图8，因本体论的差异，导致中西方学术发展的方向不同，因而"中华学术范式"与西方科学范式不同。"国学"即"中学"，更专精于研究"体"，因而很早就对宇宙本体有了非常深刻全面的认识。"西学"则更擅长于研究"用"，因而发展出了分工越来越细密、体系越来越庞大的现代科学知识体系。以"道""器"而论，"中学"更多研究了形而上的"道"，西学则更多研究了形而下的"器"，虽然两大知识体系侧重点不同、擅长处不同，但都是人类探

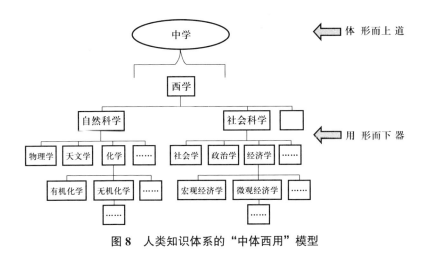

图8 人类知识体系的"中体西用"模型

索宇宙真相的文明精华，未来二者的有机结合，将构成人类对宇宙真相的完整认识。

四、结论、不足与展望

本文从中西方文化的本体论比较入手，指出"国学"与"西学"的最大差异在于本体论不同，从而引出了完全不同的认识论、方法论和研究方法，使得"国学"与"西学"认识世界、研究世界的学术范式也完全不同。继而提出了"中华学术范式"的概念与基本框架，并与以科学为代表的"西学"范式进行了比较。进而，基于对中国传统文化"心物一元"本体论特征的认识和对儒释道等中华传统文化主要组成部分的理解，本文初步构建了由三维球体全息模型和二维平面圆模型构成的国学知识结构体系模型，阐释了国学中各不同学科间的异同及相互关系，对深入理解和认识国学知识体系的本质特征，为更好地学习和掌握国学知识体系之精髓提供了有益的理论框架和方法指导。

同时，本文认为认识真理是人类文明终极的归宿，对"真善美"的向往是东西方文化的共同追求，也是"中学"与"西学"共同的目标。基于此认识，本文运用国学的"体用"思想、基于互补的视角，整合"中学"与"西学"，构建了一个人类知识体系的"中体西用"模型，表达了"中学"与"西学"在"体"与"用"、"形而上"与"形而下"、"道"与"器"上的分工合作关系，为全面理解东西方文化特点、消除东西方文化对立提供了理论工具。

中西方文化比较与国学知识体系构成是一个宏大的命题，篇幅所限，很多观点都未能充分展开，有待未来进行更加深入广泛的研究和论证。本文是对该研究的一次初步探索和一点粗浅认识，能力水平有限，以此求教于诸方家。

原载：首届中国传统文化与华夏文明探源国际论坛，2018 年

作者单位：兰州大学管理学院

管理哲学：中西融合的批判性考察

彭新武

一、全球化背景下的中国管理界：现状与问题（略）

二、实践维度：超越文化偏见，兼收并蓄（略）

三、哲学维度：自觉进行综合探讨和知识整合

除文化的差异和融合问题之外，中西管理融合所面对的另一个问题，就是现代管理的多样化形态。管理学作为一门多范式的软学科，其多重本体论、认识论范式的存在和无限发散、无限增多的趋势，使得人类对管理的认识很难再收敛聚合成一个体系，各种理论之间不再有共通性，缺乏内在的一致性和联系性。比如说，经济学

家更多关注的是市场，而将企业当作一个"黑箱"；心理学家仅仅强调个人，而忽视了组织结构与技术；社会学家仅仅关注组织中的团体和组织的社会、技术环境，而忽略了个人影响力和个人差异对组织的影响；人类学家埋头钻研组织及其成员复杂的生活过程，而忽略了理论知识的预测功能；运筹学家精心构建自己的决策模型，而忘记了一切人文特性；等等。这种多文化背景、多种形态的理论、多种分支领域的多元交汇、"各自为政"的局面，显然不利于知识的整合，不利于人们对管理的整体认识。

为了获得对管理的统一性认识，迫切需要让管理学朝着综合化的方向发展。综合探讨的过程其实也就是一种知识整合的过程。而在这一过程中，哲学尤为重要。哲学之所以尤为重要，就在于作为一种世界观，它首先构成了知识的基础，为各门具体科学奠定了基本的理论前提和思维方法。那么，应该如何看待中国的管理思想呢？

从历史上看，中国管理虽然没有形成一种统一的流派，但其所探讨的内容却涵盖了管理的方方面面，且尤以道与术见长。概略论之，儒、道、墨重道，如道家的"道法自然、自然无为"，儒家的"修己安人、以民为本"，墨家的"兼爱、利人"；而法、兵、纵横则偏于术，如法家的"崇法尚术、唯法为治"，兵家的"运筹帷幄、知人善用、随机应变"，纵横家的"纵横捭阖"之术等。与之相比，现代西方管理的研究更多地停留在科学和技术层面，而缺乏对管理哲学的探讨。尤其在英、美等国，对数字和事实的过分迷恋，产生了诸多烦琐的、令人望而生畏的模型和符号。这种对管理的"科学"方面的过多强调，导致了管理实践的机械化：员工们为了谋生而工作，却不一定能认同公司；管理者除了牟利，没有更高的企业和生活目标。西方管理者尽管能够运用诸如结构改组、财务重整、人事更换等手段来解决这些危机中的个别问题，但是，诸如企业的使命、经营理念、用人和企业持续发展等根本问题，是很难用这种科学手段加以解决的。

而从当下中国管理界尤其是企业界的实践层面看，人们更津津乐道于管理的艺术、技巧，而乏于哲学层面的关注和探讨，表现出"术"盛而"道"衰，甚至"道术分裂"的局面。比如，就当今被广泛沿用的《孙子兵法》而言，人们往往更青睐于其"术"而忽视其"道"：对于兵法中一些有意义的"道"的方面弃之不顾，而将兵法权谋中的机变和巧诈发挥到极致——所谓"兵者，诡道也"，国与国之间背信弃义、人与人之间尔虞我诈，最后出现推崇智巧、蔑视商业规则和商业伦理的现象，使整个商业社会出现严重的信用危机和伦理危机，也使企业经营管理充满了随意性，投机盛行，缺乏整体和长远的战略管理能力，等等。鉴于此，对于管理者来说，不仅应熟悉各种管理之方法和手腕等"术"的东西，更应该明"道"，并以"道"来统领"术"，达到"道术合一"。科学管理实质上是一种效率哲学，它在倡导超越经验主义、建立科学管理机制的同时，也强调管理部门与员工之间的亲密合作，它倡导的是合作而不是个人主义。

显然，在管理学日渐成为"时尚"的今天，我们需要一套完整的管理哲学以及对其价值的充分理解。从哲学层面上看，由于牛顿力学的强大影响，使得机械论范式及其所依赖的分析、还原论的思维方式，几乎控制并解释了文化和组织生活的所有方面。按照这种哲学信念，可以将所有现象解释为物质运动的结果，动物和人体的运动一般都可以从器官的力学中推导出来。在这种机械论观念中，组织就像一架良好运营的机器，原因和结果之间的联系是简单的、明晰的、线性的，结果导致对预测和控制的热衷。这种受机械论思想支配的等级结构为了使人的行为保持在预定范围之内，在设计组织结构时采用了纪律、中央决策者、集中的教义和森严的权力等级，并力图使自己的权威合法化，从而导致垂直性的、管理——控制型的领导关系以及官僚结构和等级，企业之间以及企业各单元之间的机械分割和刚性联系。这种立足于机械论原则的现代管理模式，在一定程度上能够满足当时相对简单的管理实践的要求。但是，构成这种体制的各个要素，也可能给组织带来种种消极的后果：高度集中的企业信息流和自上而下的缓慢的单向传播模式，导致了信息终端组织功能的严重僵化；官僚制使得人们把执行规章制度当成不可侵犯的最高准则，种种繁文缛节束缚着人们的手脚，使组织活动失却了应有的效率；在组织的各个相关部门和成员之间，遇事推诿扯皮、相互掣肘，从而导致组织机能的失调。在当代管理实践中，尽管人们都想具备灵活性、创新性、知识和不断提高的竞争力，但今日依然盛行的机械思维方式却一直在管理中强加着秩序、量化、一致性、效率和控制。因而，如何破除这种机械论思维的禁锢，便成为当今管理实践中极为重要的一个问题。

与以分析的、原子主义和还原主义为主要思维模式的西方文化相反，整体论是中国传统哲学的灵魂，是中国传统文化的品格表征。中国传统哲学的诸种流派，大都坚持一种"天人合一"的宇宙整体观。这种思维着重从整体上掌握事物，立足于整体与部分间之关系，以整体观去处理宇宙中的一切问题，强调事物的结构和功能，而不注重它的实体和元素，并倾向于把主体和客体综合在一起进行认识和把握。以这种整体观为基础的中国管理模式，大多是围绕着如何加强中央集权这一主题而展开的，它把管理作为一个统一的整体和过程，以力求达到社会与自然、管理系统与外部环境、管理组织内各种组成和状态的最佳和谐为目标，把管理的各个要素和功能组成为一个统一的有序结构。唯其如此，西方思想界出现了认同古代中国传统思维方式的某种迹象。协同学的创始人哈肯说："强调整体性的中国传统思想具有悠久的历史。确实，当我们确定复杂系统时，这种方法就变得至关重要了。"（哈肯，第 11 页）然而，中国传统的哲学思维带有一种笼统的整体主义的特征。它着眼于事物的统一性，从整体上进行直观考察，并且常用类推逻辑，侧重于定性分析而缺乏定量分析。它对宇宙万物的认识是整体的直觉了悟，而非具体的部分的分析：体现在空间上，无有边际，涵盖宇宙万象；从时间上看，它不是一天一时的点滴认识，而是人们借助经验对宇宙万物本质的一种当下领会体认。这种"尽心""体道""由内反观"的思维特点，形成了中国人认识世界、社会、人生的思维趋向。它给人以直观想象的满足、逻辑思维的满足，却严重地妨碍了人们向宇宙的纵深方向开拓认识的新路，去从事严格的具有重大意义的实验研究。这就决定了中国少有实证科学知识体系。唯其如此，中国传统的整体思维与西方近代以来占据主导地位的分析思维这二者之间存在着巨大的互补性。只有坚持这种思维互补性的前提，中西方管理才能寻找到一条最佳的融合路径，并进而实现管理的"道术合一"。

从管理思想的发展看，无论是东方还是西方，理论的产生都源于现实的需要。针对当年的"礼崩乐坏"，孔子提出恢复"周礼"、以仁义治天下的政治主张；针对美国大工业时代的低效率现象，泰勒倡导科学管理等。换言之，管理模式的应用是和组织所处的内外环境密切关联的，因而随着时代条件的变化，管理的理念和模式也必然发生相应的变革。在当今这个时代，与以信息技术为先导的新技术革命相伴随的，是日益扩大的全球化和市场一体化、产品生命周期的缩短和产品品种的多样化，以及由此而引发的商务环境和战略行为的不连续性、复杂化和不确定性，使得企业组织所处的经营环境发生了翻天覆地的变化，公司的商务活动已经远远超出了泰勒科学管理方法的范围，并由此而引发了深刻的组织及其管理模式的转变：在过去的十年中，我们看到，理性主义被修正为有限理性主义；线性设计被修正为开放系统；刚性被修正为柔性；"寻找正确战略"已经被"战略灵活性"所替代；雇员更多地被看作是重要的知识生产者，而不再是不断被削减的成本；组织和环境之间的界限开始变得模糊，并开始向"虚拟"企业的方向发展；关于人的自我发展和改善人际关系等问题，也受到人们的重新关注，出现了像"情商""人力资本"这样一些新概念。（格拉斯，第1—8页）面对如此变革，一个难以避免的挑战是，科学管理的机械主义如何应对日益人性化、知识化的群体协作？被韦伯称作理想的，甚至是完美的科层制如何应对"动态的虚拟组织"的挑战？让质量管理、组织文化、战略联盟、学习型组织等新概念走马灯似的牵引着我们，难道还要静待更新的管理说辞？因此，在中西管理交汇的时代背景下，除了要立足于实践的需要实现对既有理论的互补与融合外，一个更为重要的问题，就是一定要立足于当代日益复杂的动态的全球管理。我们都知道许多经验法则，"三思而后行""有的放矢""知己知彼""吃一堑长一智""勿意气用事""集思广益"等，但事实上，根本就不存在事先准备好的方法，教导人们如何处理复杂的、不确定的动态现实。鉴于此，我们唯一能够做的，就是不断地反省我们自己的思维过程；唯有如此，我们才有望成为较好的问题解决者。

参考文献（略）

原载：《哲学研究》，2011 年第 5 期

作者单位：中国人民大学哲学院

摘编：吕力

价值逻辑原理视域下的价值中立与价值关联哲学分析

程少川

一、社会科学价值中立原则的价值哲学背景（略）

二、康德哲学体系遗留的价值哲学问题（略）

三、价值形式辩证逻辑原理的范畴、内涵及其学理地位

（一）中国哲学对"关系"的认识

中国哲学的源头在被公认为中国文化中"众经之首"的《周易》。《周易》经文最前面的四个象辞（判断之词）"元亨利贞"贯穿于《周易》所有卦象的判断之中，可以被认为是《周易》中包含了"判断之逻辑机能"的核心范畴。

中国哲学基础的"元亨利贞"这四个字的可贵之处，是它们精致地构建了由物质到精神、由静态存在的认知理性到动态发展的实践理性、由物质必然王国到精神自由王国的哲学桥梁。这个桥梁归属的一个关键范畴，是"价值哲学"的实践理性和"科学哲学"的认知理性同时具备的，它就是"关系"范畴。

"关系"范畴是一个非常具有特殊性的范畴。康德在认知理性的先验范畴中提到了"关系"这一范畴，但是康德基于西方经验哲学基础对于关系的认识，与中国《周易》哲学的认识相比，显然只能被视为"认知理性"的、静态的、表面的和逻辑狭窄的。原因在于康德对于"关系"所处的哲学地位和拥有的逻辑空间的认识存在明显不足。

第一，"关系"同时连接主观和客观范畴。它横跨并连接了物质世界和精神世界两个领域，既具有客观性的内涵，也具有主观性的内涵。主观性与客观性之间还可以相互转化、相互影响，所以"关系"是一个兼具动态和静态的范畴。

第二，"关系"连接了时间和空间，时空关系的连接是实践理性的关键。康德在"认知理性"的关系中，虽然为接纳变化留有一个"模态"判断的契机，但是他对于时空联结关系的认知，远没有达到《周易》哲学系统中堪称精致的水准。

第三，"关系"有更加丰富的逻辑形式。因为关系兼具物质和精神两个方面的关联，所以就拥有了更加丰富的逻辑形态和逻辑空间。在经验逻辑中"有"与"无"相互对立不能并存，但在关系逻辑中可以有多种不同的并存形式。例如，关系没有外在形态而且不占空间，但是往往有着不可忽视的作用，这是无形态与有作用的一种组合。关系是流动的和变化的，现实中因与果的现象之间存在联系而又非决定性的必然联系，人们只能部分认识关系而难以达到完全的认识，这是关系认识亦有亦无的一种逻辑判断状态。大量可能发生作用的关系是变化的和不能储存的，一种关系可能被应用也可能不被应用，如果不被应用而放过去就可能不再存在，等于没有，这叫作非有；但是如果被应用，那么就不是没有，它又是非无。所以关系逻辑中又存在非有和非无的组合形态。这是实践理性层面出现的逻辑现象，它所包含的逻辑判断的形式和范围涵盖面，明显大于认知理性的逻辑涵盖面。在这里，我们就可以理解哲学家罗素针对康德的"纯粹理性范畴"所说的"逻辑狭窄"的含义。

第四，由于上述原因，关系在哲学框架中拥有比认知理性范畴中的"质和量"更上一层的哲学地位。而在这个更加高广的哲学空间中，也存在其理性的基本原则。这里所谓的"高低""上下"，是可以从其逻辑判断所接纳的视野、包含的范围进行定义的。

（二）价值形式辩证逻辑原理

价值属于关系范畴，离开关系则没有价值可言。正如关系可能存在主观和客观层面，价值也随之存在主观和客观价值，并且两者的边界并不是总可以划分清晰的，其中的缘由我们可以进行更加细致的分析。这里我们先回答"元亨利贞"何以构成原理，这需要从"元亨利贞"作为关系范畴表达的"纯形式"的内涵入手。

与科学哲学的纯粹理性逻辑基础（即认知的判断力模型"质、量、关系、模态"所构成的认知判断的"纯形式"）相对照，实际哲学地位处于其更上一层的"关系"，同样存在抽离了一切具体内容的表达的"纯形式"，即"元亨利贞"。

"元"的含义具有多义性，而多义性本身正与导致哲学中的"整体性原则"的"关系"的逻辑形式和逻辑区域相互对应。"元"的含义包含了这样几个方面的意义，而这些意义之间也是相互关联的：

A. 创始，开始（词例：开元、元旦）。

B. 先天性，先天规定性（词例：天元，元气）。

C. 整体性（词例：混元）。

D. 基于整体性的首要性（词例：元首，元帅）。

E. 基础性（词例：元素）。

在具有整体认知理性的中国文化中，元的含义既承认先天性（包括初始条件的给定与不可变更性）、自然规定性（规律）、客观性（不以主观为转移）的一面，又接纳作为整体的主客观世界存在变化、人类主观活动可以参与其中并带来变化的可能，即人类关于判断和选择的自由空间也是"元"的一部分。所以中国传统文化有"天地人三才一体"，以及"参赞天地之化育"的文化理念。

因为有变化和参与选择变化的可能，才会产生价值范畴、价值判断、价值选择的概念。如果把"元"作为价值的整体的话，它还包含三个解释性的关系逻辑范畴：亨利贞。它们分别代表关系及其变化的可行性、可行性条件（亨），关系及其变化的和谐性、适当性、适切性（利），关系及其变化的可持续性（贞）。

这四个方面是关系识别的基础性范畴，它们构成了关系和价值识别的"纯形式"。这四个范畴在构成上如果缺少其一，那么意味着它们所表达的关系在客观上不可能存在。这个纯形式是"关系"

存在的"形式原理"(或称"结构原理"),它为"关系"和"价值"的识别以及表达,规定了作为整体的"形式原则"。我们不难发现,事实上人类所有的行为代价,都是为上述价值关系的"纯形式"所包含的四个范畴所付出。无论怎样多样化的具体环境中的价值,都可以归入这个"纯形式"范畴予以表达。

除了前述关系所固有的逻辑空间和逻辑形式之外,"元亨利贞"构成了分析与综合并存的"辩证逻辑体系",它们之间不仅相互关联并且相互定义,彼此之间各自以另三者为解释条件并构成一个整体。"元亨利贞",是从"关系"层面建立起来,而在传统的认知理性层面则无力表述的"至善模型"或"理想模型"的这一种形式。"元亨利贞"在不同水平的满足,可以覆盖所有"相对的善"和"理想的善"的定义。因此"元亨利贞"在中国哲学体系中构成了原理层面的判断的方法论。它的整体可以被称为"价值形式辩证逻辑原理"。

(三)价值形式辩证逻辑原理的学理地位

如前我们已经讨论过"关系"这个范畴相对于认知理性的不同哲学高度,它的高度不同于实证主义的科学哲学的认知层面,并存在于价值逻辑的实践理性层面。它的形式辩证逻辑体系也许可以最终回答康德在三大批判中所长期遗留的问题,并进一步审视新康德学派的马克斯·韦伯在社会科学方法论中所做的贡献和存在的问题,使得"社会科学方法论"的构建可以进一步获得完善。

如果我们应用"元亨利贞"这个价值逻辑框架,审视科学哲学下实证主义的探索所获得的最重要成果,也就是那些被人类科学探索所发现的"自然规律"的话，不难发现"价值判断"的"纯形式"在科学发现中的"决定性"地位。"元亨利贞"分别代表了对于"规律"所包含的"关系存在的空间范围""关系发生的可行性及其条件""关系呈现的适当性判断""关系的可持续性或稳定性判断"。如果在"元亨利贞"的识别框架下有任何一个范畴的判断不被通过，那么就意味着所对应的"命题"不可能被纳入"规律"的范畴。

而在科学实证主义方法探索发现的所有各种"规律"之中，我们可以发现各种"规律"之间可以互相支撑、互不冲突地和谐存在，但并不存在彼此可以肯定或者否定的主客关系。从这个意义上来讲，"元亨利贞"作为认知判断的基本形式原理，它的学理地位与其他各种被发现的原理定律是不同的。它可以成立为"诸原理及诸规律之母"，也就是说它也是认知理性，即科学哲学的更为根本的依据。

到此我们再次回到康德认为难以突破的困境："显得非常荒唐的是，想要在感官世界中碰到这样一种情况，它在感官世界中永远服从自然法则，但又允许一条自由法则运用于其上，并且那应当在其中体现出来的德性之善的超感性理念也可以应用于其上。"我们会发现康德认为的"荒唐"是因为他经验逻辑背景的哲学层面尚没有达到"判断之纯粹理性的纯形式"的高度。当关系范畴用"元亨利贞"来表述的时候，它不仅能够完全地接纳一切自然的法规，并且能够将"选择关系状态的自由"，按照关系的形式辩证逻辑原理运用于各种自然的法规之上。

就康德哲学中的"目的论判断力"而言，"元亨利贞"又可以被视为一切目的的纯形式。康德的"目的论判断力"可以被视为价值判断力的初级的理论形态，因为"价值"相比于"目的"而言，是更加具有纯粹性和广泛实践意义的范畴。"元亨利贞"作为价值存在以及实现的实践理性之基本原理，不仅是"目的"的纯形式，还是方法、路径以及目的以关系范畴为内涵的统一的纯形式。它们含摄了目的、途径及其连接的判断之逻辑之内在关系的表达，提供了理解自由之原则与选择之价值目标之间如何实现连接的形式辩证逻辑原理。

四、价值形式辩证逻辑原理视域下的价值无涉与价值关联的意义

（一）马克斯·韦伯的价值理性直觉和困惑（略）

（二）价值逻辑原理视域下的价值无涉、价值关联学理内涵

如果我们承认"科学探索"属于人类实践的一部分，因而其理性也属于"实践理性"的一部分的话，那么就应该接受指导科学探索的认知理性，即"科学实证主义的客观原则"也同样应该归属于支配"实践理性"的价值逻辑的一部分。那就是说，将科学研究独立于价值之外不仅不合理，而且在实践理性的逻辑（其哲学学理地位处于认知理性之更上一层）上也是不可能的。

在价值形式辩证逻辑原理的框架下，科学有价值追求，也有实践原则。其意义在"元亨利贞"所构成的价值逻辑框架中可定义得

十分清晰和简明。

马克斯·韦伯"社会科学"意义上的"狭义"科学研究，属于认知理性的探索，需要服从不以人的意志为转移的"客观规定性"。在价值逻辑视域下可以表述为：社会科学的科学（客观）研究，需要使其方法和结果在作为知识被接受的关系空间上（元），具有普遍被接受的适当性。如同"元亨利贞"的基本解释结构，这种适当性有以下三个方面的解释：它是可以被普遍理解和接受的（亨）；它不应以个体的观念而引发矛盾（利）；它不以个体立场或时间的改变而改变（贞）。如果我们观察所有科学研究所获得的"规律"或"事实"，在判断的价值逻辑方面必须具备上述"价值"特征。它虽然需要超越出自个体的、局部的价值判断，但是并不是"价值无涉"。因为客观、可靠、不变（"贞"的价值特质），正是科学的认知理性和实践理性共同的、用于消除不确定性的"价值"所在。

但是不难看出，上述"狭义"社会科学所面对的，逻辑上仅仅能够包含那些"不变"的或者"已经死去"的客观认知对象。而人们认识"真实客观对象"的意义或者实践理性价值，是面向未来的、变化的、多样性的。"未来"是意义所在、价值所在和"社会科学"生命力所在。这一部分的研究内容，不属于经验逻辑的"科学"范围，却依然处于"元亨利贞"价值逻辑的理性框架之下，"元"涉及关于整体性空间的划定，对于不同主体它是可能变化的；"亨"包括可行性路径方案设计，它是可以优化选择的；"利"包括适当性安排和预判，它是可以被安排的；"贞"包括可持续性水平的判断抉择，它可能决定于当事人的处境，但同时它也是产生"预见"的价值逻辑因素。在这里我们可以观察到一个非常特殊的文化现象，在中国的这个"元亨利贞"价值逻辑框架之下，认知理性与实践理性、事实与价值合而为一了。它提供了西方饱受诟病的"事实价值两分法"哲学教条的有效的理论否定形式。

社会科学研究的"价值相关"的"理性范围"，应该包含价值逻辑涉及的过去、现在和未来的所有内容。对于面向过去、现实和未来的社会科学，可能分别需要关注不同的原则。对于已经盖棺论定的历史，马克斯·韦伯的"社会科学"方法可以比较胜任，因为他的目标是文献资料的收集整理，主要关心的是客观可靠性；对于当下社会活动实践实际发生的事实，其整体性的内在机制正在变化之中，因而很难被处于当下的局中人清晰地了知，它暂时不可能成为马克斯·韦伯所说的"社会科学"的内容，但是聚集了"价值理性"的全部现实；对于未来我们不能说不重要，但它更不可能是"实证主义"之"科学"的逻辑范围。社会科学的"价值相关"需要考虑现实和未来，而它们实际上都处于"元亨利贞"价值形式辩证逻辑原理的观察之下。

（三）价值逻辑视域下社会科学的若干歧途及其修正的可能途径

在价值形式辩证逻辑原理的观察之下，对于不曾出现"价值逻辑"的社会科学发展过程，从过去关于"社会科学"的研究历史中我们不难发现以下几种主要的理论歧途。

自然科学主义一元论的社会科学观：这种以孔德为代表的自然科学一元论的社会科学观认为人类社会是自然的延伸，最终应该受到自然科学方法的完全统治。这种观点完全不知道在自然科学哲学所处的学理层面之上，还存在更高一层的哲学原理。其机械性、教条性和狭隘性在200多年前已经被康德等哲学家觉察。哈耶克在《科学的反革命》中，对这种思潮进行了详尽剖析。但是由于科学之外的"价值逻辑"长期处于迷雾之中，使得这种思潮的余毒仍然在现代社会科学研究中发生作用。一些缺乏解释性的数学模型作为自然科学的载体在现代社会科学研究中的应用十分常见，这种现象往往是社会科学研究附会自然科学方法以获得"科学性"承认的一种方式，它对社会科学研究的认知和实践的意义都值得怀疑。

"价值无涉"独大的社会科学观："价值无涉"社会科学观在马克斯·韦伯的本意，是要调和"科学理性"和"价值理性"的关系，但是这种社会科学观在一定程度上受到前述科学主义一元论的影响，因为价值无涉正是自然科学研究的基本特征。殊不知"价值无涉"与"价值关联"是马克斯·韦伯《社会科学方法论》里的一对孪生兄弟。"价值无涉"的社会科学理论因为"价值关联"一侧的解释力的缺乏而一面独大，导致以实证主义为主导的经济理论、管理理论实际上没有介入现实和未来的逻辑支撑，成为学者们自娱自乐的空中楼阁。

价值相对主义的社会科学观：东西方关于价值理论的历史见解十分丰富，这种观念因为历史上出现过的各种价值观念看似皆有道理而莫衷一是，因而落入价值相对主义乃至反智主义的思维模式，主要原因是缺乏价值判断的基本逻辑思维方法。

主客观唯心主义决定论的社会科学观：这种社会科学观视社会演变由不可知的绝对外在力推动，而人类只是其中被规定的角色，因而难免忽视人类在其中存在的选择与发展的自由之可能。这种科学观的价值极点也仅仅如黑格尔一生所致力的目标——客观认识历史与社会而已，而不能对于改善社会有所助益。而人类面临的种种现代危机，已经令我们不能不思考如何改善。价值逻辑所显示的人类自由空间，或许能够帮助人们获得共同的改善可能。

现代社会人类面临大量的社会发展问题和对于未来的抉择问题，都是在缺少价值逻辑原理认知的历史中积累形成的。现在我们通过对中国价值哲学的再认识，可以说拥有了不同于以往的实践理性理论基础。在此基础之上，关于如何构建人类未来的社会科学和如何选择面向未来，仍然需要社会科学工作者共同的努力。

原载:《中国文化与管理》，2021 年第 1 期

作者单位：西安交通大学

摘编：吕力

制度不变性与响应性的悖论——"德治"与"智治"两种组织治理模式的对比

王凤彬　李彬　陶哲雄

一、引言

…………

从实业界的实践来看，一些企业如宝钢、华为等试图在"中魂"或"企业之魂"与"西制"的"中西结合"中探寻一条管理现代化之路。虽然在管理制度建设方面"社会属性"与"自然属性"兼具已成为共识，但在"西制"引入或借鉴中究竟如何探寻出更好适应国家及企业情境的制度体系和制度变革之路，仍是实业界亟待解答的问题。目前国内有关企业管理制度、管理模式之情境响应性的探讨，主要停留在对宏观情境条件（"厂"情、"国"情）的适应上，还没有深入到企业内具体业务经营活动开展的情境（"事"或"案"情）这一微观层次，来探寻与特定行动相适应的制度应该是怎样的，以及是如何演变过来的。我国在几千年文明中沉淀下来的"中魂"，究竟对于中国当代业界的行为起了什么样作用，哪些方面需要在制度转轨时期加以变革，中国制度现象的特有个性如何在引进"西制"中予以合理扬弃，这是一个重要的制度演变路径和治理模式变革研究的课题。

二、文献评述（略）

三、当代中国业界的典型实践及其问题表现（略）

四、多案例比较与讨论

（一）普适性制度执行中对"德治"的需要

（二）从制度执行中的"变通"到制度制定时的"分类"

（三）由事物属性分类到程序规范分类中对"智力"的需要

因应复杂情境需要而形成多样化的"多理""殊理"，而不是单一化的"一理"或普适性的"道"，是使制度的情境响应性从后馈环节（制度执行阶段对普遍性制度的"变通"）提升至前馈环节（制度制定阶段的"类型化"）的关键之举。然而，固守"道法"准则的中国社会对"理"的探究多停留在哲学思辨层面上，缺乏对"形而中的理"的具体深入探究，从而使先秦时期道家的"自然形而上学"逐渐为儒家的"道德形而上学"所遮盖，致使中国社会所推崇的"道法"准则无论在宏观的国家法律，还是在微观的企业制度上都折射出极为浓厚的不变性、普遍性特色。

如前所述，对制度订立中"普遍形式"的追求和在制度执行中将是否及如何变通的自由裁量权交给具有"心性存养"修炼的"德治者"，是具有中国传统特色的组织治理范式。与之对照的，崇尚"智治"的西方社会则提倡要针对不同的情境订立多种的"类型化"制度规范，这有如形成了如下多个的"分殊之理"：若处于情形 A（你已经做了某事，或者他人做了某事），则做 X；若处于情形 B（你或他人没有做某事，或者做了另一事），则做 Y。一个组织（无论是国家还是企业）如果能够制定出这样的种类多样化而情境对应关系明确的"殊理"，那么，行动者对复杂情境的响应就不会只是一种经验或艺术，且行动监控者对灵活响应情境行为的管理也就会有法可依，也即可以依照限定了适用情境或条件的某种不变的规则（"殊理"）来行事。

鉴于中国先秦时期的先哲们对"分殊之理"存在价值的明确阐述，在当今时代中将注重类型化的"西制"引入当代中国社会，实际上也就不是单向的"西化"或"洋化"过程，而是同时伴随着古代思想的唤醒和应用的"古为今用"问题。在"洋为中用"和"古为今用"的结合中，我们最需要探索的是要从许多具体的行为方式与规则中总结出其背后蕴含的相对抽象的原则，用以引导和掌握其低阶的规则的发展变化与分类。追求普遍性或普适性的一般原则，成为中国社会在立法及制度订立方面的准则。而在司法及制度执行的过程中，下级对上级负责的"对人负责制"以及最高统治者以"德"和"仁"来约束的制度运行规范，也不可避免地成为中国"官本位"科层体制运作的核心要素。

在当代社会中肩负改革与发展重任的各界的管理者，如果能按照中国先哲们或西方类型学主张的"分殊""分类"原则，让不同的事物处在不同的"殊理"约束之下，就能在避免"大一统"做法的同时，也杜绝人为选择和不必要的变通。这是因为，有了"分殊之理"后，在不同的场合，当事人的行为尽管看似不一致，或者说并不遵循某种统一的规则，但是在受限的边界范围内，对特定的事而言，不论何人在何时、何地处理这一事情，都必须按照同一个规则去做，个人没有任意选择的余地，这样就在"不变性"与"响应性"的有机统一中，为现代管理所需的原则性、规范化和执行力提供了强有力的制度保障。

分析前面典型案例部分例举的各界实践及相关的理论探析，在制度制定时就依照特定原则将事情处理的程序予以妥善分类，这样以类型清晰划分的、分殊有别的"事理"准则来治理各界的组织，会使处于不同情境的事情被置于不同程序规则的约束之下。这样以"分殊之理"来规制的组织，会在制度制定环节实现"不变性"与"响应性"的有机统一（图1）。也即，一方面以类型化的"多理"来保持制度规定对多种不同情境的适应或响应，另一方面适用于分类匹配的特定情境的"理"又是事先特定而在一段时间内稳定不变的。这是无须在制度执行中"变通"而实现的"变"与"不变"的统一。

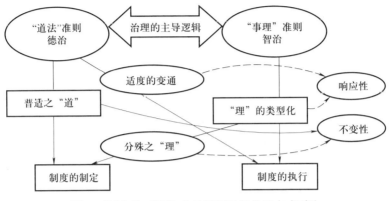

图1 "道"和"理"主导逻辑及其作用方式对比

当然，针对事情开展或完成的情境来区分事情进行的不同过程或方式的程序分类，更需要事理学方面专家的"智慧"。而且，围绕事情"怎么做"的程序分类，要比简单地划定某事、某人或某物"是什么"的属性分类具有更丰富、深刻的内涵。这也是"智治"型社会需要有高超的"智力"来保证各界的多类"分殊之理"得以正确订立的主要缘由。管子在《九守》中以"理生于智，智生于当"之语，明确指出了智和理之间的因果关系。也许中国历史上正是因为国人对"学而优则仕"理念的百般推崇以及统治者对"智者"的重视不够，导致了先哲们倡导的"道理论"未能演进为对包括"为人之事"和"处事之事"在内的世事开展具有"制序"导引作用的"事理"准则。"道法"准则在中国历史上呈现超越"事理"准则的流行之势，是有特定的制度背景的。换言之，法规制度在"因地制宜"方面的响应性不足，在相当程度上与没能制定出分类适用的"多理"（类型化制度）有关。而"多理"的形成取决于特定组织及其所处社会的智力水平。就根源来说，一个社会中所拥有的"智者"相对于"德者"的存量不同，会使该社会呈现出不同的治理型态。

由于人文、政治与历史沉淀等原因，中国业界时至今日在"事理"准则的应用中仍普遍忽略了事与物的区别，我们不否认依照事情之"轻重缓急"进行的属性分类，是"事理"形成与发展的基础，但是，未能在属性区分之后进一步深入过程或程序方面对"怎么做"做出具体的而且类型化的规定，是"事理"准则在当代中国各界的推行还停留在浅表层次的主要原因。事实表明，仅限于对事情或事物"是什么"的类型区分，不能适应当代社会复杂多样的情境对做事方式差异性的需要。只有当行动及行动序列规定的多样化、类型化，响应了情境的复杂多样性，才有可能顺应艾什比的"必要多样性"法则而形成有秩序的组织运作。

五、结语

制度变迁轨迹和方向的考察，不但存在"西体"能否及如何跨国界转移的"洋为中用"问题，还存在中国传统文化何以在与时代脉搏相一致的扬弃式历史传承中做到"古为今用"的问题。在中国先秦时期出现的"道理论"中，"理论"相对于"道论"的被忽视，使得"道一而理多"的思想内涵没有被很好承袭下来。中国社会或组织治理模式的转型，必须重新唤醒沉睡了许久的"理多""分殊"思想。

从治理模式制度基础的对比来说，作为社会或组织治理的两种不同主导逻辑，"道法"准则倚重的是"魂"，即通过当政者或领导者的价值观和伦理道德来实施"德治"，以避免"人治"社会或"人治"组织中潜存的随意变通和特权化行为；而"事理"准则倚重的是"制"，即通过"分殊之理"（类型化制度）的制定和严格执行而达到对社会或组织的"智治"，以此避免"法治"型社会或"智治"型组织中存在的制度单一化和一刀切问题。概言之，"道"与"德"并重，"理"与"智"共存，代表了分别以"道法"准则和"事理"准则为主导逻辑的两种不同治理模式有效运作的基本制度条件的差异。

原载：《中国软科学》，2011年第11期

作者单位：中国人民大学商学院

摘编：吕力

当代中国核心价值观分析——基于世界价值观调查（WVS）的考察

原理

　　中华民族的伟大复兴必须将中华文化的繁荣兴盛作为条件，从根本上说，要有核心价值观凝聚起强大的精神力量作为支撑。社会主义核心价值观既体现了人类文明发展走向，又具有鲜明的中国文化个性，是促进人民思想统一和社会共同进步的精神动力。本文试图通过分析世界价值观调查（WVS）对中国地区所进行的价值观调查的数据，寻找 WVS 数据反映的中国价值观与社会主义核心价值观的内在联系，进而表明 24 字社会主义核心价值观不仅反映了当代中国的价值观现状，更是中国精神的航标和旗帜，是符合历史进步方向的价值导航。同时，本文也会选取若干美国同期 WVS 中相同问题的调查数据与中国数据进行对比，由此获得对中国价值观更清晰的了解。

一、关于 WVS

　　世界价值观调查（WVS）由设立于瑞典的非营利组织"世界

价值观研究协会"（World Values Survey Association，WVSA）进行管理。WVS 是一个国际研究项目，致力于对世界人民的社会、政治、经济、宗教和文化价值观进行科学研究，总体目标是从跨国比较和长期的视角分析人们的价值观、信仰和规范，涵盖了社会学、政治学、经济学、人类学、社会心理学、公共卫生等领域的广泛主题，调查周期为 5 年。WVSA 已在全球 100 多个国家展开价值观调查。

在过去的三十年中，全球化进程不断加快，人们可以接收到来自世界各地的信息和观念。有学者坚信，不同文化的价值观念在全球化过程中将不断融合与趋同，然而，WVS 的价值观调查分析表明，这三十年来，大众的价值观仍未达到融合状态。调查结果显示，发达国家和不发达国家之间的价值观差异不是缩小，而是加剧了。

WVS 针对每个国家的具体历史文化情境设计了不同的问卷，涵盖了关于价值观测量的不同方面的问题。它利用问卷访谈作为实证研究的基准来调查受访者关于经济发展、性别平等、职业激励、民主、社会资本、政治参与、环境保护以及主观幸福感等价值观话题及其在纵向历史时间维度中的转变情况，并将调查数据和分析结果向社会科学研究者和社会大众公开。

由于 WVS 在全球各个国家和民族采取标准化的调查量表，因此，它不但为研究具体的社会问题提供了一个系统的、有一致标准的数据，同时也支持人们考量不同社会群体在经济、政治、文化等方面的价值观的差异性及其历史变迁，由此可以使人们对不同的文化价值观进行跨文化横向的比较以及对同一社会的文化价值观进行时间上的纵向比较。WVS 网站上有关中国价值观的调查数据为我们提供了有关中国价值观的宝贵信息。

二、社会主义核心价值观在 WVS 调查数据中的呈现情况（略）

三、结论

WVS 有关价值观的调查还存在一些不足，比如，只能提供一些截面数据；问卷的设定是全球统一的，可能会存在受访者对于题目的理解差异而造成的数据误差；调查所选取的人群样本不够充分；等等。我们可以看到，社会主义核心价值观的内容与 WVS 的数据呈现出大体的对应关系（但问卷缺少有关法治的价值观考察），这反映出社会主义核心价值观的内容涵盖了当代中国人现实生活的方方面面。当然，WVS 所设定的问卷问题和调查结果只体现了最初级或部分意义上而非更高、更全面意义上的社会主义核心价值观，比如，WVS 问卷中关于"自由"的问题是有关人们对于日常生活中选择自由的考察，而社会主义核心价值观所倡导的"自由"是全体社会成员都真正能享受到的自由，是人的意志及其存在和全面发展的自由；WVS 更关注性别平等方面的考察，而社会主义核心价值观中的"平等"聚焦的是社会中的人人平等，其主要意涵是以人为目的本身，使平等成为广大人民群众广泛拥有的权利；再比如，WVS关于"公正"的问题考察的是人们是否感到自己得到了他人公正的对待，而这仅仅是社会主义核心价值观的公正概念内涵中的一部分，后者还包括机会公正、制度公正、分配公正等一系列有关国计民生的重要话题，它是对中国现实问题的回应，是社会主义本质的鲜明表现。尽管WVS作为文化价值观调查具有一定的局限性，但它所呈现的历年来对于世界各国的价值观调查数据仍具有重要的参考价值。

作为一个民族或国家的核心价值理念，不是某种理想化的"空中楼阁"，不是思想家或领导者凭空想象和建构出来的东西，也不是对各种美好观念进行的综合，而是"这个民族、国家的历史文化发展的结果，是在这个民族、国家当时的生产方式和交往方式的基础上各个民族、各个阶层的价值诉求的集中反映"。脱离历史文化传统、现实的价值观念和价值实践的美好理想，是缺乏根基的空想。从WVS提供的历年中国调查的数据来看，社会主义核心价值观并不是脱离当代中国现实和中国人价值需求、价值倾向而另辟蹊径的全新的价值观，而是社会普遍认同的价值原则、价值理想和价值目标，是中国人民共同认同的价值观"最大公约数"，因此具有强大的感召力、凝聚力和引导力，从而能够转化为人民普遍的行动遵循。当代中国人价值观呈现出越发多元的特征，个人的观点和价值倾向固然应当被尊重，但从国家和民族整体的角度来看，如果一个国家、一个民族没有共同的核心价值观，这个国家和民族就很难作为一个文明整体前行。因此，我们应当大力培育和弘扬符合历史发展方向的社会主义核心价值观，为建成社会主义现代化国家提供强大的精神动力。

原载:《管理学报》，2020 年第 12 期

作者单位：中国人民大学哲学院

摘编：吕力

"文化工具箱"视角的组织研究路径与进展

吴畏　　葛建华

一、研究背景

　　"文化是一个包含符号、故事、仪式和世界观的'工具箱'，人们可以通过不同方式使用它来解决各式各样的问题。"SWIDLER（1986）的这一定义为文化赋予了"资源"属性，直接推动了文化社会学领域中理论思路的转向。早期观点突出文化的持续性与一致性特征，以"价值观"为主要表现形式的文化通过塑造行动目的来影响人的行为。而"文化工具箱"视角则关注到了文化的流动性与分散性，它强调以故事、意义框架、仪式、实践方式等形式存在的文化要素，可以作为人们建构行动策略的文化资源，不同主体在不同情境下使用文化资源的方式和结果也不尽相同。在这一观点的影响下，学者们对文化的关注焦点逐渐从价值观转移到行动策略。这一理论思路的转向，促使社会学家开始关注人们如何策略性地使用文化，探索包括文化元素如何限制或促进某种行动模式，哪些方面的文化元素对人们的行为有持续影响等一系列问题。不仅如此，

SWIDLER 的观点也在一定程度上克服了之前价值观视角下文化解释力不足、实证分析困难的问题，将文化分析重新带回社会科学研究的中心地带，掀起了文化研究的新一轮高潮。

在此过程中，组织与管理领域学者也逐渐意识到"文化工具箱"视角在管理研究中的价值，愈加广泛地将其运用到市场竞争、战略制定、创业资源获取、个体角色行为等众多组织与市场核心进程的分析中，客观上推动了组织与管理学科内部文化研究的转向。这一转向大体遵循两条路径：第一，相较于文化对行为的约束作用，个体与组织在文化资源使用上的能动性逐渐受到关注。第二，和内化于组织成员或社会群体中的文化价值相比，开放环境中流动的文化材料越发受到重视。随着文化作为行动资源观点的引入、扩散与发展，与此相关的文化分析思路也逐渐渗透到组织身份、制度逻辑、文化创业、战略行动等一系列具体的研究领域。一方面，集体身份、制度逻辑、组织形式本身就是社会建构的产物，文化资源观点可以为解读这些元素产生、发展、消亡的社会历史进程提供文化视角下的理论工具；另一方面，群体身份、组织话语、创业故事等作为特定群体文化工具箱内的文化资源，它们在具体行动中如何被使用也是主体能动性探索的题中之义。

文化作为行动资源观点的提出，使文化成为一个独立的理论分析视角，不同学科正在以不同方式对其进行探索和融合。但整体看来，组织与管理研究中对相关理论的借鉴和运用仍显零散，虽然不同研究基于各色场景提供了不同角度的启发，但对此观点的认识和分析多局限于单个研究，领域内缺乏系统梳理与分析。鉴于此，本研究提出一个分类框架，并希望对这一领域做一个初步评述，以分析该领域的发展路径，并为未来研究提供参考。特别是，国内组织与文化领域整体上仍然延续"价值观"范畴的组织文化研究，尚未充分认识文化的资源属性，具体研究中鲜有触及相关议题；少数研究虽然分析了类似问题，但理论对话逻辑并不明确，考虑到文化资源视角强大的理论解释力和对其他领域的渗透力，本研究将是一个必要补充。

二、文化作为行动资源：一个分类框架

在文化资源的使用上，个体与组织扮演着文化创业者的角色，其能动性发挥主要体现在3个方面：从文化分析单元来说，文化不再是一张紧密联结的"意义网"，而是一个个相对独立的"意义位"，这意味着文化在一定程度上可以被自由拼接与重组；从行动主体角度来说，不同社会主体掌握着不同的文化资源，其使用资源的能力不尽相同，对特定文化内涵的理解也会因时而变；而从行动情境角度来说，行动者可以根据时空特征、行动目的、行动对象等因素对文化资源进行有意识地挑选和策略性地运用。在这3个角度中，情境要素与文化资源使用策略相关性更强，组织与管理研究也多从这一视角出发，以行动事件为分析单位讨论个体与组织对文化资源的运用。从情境要素出发梳理相关文献，有利于总结和把握文化资源的作用机制，而在情境要素中，组织行动目标与目标群体又是两个最主要的观察维度。

一方面，从"目的—手段"角度来讲，行动目标不同，文化资源的使用手段也有差别。概括来说，文化资源在使用策略上既可以

"整合"也可以"分化"。整合主要是为了包容异质文化（要素），维护现有文化系统的稳定，通过意义共享，实现主体间的协调一致；而分化则常常服务于变革目的，强调文化变迁过程中，多样、分散、流动的文化资源间的冲突碰撞与交融互动。

另一方面，从"作用对象"来看，行动的目标群体不同，主体的策略性文化行动也随之而变。以核心组织为边界，文化的影响对象有内外之分。在组织内部，组织成员共享了一个较为宽泛的文化工具箱，在行为上表现出较强的相似性，因此组织内部文化资源的作用机制侧重于协调和控制；而在组织对外活动时，组织与外部群体所处的文化系统异质性较强，组织行动的合法性常常面临挑战，在这种情况下，文化资源的使用策略则以促进内外匹配为主。

基于以上两个情境要素对文化资源使用策略的影响，本研究从文化资源使用策略、文化行动受众来源两个维度，构建了一个分类框架（见图 1），据此将组织与管理领域内相关文献的研究路径划分为 4 个类型。

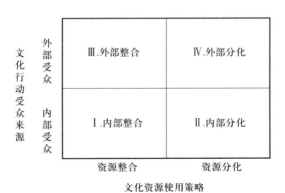

图 1　文化研究分类框架

Ⅰ类研究关注文化资源的内部整合。这类研究一般将研究情境设置在组织稳定运行的背景下，以组织内现有文化资源的分布情况为出发点，讨论如何克服部门、层级、专业等带来的文化资源异质性问题，以实现员工社会化、认知协调、组织创新等目的。这类研究聚焦于组织文化工具箱内高度共享的文化资源，以转译和协调作为最基本的资源运用机制，是组织生活中文化管理的一项日常工作。

Ⅱ类研究强调文化资源的内部分化。区别于内部整合，它的研究情境普遍设置在组织变革时期，关注不同群体使用各项资源进行政治变革的过程。在组织内部文化系统稳定性较差时，新的行动策略和身份更容易被建构出来，这个过程中文化资源的功能更加凸显。由此，这一类研究很好地揭示了不同主体如何使用差异化的文化资源进行政治竞争的动态过程。文化资源在其中主要通过身份建构与框架竞争两种机制来发挥作用，最终改变组织的权力结构。

Ⅲ类研究侧重文化资源的外部整合。外部受众的引入将组织使用文化资源时的"能动性"特征进一步放大，组织除了使用文化资源进行内部协调，还可以灵活调用文化工具来设计对外活动。外部整合强调文化资源的内外一致，不论是引进新的组织实践，还是对外宣传组织身份、组织事迹，都是为了谋求外部利益相关者的认同和支持，因此文化资源主要是通过合法化机制发挥作用。

Ⅳ类研究聚焦文化资源的外部分化。它的研究情境既可以设定在组织稳定期，也可以设定在组织变革期，因为组织的对外活动，一部分是出于日常维护的目的，另一部分则是面对外部危机和挑战时的应对之举。文化资源外部分化与外部整合的行动诉求在根本上是一致的，都是为了获取外部合法性。但是外部分化的显著特点在于，组织考虑到了其所面对的外部群体利益诉求的多样性以及变动性，保持文化资源的多样性或在不同权变因素下选用不同的文化资源，目的是保留组织对外行动的灵活性。由此，在这类情境下，行动主体通常采用的文化策略是资源混合和资源衔接。

总体来说，不同研究路径呈现出的理论机制各有侧重，尤其是文化资源使用的策略机制较为明确地体现出了主体在面对不同行动目的与行动对象时的策略选择。

三、文化资源视角的理论进展与应用（略）

四、讨论与结语（略）

原载：《管理学报》，2020 年第 12 期

作者单位：中国人民大学商学院

摘编：吕力

文化双融视角下的组织悖论多元范式整合

庞大龙　徐立国　席酉民

一、文献回顾（略）

二、延伸组织悖论的"涌现—应对—动态"演化框架：基于文化双融的视角

（一）组织悖论涌现：拥抱多元悖论

组织悖论的涌现是指隐性化的悖论变为显性化的过程。根据已有组织悖论研究，一些研究者认为这一过程是客观、永续存在的组织悖论得以被观察、测量的过程；而另一些研究者则认为是行为主体采取社会建构行为，赋予二元对立面以悖论性意涵的过程。显然，理解组织悖论涌现所涉及的组织悖论起源假定在范式上彼此是相互冲突的，并且，若于两种范式中择一，亦不能准确反映组织悖论的核心特征。这是因为，一方面，认定组织悖论是客观的、固有的，即组织悖论永续存在，那么研究者将可以独立性地观测、测量组织悖论的各类过程，并针对永续存在的悖论性张力采取各类应对

策略，即组织悖论本身是不会转变的，只有主体应对组织悖论的行为才是可变的。此种针对组织悖论的认识，很可能将多种相互影响的组织悖论割裂开来（即认为组织悖论之间彼此独立存在），并且静态性地应对、处理组织悖论，将会陷入对组织悖论现象过度简化、无限分割的风险之中。另一方面，若仅认为组织悖论涌现是一个行为主体进行社会建构的过程，那么组织悖论的涌现及其持续性特征必须要依靠行为主体的持续性行为才能维系；当行为主体不采取社会建构行为时，组织悖论应当会消解。然而，由于行为主体具有主体性，此种认识则倾向于否认组织悖论具有独立于主体行为之外的持续性这一核心特征，并倾向于认定悖论性现象的涌现和消解完全是人类行为的产物，单一采取社会建构的认知范式，亦不能全面反映组织悖论的本质。

关于应对组织悖论涌现的客观存续与主观建构两种范式之间的张力这一议题，文化双融则从超越悖论的角度提供了一个整合路径。文化双融视角所主张的超越悖论观点强调两种对立面之间的互相依赖性，两者在认识上一并可形成一个更高水平的、超越二元本质的、包含多元要素的整体。沿着此种思路，组织中的多种（而非只是二元）要素往往互相关联并收敛于某些共同的特征，并且其关系具有错综复杂性。一方面，由于组织嵌入于更为广泛的情境（如制度情境、文化情境）中，组织中一些要素之间的关联方式是依附于特定结构所客观存在的（如社会企业中盈利性目标与公益性目标之间的悖论性张力）；而组织中诸多要素之间的冲突直接来源于行为主体的主动建构行为，如组织稳定需求与组织变革需求之间的悖论性张力。为此，基于文化双融的视角，认识组织中各类悖论的涌现过程，需要同时依托两种看似冲突的范式。

（二）组织悖论应对：整合权变视角与平衡视角的动态管理

如何应对组织悖论是组织悖论研究历来关注的核心问题。已有文献记录了大量的组织悖论应对策略。这些应对策略通常意义上被划分为防御性策略与主动性策略。防御性策略是指力求在短期之内缓解悖论性张力的，以避免悖论双方或多方要素同时性存在的行为模式。已有研究概念化的防御性策略包括分裂、逆行（指面对更为复杂的悖论性挑战时却回归过去的简易做法）、压抑、镇压、模棱两可、极化与对立化等。主动性策略是指更为长期导向的，倾向于承认悖论性要素同时性存在的行为模式，包括接受、面对、调整、同时性整合与分化等具体类型。值得注意的是，已有组织悖论理论通常将主动性策略同正向的悖论管理产出，以及将防御性策略同负面的悖论管理产出联系起来。然而，近期的经验研究发现，在应对员工个体身份的相似性与差异性悖论时，动态性地单一强调员工身份的相似性特征或差异性特征（极化与对立化策略），有助于带来正向的绩效表现。这些对组织悖论应对策略不断深入的探究，直接显示了已有理论框架的有待延展。

（三）组织悖论动态性：反馈环路的主动性建构

根据文化双融视角，动态管理是形成有效的组织悖论应对策略的核心。已有组织悖论研究认为，有效应对组织悖论的目的在于获取组织可持续性。特别在战略性悖论管理的过程中，维持可持续竞争优势历来是一个核心议题。在组织悖论理论的"涌现—应对—动态"演化核心框架中，组织可持续性来源于组织悖论的动态均衡反馈环路。这一理论框架认为，组织获取可持续性竞争优势的过程，是由"组织悖论性张力由潜在状态转变为显性化——显性化的组织悖论被接受、同时性整合与分化，得以有效应对——减少组织悖论性张力的潜在性程度"这一基本片段不断接续的稳定化（动态均衡）的过程。这一过程中，一方面，潜在张力作为组织悖论的形成来源，经过持续性、有效的策略应对，将得以被抑制；另一方面，组织中的潜在张力随着组织复杂性和多样性程度的增加，其组织张力的潜在集聚水平亦会增加。在整个过程中，悖论性张力程度同时增加与减少，组织于是被稳定化在一个悖论性得以有效均衡的动态循环中。已有悖论研究者认为，这一动态均衡状态的持续，将可以维持组织可持续的正向产出。虽然组织悖论的动态均衡机制为如何通过悖论获取组织可持续性提供了一种解释，但是在实际的商业环境中，组织面临的不确定性、复杂性和多样性程度往往越发剧烈，组织可持续性，特别是可持续竞争优势的维持，往往难以实现。与此同时，前述组织悖论应对策略的复杂性很可能超越了单一的平衡性策略特征，在长期时间导向上，组织获取可持续性的机制仍然有待于进一步探索。

三、讨论与未来方向（略）

原载：《管理学报》，2019 年第 1 期

作者单位：西安交通大学管理学院，西交利物浦大学

摘编：吕力

2021 中国管理哲学（南昌）宣言

任何真正的哲学都是时代精神的精华，它关切人类终极问题而形成的思想和理论体系。与科学不同，哲学探究最原始的概念，探究经验中一些根本的问题，它的研究对象是目的、基础、根源、过程、标准、价值等范畴，因此，管理哲学就是要回答管理的根本目的、根本价值、根本过程、根本标准。管理科学最根本的问题实际上也是哲学问题——只是很多情况下，我们并未追问到这一根本层次上。

中国人所说的"管理"和西方的"management"并不一定是完全对等的。19 世纪后期，由于中西两种文化的交流，很多西方名词进入中国，但我们属于接受者，所以很多时候我们需要考虑怎样表达西方人的意思，基本上是以西方为主来寻求配合，而丧失自己本身语言的主体性。在翻译过程中，话语权事实上是以西方为主导，中方为服从。若去问西方管理学家，中国人怎么说管理，他们是不知道的。但他们就已经假设中国人要说的应该就是他们的 management，事实却不然。这就是要建立中国管理哲学的原因，为的是要彰显在我们自己的经验中澄清与建立管理的概念。这个概念在翻译之前，本身就有它内在的意义以及可以使用的范围，但是我们用"管理"一词翻译了 management 一词之后，由于我们在翻译当中丧失了主体性，我们就以西方的概念为主，原来的管理一词也就变成了一个西方概念。

从实践的角度看，中国管理哲学是关于中国管理实践的哲学体系，它根植于中华优秀传统文化及中国当代管理实践的沃土。在这中华民族伟大复兴的历史时期，中国需要推进国家治理体系和治理能力现代化，而人类正面临着生态恶化、灾害频发、病毒肆虐、物种灭绝等严峻挑战，国际社会的信任与协作出现严重危机，加强全球治理迫在眉睫，世界需要中国方案。习近平总书记在 2016 年哲学社会科学工作座谈会上的重要讲话中指出："中国古代大量鸿篇巨制中包含着丰富的哲学社会科学内容、治国理政智慧，为古人认识世界、改造世界提供了重要依据，也为中华文明提供了重要内容，为人类文明作出了重大贡献。"中国与世界的管理实践都在关注是否能够以及应该如何建立有中国特色、中国风格、中国气派的管理哲学思想体系、学科体系、学术体系和话语体系。

本《宣言》传承历史、把握当代，立足中国、借鉴国外，关怀人类、面向未来，旨在推动中国管理哲学的繁荣与发展，夯实中国管理哲学研究的学术基础，完善中国管理学术体系，提高中国管理学界理论自信；弘扬中华民族向来勇于与域外文明互鉴、互通、互融的含弘光大之天性，跨越中西畛域，破除学科偏见，反思当前管理学术研究的现状，"不以人蔽己，不以己自蔽"，促进构建多元、包容、创新和可持续的学术生态；探索在中国管理哲学指导下的管理研究范式，推动管理理论与实践的良性互动与共同提升，同时也通过这种探索为中国哲学在新时代的发展提供新的素材，为人类和平、和谐、和美的可持续发展做出中国的贡献。

第一部分　对管理学术研究的反思

改革开放至今，中国的管理科学研究取得了长足进步，但由于忽视管理哲学和中国管理哲学的指引，从研究选题、研究范式到研究方法，大多在西方文献后面亦步亦趋。

现实中，为了使管理能更好地展开，提升管理的全面价值性与行动有效性，人们产生了对管理研究的需要。一个好的理论不仅需要很好地解释各种现象，还要能够预测现实的发展，指引现实管理的发展方向。目前，中国已经出现了世界级的企业，却没有世界级的企业管理理论。中国在改革开放之后的企业管理实践中，已经积累了大量的经验，但一直缺乏哲学层面的总结和提炼。现实中的管理学研究也更多是使用西方主流的科学管理范式所从事的解释性研究。与此同时，西方管理学术在当前也已走入唯科学、唯实证、理论脱离实践等误区，自身发展也面临严重困境，大量的研究成果因为内容晦涩、结论空洞而无法指导，甚至无法解释实践。我们认为这种现状必须改变，必须对我们的管理学术研究进行反思。

究其原因，相当多的管理研究者已经默认和习惯了基于实证科学范式的研究方法，极少探索其背后的方法论、认识论、本体论等管理哲学问题，有意无意地忽视了与管理现实密切相关的文化理念和哲学思想，也有意无意地将较为抽象、难以量化的观念和复杂的行为排除在管理科学研究之外，使管理学研究日益碎片化和表面化。管理学亟须建构基础理论，亟须整合丛林化的、相互关联性较差的中层理论，管理科学需要管理哲学给予支持、补充与完善。与管理学相近的社会学学者早就注意到，实证的社会科学中有大量研究假设源自社会哲学的宏大理论，如很多命题就来自"社会功能论""社会冲突论"或"符号互动论"。因此，管理科学研究的发展和进步离不开管理哲学的指导，一门与管理科学有着紧密联系又相对独立的管理哲学，既有存在的历史性，更有存在的现实必要性。

哲学是对人类思想的审视。人类的灵性就体现在将自己的思想和自身作为审视对象的能力。苏格拉底曾经说过，没有经过审视的人生是不值得过的。从人类思想与科学的演变历史来看，哲学一直是科学之母。即使是在科学独立之后，哲学也一直发挥着为科学指引思想、价值和战略方向的作用。人类的任何活动都是由价值理性确定方向，由工具理性来完成的活动。在西方商业文化为基础的管理科学传入中国之后，工具理性泛滥，价值理性降低。这也直接影响到了中国学术界对管理的理解、研究与发展。在管理实践迅猛发展的时代背景下，已经有越来越多的管理研究者意识到，人、组织与环境的关系成为管理实践中的普遍性问题与核心关切，组织的发展越来越与人的心智、情感、涵养等精神性要素相关，组织中的物质性内容越来越需要丰富的精神性内容来支撑。此时，管理哲学对深刻理解和界定研究问题、正确选择研究方法、科学设计研究方案及构建能够有效解释实践和指导实践的管理理论都具有重大意义，管理哲学长期被忽视的局面不能再继续下去了。

为解决当前中国管理研究面临的诸多问题，已有许多学者在积极寻求突破和改进，如强调直面中国管理实践、开展更多定性研究，扎根理论、案例研究和田野研究等方法受到追捧，定性比较分析（QCA）工具成为热点，但目前大部分探索仍在学习和借用西方学者开发出的工具和方法，对深层的方法论、认识论和本体论研究不足，与研究成果评价相关的理论方法缺位，导致出现大量低水平研究，难以产生原创性的重大理论创新。

我们认为，管理对象中最具能动性的是人，对人的管理是管理活动的核心和关键，事在人为，所有对事、物的管理都不可能离开对人的管理，都受到对人的管理水平的影响和支配。而作为管理主体与客体的人又不可避免地受到其文化情境的影响，因而任何管理实践都无法脱离其人文和社会背景。同时，管理实践，尤其是对人的管理绝不是价值无涉的，管理科学定位于"科学与实证"，缺少关于价值判断的基本理论，管理学教育和评价体系中也缺乏价值评判的系统方法。因此，学习借鉴中国管理哲学中的相关原理和方法，将能够弥补这一重要缺失。

中国是四大文明古国之一。14世纪之后，西方经过文艺复兴、地理大发现、宗教改革、科学革命、启蒙运动、政治革命和工业革命等一系列变革，出现了全新的现代文明。为反抗外来侵略、回应现代工业文明的巨大挑战，中华民族艰苦备尝，走过自强运动、维新新政、辛亥革命的漫漫长路。五四以后，中华民族又开始了吸收西方近现代文明的伟大尝试，中华民族迎来了走向伟大复兴的新时代。中国文化海纳百川、多元一体的特点，使得中国管理哲学天然带有兼容并包的学术品格，能够对人类社会面临的重大问题给出更具包容性的解决方案，因此，无论对于中国还是世界，中国管理哲学的建立、繁荣和发展都具有重大的时代意义和历史意义。

第二部分　中国管理哲学的使命

中国管理哲学的使命是：以习近平新时代中国特色社会主义思想为基本指导思想，以中国优秀传统文化为基本资源，对中国管理研究的理论基础和现状进行系统反思；推动当代中国管理学界的四个自信建设；加强对管理研究与实践的价值引领；力图通过整体论的哲学思考解决长期以来困扰管理学界的"理论与实践脱节问题"；建立管理学的中国学派；加快构建中国特色管理学体系；最终为推动世界管理研究的创新发展，解决世界管理难题，贡献中国方案。

在东亚广袤大地上生生不息的中华民族，创造了世界上以丰富灿烂著称的中华文化。深厚博大的中华文化，哺育了源远流长的中华民族。中国管理哲学来源于中华文明的历史创造和中国现代化发展所取得的伟大成就，是中国哲学关于人类终极问题的追问在管理思想与实践中的体现，亦包含对社会存在与发展的价值思考和对人生价值的启迪。中国管理哲学并不极端强调单一目标的最优化和最大化，而是以更高的视角、更广的视域和更长远的思考综合平衡人的幸福、组织的发展与社会公平正义的关系，追求人、组织与社会的可持续健康发展，这是管理活动的根本目的和至善方向，是指导一切管理行为的原则。

当前，中国管理哲学已经涌现了许多研究流派，探索领域包括：中国管理哲学（思想）史、中国管理哲学基本理论、中国管理哲学方法与方法论、中国管理文化、中国管理价值哲学、中国管理艺术等，成中英、苏东水、陈炳富、葛荣晋、李占祥、黎红雷、吴照云、苏勇、齐善鸿、刘敬鲁、周可真、曾仕强等学者都为当代中国管理哲学的奠基与发展进行了艰苦探索，结出了丰硕成果。席酉民、陈春花、杨杜、陈德智等学者的研究具有极强的管理哲学思想和基础，和中国传统文化结合非常密切。

回顾历史，面向未来，新时代的中国管理哲学既要对中国文化和中国哲学进行深入研究和全面梳理，也要对现有管理理论进行系统反思，对实践成果进行深刻提炼，以中国管理哲学之"道"引导管理科学方法之"术"，为管理的工具理性提供价值引领，为创造价值理性与工具理性互融汇通的管理学体系、为建立管理学中国学派提供指导，最终为推动世界管理研究的创新发展，解决世界管理难题，贡献中国方案。

新时代的中国管理哲学既传承发扬中华优秀传统文化，又拥抱西方优秀管理思想，借鉴西方的管理实践，以传承和创新的姿态向内扎根、向外探索：向内，深入挖掘中华优秀传统文化内核，为管理理论与实践确立意义与价值，加快构建中国特色管理学体系；向外，广泛吸收世界一切优秀文明成果，推动世界管理研究创新，探索开拓人类共同发展空间，为解决世界难题贡献中国方案。

第三部分　行动倡议

随着中国经济的迅速发展和中国在世界舞台上影响力的逐步提

升，中国的管理实践越来越具有世界意义，快速变化的世界和稳步成长的中国都在呼唤中国管理哲学的繁荣和发展。基于此，《宣言》倡议：

1. 让我们积极行动起来，传承中华优秀传统文化中的深邃哲学思想与博大人文精神，以服务管理实践为导向，通过不断的知识创新、理论创新和方法创新，切实推进中国管理哲学的蓬勃发展。

2. 让我们自觉肩负起学者的历史使命，以更为宏大、高远和深刻的哲学思考认识管理，追问管理研究与实践的人文价值与社会意义，加强对管理研究与实践的价值引领，为建立管理学中国学派提供指导，加快构建中国特色管理学体系，为解决世界管理难题，贡献中国方案。

3. 我们强调管理研究必须回到真实的管理世界、扎根于生动的管理实践，从实践中发现真问题、研究真学问，运用哲学的思维、科学的方法去解释与指导实践，把论文写在祖国大地上。

4. 我们的观点并不是每一位管理领域的学者都要进行管理哲学的深入研究，但我们认为，每一位管理研究者都要了解中国传统文化和中国管理哲学，因为它在很大程度上代表了中国管理实践背后的文化逻辑，我们认为，在中国本土进行的管理研究如果回避，甚至排斥中国文化，将是不可信的。

5. 我们鼓励每一位在管理哲学不同分支中勇敢前行的探索者，我们相互支持、砥砺前行，共同为中国管理哲学发展添砖加瓦，相信大家终究殊途同归。我们本着求同存异的态度，坚决反对囿于门第、流派、方法和工具而故步自封、相互排斥。我们提倡管理研究的多元范式，倡导采用多样化的研究方法，推动形成中国管理研究领域百花齐放、各美其美、美美与共的学术生态。

6. 为促进中国管理哲学的发展，对话与讨论至关重要。我们鼓励和提倡理性、深入的对话与学术争鸣，积极推动国内与国际学术界、学者与实践者以及社会各界的交流，通过多层次、多地域、多平台的对话与讨论，不断推进中国管理哲学研究走向深入。

7. 中国管理哲学研究成果推广方式包括：以普及中国管理哲学为目标的书籍、讲座、游学；以深入探讨中国管理哲学为目标的工作坊、会议、论坛、期刊；以扩大中国管理哲学公众影响力为目标的报纸、评论、网站、自媒体等。

百年未有之大变局，正呼唤着伟大理论与实践的诞生！天下文明是中华民族的文化理想，天人合一是至高的生命境界，知行合一是中华民族实现人生与社会理想的基本功夫。欲解决中国管理研究存在的问题，可尝试从三个视角入手：一是扎根中国传统哲学，提炼传统哲学要素，即"道理"层面；二是运用管理哲学提取出人、事、物协调与控制的核心范畴，即"学理"层面；三是通过田野调查与历史考据，从传统文化与现代实践中挖掘管理智慧，形成操作指导方案，即"术理"层面，让研究成果实现"产学研"全覆盖。

最后，我们呼吁国家有关部门和社会各界为中国管理哲学的繁荣与发展创造良好条件；我们呼吁进行管理学这一与实践密切相关的社会科学研究领域内评价体系的改革，率先破除"四唯"评价模式；我们呼吁国家科研管理机构为中国管理哲学研究提供研究资源和资助机会，如在国家社会科学基金、国家自然科学基金等项目中增加与中国管理哲学相关的方向和代码；我们建议将中国管理哲学的内容纳入管理学领域"马工程"教材体系，因为中国特色社会主义本身是马克思主义中国化的产物。

天行健，君子以自强不息，让我们成为管理世界的积极建设者，真诚地与创造中华民族新文明的广大人民群众在一起，热情拥抱新时代，扎根伟大新实践，在中华文明智慧的引领下，诚意正心，履行当代中国管理学者的历史使命，创造出优秀的理论和实践成果，回馈国家，不负人民！

人类的理性思考就是不断地与现实的经验进行往复循环的相互印证、突破和提升。纵观人类科学的历史，哲学总是为科学提供着价值的理性方向和思维的方法模式。士不可以不弘毅，任重而道远，让我们携起手来，推动中国管理哲学的发展，建立管理学中国学派，为构建体现中国特色、中国风格、中国气派的中国特色管理学而共同努力！

宣言起草人（按姓氏拼音字母排序）：程少川、谌飞龙、胡国栋、胡海波、贾利军、贾旭东、吕力、骆南峰、李培挺、麻国安、齐善鸿、宋瑞卿、苏勇、孙新波、王宝国、王凤彬、吴通福、谢永珍、辛杰、徐飞、原理、钟尉、周可真、庄育婷

协调、定稿人：吕力

二〇二一年十月三十一日